合田一道

日本人の遺書

一八五八〜一九九七

藤原書店

この本を手にした方へ

「遺書」とは『広辞苑』によると、死後のために遺した手紙や文書、後世に遺した著書、と書かれている。つまり自らが死を意識し、自らの意志で書いた文章が「遺書」ということになる。「辞世」も死にぎわに残す詩歌とあるから、同様の意味を持つ。

したがって、薨《みまか》る前に言い遺した「遺言」や、直前の「最期の言葉」とは基本的に違う。

本書は、幕末維新から平成の現代までおよそ百五十年の歴史の中から日本人百人の「遺書」を選びだし、編集した。「遺書」は、できるかぎり収集に努めたが、長い歳月を経てすでに現存しないものもあり、その場合は本人の筆跡を使ったり、墓に刻まれた「遺文」を使うなどした。

偶然、「最後の書」になったもの、「最後の便り」になったものなどの「絶筆」も、厳密に「遺書」とは言えないが、本人の最後の「意志の表現」とみなして使った。

☆

人間が突然、死に直面したり、死を意識したりした時、何を伝えようとするのであろうか。

吉田松陰は「安政の大獄」で処刑された人物だが、長い遺書を丸二日間かけて書き上げたとされる。

この時代は、判決が出るとその日のうちに処刑されたから、松陰はいち早くそれを感じ取り、自分の心情を書き綴ったのである。

切腹もまた、処刑ではあるが、武士の体面を保ちながら腹を斬る、という日本古来の武士道にのっとっている。「武士道と云ふは死ぬ事と見つけたり」（山本常朝『葉隠』）と言われるように、死は最高の名誉とされ、最期に臨みその心境を「遺書」や「辞世」に託したのである。

戊辰戦争は官軍、朝敵という対立を生み、壮絶な戦いの結果、多くの死者を出したが、「遺書」には官軍、朝敵に拘わらず、己の信ずる道を突き進んだという自負が見える。これは掲載した多くの遺書、辞世からもうかがえる。

わが国はこうした明治維新という大変革を体験し、西南戦争を頂点とする内戦を経て、日清、日露、日中戦争、そして太平洋戦争へと突き進むのだが、従軍した将兵のすべては死を覚悟して祖国を出立していった。戦地からの便りはそのまま「遺書」につながったといっても過言ではない。

一方、戦後四十年経て起こった史上最悪の日航ジャンボ機の墜落事故。同機に搭乗していた河口博次・大阪商船三井船舶神戸支店長は、ダッチロールを続ける中、死に脅えつつ手帳に妻子への思いを綴った。その乱れた文字から肉親への尽きぬ愛情がひしひしと伝わってくる。

「遺書」という文章の持つ、はかりしれない凄さ、といってよかろう。

☆

本書は、登場人物を「幕末維新」（幕末から明治十年まで）、「明治・大正」（明治十一年以降）、「昭和戦前・戦中」、「昭和戦後・平成」の四項目に分け、死亡日順に並べて構成し、時代背景を描きながら、その人物の死に至る経過と「遺書」を掲げる方法をとった。

死亡年齢は昭和二十一（一九四六）年を境に、それ以前を数え年、それ以降を満年齢とした。

「遺書」を通して、その時代、時代を駆け抜けていった先人たちの息吹に触れていただきたい、と願っている。

「遺書」の文面は、原文まで遡れるものは原文通りとしたが、遡れなかったものはやむを得ず活字資料の通りとなっている。そのため、仮名遣いが時代と合っていないものがあることをご了承いただきたい。また、読み易いよう、旧漢字は新漢字とし、原文や活字資料にはないルビを適宜ふっている。図版は所蔵先か引用元を明記した。漢詩の明らかな誤りは正した。引用・参考文献は各項目の最後に記し、共通して使用したものは最後にまとめて記した。

掲載した「遺書」「辞世」は、関係者のご協力でコピーをいただいたもののほか、書物から複写させてもらったもの、新聞や雑誌などで公表されたもの、インターネットで公開されているものなど、さまざまだが、「遺書」がない場合は、その人物の書簡や書を用いた。筆者が保存しているものは、その旨を記した。

最後まで取材先と連絡が取れず、やむなくそのまま掲載したものも数点あるが、ご理解の上、ご容赦願いたい。

日本人の遺書　一八五八—一九九七／目次

I　幕末維新

II 明治・大正

Ⅲ　昭和戦前・戦中

IV　昭和戦後・平成

日本人の遺書

一八五八—一九九七

題字　魚住和晃
装丁　作間順子

Ⅰ　幕末維新

大原幽学――「人を教え諭すべきいはれなく」

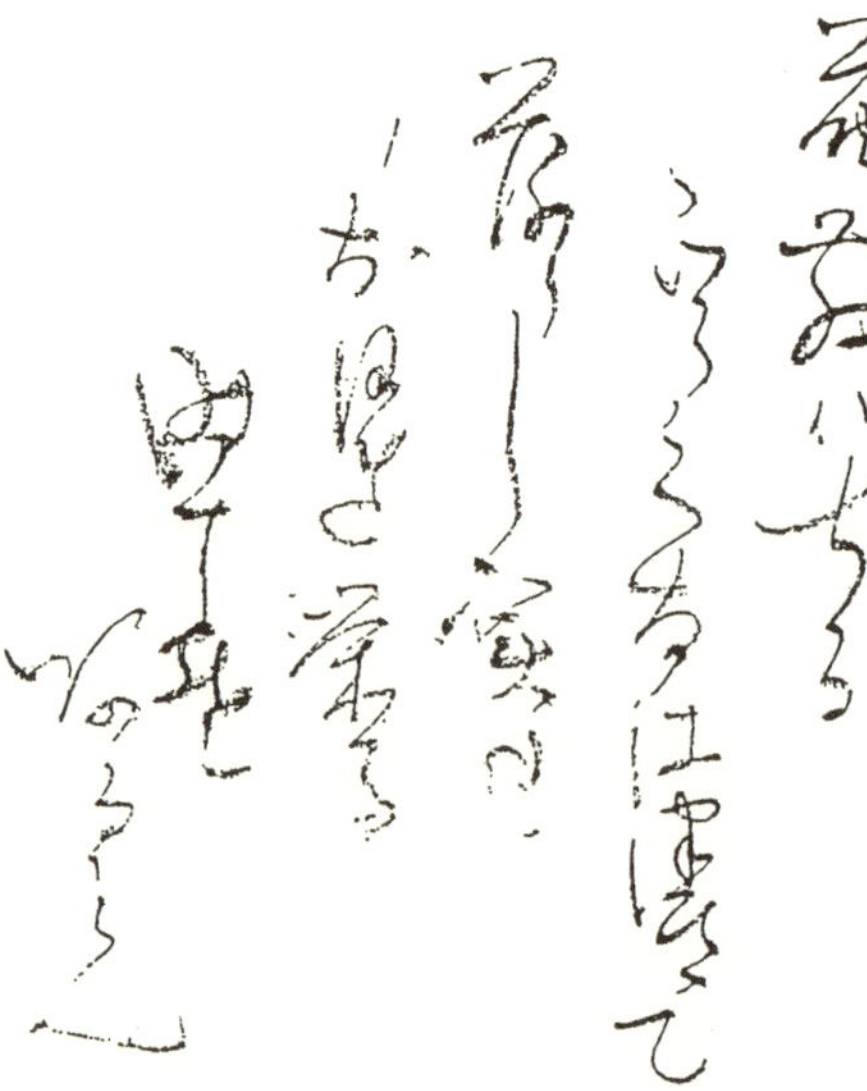

幽学の辞世（大原幽学記念館蔵）

★おおはら・ゆうがく
（一七九七―一八五八）
農村指導者。尾張藩の出身といわれるが明らかでない。若くして畿内、中国を放浪後、下総国長部村を本拠に、農村指導に取り組む。先祖株組合は農業協同組合として先駆的な役割を果たした。安政五（一八五八）年三月七日歿。享年六十二。

安政五（一八五八）年三月七日、百日押込の処分が解けて赦免になり、下総国（千葉県）香取郡長部村に戻った農村指導者の大原幽学は、それまで世話になった名主の遠藤良左衛門宅に身を落ちつけた。

幽学は高弟の菅野幸左衛門に髪を結わせ、口髭を剃らせてから、久しぶりに風呂に入った。その間に門人の農民たちが集まってきた。

風呂から上がった幽学は、門人たちと心尽くしの昆布飯の夕食を食べてから、心ゆくまで語り合った。

門人たちがそれぞれ家に戻った後、幽学は夜が更けるのを待って、白絹の下着の上に黒絹の上着を着て白帯を締め、小倉の無地の袴をはいて家を出た。集落の墓場のある御塚丘へ登り、名主の遠藤家の墓前に座った。

父から受け継いだ腰の大小をそばに置き、衣服の前を広げると、取り出した短刀を腹に突き立て、横に裂いた。

血が溢れ、幽学はそのままそばの松の木にもたれて絶命した。すでに夜が明けていた。

朝早く、探していた門人が幽学の変わり果てた姿を発見し、大騒ぎになった。

刑期を終えたばかりの咎人《とがにん》だけに、役人が検視するまで手出ししないよう沙汰があり、遺体はそのまま放置された。

役人がやってきて検視が行われたのは三月十五日、すでに八日が過ぎていた。

遺体は親類筋に当たる長部村幸八郎に引き取られ、改めて死んだ松の木のそばに葬られた。

門人宛てに遺書が残されていた。百日押込の処分が解けて名主家に戻ってほどなく書いたものだった。長文なので、中段以降を記す。

> 門人のうち埒《らち》も無く眼前のことに迷ひ、元の不孝に帰る者あらあら相見え、ここにおいて第一にハ御上様御苦難ニ相成り、其上にも御慈悲の御沙汰下し置かれ候ことゆえ、門人の中、不幸に帰する者多く出来候ては僕は一身置くところなく、又僕が教えの筋宜敷く思召し候御方々へ猶以て一分相立つなく、又門人の中、元の不孝に帰る者多きニ相成り、僕が教をなせし故、御上様・御領主様、方々の御役衆中迄御苦難ニ相成り、門人ニ

は大金を費させし甲斐これなく、いよいよ以て僕の不忠・不孝の甚しきなり。然らバとて、過ち多き分として人を教え諭すべきいはれなく、このため自殺す。僕を憐む心あれば、速かニ志を改めて孝を先とし、身を修め、以て自分斉家の行ひのみ志し、必ず必ず不義の富貴は好まざるよう堅く心得、勤め給ふべく候

辞世は、

花散《ち》ばちる　うてなはつきて落し実の
　おほれ栄《さか》る　時こそあるらん

さらに長部村の役人宛てに、次の書き置きとともに三両の金が添えられていた。

右は拙者、自殺に付、入用の足し合いに致し下され度く候

自決に使った短刀に「難舎者義也」の五文字が刻まれていた。自ら彫ったもので、「捨て難きものは義なり」の意味である。遺書および遺品は大原幽学記念館に保存されている。

幽学は長く京坂地方を歴訪し、やがて長部村の名主、遠藤伊兵衛に招かれ、ここに「改心楼」と呼ばれる教導所を設けて、農民たちに自説の「性学（性理学ともいう）」を説いた。さらに周辺の農村を回って講義をした。「性学」とは、神、儒、仏を融合させ、天地を生と位置づけ、君臣、親子、夫婦、兄弟姉妹、朋友の情を育むことにより、その将来は素晴らしいものになる、というものであった。

この教えは疲弊のどん底にあった農村に一筋の光を与える形になった。門人たちが日に日に増え、幽学の熱心な

指導と農民たちのひたむきな努力により、周辺の農家は見事に立ち直った。

幽学は農業の永続こそ国を安定させるとして、先祖株組合を結成した。農地を出資してそこから上がる利益を積み立てて、いざという時に備えようというもので、世界で初めての農業協同組合といわれる。

この幽学の教義に関東取締出役手先が不審を抱き、改心楼に乱入した。この騒動により幽学は評定所で取り調べを受けた。

評定は六年もの長い歳月をかけて行われ、安政四（一八五七）年十月二十日、幽学に対して、次のように百日押込処分を申し渡した。

> 駈《しか》と読書《よみかき》も出来かね候身分、右楼上にて神道、仏道をも取り交え、聞伝へ候事共をその身の了簡を以て道理をつけ講義等致し、且つ百姓株、又は田畑等の儀、仕置筋に関わり候儀（中略）、不埒《ふらち》につき押込仰付られ候。

ただし江戸小石川の高松彦七郎を幽学の実兄と認定して、同宅に謹慎させる措置を取った。この処分と同時に、改心楼は取り潰す、先祖株組合は解散してもとに戻すよう沙汰した。

幽学の指導を受けた長部村はじめ周辺の村の名主らは「農民不相応の筋」として処罰された。乱入した出役手先にも咎めがあり、所払《ところばらい》、手鎖《てぐさり》などの処分を受けた。

幽学は以後、高松宅で謹慎の日々を送ったが、この間、伊兵衛の息子で名主を継いだ高弟の良左衛門らが幽学の身の回りの世話をした。

翌年二月五日、処分が解けると、良左衛門とともに江戸を発ち、十五日に長部村へ戻ったが、幽学が情熱を傾けた農村はすべて瓦解していた。絶望した幽学は士道にのっとり、自刃して果てたのだった。

参考文献

高倉テル『大原幽学伝』アルス、一九四一年。
『大原幽学全集』千葉県教育会編、千葉県教育会、一九四三年。
中井信彦『大原幽学』吉川弘文館、一九六三年。

吉田松陰――「身はたとひ武蔵の野辺に朽ぬとも」

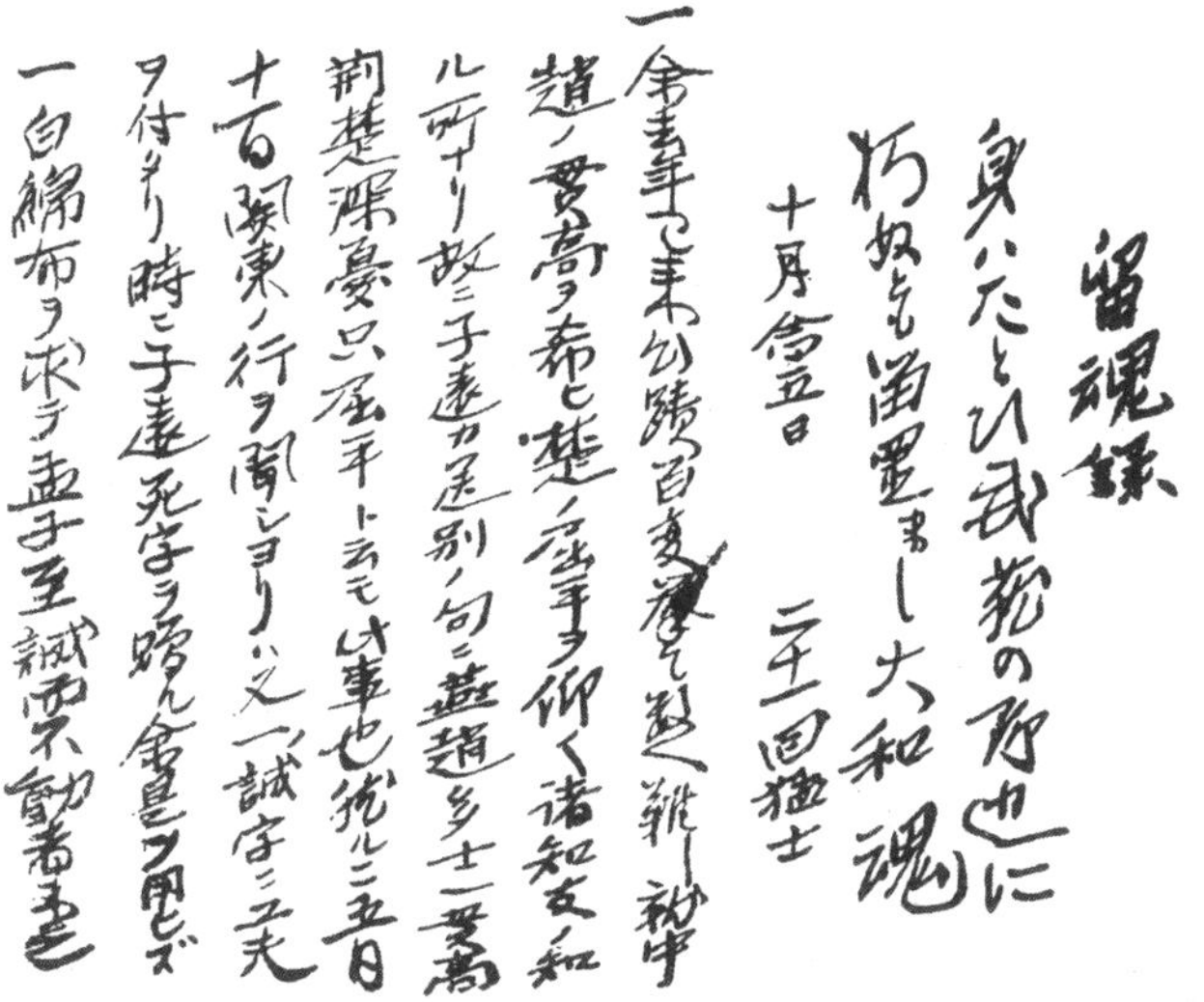
留魂録
身はたとひ武蔵の野辺に朽ぬとも
留置まし大和魂
十月念五日　二十一回猛士
一余去年已来心蹟百変挙て数へ難し就中
趙ノ貫高ヲ希ヒ楚ノ屈平ヲ仰ク諸知友ノ知
ル所ナリ故ニ子遠カ送別ノ句ニ燕趙多士一貫高
荊楚深憂只屈平トスルモ此事也然ルニ五月
十一日関東ノ行ヲ聞シヨリハ又一ノ誠字ニ工夫
ヲ付タリ時ニ子遠死字ヲ贈ル余是ヲ用ヒズ
一白綿布ヲ求テ孟子至誠而不動者未之

「留魂録」（松陰神社蔵）

★よしだ・しょういん
（一八三〇―一八五九）
長州藩士。六歳で叔父吉田家の養嗣になり、藩校明倫館に学ぶ。十八歳で山鹿流兵学免許皆伝。江戸に留学して佐久間象山らに師事し、思想家として飛躍。ペリー来航時に海外密航を企て失敗、幽居となる。野山獄から実家に移され、そこで松下村塾を主宰し、高杉晋作や久坂玄瑞らを育てる。安政の大獄で処刑。安政六（一八五九）年十月二十七日歿。享年三十。

江戸小伝馬町の牢獄に繋がれていた長州藩士の吉田松陰は、すでに死を覚悟していた。処刑の日が近いと感じた松陰は、両親はじめ実家の肉親宛てに決別の書を書いた後、自分が主宰する松下村塾の門下生に宛てて「留魂録《りゅうこんろく》」を書き始めた。安政六（一八五九）年十月二十五日のことである。

松陰は師弟の枠をはずして門下生を諸友と呼び、その心情を延々と述べた。書き上がったのは翌日の黄昏時。丸二日かけたことになる。

「留魂録」は半紙を四つ折りにした縦十二センチ、横十七センチのものである。遺書全体を十六章にわけて書かれている。冒頭に辞世を書いた。

身はたとひ武蔵の野辺に朽《くち》ぬとも留置《とどめおか》まし大和魂

十月念五日　　　　二十一回猛士

二十一回猛士とは「吉田」の漢字を分解して「二十一回」と読み、死ぬまでには全力を挙げて二十一回の行動を起こすことを誓い、この号を好んで使ったのである。念五日は二十五日を意味する。

「留魂録」の本文は長文なので、松陰が人生を作物の生育に見立てた「第八章」のみを掲げる。その死生観というべきものが伝わってくるであろう。

今日死を決するの安心は四時《しじ》の順環に於て得る所あり。蓋《けだ》し彼の禾稼《かか》を見るに、春種《うえ》し、夏苗《なえ》し、秋苅《か》り、冬蔵《ぞう》す。秋冬に至れば人皆其の歳功の成るを悦び、酒を造り醴《れい》を為《つく》り、村野歓声あり。未だ曾《かつ》て西成《せいせい》に臨んで歳功の終るを哀しむものを聞かず。吾れ行年三十、一事成ることなくして死して禾稼の未だ秀でず実らざるに似たれば惜しむべきに似たり。然れども義卿《ぎきょう》の身を以て云へば、是れ亦《また》秀実の時なり、何ぞ必ずしも哀《かな》しまん。

何となれば人寿は定りなし、禾稼の必ず四時を経る如きに非ず。十歳にして死する者は十歳中自ら四時あり。二十は自ら二十の四時あり。三十は自ら三十の四時あり。五十、百は自ら五十、百の四時あり。十歳を以て短しとするは蟪蛄《けいこ》をして霊椿《れいちん》たらしめんと欲するなり。百歳を以て長しとするは霊椿をして蟪蛄たらしめんと欲するなり。斉しく命に達せずとす。義卿三十、四時已に備はる、亦秀で亦実る、其の秕《しいな》たると其の粟たると吾が知る所に非ず。若し同志の士其の微衷《びちゅう》を憐み継紹《けいしょう》の人あらば、乃ち後来の種子未だ絶えず、自ら禾稼の有年に恥ざるなり。同志其れ是れを考思せよ。

文中の前段の四時は、作物の禾稼を通した一年間を意味し、後段の四時は、人生を指している。人生何十年であろうとも、その年齢に応じてその生涯がある、という意味に解釈してよかろう。西成とは五行説の秋にあたり、秋には植物が成熟するの意味。義卿とは松陰自身を指す。

翌二十七日朝八時ごろ、呼び出しがきた。松陰が促されて揚屋《あがりや》を出ると、待ち構えていた獄吏が縄を打った。牢内には松陰処刑の噂がたっていたので、囚人たちはいっせいに、なむあみだぶつ、なむあみだぶつ、と唱えだした。

松陰は駕籠に押し込められて、辰の口の評定所に連行された。評定所とはいまでいう最高裁判所である。

松陰が着くなり、奉行が処刑申渡状を読み上げた。

「間部《まなべ》閣老の要撃を企てたる儀、公儀を憚《はばか》らず不敬の至り。以て死罪を申しつける」

間部は老中・鯖江藩主、間部詮勝を指す。松陰がこの申し渡しに不満を抱いて反論したところ、奉行が叱咤した。松陰は憤然となり、大声で怒鳴り返し、激しい口論となった。奉行らは立ち去り、松陰は駕籠で小伝馬町の牢獄に戻され、直ちに処刑が伝えられた。

松陰は身なりを整えて揚屋を出ると、牢獄内にある死罪場へ赴き、中央に敷かれた筵に座った。その時の模様を、処刑に立ち会った長州藩士小幡高政は、松陰の髪は逆立ち、目はらんらんと光り、別人のような凄味があったと、書き残している。
獄吏に促されて立った松陰は、突然、ろうろうと吟じだした。

我今為国死　　我今国の為に死す
死不背君親　　死して君親に背かず
悠々天地事　　悠々天地の事
鑑照在明神　　鑑照明神に在り

獄卒二人が松陰の両側から腕を取り、一人が半紙を二つ折りにして目を隠した。少し進んだところで獄卒が両側から肩を強く押し、松陰の膝が筵につき、頭が前に出た瞬間、構えていた首斬り役の山田浅右衛門が、かけ声をかけて刀を振りおろした。首は血をふいて地面に転がった。

遺体は四斗樽に入れられ、小塚原《こづかはら》の回向院《えこういん》に近い藁小屋に置かれていたが、処刑から二日後、桂小五郎（木戸孝允）らによって引き取られた。樽の蓋を開いたところ、首は裸の胴体に抱かれていた。

「留魂録」は同志の手に渡りながら、いつの間にか行方不明になった。ところが松陰はもう一通、同文のものを作成し、同房の沼崎吉五郎という者に預けていたのである。獄吏に見つかり没収されるのを恐れた松陰の、周到な配慮といわねばなるまい。

吉五郎はこの後、三宅島に流罪になったが、幕府が倒れた後の明治七（一八七四）年、釈放になり、東京と名を改めた江戸に戻った。明治九（一八七六）年、門下生の一人が神奈川県令野村靖と知って面会を求め、「留魂録」を差し出したところ、野村は感涙にむせびながら受け取った。これにより松陰の遺書の存在が明らかになる。現在山口県萩市の松陰神社に所蔵されているのが、それである。

松陰は安政元（一八五四）年、門下生の金子重之助と下田から外国へ密航を企てて失敗し、江戸小伝馬町の牢獄に投獄された。長州萩の野山獄《のやまごく》に移された後、病気を理由に実家に幽閉されたが、松陰はここで松下村塾を開き、若者たちに維新回天を説いた。その一方で安政五（一八五八）年、幕府が勅許を得ずに日米修好通商条約に調印したのを批判したので、幕府の叱責を恐れた長州藩は松陰を再び野山獄に投獄した。

尊皇攘夷の嵐が吹き荒れ、幕府大老井伊直弼は反対派の一掃を狙いに、水戸藩前藩主徳川斉昭らを処断し、松陰ら勤王の志士らを次々に捕えた。〝安政の大獄〟である。

辰の口の評定所に送られた松陰は、奉行の取り調べに対して、問われてもいない老中間部詮勝の要撃事件の計画まで述べた。評定の申渡書は「遠島《えんとう》」と決まったが、それを「死罪」と書き直したのは井伊大老であったといわれる。

参考文献

『吉田松陰全集』全一二巻、岩波書店、一九三四―一九四〇年。
吉田松陰『留魂録』古川薫全訳・注、講談社学術文庫、二〇〇二年。

長井雅楽——「唯《ただ》思はるる　国の行末《ゆくすえ》」

長井雅楽の切腹と辞世（『義烈回天百首』より）

★ながい・うた
（一八一九―一八六三）
長州藩士中老格。藩主の小姓役や藩世子のお守り役を務め、直目付役として藩政の要職につく。幕府の開国政策に反対して、「公武一和・航海遠略策」と称する独自の開国論を建言。だが攘夷派の批判などで謹慎、切腹。文久三（一八六三）年二月六日歿。享年四十五。

文久二（一八六二）年六月、長州藩の中老格を罷免されて江戸から萩に戻り、蟄居、待罪の身だった長井雅楽に、翌三年二月初め、切腹の命が伝えられた。

雅楽は二月五日、親交の深かった高杉小忠太（高杉晋作の父）に、わが身の潔白を交えた長文の便りを書いてから、辞世を認《したた》めた。

ぬれ衣《ぎぬ》の　かかるうき身は数ならで
　唯《ただ》思はるる　国の行末《ゆくすえ》

翌六日朝、検使役正使の家老国司信濃が長井邸にやってきた。雅楽は白い死装束をまとい、邸内に設けられた切腹の座につき、

「お役目ご苦労にござる」

と挨拶してから、謡曲「弓八幡《ゆみやわた》」を朗々と謡いあげた。そして、

「介錯はご免こうむる」

と拒絶し、衣服の前を開いてから、握りしめた短刀で作法通りに腹を十字にかっさばいた。雅楽は血まみれになって息絶え絶えになり、悶えながら死んでいった。

辞世はよく似たのがもう一首、伝えられている。

君が為　捨る命は惜《おし》からで
　只《ただ》おもはるる国の行末

どちらも、自分の死はいとわないが、国、つまり萩—長州藩の行く末が気にかかる、という意味であり、武人の心情とはかくなるものか、と思わせる。

雅楽は安政五（一八五八）年、藩主毛利敬親《たかちか》に対し「公武一和・航海遠略策」と称する独自の開国論を建言した。幕府が欧米列強諸国と修好通商条約に調印した現実を認め、朝廷、幕府がともにわだかまりを捨て、朝命により幕府が航海を開き、その威光を海外に広めようという内容だった。

この献策は藩主や家老周布《すふ》政之助らに認められ、長州藩の藩論となった。

雅楽は上洛して三条実愛《さねなる》に進言し、次に江戸に赴いて幕府老中安藤信正に伝え、説得した。朝廷との融和を図ろうと模索していた幕府は、雅楽の意見に飛びついた。以来、雅楽は朝幕間を駆けずり回って調停に努めた。

この功労により雅楽は家禄三百石、中老格に昇進した。だが藩内は、久坂玄瑞、桂小五郎ら尊攘派がしだいに勢力を強め、雅楽の公武周旋を表立って批判しだし、周布までが反対を唱えだした。その挙げ句、藩論は一転して、諸外国と交わした通商条約を破棄して攘夷を実現する主張へと変わった。しかも雅楽の後ろ楯になっていた老中安藤が辞職したことで、歯止めがきかなくなった。

雅楽は藩命により京都から江戸へ召還された。一方、朝廷は「航海遠略策」の建白書のなかに、朝廷を誹謗《ひぼう》する文言があるとして厳しく指摘した。

雅楽は藩主に対して待罪書を提出し、萩に戻って謹慎したが、藩主は藩を危うくしたものとして切腹を言い渡したのだった。

参考文献

染崎延房（為永春笑）編『義烈回天百首』金松堂、一八七四年。

合田一道『日本人の死に際』小学館、一九九五年。

清河八郎――「魁《さきがけ》て　またさきがけん死出の山」

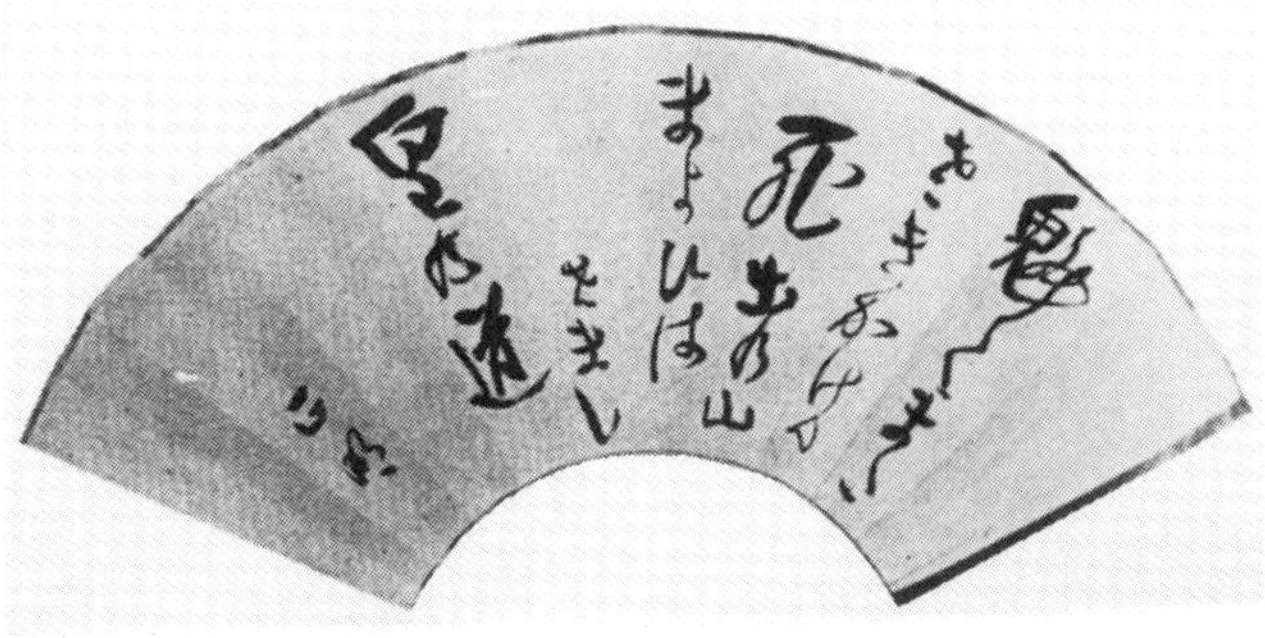

「絶筆」となった扇子の書（『清川八郎遺著』より）

★きよかわ・はちろう
（一八三〇―一八六三）

出羽国庄内の郷士。幕府に進言して浪士組を編成して上京。浪士組を朝廷付きにする構想を発表すると組は二分。新選組派を残して江戸に戻る。外国人居留地の焼き打ちを企画するが、決行予定の二日前に殺害された。文久三（一八六三）年四月十三日歿。享年三十四。

文久三（一八六三）年四月十三日朝、幕府の浪士組総括の清河八郎は、山岡鉄舟の手元にあった尊攘党の連名帳を懐に入れると、潜伏中の山岡邸を出た。この日、江戸麻布の上山藩邸内の儒者金子与三郎から、

「尊攘党に連名したい」

と言ってきたのに応じたのである。

鉄舟は金子を危険人物と睨み、これまで何度も清河に忠告していた。鉄舟と清河は千葉道場の同門で、清河が浪士組総括として上京した時、鉄舟は浪士取締役をしていて、気心知れた仲だった。

清河は出がけに隣家の槍術家の幕臣、高橋泥舟を訪ねた。泥舟も浪士取扱を務めた。鉄舟の義兄に当たる。泥舟は登城の支度をしていたので、清河は扇子に一首書き、玄関に出てきた泥舟の妻に手渡した。

魁《さきがけ》て　またさきがけん死出の山
　　まよひはせまじ　皇《すめらぎ》の道

まるで自分の運命を予期するかのような一首で、それが最期の書となった。

清河はその足で金子邸を訪れた。金子は喜び、しきりに酒を勧めた。そのうち清河はすっかり酔いしれた。これが金子の策略だったとは。

黄昏が近づいたので、帰りは駕籠にしては、という金子の言葉を振り切り、清河は編笠をかぶり、歩きだした。少しふらつきながら新堀川沿いに行く。右折して一の橋を渡った時、夕闇のなかから二人の武士が現れ、

「清河先生ではございませんか」

と声をかけた。

速見又四郎と佐々木只三郎で、京都在勤以来、清河のもとで浪士組取締などを務めた顔見知りだった。二人はか

ぶりものを取って丁寧に挨拶した。清河も答礼しようと編笠を脱ごうとした時、突然、背後から刀が襲い、頭を斬られた。後をつけてきた佐々木の同僚の窪田千太郎ら四人の仕業だった。

清河は、「無念っ」と一声叫んで崩れ落ちた。

そこへ速見と佐々木が一太刀ずつ浴びせて、そのまま立ち去った。

清河が討たれたと聞いて、同志の石坂周造が二、三十人の者を引き連れて現場に駆けつけ、警備の幕吏の裏をかいて遺体に近づき、懐にあった連名帳を抜き取り、首を掻き切って鉄舟のもとに運んだ。連名帳が幕府に渡ると、同志に迷惑がかかる恐れがあった。

泥舟は清河の残した扇子の絶筆に呆然となった。

清河は出羽国庄内の郷士の家に生まれ、江戸に出て儒学や剣術を学び、諸国を巡り尊攘派志士らと交わった。

文久二（一八六二）年、清河の献策した「攘夷、獅子の大赦、英才教育」の三策が鉄舟の斡旋で幕府に容《い》れられ、清河は幕府徴募の浪士組を結成し、将軍警護を目的に京都へ上ったが、尊攘派の清河は幕府を出し抜いて朝廷から攘夷決行の勅諚を得た。幕府は驚き、浪士組を江戸に戻し、清河から勅諚を騙して取り上げた。清河は返済を迫るとともに、横浜の外国人居留地を焼き打ちする計画を進めた。窮地に追い込まれた幕府は清河を誘い出し、殺害したのだった。刺客の一人である佐々木只三郎は、後に京都見廻組を率いる人物で、今井信郎が自供した龍馬暗殺のリーダーである。

参考文献

続日本史籍協会叢書『清川八郎遺著』東京大学出版会、一九七六年。
高野澄『清河八郎の明治維新――草莽の志士なるがゆえに』日本放送出版協会、二〇〇四年。

真木和泉――「大山の峰の岩根に埋《うめ》にけり」

真木和泉の辞世（真木神社蔵）

★まき・いずみ
（一八一三―一八六四）
筑後国久留米の水天宮第二十一代神職の長男に生まれる。本名・保臣。幕府政治を鋭く批判し、王政復古を唱えて行動。尊攘派公卿や長州藩に接近し、長州とともに浪士隊を率いて京都にのぼり、禁門の変を起こす。元治元（一八六四）年七月二十一日歿。享年五十二。

元治元（一八六四）年七月二十日夕、京都の町をはるかに望む大山崎の天王山に布陣した筑後国久留米の神官真《ま》木《き》和泉《いずみ》（保臣《やすおみ》）は、すでに自決を覚悟していた。

乱れ髪を短刀で切って地中に埋めた後、若者に髪を結わせてから、短冊を取り出し、次の辞世を認《したた》めた。

大山の峰の岩根に埋《うめ》にけり
　わが年月の大和魂

そして家来の大沢一平を呼び、この短冊を長州にいる公卿三条実美《さねとみ》へ送るよう命じ、かつて三条より賜った白羽二重一巻を遺品として与えた。真木とともに布陣していた同志十六人も、それぞれに辞世や書簡を書き、大沢に託した。

夜になり、真木は大軍がいるように見せかけるため、山頂に赤々とかがり火を焚いた。陣の真ん中に旗を立て、全員連署で決死の理由を書き、山頂に建つ社殿に貼りつけた。読み下し文を掲げる。

甲子秋七月。師を出《い》だして討ち、賊に会うに不利、引き還《かえ》す。我輩徒《いたず》らに京師を去るに忍びず、腹を屠《ほう》する所の天王山に屠《ほう》り、陰《ひそ》かに至尊を護らんと欲す。

元結いを紫の紐で結び、陣に座り込んだ真木をはじめ同志たちは、思い思いに扇や紙片に辞世を書いて、そばの松の木に結んだ。そして全員が兜を脱いでそばに置き、最後の盃を交わした。

夜がかすみ始めるころ、新選組を先鋒に会津藩兵が大砲を引いて天王山へ攻め込んできた。真木は、

「いまだっ」

と叫ぶなり、着物の前を開き、刀を腹に突き立てて横に引き裂いた。血が溢れて真木の体は前のめりに倒れた。

ほかの十六人もいっせいに腹を割った。と、その瞬間、轟音が響きわたり、黒煙が山頂を覆った。会津藩兵が恐る恐る山頂に上ってみると、硝煙が漂うなか、真木ら十七人の焼けただれた割腹死体が並んでいるのが見つかった。森山滋筆記、徳富蘇峰『近世日本国民史』には、次のように書かれている。

真中に旗を立、各甲冑を脱《ぬぎ》、決別之杯を酌替《くみかわ》し、心静に割腹致し候有り様、誠に勇々敷次第

この年六月、長州藩は幕府の動向に不審を抱き、大軍をもって京都に上った。真木はこれに呼応して寄せ集めの浪士隊を率いて参加し、五隊編成の第一隊浪士隊総監として天王山に布陣した。ところが朝廷は七月十九日、幕府の意向を容れて長州藩追討命令を出した。長州藩は直ちに軍議を開いたが意見がまとまらず、問われた真木は出撃に同調し、これが結局、二十一日の「禁門《きんもん》の変」へとつながっていった。

戦い敗れて長州藩主父子に罪を重ねる結果を招いた真木にとって、残された道は死のみであった。真木は敗走する長州藩士らに別れ際、再挙するよう促し、同志とともに天王山に上り、死をまっとうしたのだった。

真木の辞世の短冊をはじめ同志の辞世や書簡は、大沢により運ばれたが、途中で大沢が負傷したため、備中倉敷の薬舗森田源助方に潜伏し、十二月に入って井上文郁が代わって長州にいる三条実美に届けた。

真木の辞世の短冊は百年近く経った昭和三十四(一九五九)年に、三条家から真木家に贈られ、福岡県久留米市の水天宮境内に建つ真木神社の神宝となった。

参考文献
山口宗之『真木和泉』吉川弘文館、一九七三年。
『真木和泉守全集 上・中・下巻』小川常人編、水天宮、一九九八年。

中山忠光――「引きも放《はな》たで朽ちはつるとは」

中山忠光の辞世を刻んだ碑（中山神社）

★なかやま・ただみつ
（一八四五―一八六四）
公卿中山忠能の七男。儲君（後の明治天皇）祗候に。尊攘派の志士と交わる。朝廷の国事寄人になるや、密かに長州に入り、官位を捨てて諸方の志士と交わり、外国船砲撃などに参加。大和行幸の詔が下されると、天誅組を率いて蜂起。元治元（一八六四）年十一月十五日歿。享年二十。

元治元（一八六四）年十一月一五日（ほかに八日説など諸説あり）午後九時ごろ、長州藩支藩の長府藩領、田耕村の太田新右衛門方に潜伏していた中山忠光のもとに、庄屋の山田幸八がやってきて、幕府の追跡が厳しく、危険が迫っているので、奥の四恩寺に移ってほしいと勧めた。

忠光は尊攘派公卿として知られ、国事寄人《こくじよりうど》の官位を返上して長州におもむき、外国船攻撃に参加し、天誅組《てんちゅうぐみ》を率いて倒幕ののろしを挙げるなど激しく動き回ったため、幕府に睨まれて長州に落ち延び、匿《かくま》われていた。

この夜、忠光は風邪のため高熱で寝床に臥せていたが、すぐに起き上がり、提灯を持つ幸八と側近の長府藩士三浦市太郎に守られて太田家を出た。

白滝山麓の杣地川沿いに延びる山道を歩いて、長瀬という場所に出た。と、提灯を持って先を歩いていた幸八が突然、駆けだした。忠光が驚いて叫んだ時、覆面をした三人の武士が現れ、一人が持っていたこん棒で忠光の脛《すね》をたたいた。忠光はたまらず前のめりになって刈田に転落した。そこへ武士たちが襲いかかり、首を絞めた。忠光は声を上げることもできないまま、絶命した。

幕府に追い詰められた長州藩が、邪魔になった忠光を騙して誘い出し、殺害した事件だが、長州藩はそれを表沙汰にせず、箝口令《かんこうれい》をしいたうえ、中山家からの問い合わせにも、忠光は酒好きで、女色に溺れて体調を崩して病死した、と返答した。結局、犯人は最後までわからなかった。

辞世が伝えられている。忠光が隠れ家を転々とする間に詠んだ和歌から選んだものだが、その無念さがにじむ内容である。

思ひきや野田の案山子《かかし》の梓弓《あずさゆみ》
引きも放《はな》たで朽ちはつるとは

この辞世は碑《いしぶみ》となって中山神社境内に立っている。

忠光が長州に落ち延びたのは「八月十八日の政変」が起こった直後の文久三（一八六三）年夏。長州藩はすかさず身柄を保護し、翌元治元年一月、支藩の長府藩に預けた。長府藩は延行村の新居にしばらく匿っていたが、禁門の変を引き起こしたうえ、英仏蘭米四カ国艦隊に襲撃され、幕府にも指弾《しだん》されて、恭順の姿勢を取らざるを得なくなった。困り果てた長州藩は長府藩に命じて、忠光を延行村から安岡村、湯玉村、上畑村と一、二日置きに移し、さらに黒井村、大河内村、川棚村、室津村と引き回し、最後に田耕村へ移した。

この間、幕府の追及は厳しくなり、十一月十八日に長州総攻撃が伝えられた。長州藩は家老三人の首を差し出し、長州に身を潜める七卿を九州に移すことで何とか総攻撃を食い止めた。この幕府との約束のなかに、忠光の暗殺が含まれていたのかもしれない。

長柩《ながひつぎ》に納められた遺体は、真夜中、密かに運ばれたが、下関に近い安岡村あたりで夜が明けてきたので、村人に見つかったら怪しまれるとして、松林の生えている砂丘に穴を掘って埋めた。

だが慶応元（一八六五）年春、忠光の侍女の登美が下関の実家に戻り、忠光の死に不審があると語ったことから事件が明らかになる。登美は忠光の子を身籠もっていた。登美は生まれた仲子とともに中山家に引き取られ、仲子は長じて嵯峨家に嫁ぐ。

仲子の孫・浩《ひろし》は満州国皇帝愛新覚羅溥儀《あいしんかくらふぎ》の弟溥傑《ふけつ》に嫁ぎ、〝流転の王妃〟といわれる。その娘の慧生《えいせい》が男子学生と天城山でピストル心中することになる。波瀾の血筋を思わずにはいられない。

参考文献
大隈俊雄『中山忠光卿』皇国社、一九四〇年。
正親町季董『天忠組中山忠光——明治維新の先駆者』第一書房、一九四一年。

武田耕雲斎——「風に空しく散るとても」

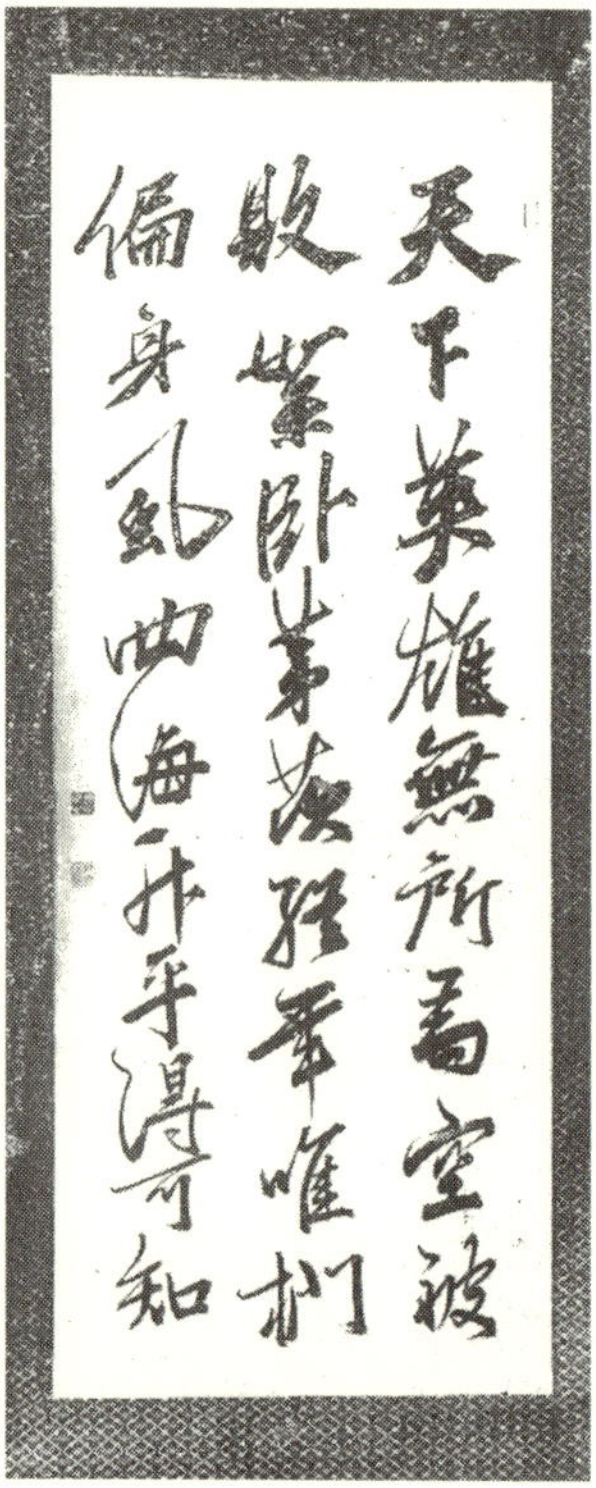

武田耕雲斎の七言絶句（『義烈回天百首』より。茨城県立歴史館蔵）

★たけだ・こううんさい
（一八〇三―一八六五）

水戸藩執政。江戸在勤中、東禅寺英国仮公使館襲撃事件により罷免、謹慎。再び執政となるが、筑波挙兵の天狗党の首謀者と見なされ隠居。藩政を握ろうとする尊攘過激派の水戸藩士らと行動を取り、大挙して西へ進むが、降服。断罪。慶応元（一八六五）年二月四日歿。享年六十三。

（茨城県立歴史館蔵）

水戸藩尊攘派の天狗党が、悲惨な行軍の果てに越前敦賀近くまできて、待ち構えていた金沢藩の軍勢に降伏したのは元治元（一八六四）年十二月二十日。大子《だいご》村を出発して五十八日目。少しずつ減ったとはいえ首領の武田耕雲《こううん》斎以下八百二十三人にも及んだ。金沢藩は全員を敦賀の東勝寺など三寺にわけて収容し、丁重に扱った。

年が明けて元治二年二月一日、追討軍総括の相良藩主田沼意尊《おきたか》が敦賀にやってきて、金沢藩から降伏人を引き取るなり、全員、袴《はかま》を脱がせたうえ、下帯まで調べあげた。そして敦賀の船町に建つ十六棟の鰊《にしん》蔵に五十人ほどずつにわけて押し込んだ。耕雲斎をはじめ嫡男彦衛門、次男魁介、藤田小四郎（藤田東湖の四男）ら役職者三十人ほどを除いて、残りの者は左足に木製の重いあしかせをはめ、自由に動けなくした。

鰊蔵は肥料にする鰊を保存する倉庫で、間口三間から四間（約五・五メートルから七・三メートル）、奥行き十二間ぐらい（約二十二メートル）。天井は太い梁が剥き出しのまま。床は板張りで、筵を敷いただけ。窓もないので戸を閉めたら真っ暗闇である。

食事は一日二食で、握り飯一つとぬるま湯が一杯だけ。もっとも酷かったのは蔵の真ん中に置かれた便器で、四斗樽の空き樽に板を渡し、跨いで用をたすものだから、悪臭が充満して息もつけなくなるほどだった。

田沼は降伏人たちを鰊蔵から引き出し、取り調べを始めた。最初に調べを受けた耕雲斎は、断罪は免れないと覚悟しつつも、尊皇攘夷を目的とした正義の出陣である、と主張した。田沼は何の反応も見せず、黙って聞いていた。役職者は初めから処刑と決まっていたのだった。

取り調べが兵に移ったとたん、それが乱暴極まるものになった。一人ずつ呼び出し、

「そなたは合戦をしたか」

と聞き、はい、と答えた者は処刑、いいえ、と答えた者は流罪か水戸藩渡しという具合で、丸三日間の取り調べが終わった。

翌二月四日早朝、耕雲斎らは敦賀の来迎寺野に引き出された。天筒山から吹き下ろす風が冷たい。徒目付斎藤大

之進が申渡書を読み上げた。省略して記す。

其方共、公儀をも恐れざる仕方重々不届き至極に付、斬首申付るもの也

処刑場となる周囲に竹矢来《たけやらい》がめぐらされ、そばに三間（五・五メートル）四方の穴が五つ掘られた。斬首刑があるという噂が流れていたらしく、町民たちが群がっていた。田沼が敦賀にきてまだ四日しか経っていない。最初に耕雲斎が処刑場に引き出された。この直前に詠んだ辞世が四首伝えられている。うち二首を掲げる。

咲く梅の　風に空しく散るとても
　匂ひは君が　袖にとまらん

討つもはた　討たるるもはた憐れなり
　同じ日本の　乱れと思へば

一首目は、己の命を梅の花にたとえながら、その香りが天皇のもとへ届く、と詠んだもの、二首目は国内の乱れを突いたものである。

耕雲斎が瞑目して首を差し出した瞬間、刃が唸って、首が血を吹いて転がった。

処刑は次々に進み、この日だけで二十四人に及んだ。首と離れた胴体は近くに掘った穴に無造作に放り込まれ、あたりは生臭い血の匂いで溢れた。

処刑はその後、少し間を置いて十五、十六、十九、二十三日と四回にわたって行われ、少ない日で十六人、多い

日で百三十四人が首をはねられた。総計三百五十三人という類を見ない大量処刑の嵐であった。遠島は百三十七人、追放は百八十七人にのぼった。

耕雲斎の首は塩漬けにされて三月初め、敦賀から江戸を経て水戸に運ばれた。水戸藩はこれを晒《さら》し、天狗党と対立した諸生《しょせい》党の血気の士は、耕雲斎の妻にその生首を抱かせて斬首した。子供、孫もことごとく首をはねた。

「天狗党の乱」と呼ばれるこの事件は、藤田小四郎をリーダーとする尊攘派が藩政の主導権を握ろうと、筑波山に挙兵したのが発端。だがこれに反対する諸生党と血生臭い抗争が続き、その挙げ句、抗戦を叫ぶ天狗党千人余りが水戸藩執政の武田耕雲斎を首領に担《かつ》いで結集し、京都にいる藩主徳川斉昭の実子である一橋慶喜を通じて攘夷の心情を朝廷に嘆願しようと北陸道を進んだ。だが幕府は天狗党を暴徒とみなして討伐命令を出した。

天狗党は随所で戦闘を繰り返しながら十二月二十日、越前敦賀に近い新保までできたが、金沢藩の大軍が待ち構えており、頼みの慶喜が討伐軍に加わっているのを知らされて降伏、断罪されたのだった。

参考文献

大内地山『武田耕雲斎詳伝――一名水戸藩幕末史　上下』水戸学精神作興会、一九三六年。
藤井貞文『松原神社祭神事歴』水戸烈士遺徳顕彰会、一九六三年。

武市瑞山——「男ぶりがよすぎて、ひとりおかしく」

武市瑞山の自画像入りの絶句
（『武市瑞山関係文書』より、高知県立歴史民俗資料館蔵）

★たけち・ずいざん
（一八二九―一八六五）
土佐藩士。郷士の家に生まれる。江戸に出て尊攘派の桂小五郎、久坂玄瑞ら水戸、薩摩、長州藩の志士と交わり、土佐藩の下級武士・郷士らで土佐勤王党を結成、首領に。執政吉田東洋を暗殺し、藩論をまとめるが、藩命により切腹。慶応元（一八六五）年閏五月十一日歿。享年三十七。

藩命により祖国に戻った土佐勤王党の領袖武市瑞山（半平太）が、勤王党一掃の処断により逮捕されたのは文久三（一八六三）年九月。以後、土佐勤王党の党員が相次いで逮捕され、同藩執政吉田東洋暗殺の犯人追及が厳しさを増した。

瑞山は城下南会所に拘置されたまま取り調べもないままに、長い牢獄暮らしで体調を崩していた。

明けて元治元（一八六四）年七月中旬、瑞山はたらいに水をはって鏡にし、胸をはだけた髭面の自画像を描き、その上部に五言絶句を書き、妻の富子と姉の奈美子へ便りを添えて送った。

この自画像入りの五言絶句が瑞山の遺書となった。以下にそれを掲げる。

じぶん絵をかき候処、ちと〳〵男ぶりがよすぎて、ひとりおかしく候。かゞみて見て見るとます〳〵やせてくちひげはぬび、ほふへかどがでゝ誠にやつれはて申候、（後略）

花依清香愛　　花は清香に依りて愛せられ
人以仁義栄　　人は仁義を以て栄ゆ
幽囚何可恥　　幽囚何ぞ恥ず可《べ》き
只有赤心明　　ただ赤心の明らかなる有り

慶応元（一八六五）年三月二十八日、土佐藩前藩主山内容堂が大監察後藤象二郎を伴って城下南会所に赴き、瑞山を呼び出し、後藤より処罰の予告をした。後藤は吉田の甥に当たり、吉田亡き後、藩政の主導権を握っていた。

だが瑞山は、その言葉に、

「無理なるお目付けにては、骨が粉になりてもお受けできず。お受けせいでも罪するとなればそれまでのこと」

とはねつけた。

しかし、容堂が直々に顔を見せたことで、死が近い、と覚悟を決めた。

閏五月十一日の黄昏時、瑞山に呼び出しがきた。すでに死を予期していた瑞山は、

「このこと、このこと」

と独り言を言いながら身を浄めた後、妻から送ってもらった木綿の下着を着、黄紋付に絹帯を締め、袴をつけ、下役人に促されて南会所の吟味場に立った。

上意書が読み上げられた。


去る酉（文久元年＝一八六一年）年以来、天下の形勢に乗じ、窃《ひそか》に党与《とうよ》を結び、人心煽動の基本を醸造し、爾《じ》来《らい》京都に於て高貴の御方へ容易ならざる儀しばしば申上げ、将又《はたまた》御隠居様（山内容堂）へたびたび不届の儀申上候事共、総《すべ》て臣下の所分を失ひ、上威を軽蔑し、国憲を紊乱《びんらん》し言語道断、重々不埒《ふらち》の至、きっと御不快に思召され、厳罰に処せらるべき筈の処、御慈悲を以て切腹被仰付之《おおせつけらる》。


処刑すべきだが、慈悲により切腹を許す、というものである。

瑞山はこれを静かに聞き、顔色ひとつ変えず、

「ありがたくお受けつかまつる」

と答えた。座を立って潜り戸を出た瑞山は、上衣を裃に改め、再び吟味場に出て切腹の座についた。正面に畳が二枚裏返しに置かれ、その上に藺草《いぐさ》で作った畳表が敷いてある。左右に控えていた介錯人の島村寿太郎と小笠原保馬が目礼すると、瑞山は、

「おお、ご苦労」

と声をかけた。いずれも親戚の子弟である。

瑞山は袢を脱ぐと、紋付を腹の下まで下げて帯際に押し込み、三方の上の短刀をおもむろにつかむと、えいっ、と力いっぱい左腹に突き刺し、そのまま右へ引いた。再び短刀を左腹に刺して右へ回し、三度目もまた左腹に刺して引いた。古式にのっとった三文字切腹だった。

瑞山が血まみれの体を辛うじて保ちながら短刀を置くと、二人の介錯人が左右からすかさず脇腹を刺した。瑞山はそのまま崩れて絶命した。

遺体はその夜、城下の武市家に送り届けられた。

吉田東洋の暗殺は文久二（一八六二）年四月八日夜に起こった。藩内は騒然となったが、瑞山はいまこそ藩論を勤王にまとめる好機ととらえ、攘夷の即時実行を唱える勅使三条実美らと手を組み、藩政改革に動きだした。

山内容堂は公武合体論者で、吉田を執政に登用しただけに、勤王党が吉田を暗殺したと知って激怒し、京都にいた瑞山に、国元へ戻るよう命じた。元治元年夏、〝人斬り以蔵〟といわれた岡田以蔵が逮捕され、拷問により口を割ったのがきっかけで、瑞山が真っ先に捕らえられ、さらに勤王党の同志らが次々に捕らえられた。瑞山だけは何の取り調べもなかったが、同志らは厳しく追及され、この結果、瑞山が暗殺を命じた事実が明らかになった。

参考文献

平泉澄監修『歴史残花　三』時事通信社、一九六九年。

日本史籍協会編、日本史籍協会叢書『武市瑞山関係文書』東京大学出版会、一九七二年。

松岡司『武市半平太伝』新人物往来社、一九九七年。

高杉晋作——「面白きこともなき世をおもしろく」

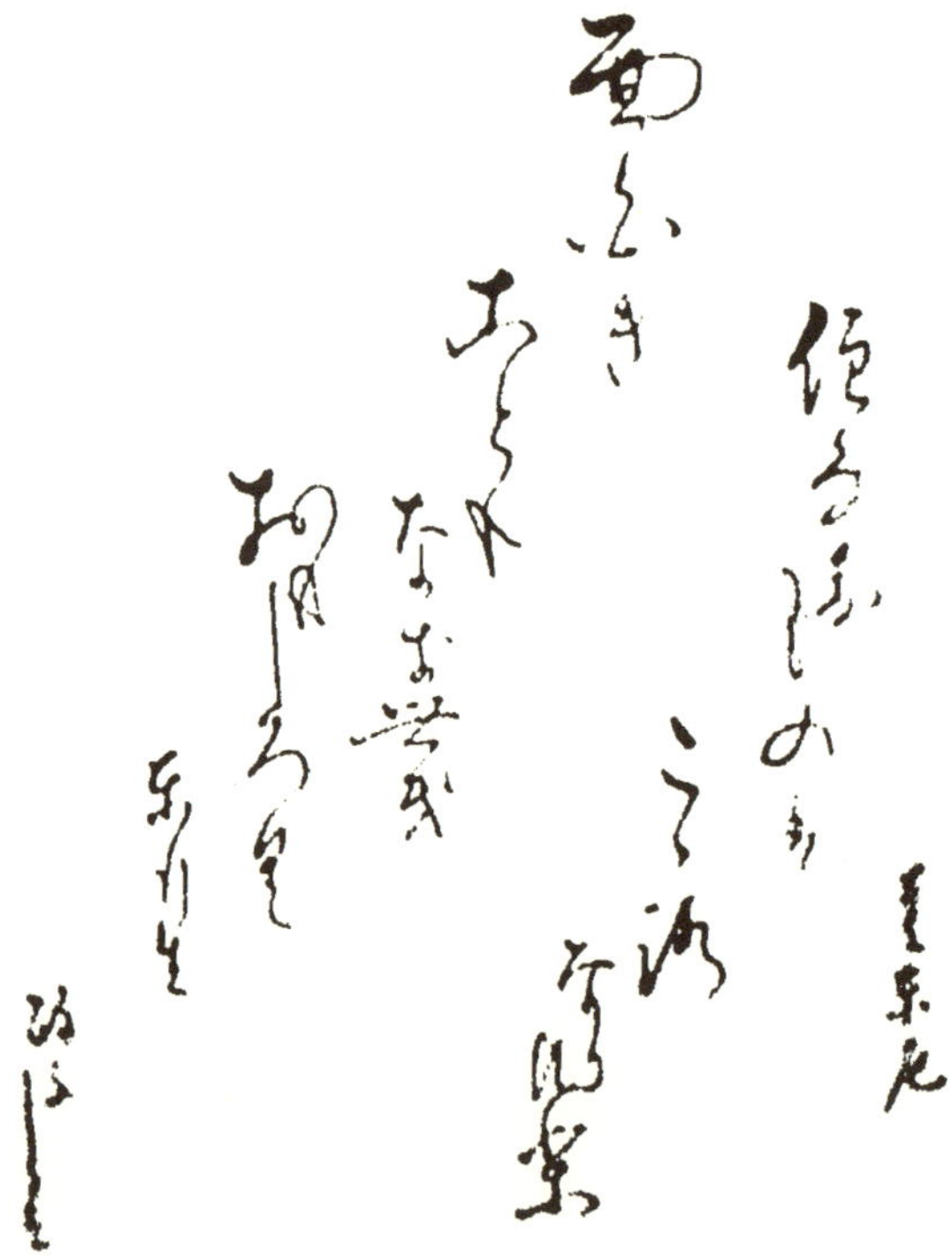

雅子が清書した遺作の連歌（東行庵蔵）

★たかすぎ・しんさく
（一八三九—一八六七）

長州藩士。清国・上海に渡り、太平天国の乱を目撃。帰国後、尊攘論を主張し、品川御殿山の英国公使館を焼き打ちした。奇兵隊の総監となり、下関の外国船を攻撃。四国連合艦隊の下関砲撃事件では講和の正使に。幕府の第二次長州征伐には藩を指揮して戦った。慶応三（一八六七）年四月十四日歿。享年二十九。

長州藩の奇兵隊《きへいたい》を率いて小倉《こくら》城の幕府軍と戦闘中の高杉晋作が、突然、喀血したのは慶応二（一八六六）年八月一日のことである。肺結核だった。病はその後、晋作の若い体を蝕み続けた。

慶応三（一八六七）年になり、晋作は下関新地の林算九郎邸の離れに移ったが、寝込むことが多かった。だが詩歌に優れ、東行の号を持つ晋作は、死の影が近づく病床で七言絶句を作り続けた。

晋作の看病をしていたのは下関裏町の芸者うの、芸名此の糸だった。二人は慶応元（一八六五）年初夏から懇ろになり、南部《なべ》に家を借り住みついたが、これが萩にいる晋作の妻の雅子に知れ、雅子は長男を連れて下関にやって来た。困り果てた晋作は廻船問屋の小倉屋白石正一郎に頼み込み、白石は雅子母子を引き取った。

晋作は雅子とうのの間に挟まれ、うろたえながら次の漢詩を詠み、ふらつく体で長崎へ向かった。

妻君将到我閑居　　妻君まさに　わが閑居に到《いた》らんとす
妾女胸間患有余　　妾女は胸間に　患《うれい》余り有り
従是両花争艶美　　これより両花艶美《えんび》を争う
主人拱手意何如　　主人は手を拱《こまね》いて意如何《こころいかん》

雅子は失望し、萩へ戻っていった。晋作はまた下関に戻り、うのと暮らした。だが体調はいよいよ悪化していった。

雅子はこんどこそ晋作をうのから引き離そうと、三月二十四日、晋作の父小忠太とともに再び下関を訪れた。死の二十日前になる。晋作もさすがにまいってしまい、うのは西之端の問屋の入江和作宅に身を引いた。

入江宅に同居していた女流歌人の野村望東尼《もとに》が、心配して晋作を訪ねて、その様子を伝えた。

望東尼は晋作と連歌を作った。最後の連歌になったのは、晋作が上の句を詠み、望東尼が下の句を詠んだ次の一作である。

面白きこともなき世をおもしろく（晋作）
すみなすものは　心なりけり（望東尼）

これを見た晋作は、

「ほほう、面白いなあ」

と言った。これがそのまま遺作となった。

四月十四日払暁、晋作は妻の雅子に看取られながら、

「吉田……」

という謎の言葉を残して死んだ。

遺族らはこの言葉にしたがい、遺体を吉田村清水山に埋葬した。うのは仏門に入って梅処尼と名乗り、清水山の晋作の墓のそばに作られた東行庵で晩年を過ごした。雅子は最期となった連歌を自らの筆でしたためた。この連歌は晋作が雅子に宛てた便りなどとともに東行庵に保存されている。

参考文献

『高杉東行詩文集　原文対照新訳註解』津川勝嶺編、峰間信吉訳注、広文堂書店、一九一八年。

八尋舜右『高杉晋作——物語と史蹟をたずねて』成美堂出版、一九七六年。

奈良本辰也『高杉晋作青春と旅』旺文社、一九八三年。

冨成博他『高杉晋作の生涯——写真集』新人物往来社、一九八九年。

一坂太郎『高杉晋作の手紙』新人物往来社、一九九二年。

瀧善三郎――「神戸が宇良に名をやあけなむ」

瀧善三郎の辞世。母と姉に宛てたもの（滝盛道氏蔵）

★たき・ぜんざぶろう
（一八三七―一八六八）

岡山藩陪臣。荻野流砲術家の父に砲術を学び、槍術も修めた。家老日置帯刀の側近に。西宮警備の朝命を受け、第三砲隊長として東上中、神戸三宮でフランス兵と衝突、銃火を交えた。その罪を背負い、切腹。慶応四（一八六八）年二月九日歿。享年三十二。

慶応四（一八六八）年一月十一日午後一時過ぎ、朝命により摂津西宮の守備に向かう岡山藩兵二千の大軍の隊列が、神戸三宮神社前の西国街道に差しかかった時、一人のフランス兵が隊列を横切ろうとした。

藩兵らが槍で制したところ、相手のフランス兵が大声を上げた。そこへ別の二人のフランス兵が駆け寄り、一人がピストルで威嚇したので、藩兵がいきなり槍で突いた。血まみれになって逃げるフランス兵を鉄砲隊が射撃した。言葉が通じないまま、近くで訓練中のイギリス軍隊と銃撃戦になり、イギリス兵に負傷者が出た。

急報によりイギリス公使パークスが馬で現場に駆けつけると、岡山藩兵は公使にも発砲した。弾丸ははずれたが、公使は憤然となり、領事館警備のイギリス兵はもとより、停泊中のフランス、アメリカ艦船からも兵士が出動する騒ぎになった。

翌十二日、外国六カ国が報復として神戸港内にいた諸藩の艦船をすべて抑留し、神戸居留地を占拠して、一触即発の事態になった。おののいた新政府は、六カ国の要求を容れて解決にあたりたい、と約束しようやく収まった。

新政府は岡山藩に対して、軍勢を率いていた家老日置帯刀を謹慎させ、責任者の処罰を命じた。岡山藩は最初、わが藩には落ち度がないとしたが、岩倉具視からの「天朝の為、皇国の為、備前の為、日置家の為、死を甘んじ呉《くれ》度《たく》」の書状に動かされ、日置の家来、瀧善三郎に対して切腹を申し渡した。善三郎は一鉄砲隊に発砲命令を出したとされる。

善三郎はこれを伝え聞き、

「重き朝旨とあり、かつ主公の命ならば、直ちにお受け仕る」

と答えた。岡山藩主は、善三郎に対して直々に、

「馬前の討ち死ににも勝る忠義である」

として、受諾を褒め讃え、亡き後の一家の暮らしが十分に立つよう計らうと伝えた。

善三郎は感涙にむせび、自分の死が藩を救い、わが国の面目が立つと確信した。

切腹の前々夜の二月七日、善三郎は旅籠枡屋の一室で、母と姉に宛てて遺書を認《したた》めた。朝廷よりの勅命、藩主よりの厚意あふれる仰せつけなどを記した後、倅成太郎の教育の鞭撻《べんたつ》と、忠孝を天下に示すよう願い、次にこう書き記した。後段の日付から、書き上げるのに翌日までかかったことがわかる。

瀧御母上様
　御姉上様
幾《き》のふ見し　夢は今さら引きかへて
　神戸が宇良に名をやあけなむ
正信

死生有命　富貴在天
いまははや　森の日蔭となりぬれと
　朝日に匂う屋まと魂

続いて妻はつと倅成太郎、娘いわへ次のように遺書と辞世を書いた。

　はつとの江
二月七日晩兵庫に止宿す風強《かぜつよき》候まゝ始ありて終なきを思ふて
　春風の吹き入るまとにはつ旅寝
　二月八日
瀧善三郎

遺　書

倅成太郎江
忠孝道相守
御奉公第一に候

娘いわ江
女子は女子道
親江孝行
可致《いたすべく》候

右之ケ条忘れ（ぬ）よふ
相守可《あいまもるべく》申候何事も
伯父様ニ相談之上
相　勤可《あいつとめるべく》申候

三人共無事暮し候由目出度候　拙者身上之義は兄上様より可承候　子供二人とも養育の処偏《ひとえ》に頼入候　殊に母上様御老人は申に不及《およばず》孝行可尽《つくすべく》只々御頼申候　以上

正信　花押
拇印

二月八日

善三郎

正信　花押

拇印

神戸が浦（宇良）に名をやあげなむ、と詠んだ善三郎のこの決断が、新政府の危機を救うことになる。死者が一人もなかったのに、死で償わなければならなかった外交の矛盾を感ぜずにはいられない。これが「神戸事件」と呼ばれるものである。以上の遺書、辞世は滝家の末裔宅に保存されている。

善三郎の切腹は慶応四年二月九日夜十一時から、神戸の永福寺の内陣で行われた。この時、外国人検使七人が立ち会った。外国人が初めて見た切腹である。イギリスの新聞「ザ・イラストレイテッド・ロンドン・ニュース」は驚きを込めて、銅版画を添えて報道した。これにより日本武士のハラキリはヨーロッパに知れわたることになる。

検使人の一人であるイギリス海軍士官ミットフォードが後に著書『旧日本の物語』に、その模様をくわしく記した。そのなかで、罪人は気品高く、介錯人は紳士の役で、罪人と介錯人というより主役と介添えの関係、と書き、日本武士のブシドー、ハラキリの本質にまで踏み込んだ。以下に切腹の模様を記した文面を掲げる。

寺の内陣いっぱいに新しい畳がしつらえられ、その上に赤い毛氈《もうせん》が敷かれた。天井には金色の灯籠が灯り、両側に六基の燭台が光を放っていた。

切腹の座から見て左手に日本人検使七人、右手にイギリス、アメリカ、フランスなど六カ国の外国人検使七人が並んだ。

善三郎は麻裃の礼服をまとい、静かに座についた。介錯人と陣羽織の役人三人がこれに従った。善三郎は介錯人とともに日本人検使に向かい丁寧にお辞儀をし、次に外国人検使に向かい、同様にお辞儀した。

切腹の座に登った善三郎は、仏壇に向かい二度平伏してから、仏壇を背にして座った。介錯人が左手にうずくまった。役人の一人が長さ九寸五分の脇差を三方に載せて進み出た。善三郎はうやうやしく両手で押し戴き、前に置いてから、次の言葉を述べた。

「拙者、無分別にも外国人に発砲の命令を下し、逃れようとするのを再び撃ちかけ申した。この罪を負いて切腹いたす。検使の方々、お役目ご苦労に存じまする」

一礼して上衣を帯元まで脱ぎ下げ、両袖を膝の下に敷き入れた。そして脇差を取り、しばらく眺めてから、左の腹深く刺し、静かに右に引き、また戻して上に少し切り上げた。血がたちまち溢れた。善三郎は表情を歪めて脇差を抜き、首を前に差し出した。

と、それまでうずくまっていた介錯人が立ち上がり、太刀を振るった。その瞬間、首が血を噴いて飛び、体は前にのめって崩れた。

介錯人は平伏してから白紙で刀を拭い、座を降りた。切腹に使った刀は証拠品として持ち去られた。役人二人が日本人検使、外国人検使の前に進み出て、

「これにて処刑、滞りなく相済みました。ご検視されたい」

と述べた。

これで処刑のすべてが終わった。以上である。

善三郎の首と体は縫合されて西宮の陣屋に送られ、兄源六郎の手で荼毘《だび》にふされた。遺骨は故郷に持ち帰り、笹山墓地に埋葬された。

参考文献
篠岡春太『瀧善三郎自裁之記　改写』一九四一年。
内山正熊『神戸事件　明治外交の出発点』中公新書、一九八三年。

箕浦猪之吉——「一死元来論ずるに足らず」

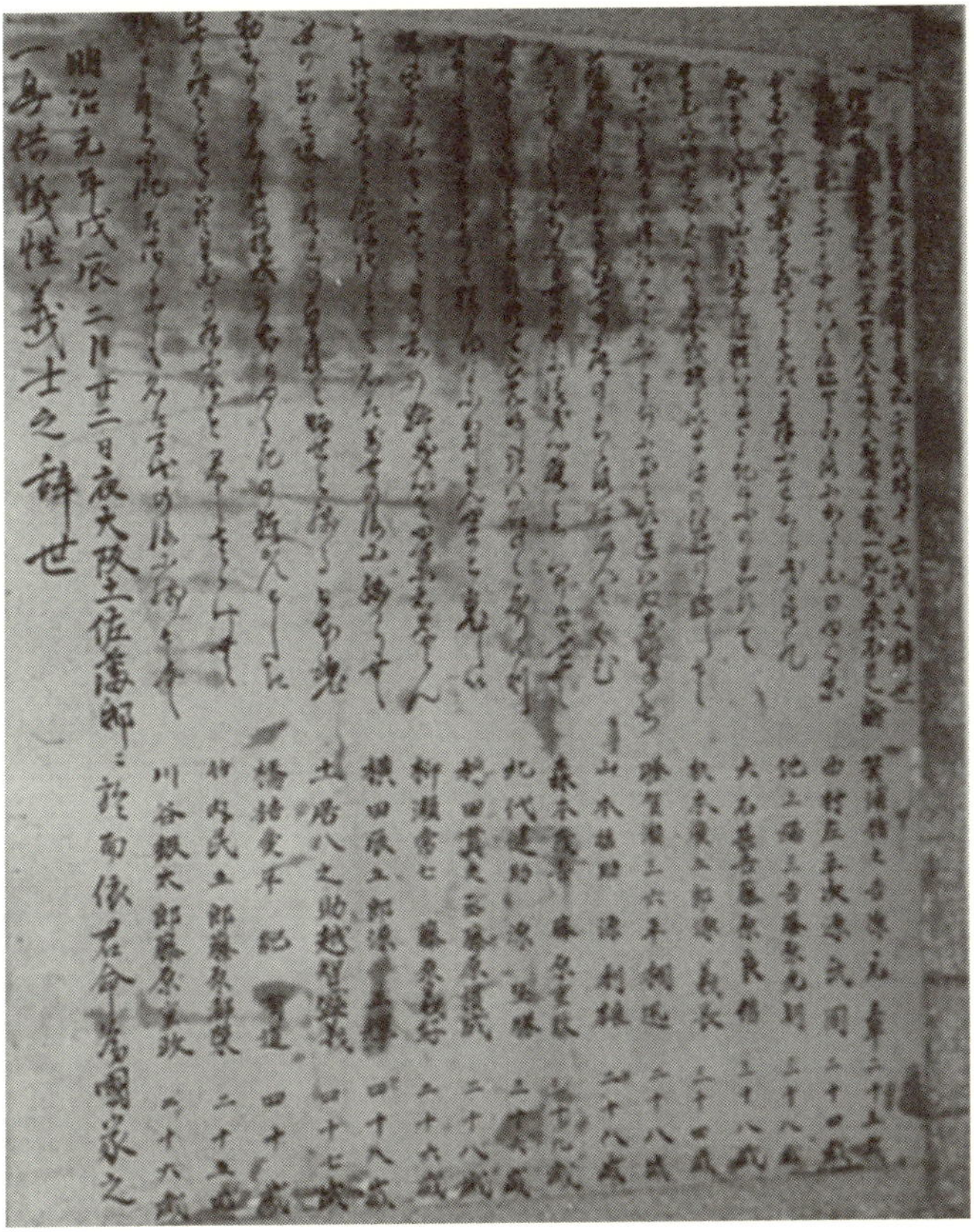

箕浦猪之吉の辞世（右端）（妙国寺蔵）

★みのうら・いのきち
（一八四四―一八六八）
土佐藩士。本名元章《もとあき》。代々儒家で、江戸に遊学し、帰国して藩校致道館の助教に。朝命により歩兵第六番隊長として堺を警備中、フランス軍艦ジュプレー号の乗員と紛議を起こし、切腹。慶応四（一八六八）年二月二十三日歿。享年二十五。

「神戸事件」から一カ月後に、こんどはそれを吹き飛ばすような大事件が起こった。「堺事件」である。

慶応四（一八六八）年二月十五日夕、堺港の沖合に停泊中のフランス軍艦デュプレー号の端艇が十五人の水兵を乗せて堺港に接岸し、そのうち二人が上陸した。堺は外国人の通行を許可しておらず、新政府の命令で土佐藩が警備していた。

同藩六番隊長の箕浦猪之吉と八番隊長の西村左平次は兵士を率いて急行し、退去を命じたが、言葉が通じず、相手は応じない。箕浦は兵士にフランス兵を引っ立てるよう命じた。

驚いたフランス兵が港に向かって駆けだしたが、そのうち一人が家の塀に立てかけてあった土佐藩旗を奪って逃げた。隊付の小者が追いかけて鳶口で背後から突いて倒し、旗を取り戻した。

端艇に逃れたフランス兵がピストルを発射してきた。箕浦が射撃命令を出したので、フランス兵士は応戦もできないまま、艇長はじめ多くの士官、水兵が、撃たれたり海中に転落したりして十一人が死んだ。

神戸事件同様、外交問題になり、フランス側は新政府に対して損害賠償と責任者の断罪を要求した。

神戸事件の処断がやっとついた直後のことだけに新政府は狼狽し、土佐藩士二十人をフランス士官の前で切腹させ、賠償金十五万ドルを支払うことで合意した。

切腹を命じられた箕浦猪之吉ら二十人は二月二十二日夜、大坂の土佐藩邸で辞世を書いた後、堺・材木町の妙国寺に移された。二十人の藩士は自ら髪を切って三方に載せて〝遺髪〟とし、思い思いに故郷の土佐にいる肉親に宛てて遺書を書いた。

箕浦の七言絶句を掲げる。

除却洋氛答国恩　　洋氛を除却《じょきゃく》して国恩に答う
決然豈可省人言　　決然豈人言を省すべけんや

唯教大義伝千載　ただ大義をして千載《せんざい》に伝えしむ
一死元来不足論　一死元来論ずるに足らず

国恩に報いて、死して大義を長く伝えたい、元来、死ぬことなど論ずるほどのものではない、というもので、箕浦の純粋な気持ちが込められているといえる。

明けて二十三日は切腹の日である。しかし、フランス側の主張する断罪と、日本側の主張する武士の面目を保った切腹が相いれず、怒ったフランス側が検使を変更するなど紛糾した。

やっと切腹の場が同寺境内に設けられ、日本側検使とフランス海軍士官が検使として並んだ。見物人が大勢押しかけ、息を潜めている。

午後四時、雨が降りしきるなか、切腹が始まった。すでに夕暮れが立ち込めていた。最初に切腹の座についたのは箕浦猪之吉である。

森鷗外著『堺事件』によると、こうである。

箕浦は短刀を逆手に取って左の脇腹に深く突き立てて三寸（約九センチ）切り下げ、右へ引き回してまた三寸切り上げ、短刀を棄てて、右手を創《きず》に差し込んで大網を攫んで引き出しつつ、フランス軍人を睨みつけ……。

大網、つまり腸《はらわた》をつかんで、フランス士官に投げようとして、介錯人に首討たれたのである。首が飛んだ瞬間、悲鳴が起こった。

二番目に西村左平次が切腹の場につき、作法にのっとって腹を切った。以下、次々に切腹し、八人、九人、十人と続いて、十一人目が腹を切った時、検使人のデュプレー艦長があまりの残忍さに耐えきれず、中止、と叫んだので、それで切腹は中断となった。

偶然にも切腹した数と死んだフランス兵士の数が同数になった。

堺市妙国寺の宝物館徳正殿に、遺影と辞世をまとめた一幅ずつと、切腹前日に残した全員の〝遺髪〟が三方に載せられて現存する。切腹して果てた人には〝遺髪〟だが、残る九人の髪はそうではない。危うく生き残った九人はその後、どんな生涯を送ったのであろうか、気になる。

参考文献

森鷗外『大塩平八郎・堺事件』岩波書店、一九四〇年。
『森鷗外全集　第三巻』「堺事件」筑摩書房、一九六二年。
大岡昇平『堺攘夷始末』中央公論社、一九八九年。

近藤　勇——「快く受く電光三尺の剣」

近藤勇の墓に刻まれた辞世（龍源寺）

★こんどう・いさみ
（一八三四—一八六八）
幕臣。新選組局長。武蔵国多摩郡石原村に生まれる。近藤周助の天然理心流試衛館で剣を学び、養子に。将軍上洛の浪士募集に、同志らとともに参加。そのまま京都に留まり京都守護職の支配下となり新選組を組織して尊攘派志士を弾圧。慶応四（一八六八）年四月二十五日歿。享年三十五。

新選組局長の近藤勇が甲陽鎮撫隊を組織して大久保大和と名乗り、甲府へ向け進撃したのは慶応四（一八六八）年三月。だが目指す甲府城には新政府軍の東山道先鋒隊が乗り込んでいた。

勝沼宿の白山平の戦いに敗れ、下総流山に逃れて布陣したものの、新政府軍に取り囲まれてしまった。兵は二里ほど離れた山野で訓練中であり、本陣にいたのは近藤のほか土方歳三ら数人だけ。やむなく新政府軍本陣に出頭して、言い逃れしようとした。

流山から越ケ谷の屯営に送られ、取り調べを受けた近藤は、

「大久保大和である」

とシラを切った。

ところが元新選組隊士で高台寺《こうだいじ》党残党の加納道之助に、いきなり、

「近藤さん、しばらく」

と声をかけられた。

加納は伊東甲子太郎《いとうかしたろう》に率いられて新選組を離脱し、高台寺党を名乗ったが、伊東が油小路で新選組にだまし討たれて以来、近藤を仇敵と狙い、伏見街道で狙撃したグループの一人だった。

正体を見破られた近藤は板橋の総督府へ送られ、薩摩、長州、土佐などの糾問官により厳しい取り調べが行われた。近藤は、

「徳川慶喜前将軍の恭順の真意を知らずに、暴発しようとする輩を鎮めようと行動したものである」

と主張したが、通らなかった。

この間に土方歳三が江戸に走り、勝安房《かつあわ》（海舟）などに助命を嘆願したが、うまくいかない。

総督府は近藤に対して「斬首の上梟首《きょうしゅ》（さらし首）」の断罪を言い渡した。近藤は総督府脇本陣になっている板橋宿平尾の名主宅に戻ると、筆と紙を所望し、七言絶句を二首詠んだ。これが最期のものとなった。

孤軍援絶作囚俘
顧念君恩涙更流
一片丹衷能節殉
睢陽千古是吾儔

靡他今日復何言
取義捨生吾所尊
快受電光三尺剣
只将一死報君恩

孤軍援《たす》け絶えて囚俘《しゅうふ》となり、
君恩を顧念《こねん》して涙更《なみださら》に流る
一片の丹衷《たんちゅう》能《よ》く節に殉《じゅん》じ、
睢陽《すいよう》は千古　是《こ》れ吾　儔《わがともがら》

他《た》に靡《なび》きて今日《こんにち》復《ま》た何をか言はん、
義を取り生を捨つるは吾れの尊ぶ所、
快く受く電光三尺の剣、
只《た》だ一死を将て君恩に報いん。

四月二十五日、近藤は脇本陣の名主宅を出て、近くの石山家に移された。洗い晒しの着物をまとった近藤は囚人籠に乗せられ、板橋宿はずれの一里塚に引き出された。検使が居並ぶなか、下役人に押されるようにして筵に座った。首斬り役の大垣藩士横倉喜三次が刀を振り下ろすと、首は血を吹いて落ちた。
近藤の首は京都に送られ、三条河原に晒《さら》された。

参考文献

平尾道雄『定本　新選組史録』新人物往来社、一九七七年。
今川徳三『近藤勇と新選組　続幕末を駆け抜けた男たち』教育書籍、一九八九年。

河井継之助――「腰抜け武士の　越す峠」

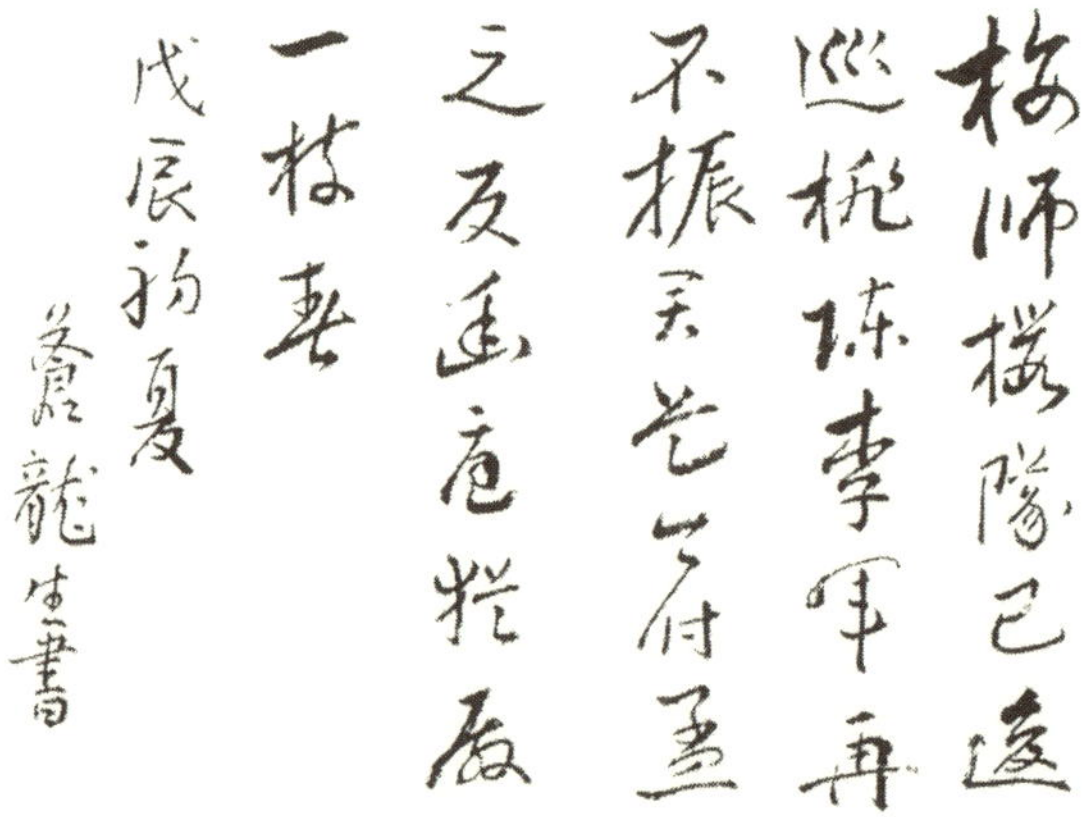

河井継之助が戊辰戦争の戦陣で書いた七言絶句（猪木爾六氏蔵）

（長岡市立中央図書館蔵）

★かわい・つぐのすけ
（一八二七―一八六八）

長岡藩家老。戊辰戦争が起こり、河井は藩主をして中立を唱えせしめた。だが北陸道征討軍の接近により態度決定を迫られ、小千谷の慈眼寺に軍監岩村高俊を訪ねて会談したが決裂。戦闘に。慶応四（一八六八）年八月十六日歿。享年四十二。

長岡藩家老河井継之助は、新政府北陸道鎮撫総督軍岩村高俊（精一郎）との「小千谷会談」で、戦いを回避しようと必死に訴えたが、容れられず、やむにやまれぬ気持ちで抗戦に踏み切った。

慶応四（一八六八）年五月十日、継之助は軍勢を率いて、風雨のなか、榎峠の新政府軍を襲い、撃退した。北越戦争の勃発である。新政府軍はすかさず長岡城を攻め落とした。七月二十四日夜、長岡藩は一面の沼地を渡る奇襲作戦で城を奪い返した。だがこの戦いで継之助は左膝下に銃弾を受け、動けなくなった。

新政府軍は援軍を繰り出して反撃し、同月二十九日、長岡城をまたも奪い取り、長岡藩の軍勢を攻めたてた。

戦いの最中、河井継之助は次の七言絶句を詠んだ。

梅師櫻隊已逡巡　　梅師桜隊すでに逡巡《しゅんじゅん》
桃陣李軍再不振　　桃陣李軍再び振わず
君是今時孟之反　　君はこれ今時の孟之反
幽庭猶殿一枝春　　幽庭なお殿す一枝の春
戊辰初夏　　蒼龍生書

蒼龍は継之助の雅号である。中国・戦国時代の孟子《もうし》の心情を詠んだものであろう。

継之助は傷の手当てもできないまま、戸板に乗せられ、敗残の兵とともに藩主牧野忠訓を追って会津若松へ向け、逃避行に入った。途中、難所の八十里越を越えた時、自嘲を込めて、こう詠んだ。

八十里　腰抜け武士の　越す峠

一行は会津藩領の只見にやっとたどり着いたが、継之助の左膝下の傷口は化膿して、日に日に悪化していた。だがここで躊躇している暇はなかった。何としても会津まで、と必死に歩いて八月十二日、塩沢村に着いた時、症状が急変した。藩主牧野より差し向けられた幕府典医松本良順の診察を受けたが、治療もできないほどひどくなっていた。継之助は死を覚悟して、義兄の梛野《なぎの》嘉兵衛に宛てて便りを書いた。

不義にしろ汚名を後世に残し候よりは、義理を守り御奉公仕るべきの所存とは申し乍ら《なが》畢竟《ひっきょう》不行届により其の意を達すこと能ずは残念至極《しごく》

継之助の無念さがにじむ便りだが、これがそのまま絶筆となり、遺書となった。

十五日、継之助は従僕の松蔵を枕元に呼んで、礼の言葉を述べた後、

「見ているところで、私の入る柩《ひつぎ》を作ってほしい」

と頼んだ。それを伝え聞いた家来らは涙に暮れながら、柩と遺骨箱を作った。

十六日昼ごろ、継之助は一眠りする、と言って眠りについたが、午後九時ごろ、柩ができあがるのを待ちかねたように、息を引き取った。継之助の遺体は只見川のほとりで荼毘《だび》にふされ、松蔵が遺骨の入った箱を背負って会津の建福寺まで運び、葬儀を営んだ。遺骨は後に長岡の栄涼寺に移された。

参考文献

安藤英男校注『塵壺──河井継之助日記』平凡社、一九七四年。
安藤英男『河井継之助の生涯』新人物往来社、一九八七年。
今泉鐸次郎『河井継之助伝』復刻版、象山社、一九八〇年。

白虎隊——「けふの門出ぞ　我はうれしき」

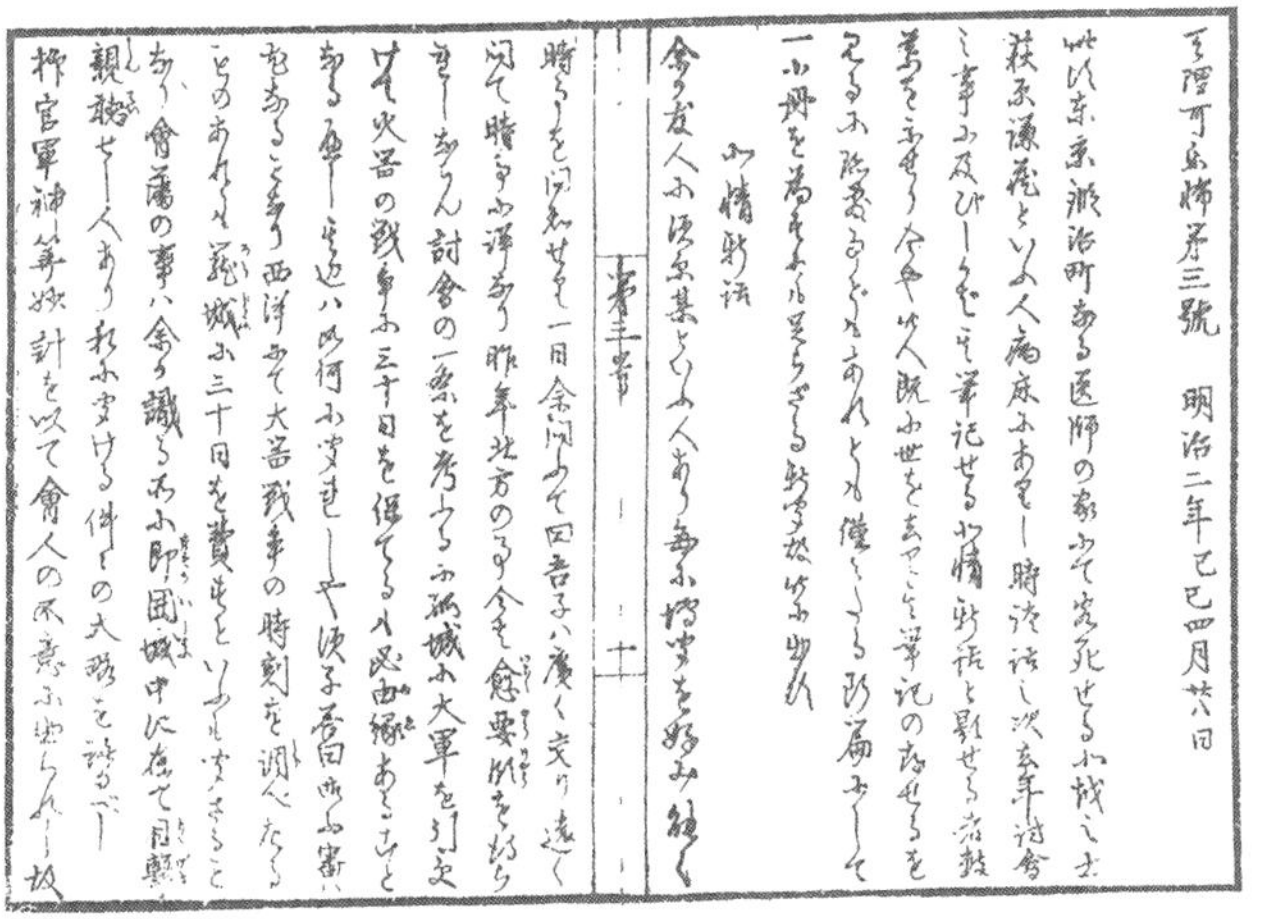

天理可樂怖第三號　明治二年己巳四月廿六日

集団自決を報じる「天理可楽怖」第三号（『白虎隊精神秘話』より）

★びゃっこたい

（一八八二、一八八三—一八六八）

会津藩の軍制の一つで、年齢別に白虎隊、朱雀隊、青龍隊、玄武隊を編成し、身分によって士中、寄合、足軽の三つにわけた。集団自決した白虎隊士中二番隊の隊士はほとんど十六、十七歳の少年。慶応四（一八六八）年八月二十三日歿。享年十六～十七。

慶応四（一八六八）年八月二十三日朝、会津藩鶴ケ城の天守閣はもうもうたる火焔に包まれ、城下の町並には砲弾が飛び交い、火煙が立ちのぼっていた。

戸ノ口原の戦いに敗れて逃げまどい、灌漑用水路の洞窟を伝って飯盛山の中腹にやっとたどり着いた白虎隊士中二番隊の十七人の少年は、眼下に広がるその状況に呆然となった。前夜から握り飯一つしか食べていないので、足元がふらついている。

城まで行って最後の戦いをなすべきか、ここで覚悟の自決をすべきか、意見はまとまらない。前夜、食糧探しに出かけたまま戻らない隊頭の日向内記に代わって、指揮を取ってきた年長の嚮導《きょうどう》、篠田儀三郎が、

「城は落ちた。われわれの武運は尽きた。敵に斬られて死ぬより、ここで潔く死のう」

と述べた。

その言葉に少年たちの意志は一決した。

少年たちは一列に並んで座り込み、大地に手をついて硝煙にけむる天守を伏し拝み、主君を始め両親や肉親に別れを告げた。誰もが溢れる涙を抑えることができなかった。

儀三郎の声に合わせて、藩校日新館で習った文天祥の詩を大声上げて吟じた。

人生古より誰か死無からん、丹心を留守して汗青《かんせい》を照らさん

吟じ終えると少年たちは、自らの刀で腹や喉を突き、また刺し違えるなどして次々に死んでいった。林八十次は負傷している永瀬雄次と刺し違えたが、相手の力がなく、野村駒次郎に介錯を頼んで死んでいった。

自決者のうち、津川喜代美一人だけが辞世を残している。出陣を命じられ、わが家を出る直前に詠んだものである。

かねてより　親の教への秋《とき》は来て
　けふの門出ぞ　我はうれしき

だが、悲しいかな、燃えていると見た鶴ケ城はまだ落城しておらず、猛攻を受けながらも籠城戦を繰り広げていた。一度やんだ雨がまた降りだし、冷たくなった少年たちの屍を洗った。どれくらい経ってか。喉を突いて意識を失っていた飯沼貞吉が、もーし、もーし、と呼ぶ声にふと我に返った。声をかけたのは会津藩士印出新蔵《いんでしんぞう》の妻ハツで、戦いに出たわが子を探して飯盛山にきて、少年たちの自決現場に遭遇したのだった。ハツは急ぎ貞吉を背負って山を下り、これにより白虎隊の集団自決の模様が明らかになる。貞吉は十五歳だったが、年齢を一つ多く偽って白虎隊に入隊したものだった。

集団自決者は貞吉の蘇生により十六人とされたが、後に三人の白虎隊士が同じ飯盛山山麓で死んでいるのが発見され、追加されて十九人となった。

白虎隊は会津藩の軍制の一つで、新政府軍との戦闘に備えて年齢別に、白虎隊（十六、七歳）、朱雀隊（十八〜三十五歳）、青龍隊（三十六〜四十九歳）、玄武隊（五十歳以上）を編成し、それを身分によって士中、寄合、足軽の三つにわけ、それぞれ二中隊ずつ設けた。自決したのはこの白虎隊士中二番隊である。

会津藩鶴ケ城が籠城戦の果てに降伏するのは、この日から一カ月後の九月二十二日である。

参考文献

山口弥一郎『白虎隊物語』飯盛正智、一九五九年。
早川喜代次『史実会津白虎隊』新人物往来社、一九七六年。
平石弁蔵『会津戊辰戦争増補——白虎隊娘子軍・高齢者之健闘』（復刻再版）鈴木屋書店、一九七六年。

西郷千重子ら一族二十一人——「なよ竹の 風にまかする身ながらも」

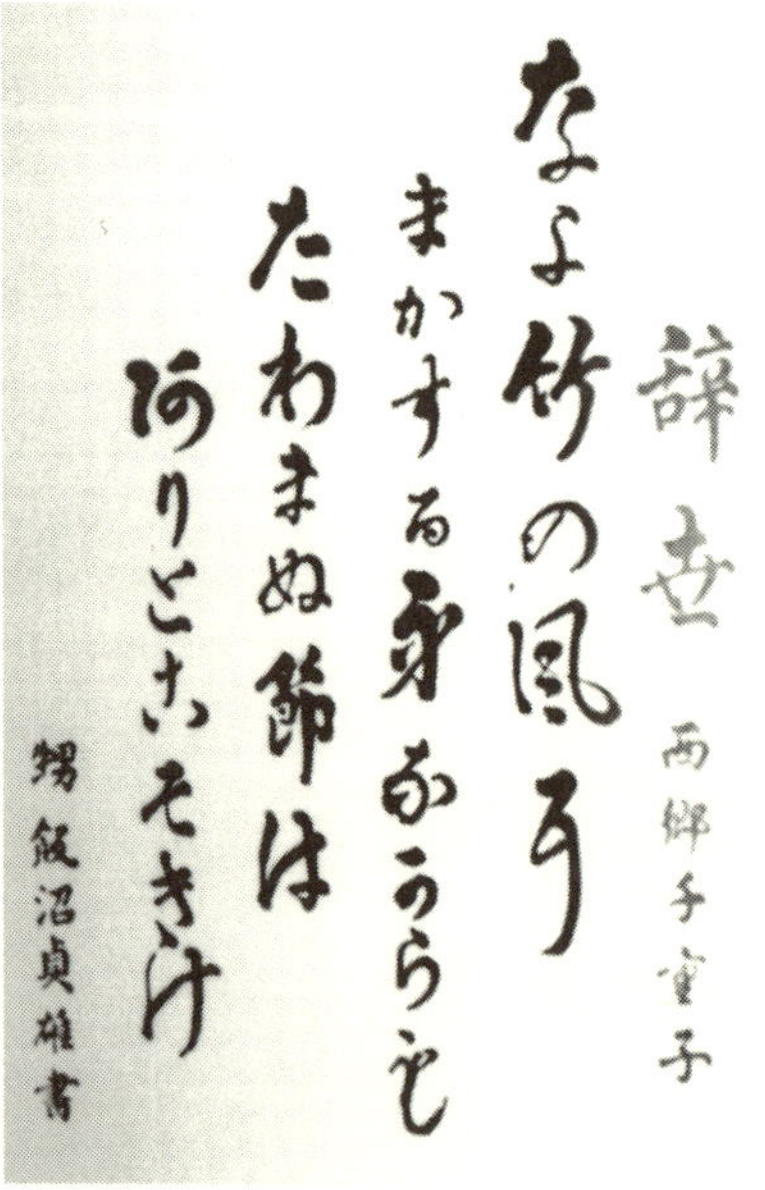
辞世
なよ竹の風に
まかする身ながらも
たわまぬ節は
ありとこそきけ
西郷千重子
甥飯沼貞雄書

西郷千重子の辞世。甥の飯沼貞吉改め貞雄書

★さいごう・ちえこ
（一八三五—一八六八）
会津藩士飯沼粂之進（四百五十石）の次女。十七歳で西郷頼母《たのも》に嫁ぐ。西郷家は初代藩主保科正之を祖とし、代々家老職を務める。頼母は十一代当主。後に『栖雲記』を書く。千重子は一族とともに慶応四（一八六八）年八月二十三日歿。享年三十四。

白虎隊が飯盛山で集団自決した同じ慶応四（一八六八）年八月二十三日、会津藩家老西郷頼母《たのも》の屋敷で、妻の千重子ら一族二十一人が自決して果てた。西郷家と飯沼家は親戚筋になり、頼母、千重子夫妻と白虎隊の飯沼貞吉は叔父叔母・甥の間柄になる。

この朝、鶴ケ城の早鐘が鳴り響いた。新政府軍が接近してきたので、急ぎ城に集まれという籠城戦を知らせる合図の鐘である。

この日も頼母は冬坂へ出陣して不在で、西郷の屋敷には妻の千重子をはじめ一族が集まっていた。千重子は長男吉十郎に対し、

「すぐにお城に行き、父上の仕事を手伝いなさい。母らは間もなく参りますので」

と言って登城させた。

吉十郎が立ち去ると、千重子は母の律子の部屋に赴き、覚悟の挨拶をした。律子は深くうなづき、辞世を手渡した。いつでも死ねるよう書き上げ、香を焚きしめたもので、次のように書かれていた。

秋霜《しゅうそう》飛兮金風冷　　秋霜《しゅうそう》飛んで　金風冷なり
白雲去兮月輪高　　白雲去って　月輪高し

千重子は次の間に一族を集めて、律子の辞世を披露してから、小机に向かい、色紙にさらさらと辞世を書き上げた。

なよ竹の　風にまかする身ながらも
たわまぬ節《ふし》は　ありとこそきけ

なよ竹のような頼りない女性の身でも、義に殉じることへの決意の固さを示したものといえる。一族もそれぞれに辞世を書いた。頼母の妹の眉寿子は、

死にかへり　いく度世には生《うま》るとも
ますら武雄《たけお》と　なりなんものを

同じく妹の由布子は、

もの丶ふの　道と聞しをたよりにて
思ひ立ぬる　黄泉《よみ》の旅哉《かな》

と詠んだ。

頼母の長女の細布子、次女の瀑布子の姉妹は、十六歳と十三歳。上の句と下の句をわけて詠んだ。

手をとりて　共に行なば　迷はじよ（瀑布子）
いざたどらまし　死出の山道（細布子）

死に装束をまとい、別れの水盃を飲んでから、いっせいに自決が始まった。千重子は幼い三女田鶴子、四女常磐子、五女季子を懐刀で刺し殺してから、自らも喉を突いて斃れた。祖母や妹、娘らも次々に自決していった。

親戚の西郷鉄之助、妻きく子、頼母の外祖母で小森駿馬の祖母ひで子、駿馬の妻みわ子、長男千代吉、妹つね子、

同みつ子、それに親戚の町田伝八、妻ふさ子、姉浦路、町田家の親戚、浅井信次郎の妻たつ子、長男彦らも、命を断った。

この集団自決を目撃したのが新政府軍の土佐藩士中島信行とされる。中島は戦いの最中、鶴ケ城の城門前の邸宅に入ったところ、邸内は静まりかえっていた。長い廊下を伝って奥へ進むと、大勢の婦女子らが血まみれになって斃れていた。

思わず目をそむけた時、そのなかの一人の娘がわずかに身を起こし、

「わが兵か、敵兵か」

と問うた。中島が思わず、わが兵だ、しっかりしろ、と言うと、娘は胸元の懐刀を取り出し、これでとどめを、という仕草をした。中島はもう助かるまいと判断し、娘の喉を突いた。娘は細布子と思われる。

千重子の辞世は、白虎隊の集団自決でただ一人生き返った甥の飯沼貞吉改め貞雄が、後年、記したものが残されている。

なよ竹の供養碑と西郷頼母一族の墓は、会津若松市門田町黒岩の善竜寺墓地にある。

参考文献

平石弁蔵『(増補)会津戊辰戦争──白虎隊娘子軍・高齢者之健闘』(復刻再版)鈴木屋書店、一九七六年。

堀田節夫『自叙伝『栖雲記』私注──会津藩老・西郷頼母』東京書籍、一九九三年。

中野竹子——「数にも入らぬ　我身ながらも」

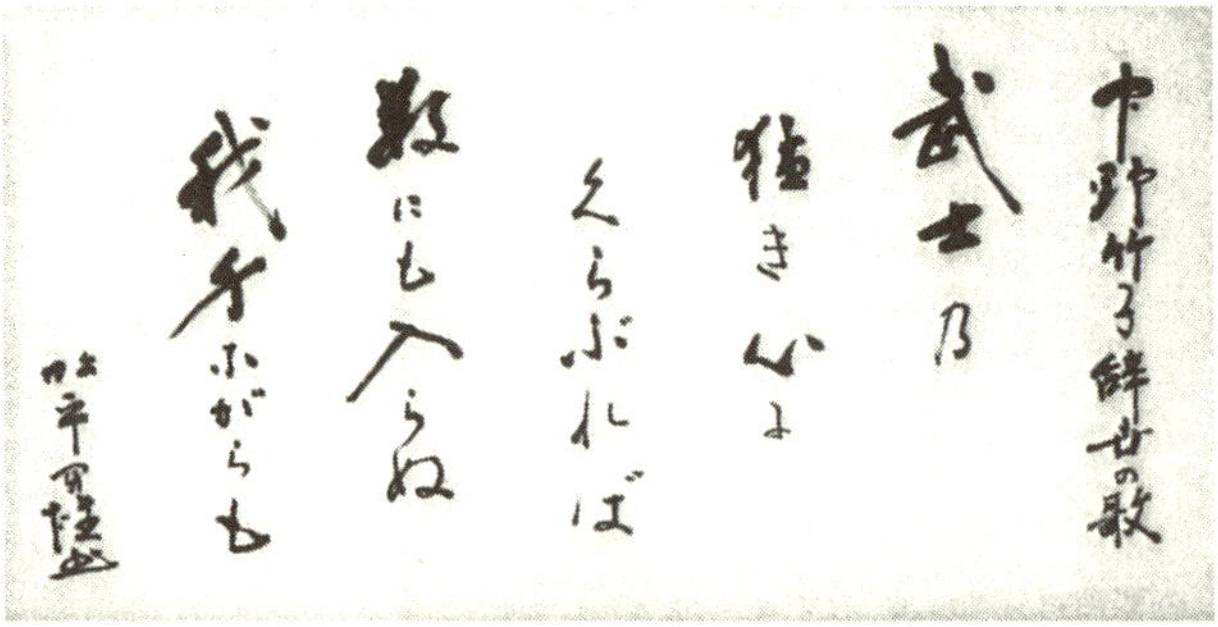

松平恒雄書による中野竹子の辞世（法界寺蔵）

★なかの・たけこ

（一八四九―一八六八）

会津藩士中野平内の娘として江戸藩邸で生まれる。詩文、和歌を学び、薙刀術、短刀術にも優れる。会津戦争で母、妹や依田まき子・菊子姉妹、岡村すま子らと会津娘子軍を編成して戦う。慶応四（一八六八）年八月二十五日歿。享年二十。

慶応四（一八六八）年八月二十三日、新政府軍が会津藩の東の拠点である十六橋《じゅうろっきょう》を越え、戸ノ口原を突破したという。いまにも会津藩の居城、鶴ケ城になだれ込んでくるのは明らかだった。

中野竹子は、わが家の奥の間の鏡の前に座ると、

「女の身ながら、このまま死ぬより戦って死にたい」

と述べ、長い黒髪をばっさり切った。

母こう子、妹優子も、ともに戦おうと、長髪を切り落とした。母こうは見よう見まねの剣だが、竹子と優子は門奈、赤岡の町道場で剣術を学んでいた。

三人は切断した髪を一緒に紙に包んで箱に入れ、箱の表に名前を書き、庭の築山に埋めてから、目印に小さな石を置いた。

会津藩士である父の中野平内は青龍隊に、弟の豊紀は朱雀隊に入って、それぞれに新政府軍と戦っているはずであった。

鶴ケ城の籠城を告げる危急の早鐘が鳴り響き、母娘は急いで身支度を整えた。鶴ケ城に駆けつけ、藩主の義姉照姫を守って戦おうという魂胆である。

竹子は紫色の縮緬のお召しに濃浅葱《こきあさぎ》の袴をつけ、白い布のたすきをかけ、鉢巻きをしめてから、腰に刀を差し、薙刀を持った。優子は淡浅葱の縮緬にえび茶の袴をまとい、母のこう子は濃浅葱の縮緬に袴をつけ、それぞれ刀を腰に差した。

だが城下にはすでに新政府軍が攻め入っており、鶴ケ城の城門は閉ざされていて近づくこともできない。

堀端のあたりは逃げ惑う人々で溢れていた。照姫の消息を訊ねたところ、安全な坂下《ばんげ》の方へ移ったという。急ぎ坂下へ向けて駆けた。だが照姫を捜し出すことはできなかった。

この間に、ざんばら髪の依田まき子、菊子の姉妹、岡村すま子らが合流してきた。いずれも剣術を学んでおり、

事態によっては婦人決死隊を組織して戦う約束をしている仲間だった。その夜は近くの寺で宿泊。

翌朝、坂下に出陣中の会津藩軍事方の宿陣におもむき、ともに戦いたい、と願い出たが、軍事方は、女だ、といって相手にしない。竹子らは、

「もし許しがなければ、この場で自刃して果てたい」

と述べたので、さすがの軍事方も、幕府軍の古屋作左衛門率いる衝峰隊とともに戦うよう指示した。

これにより女性たちは以後、会津娘子《じょうし》軍と呼ばれるようになるのである。同軍はほかに神保雪、平田蝶などを含めて二十人ぐらいというが、藩が編成した公式のものではない。

新政府軍の攻撃は激しく、城下は戦火にまみれていた。その間にも新政府軍の兵士が家々を襲い、目を覆うような狼藉《ろうぜき》を重ねていた。

その夜、母こうと竹子は、寝ている優子を殺して出陣しようと密かに相談した。十六歳の美しい優子はどこにいても目立つ。戦いに敗れた時、敵軍に凌辱《りょうじょく》されないとも限らない、と考えたのだった。だがそばにいたまき子と菊子に必死に止められ、思いとどまった。これは晩年の依田菊子の述懐である。

翌二十五日早朝、竹子は辞世を短冊に書き上げると、それを薙刀に結びつけた。

武士《もののふ》の　猛《たけ》き心にくらぶれば
　数にも入らぬ　我身ながらも

竹子ら娘子軍は萱野権兵衛の軍勢に入って出撃した。間もなく坂下に近い柳橋で戦端が切られた。この小川の川上に刑場があるので、涙橋とも呼ばれる。

新政府軍が銃砲を激しく撃ちかけてきた。弾丸が飛び、硝煙が立ち込めた。そのうち戦いは肉弾戦になった。竹

子は娘子軍の先頭に立ち、薙刀を振るって戦った。敵兵が、女性の軍団と知って、生け捕れ、生け捕れ、と叫んで追いかけだした。

「捕まるな。恥を受けるな」

竹子は叫びながら、襲いくる新政府軍に向かい、薙刀を振り回した。と、その時、弾丸が胸を貫いた。

「母上っ、やられました」

竹子はそれだけ言って草むらに倒れ込んだ。

母と優子が駆け寄ったが、おびただしい出血である。そこへ敵兵が襲ってきた。竹子は倒れながら薙刀を振るった。相手が足元を斬られて、どうと倒れた。

竹子は苦しそうな口調で、

「介錯を……」

と言った。

優子が脇差を抜いて絶命させ、首を討とうとしたが、乱れ髪が首にかかって斬ることができない。仕方なく、そのまま戦場を離れた。

翌朝、戦いが鎮まって母娘が竹子の遺体を探したところ、首のない遺体が転がっていた。後に会津藩の義勇兵、上野吉三郎が首を打ち、運んだものとわかった。

竹子が眠る会津坂下の法界寺に藩主松平容保の子孫、松平恒雄氏が書いた竹子の辞世が祭られている。

参考文献

平石弁蔵『(増補) 会津戊辰戦争——白虎隊娘子軍・高齢者之健闘』(復刻再版) 鈴木屋書店、一九七六年。

土方歳三――「叩かれて　音の響きし　なず菜かな」

★ひじかた・としぞう
（一八三五―一八六九）

武蔵国多摩郡石田村の生まれ。幕臣。幕府の浪士隊徴募に同門の近藤勇らとともに応募し上京、そのまま京都に残り、京都守護職預かりとなり新選組を結成して副長に。蝦夷地に走り、蝦夷島臨時政権陸軍奉行並に。明治二（一八六九）年五月十一日歿。享年三十五。

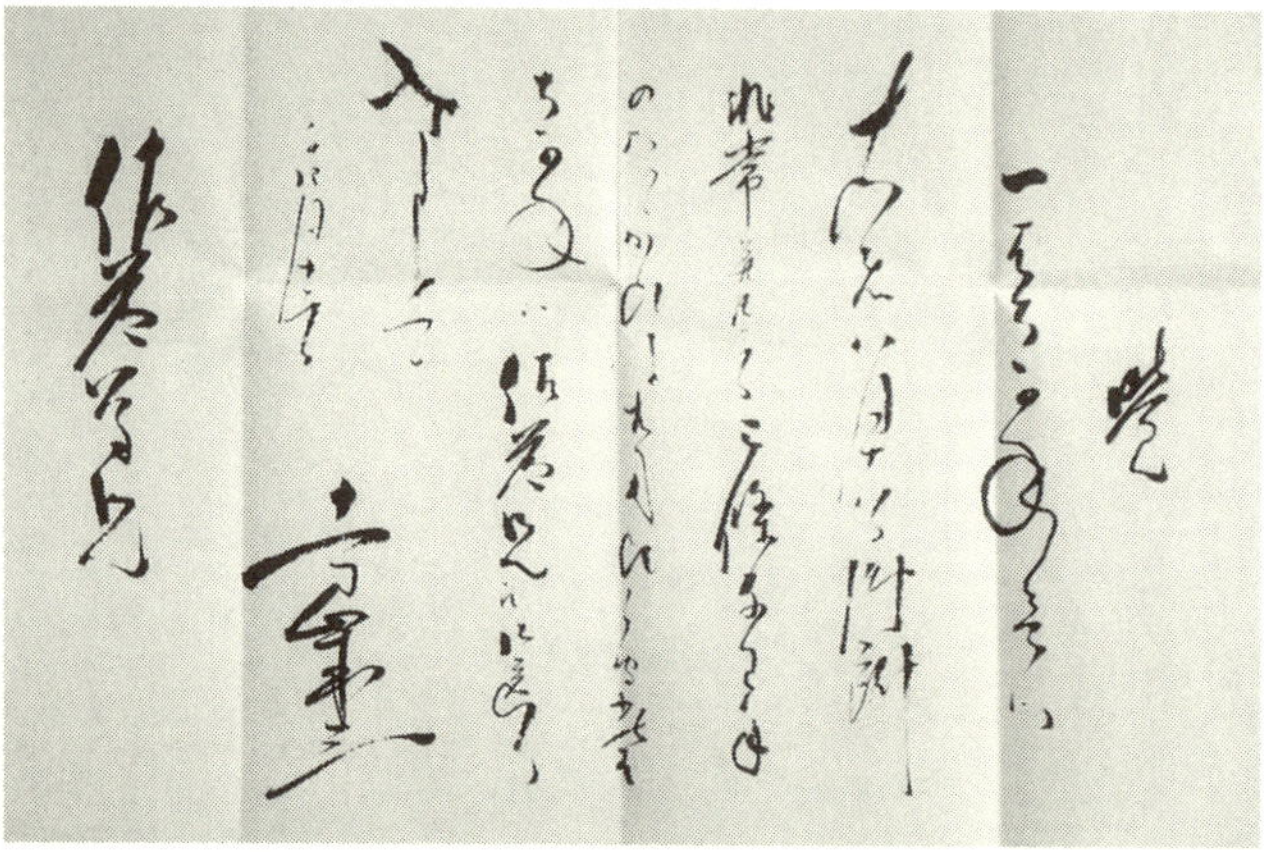

禁門の変後、義兄佐藤彦五郎に宛てた歳三の便り
（『沖田総司・土方歳三の手紙』より）

元新選組副長で、旧幕脱走軍により組織した蝦夷島臨時政権の陸軍奉行並、土方歳三が壮絶な戦死を遂げたのは、明治二（一八六九）年五月十一日、新政府蝦夷島征討軍による箱館総攻撃の日である。

この日未明、新政府軍は海と陸から攻撃を開始した。箱館市中は戦火に覆われてあっという間に占拠され、五稜郭と箱館の間が分断された。

歳三は孤立した弁天岬砲台を救うため、道産子馬に跨《また》がり、五稜郭を出発した。黒羅紗の詰襟服《つめえりふく》に白の兵児帯《へこおび》を締め、陣羽織を着込み、腰に太刀関の兼定を差している。その後に仙台藩額兵隊と伝習士官隊の一隊五十人が続いた。亀田と箱館の境界に一本木関門が延びている。蝦夷島政権が設けた関門だが、いまは新政府軍に抑えられていた。ここで歳三は新政府軍の弾丸を浴びて戦死する。

歳三の死には諸説があるが、千代ケ岡台場から歳三に従い、戦闘を目撃した新選組の大野右仲の『箱館戦記』からその最期を記す。

歳三らが一本木関門近くに着いた時、新政府軍の大砲が唸りを上げて炸裂し、一面、猛火に包まれていた。蝦夷島政権軍の兵士が関門の柵外に火を放ち、防戦に務めていた。だが新政府軍の猛攻にたじたじだ。箱館湾の内外では両軍の軍艦が激しく交戦している。

と、蝦夷島政権軍の蟠龍丸の放った砲弾が新政府軍の朝陽丸に命中した。水柱が上がり、轟音が響き、真っ赤な炎が天を覆った。朝陽丸が大きく割れて、海中に没していく。陸上で必死に戦う蝦夷島政権軍の将兵から、どっと歓声が上がった。

歳三はこれを見るなり、大声で大野右仲に伝えた。同文にはこう書かれている。

歳三大喝して曰く、「この機失すべからず。士官隊に令仕て速進せん。然れども、敗兵は卒《にわ》かには用ひ難し。吾れこの柵に在りて、退く者は斬らん。子（氏）は率ゐて戦へ」と。

大野は命令に従い、額兵隊と伝習士官隊を進撃させた。伝習士官隊は銃を捨て、白刃を抜いて進むが、敵の軍勢に恐れをなし、隊伍が乱れだす。額兵隊も、新政府軍が進むのを見ておののき、後退する者が増えだし、それを抑えることができなくなった。

再び同文を見てみよう。

（後退する者を）独り奉行（歳三）の必ずこれを柵に留めんと思ひしに、皆柵を過ぎて行けば、また愕《おどろ》き、奉行と約せしは彼の如くなるに、これを留めざるは何んぞや、思ふに、同僚の大島寅雄と安富才助とに千代岡に於いて逢ひて、始めて奉行の跨馬して柵側に在りしに、狙撃せらるる所となりてしせるを知れり

歳三は馬に跨がり、一本木関門のそばに留まって、敗走してくる味方がいたら切り殺す、と大野に約束して進撃させたが、ほどなく敵弾を受けて戦死した、というのである。

だが地元に残る伝承はかなり違う。歳三は単騎、関門を突破しようとして狙撃されたというのだ。新選組以来の同志、相馬主計《かずえ》と島田魁が駆け寄り、左右から歳三を抱きかかえ、関門から四百メートルほど後方の民家の納屋に運び込んだが、間もなく絶命したとされる。

歳三は、京都守護職松平容保預かりの新選組の局長近藤勇のもとで、副長として辣腕《らつわん》を振るい、鳥羽・伏見の戦いが起こると、近藤とともに甲陽鎮撫隊を組織して甲府を目指した。だが新政府軍の先鋒隊に制され、勝沼宿の戦いにも敗れて下総流山に布陣し、新政府軍に取り囲まれ、自首して出た近藤は首を討たれた。この時から歳三は、死に場所を求めていたといわれる。

徹底抗戦を叫んで、榎本釜次郎（武揚）率いる旧幕府艦隊に身を投じて蝦夷地へ走り、最前線で戦闘を繰り広げ、新政府軍の箱館総攻撃に、いまこそ死に時と覚悟したのであろう。

戦死した歳三が肌に巻いていた布に次の一句が書かれていた。これが辞世とされる。

叩かれて　音の響きし　なず菜かな

なず菜叩きは、正月七日の七草粥を作るまえに、はやし歌を歌いながら摘んできた七草を叩く風習をいう。はやされながら叩かれる音は、なず菜自身の発する音となって、過去から現在、未来へと繋がり、響いていく。それは死を前にした歳三自身の澄んだ心境であった、と解釈したい。

歳三の晩年の筆跡は残っていない。冒頭に掲げた便りは元治元（一八六四）年六月、京都の池田屋を急襲し、勤皇の志士を一網打尽にした直後、姉のぶの嫁ぎ先の佐藤彦五郎宛てに出したものである。

参考文献

菅英志『土方歳三のすべて』新人物往来社、一九七三年。
『新選組史料集　コンパクト版』新人物往来社、一九九五年。

中島三郎助——「いさぎよくうち死と覚悟いたし候」

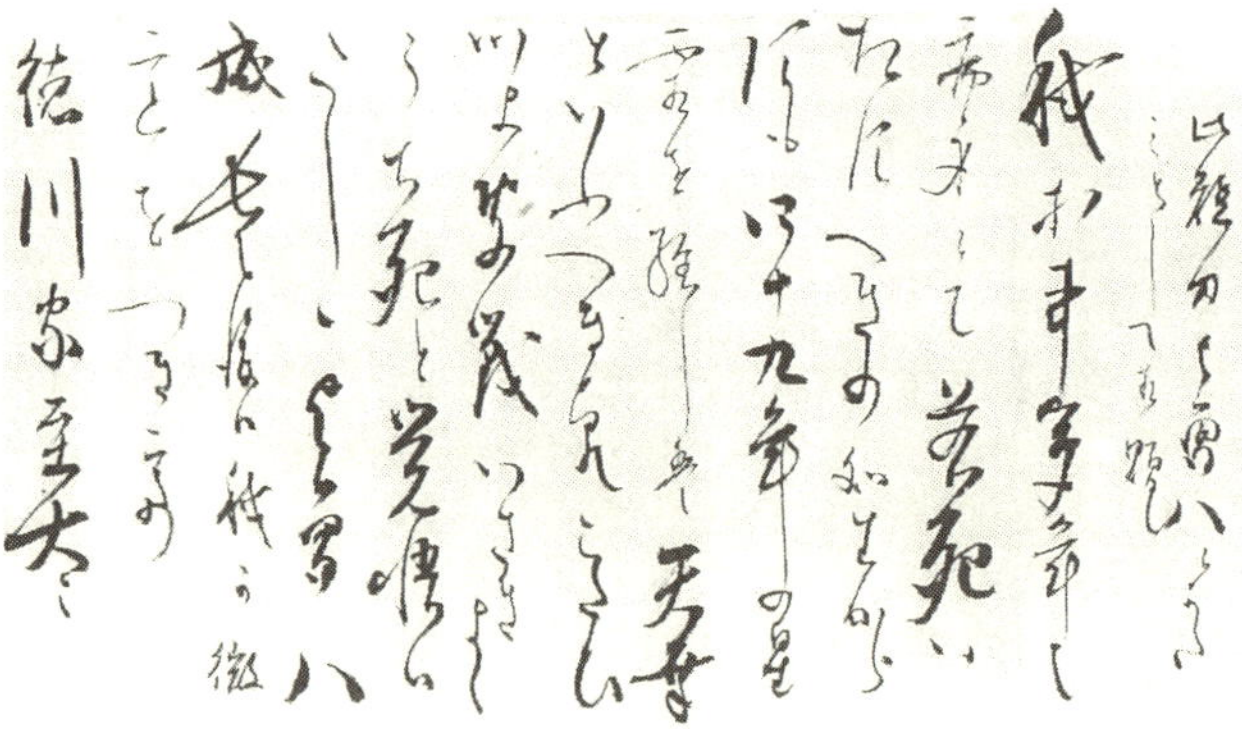

中島三郎助の遺書（『中島三郎助文書』より）

★なかじま・さぶろうすけ（一八二〇—一八六九）

幕臣、浦賀奉行与力。ペリー来航時、副奉行を名乗って小舟で米艦に乗りつけ談判した。長崎海軍伝習所一期生。軍艦操練所教授方、同頭に。榎本釜次郎（武揚）の要請で開陽丸機関方になり、蝦夷地へ。開陽丸沈没後は蝦夷島臨時政権箱館奉行並。明治二（一八六九）年五月十六日歿。享年五十。

新政府の蝦夷島征討軍の猛攻に、蝦夷島臨時政権の拠点、五稜郭は風前の灯だった。箱館・五稜郭の前進基地、千代ケ岡台場に立て籠もった箱館奉行並の中島三郎助は、最後の決戦を迎えて、元浦賀奉行所に勤めていた浦賀衆のほか、蟠龍丸の砲手の長男恒太郎、榎本釜次郎（武揚）総裁付の次男英次郎を呼び寄せた。十五、六歳の少年も含めて総勢十二人。

早くから討死を覚悟していた三郎助は、駿府にいる母や妻子らに宛てて多くの便りを認《したた》めた。現存する便りは十九通。恒太郎、英次郎のものも含めると二十三通になる。その内容を見ると、すべてが遺書に見えてくる。

明治元（一八六八）年十月十六日、仙台を発って蝦夷地におもむく途中、宮古湾に立ち寄った時に書いた便りには、

「我等並恒太郎、英次郎等万々一うち死いたし候へハ浦賀の寺へ墓御立可被下候」

と記し、墓の絵まで添えている。

決戦を前にした三月三日の便りを掲げる。文中の与曾八《よそはち》は三郎助の三男で二歳の幼子である。

此短刀与曾八江かたみとして相贈候

我等事、多年の病身にて若死いたすへきの処、はからすも四十九年の星霜を経しは天幸といふべきか。こたびいよ決戦、いさぎよくうち死と覚悟いたし候。与曾八成長の後ハ、我が微意をつぎて徳川家至大の御恩沢《おんたく》を忘却いたさず、往年忠勤をとぐべき事頼入候　以上

明治二年三月三日　中島三郎助永胤　花押

お寿々殿

与曾八殿

お順　殿

おたう殿

おろく殿

三郎助の辞世は、ほかの便りにいくつか遺されている、以下に二首掲げる。

あらし吹　ゆうべの花ぞめでたけれ
　ちらで過べき世にしあらねば

われもまた花のもとにとおもひしに
　若葉のかげにきゆる命か

次に長男恒太郎、次男英次郎の絶句を掲げる。

力尽南軍無所営　　力尽きし南軍営する所無し
帰思頻切奈関情　　帰思頻りに切にして関情をいかんせん
義旗連戦謀中興　　義旗連戦して中興を謀る
都下明年花満城　　都下明年　花城に満たむ
霞浦（恒太郎）

万事皆零落　　万事みな零落
平生不可思　　平生思ふべからず

唯余酒中趣　唯余すは酒中の趣き
不滅少年時　少年の時より減ぜず
中島雞田（英次郎）

三郎助の家族宛ての最後の便りは明治二年四月二十九日だが、この日は茂辺地、矢不来、富川の各地で蝦夷島政権軍が新政府軍の猛攻にさんざんに敗れ、有川まで駆けつけた榎本が敗走する兵士を叱咤した日に当たる。

五月に入り、戦局は急速に悪化した。十一日、新政府軍の箱館総攻撃により箱館市中は落ち、弁天岬砲台は孤立した。残るは五稜郭と千代ケ岡台場だけ。

最後まで踏みとどまって戦おうとする三郎助父子の決意を知った五稜郭の榎本は、大鳥圭介を通じて全員を五稜郭に集結させ、最後の決戦をする、と伝えた。だが三郎助は、

「ここはわが墳墓の地なり」

として、動こうとしない。

このままでは中島家が滅んでしまうと考えた榎本は、長男恒太郎だけでも残そうと、五稜郭への転属を命じたが、恒太郎は、

「父子そろって徳川家に対して義を貫く覚悟であり、拙者だけ五稜郭へ呼び戻されるのは不本意。いかに総裁の命令といえども、服従するわけにはいきませぬ」

と拒絶した。

榎本は困り果て、箱館近在から募集した兵を千代ケ岡台場へ送り込もうとしたが、三郎助は、

「土壇場にきて現地の農民や漁師の力を借りたとあっては末代までの恥」

と言って断った。そこでやむなく額兵隊、士官隊、小彰義隊、見国隊などから一個小隊ほどを応援に出した。

五月十五日、弁天岬砲台が降伏した。

翌十六日明け方、新政府軍が千代ケ岡台場に猛然と攻撃を仕掛けてきた。砲兵頭でもある三郎助は十二斤加農砲を据えつけ、敵兵目がけて発射した。恒太郎、英次郎兄弟もともに六斤加農砲、手臼砲を駆使して撃ちまくった。新政府軍は台場の周囲にめぐらした堀を乗り越えて土塁に張りつき、四方からいっせいに攻め込んだ。白兵戦になり、三郎助は刀を奮って戦ったが、飛んできた弾丸を受けて倒れ、絶命した。

兄弟もまた激しく斬り結び、血まみれになって死んでいった。別説に、深傷を負い、兄弟刺し違えて死んだともいわれる。千代ケ岡台場は落ちた。

応援の将兵らの多くは五稜郭へ逃げ帰ったが、浦賀衆のほとんどは最後まで奮戦し、死んでいった。この夜、榎本は自決を図って止められ、降伏を決意。十八日、五稜郭は開城となり、戦いは終焉となる。

参考文献

中島義生編『中島三郎助文書』（私家版）一九九六年。

雲井龍雄——「死して死を畏《おそ》れず」

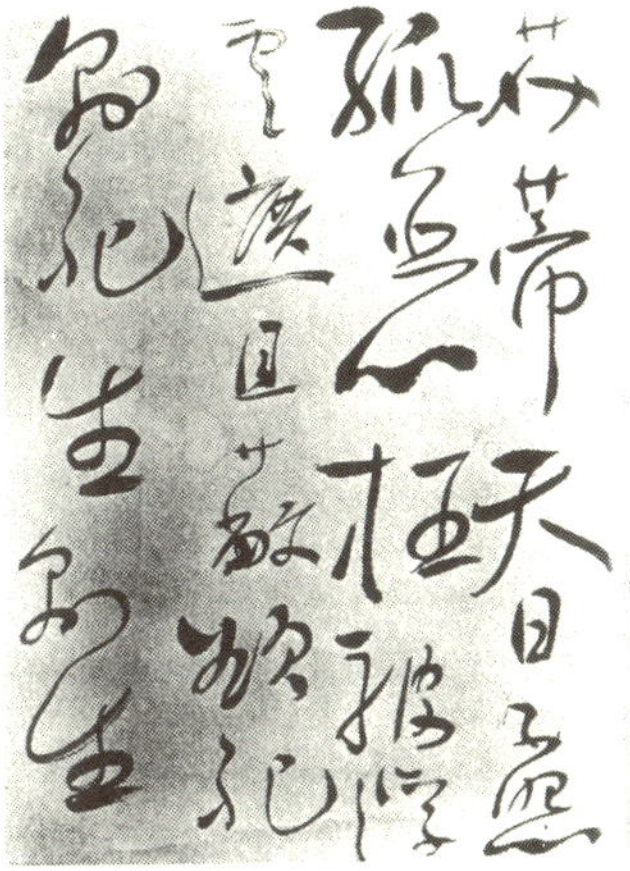

雲井龍雄の書。明治三年五月、東京へ召還の途中に詠んだ絶句
（『新稿雲井龍雄全伝』より）

★くもい・たつお
（一八四四―一八七〇）
米沢藩士の次男に生まれ、小島家の養子に。少年時代から天才的詩人といわれた。江戸警備になり、安井息軒の門に入り、俊才らと交わる。藩命により京都に潜行し、薩摩、長州の政権奪取の野望を粉砕すべく動く。奥羽越列藩同盟の正当性を主張した檄文は有名。明治三（一八七〇）年十二月二十八日歿。享年二十七。

米沢藩の志士、雲井龍雄が東京・芝二本榎の上行寺・円真寺に「帰順部曲点検所」の看板を掲げたのは明治三（一八七〇）年二月。表面上は新政府に反旗を翻そうとする者を帰順させるとしていたが、実はまったく逆で、政府転覆を図ろうとする組織だった。

雲井に同調した米沢藩、秋田藩、静岡藩、それに斗南藩（旧会津藩）ら旧佐幕派の浪士ら四十四人が結集した。雲井は戊辰戦争に幕軍に身を投じて戦い、その陣中作の詩「討薩檄」は幕軍を振るい立たせたとされる。

新政府はこの動きに疑惑の目を向け、雲井を謹慎処分にして米沢に護送し、残る浪士らを厳しく取り調べたところ、雲井の陰謀が明らかになった。

新政府は雲井を東京に召還したが、その途中、利根川を渡る時、雲井は矢立を取って次の漢詩を書き上げ、護送の兵士に示した。

北下途上

欲回狂瀾済一世　狂瀾《きょうらん》を回《かえ》して　一世を済《すく》わんと欲し
道之窮通未肯計　道の窮通《きゅうつう》　未だ肯《あえ》て計らず
直気吐来震九重　直気　吐き来りて　九重《きゅうちょう》を震わし
満眼紳紱是芥帯　満眼の紳紱《しんふつ》　これ芥帯《かいたい》
天日不照孤臣心　天日　照さず　孤臣の心
枉被浮雲遮且蔽　枉《ま》げて浮雲《ふうん》に遮《さえぎ》り　且つ蔽《おお》わる
欲死則死生則生　死せんと欲せば則《すなわ》ち死し　生きんとすれば　則ち生く
我肘容豈使人掣　我が肘《ひじ》は　容《まさ》に　豈《あに》　人をして掣《せい》せしむべけんや
檻車夕過東寧川　檻車《かんしゃ》　夕《ゆうべ》に過ぐ　東寧《とね》の川

目撃湖山涙沾袂　湖山を目撃して　涙　袂《たもと》を沾《うるお》す
回顧遭逢夢耶真　回顧すれば　遭逢《そうほう》　夢か真《まこと》か
壮図唯有水東逝　壮図　ただ　水の東《ひんがし》に逝く有り
嗚呼縦令此山如礪此河如帯　ああ　たとえ　此の山は礪《れい》の如く　此の河は帯の如くなるとも
区々之志安能替　区々の志　いずくんぞ　能《よ》く替《すた》れんや

檻車とは罪人を運ぶ車、東寧川は利根川を指す。

小伝馬町牢獄に投獄された雲井は、浪士らとともに裁判にかけられた。取り調べのなかで雲井は、「帰順部曲点検所」について触れ、

「其実は即ち政廷を欺罔《ぎもう》し奉り、願意御裁可を蒙り党類の者共天兵の員に加り候上は、金穀器械共不労して準備、其上公然右名称を鳴らし候へば到底風靡《ふうび》致し其勢に乗し一挙の宿志を可遂《とげるべく》」

と述べた。政府を騙して同志の浪士らを天兵にし、内部から蜂起させようというものである。これは「公文録」の「雲井龍雄口述書」に見える。

年の瀬が迫っていた。自らこう述べたことで死罪を免れないと悟った雲井は、獄吏から筆と墨を借りると、次の絶句を揮毫した。これが「遺筆」となった。

死不畏死　死して死を畏《おそ》れず
生不生偸　生きて生を偸《ぬす》まず
男児大節　男児の大節
光与日争　光日と争う

道之苟直　道の苟《いやし》くも直《なお》くんば
不憚鼎烹　鼎烹《ていほう》を憚《はばか》らず
渺然一身　渺然《びょうぜん》たる一身なれど
万里長城　万里の長城

十二月二十六日、獄吏の下役に呼ばれて雲井は獄舎を出た。評定所に連行され、役人から、「政府転覆を計画した罪により、斬首のうえ梟首《きょうしゅ》（さらし首）」の極刑を言い渡された雲井は、その場でこう述べたという。有田正夫編『雲井龍雄事蹟』に出ている。

「ああ、余が策をして成らしめば、政体、更《あらた》むべし。奸臣斬るべし。而《しこう》して今や皆已《や》む。豈《あに》天にあらずや」

雲井は刑場に引き出され、首討たれた。

処刑されたのは雲井はじめ十二人。うち梟首は雲井だけ。このほか十六人に流刑十年から流刑三年、三人に杖罪、罰金が命ぜられた。

参考文献

安藤英男『新稿　雲井龍雄全伝　上巻本篇』光風社出版、一九八一年。

江藤新平――「迷ふ心は　ただ君が為」

三條右大臣殿
岩倉大納言殿
木戸参議殿
大久保参議殿
大隈参議殿
大木参議殿

江藤が三条実美らに送った書状（杉谷昭『江藤新平』より）

（国立国会図書館蔵）

★えとう・しんぺい

（一八三四―一八七四）

肥前（佐賀）藩士、参議。江戸開城とともに旧幕府の評定所におもむき、政治、財政に関する帳簿類などを押収。軍監に命ぜられ江戸遷都を建議。政治改革に従事し、文部大輔に。左院副議長、司法卿を務め参議に。だが征韓論に敗れて下野。明治七（一八七四）年四月十三日歿。享年四十一。

明治新政府に入って文部大輔《たいふ》や司法卿を務め、参議に栄進した江藤新平が「征韓」論争に敗れて西郷隆盛ら四参議とともに下野したのは明治六（一八七三）年十月二十五日。

肥前（佐賀）に戻った江藤は翌七（一八七四）年一月、民撰議院設立建白書に署名するなど議会政治の実現へと動きだし、佐賀「征韓党」を結成、党首になった。〝第二の維新〟を目指したとされる。

佐賀に不穏な動きがあると睨んだ政府は、天皇の侍従を務める元肥前藩士で前首席開拓判官の島義勇を鎮撫のため密かに派遣したが、島は同郷の者たちの、藩閥政治に失望して藩制復帰を望む声に押されて憂国党を結成した。ここに肌合いの違う征韓党と憂国党が結びつく。

二月一日、この二つの党が政府打倒を目指して蜂起し、軍勢は一万二千人に膨れ上がった。佐賀の乱の勃発である。これを知った薩摩出身の内務卿大久保利通は、いまこそ政敵江藤を壊滅する好機ととらえ、征討軍を編成し、軍事、司法の全権を握って佐賀へ進撃した。政府軍が猛攻を加えたので佐賀勢は散り散りになり、江藤は鹿児島から高知に逃れ、さらに徳島に逃れる途中の三月二十七日、逮捕された。島も逮捕され、乱は鎮圧された。

江藤はすかさず三条実美、岩倉具視、大久保利通らに宛てて実情を訴えた。

この便りを掲げる。

謹而白《つつしみてもう》す。私儀　自ら作《な》せる罪之次第　及び一片ノ寸心　一応　殿下方或は諸参議衆之内ヱ拝謁《はいえつ》申《もうし》陳《のべ》度《たく》奉存《ぞんじたてまつる》　先月二十三日夜決意　豊筑路塞《ほうちくろふさが》り候ニ付　薩州ヱ参り　西郷江其旨《そのむね》申置　夫《それ》より土州ヱ参り路ヲ紀尾ニ取り東上之心得候処　土州取締厳重　東上難出来《できがたく》　空敷相止《むなしくあいとど》まり申候。仰ギ願クハ東上之路行　出来候様の御沙汰被下候は　難有《ありがたく》奉存《ぞんじたてまつり》候　夫迄《それまで》　土州ニ相止り　其旨《そのむね》奉待《まちたてまつり》候　勿論前断之次第及ビ寸心を申上候　謹而《つつしみて》刑ニ就心得《つくこころえ》ニ而《て》御座候　此段申上度　如此《かくのごとく》御座候　頓首再拝

第三月二十七日　江藤新平

結局、この便りが最期のものとなる。

江藤は島とともに佐賀城内に設けられた臨時出張裁判所で四月八、九日、裁判にかけられたが、皮肉にも裁判長は司法大権判事河野《こうの》敏鎌《とがま》で、江藤が司法卿だった時の部下であった。

判決は十三日朝に行われ、「除族の上、梟首」が言い渡された。最初から断罪と決めてかかった暗黒裁判であった。国事犯であり、よもや極刑など想像もしていなかっただけに、江藤は判決が言い渡された時、一瞬、顔色を変え、

「裁判長、私は……」

と叫んだが、発言は止められ、獄吏に腕を取られて場外へ連れ去られた。

処刑はその日のうちに行われた。地面に筵を敷いただけの処刑場に着いた江藤は、刑吏に島のことを訊ねた。すでに処刑された、と知らされると、

「ただ皇天后土わが心を知るあるのみ」

と三度、高らかに唱えた。皇天后土とは天神地神を指し、神のみがわが心を知っているの意味である。刀が振り下ろされ、首が飛んだ。

江藤の辞世が伝えられている。いつ詠んだものかは明らかでない。

ますらをの　涙を袖にしぼりつつ
　迷ふ心は　ただ君が為

江藤と島の首は嘉瀬川堤の刑場に運ばれ、晒された。二つの首は写真撮影され、密かに販売された。佐賀まできて江藤の裁判に立ち会い、その最後を見届けた大久保の残忍極まる処置であった。

参考文献

杉谷昭『江藤新平』吉川弘文館、一九六二年。
毛利敏彦『江藤新平——急進的改革者の悲劇』中公新書、一九八七年。

前原一誠――「木の葉とともに散る我身」

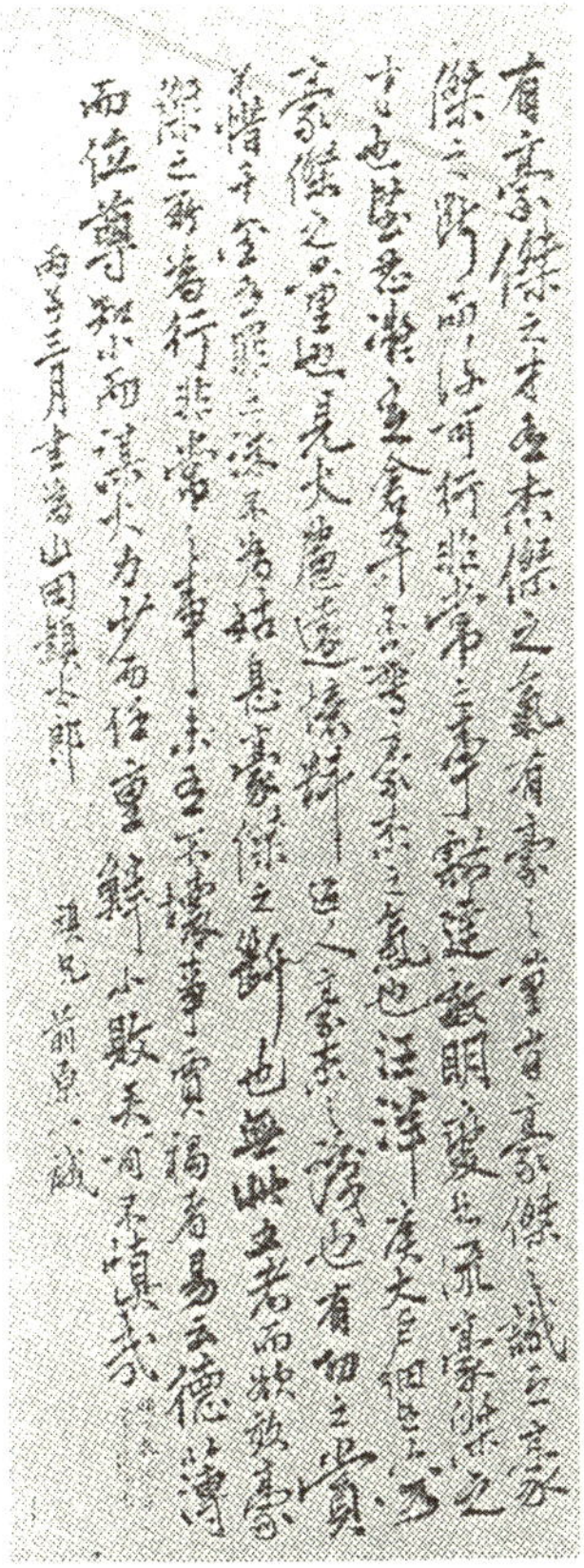

前原が弟山田穎太郎に与えた書（『あゝ東方に道なきか』より）

★まえばら・いっせい
（一八三四―一八七六）
長州藩士。吉田松陰に師事する。「八月十八日の政変」で長州に落ちた七卿の御用掛に。北越戦争時は越後口総督参謀を務め長岡城を攻略した。維新後は越後府判事から参議になり、兵部大輔を務めたが、新政府と意見が合わず辞職。明治九（一八七六）年十二月三日歿。享年四十三。

吉田松陰の松下村塾に学んだ長州藩の前原一誠は、戊辰戦争の北越征討軍参謀として戦った。明治維新後は越後府判事となり、水害に悩む人々のため独断で年貢を減免して、新政府から叱責され、その政治体制に疑問を抱きだす。兵部大輔に昇進するが、薩摩の大久保利通や同じ長州出身の木戸孝允らと対立し、明治三（一八七〇）年九月、病気と称して辞職し、萩に帰った。

そのころ廃刀令を機に各地で士族の不満が高まりだしていた。明治九年十月に入って熊本の神風連の乱、福岡の秋月の乱などが起こった。前原はこれに呼応して十月二十七日、わずか百五十人の同志とともに蜂起した。萩の乱である。

山口県庁を襲撃しようとしたが、広島鎮台らの動きが早く、萩を出ることができないまま凄まじい戦闘になり、十一月五日、幹部らとともに逮捕された。

すぐに萩に送り返され、臨時裁判にかけられたが、自分の意見を述べることができないまま十二月三日、「除族の上断罪」を言い渡された。幹部七人も断罪を言い渡された。

その日のうちに処刑と決まり、前原らは萩の准円寺から刑場に移された。前原は白羽二重の死装束で現れ、刑吏に挨拶し、処刑される同志らと語り合い、最後の食事をした。そして声を合わせて詩を吟じた。

吾今為国死　　吾、今国の為に死す
死不負君恩　　死して君恩に負《そむ》かず
人事有通塞　　人事も通塞有り
乾坤弔吾魂　　乾坤《けんこん》吾魂を弔《とむら》うか

その声は刑場に浪々と響きわたった。

前原は、一同に向かい、微笑みをたたえながら、

「ただいまより冥土へ参る。何にしても勤皇が第一じゃけんのう」

と述べた。

前原はその後、あらかじめ頼まれていた揮毫を一枚一枚、力を込めて書いた。刑吏が焦って、早く済ませるようせき立てたが、少しも動ぜず、全部書き終えた。

前原は刑吏に目隠しされ、その座に着くと、

「さあ、斬れ！」

と叫んだ。

首斬り役人が刀を振るい、にぶい音を立てて首が落ちた。辞世は、

もろともに峯の嵐のはげしくて
木の葉とともに散る我身かな

参考文献

奈良本辰也『あゝ東方に道なきか——評伝前原一誠』中央公論社、一九八四年。

西郷隆盛——「笑って儂《わし》は死に向う仙客の如し」

海舟建立の西郷隆盛漢詩碑（洗足池公園）

★さいごう・たかもり
（一八二七—一八七七）
薩摩藩士、明治政府参議。土佐の坂本龍馬の斡旋で薩長同盟の密約が成立、王政復古の大号令、鳥羽・伏見の戦いで徳川慶喜を窮地に。大総督参謀として東下し、旧幕府方の勝海舟と会談して江戸城の無血開城を実現。明治十（一八七七）年九月二十四日歿。享年五十一。

明治十（一八七七）年九月一日、鹿児島の城山に立て籠もった西郷軍を目がけて、政府軍が五万の大軍で攻めたてた。城山の二十四カ所の堡塁を守備する西郷軍は、激しく抗戦したが多勢に無勢、西南戦争の勝敗の帰趨はすでに見えていた。

死を覚悟した西郷軍の総帥、西郷隆盛は岩崎谷の洞窟のなかで辞世となる七言絶句を詠んだ。

百戦無功半歳間　　百戦功無し半歳の間
首邱幸得返家山　　首邱幸いにして家山に返るを得たり
笑儂向死如仙客　　笑って儂《わし》は死に向う仙客の如し
尽日洞中棋響閑　　尽日洞中に棋《き》響きて閑《かん》なり

だが近年、これは西郷のものではないとする説も出ている。

政府軍参軍の山県有朋は、西郷に再三にわたって降伏を勧告した。西郷は応じず、守備隊のもとを回ってはよもやま話をしたうえ、政府軍の戦術を批評し、「あの戦いぶりは山県に相違あるまい」などと相手の名を挙げて語ったという。城山の包囲網をじりじりとせばめた政府軍は、二十四日を総攻撃と決めた。

西郷はその前日の二十三日夜、最後まで残しておいた食糧、酒などを堡塁を守備する兵士ら三百に分け与えた。洞窟前では西郷はじめ桐野利秋、村田新八、別府晋介ら四十余人が集まり、別れの宴を開いた。誰もが、これがこの世のなごり、と心行くまで酔いしれた。

二十四日午前四時、夜空が白み出すと同時に三発の号砲が轟き、これを合図に政府軍の総攻撃が始まった。西郷軍は弾丸を撃ちまくって激しく応戦したので、周辺は硝煙がただよい、前方が見えないほどになった。

いつしか空は明け、西郷軍の堡塁は次々に落ちて、残るは岩崎谷の本営だけになった。政府軍は岩崎谷を馬蹄形に取り囲み、集中放火を浴びせかけた。

午前七時、これまでと覚悟した西郷は、最後の突撃を敢行しようと、隊列を整えて東の谷口へ向けて坂道を行進し始めた。西郷は浅葱縞《あさぎじま》の単衣に黒の兵児帯を締め、肩輿《かたごし》に乗り隊列のほぼ中央にいた。

行進とともに政府軍の銃砲弾が飛び交い、何人かがばたばたと倒れた。洞窟から二百メートルほど進んだ時、弾丸が西郷の腹部と股を貫いた。西郷は血で染まった体を揺すりながら肩輿から下りると、別府晋介に、

「晋どん、もうこの辺でよか」

と言い、路上に正座して東方に向かって拝礼してから、首を差し出した。別府も負傷していたが、

「ごめんなったもんせ」

と言い、背後に回って大刀を振り下ろした。首は音をたてて転がった。

介錯したのは別説もあり、村田新八とも私学生とも言われる。

総帥を失った西郷軍は、絶叫しながら突撃を敢行し、全員、敵弾をくらって死んでいった。

西郷は、戊辰戦争が起こると東征軍大総督府参謀として東下し、旧幕府陸軍総裁勝安房（海舟）との会談で江戸城を無血開城させた。明治四（一八七一）年、詔勅により出仕し参議になったが、明治六年、決まりかけていた西郷の朝鮮派遣が無期延期になったことから、病気を理由に辞職した。この時、副島種臣、後藤象二郎、江藤新平、板垣退助も辞職した。

故郷に帰った西郷は農耕や狩猟のかたわら私学校を設けて子弟の教育に務めたが、各地で政治に不満を持つ動きが高まり、西郷のもとに血気の若者たちが続々集まってきた。政府は鹿児島に密偵を送り込む一方、懐柔策をとったが、対立はぬぐえず、西郷も動こうとしなかった。

だが明治十年一月三十日夜、私学校の生徒が鹿児島の陸軍省火薬庫を襲撃したのをきっかけに西郷はついに立ち、士族子弟一万五千を率いて新政府が布陣する熊本城を襲った。これが西南戦争の起こりとなった。

西郷は多くの書や言葉を残した。これは『南洲遺訓』として伝えられた。南洲は西郷の号である。西郷の死を悼んだ勝海舟は、三回忌に当たる明治十二（一八七九）年、東京・南葛飾郡大木村（現東京都葛飾区）の薬妙寺境内に留魂祠を建立し、西郷がかつて詠んだ漢詩「獄中有感」を碑面に刻んだ。大正二（一九一三）年、海舟の遺志で、洗足池公園内にある海舟夫妻の墓所の隣に移された。

碑面の漢詩を掲げる。

朝蒙恩遇夕焚阬
人生浮沈似晦明
縦不回光葵向日
若無開運意推誠
洛陽知己皆為鬼
南嶼俘囚独窃生
生死何疑天附与
願留魂魄護皇城

朝《あした》に恩遇《おんぐう》を蒙《こうむ》り夕《ゆうべ》に焚阬《ふんこう》せらる、
人生の浮沈晦明《ふちんかいめい》に似たり。
縦《たと》い光を回《めぐ》らさずとも葵《あおい》は日に向《むか》い、
若《も》し運を開く無くとも意は誠を推《お》す。
洛陽《らくよう》の知己皆鬼《ちきみなき》と為《な》り、
南嶼《なんしょ》の俘囚《ふしゅう》独《ひと》り生《せい》を窃《ぬす》む。
生死《せいし》何ぞ疑わん天の附与《ふよ》なるを、
願わくは魂魄《こんぱく》を留《とど》めて皇城を護《まも》らん。

参考文献

『遺訓――西郷南洲先生』盛文館書店、一九二六年。
『西郷南洲遺訓』山田済斉編、岩波書店、一九三九年。
『西郷隆盛全集　第四巻』西郷隆盛全集編集委員会編、大和書房、一九七八年。

II 明治・大正

高橋お伝――「手《た》向《むけ》に咲きし花とこそ知れ」

辞世が刻まれているお伝の墓（谷中天王寺）

★たかはし・おでん
（一八五〇―一八七九）
上野国利根郡下牧村の農家に生まれる。両親の離婚で伯父の養女になり、十四歳で婿を迎えるが、すぐ離婚。しばらくして二度目の婿を迎えるが、夫の難病に悩まされる。『高橋阿伝夜叉譚』はお伝をモデルにした作品。明治十二（一八七九）年一月三十一日歿。享年三十。

〝毒婦〟と喧伝された高橋お伝が、東京府市ヶ谷監獄の刑場で処刑されたのは明治十二（一八七九）年一月三十一日。判決が出たその日だった。お伝は首を討たれる時、愛しい人の名を呼んで暴れ回り、最後は首斬り浅右衛門にねじ斬られた。

東京・南千住の元小塚原刑場の回向院に墓があるほか、谷中の天王寺墓所に三回忌に建てた碑があり、碑の表にお伝の辞世が刻まれている。

亡き夫《つま》のために待ち得し時なれば
　手向《たむけ》に咲きし花とこそ知れ

はたして本人が詠んだものかどうか、いまとなってはわからないが、お伝の生涯を振り返って、この辞世から、悲しくも哀れな身の上が浮かび上がってくる。

お伝は上野国《こうづけのくに》下牧村の農家の生まれ。慶応年間に同郷の波之助を婿にした。だが夫が不治の病といわれた難病にかかり、村人から冷たくされたのに悲観し、明治二（一八六九）年、夫婦で故郷を逃げるように飛び出した。東京に出て、異母姉のかねとその夫の後藤吉蔵を頼って横浜に移り住み、医者の治療を受けた。

生活は苦しくなるばかりで、お伝は夫のためにと、体をひさいで治療費を稼いだ。だが波之助は亡くなる。そのうち、頼みの姉のかねも亡くなってしまう。これは吉蔵が、お伝を手に入れようと、波之助とかねを相次いで毒殺したともいわれた。そのうちお伝も病にかかり、明治四（一八七一）年、同郷人の世話で東京・中町に移り住み、そこで小川市太郎という男と知り合い、深い仲になった。ところが市太郎は定職もなく酒と博打に溺れる毎日。そんな男と知りつつ、お伝は精いっぱい尽くした。

明治九（一八七六）年夏、二人で始めた商売がうまくいかず、借金を背負ったまま、ついにお伝は家を飛び出してしまう。助けを求めて行った知人宅で、以前、借金をしたままの男にばったり出会い、返済を迫られる。困り果てたお伝は、亡きかねの夫の後藤吉蔵に二百円の借金を頼み込んだ。

八月二十六日、お伝は吉蔵に誘われるまま蔵前の旅籠屋に入った。吉蔵はお伝を弄んだうえ、頼みの借金を断った。翌朝、再び頼んだが、相手にしない。お伝は吉蔵が眠り込んだのを見計らい、持っていた剃刀で喉を力を込めて切りつけた。吉蔵は声も立てず絶命した。お伝は死体に布団をかぶせ、財布のなかから現金十一円を奪い取り、「姉の仇を討った」と書き残し旅籠を出た。姉を殺され、自分も弄ばれた、という思いからだったのだろう。

お伝はその夜のうちに知人宅に戻り、借金をしていた男を探して十円を支払った。

翌朝、吉蔵の死体が発見され、前日まで一緒にいた女の身元が探索され、お伝はその日のうちに警察に逮捕された。お伝は取り調べですぐに強盗殺人を認めたが、裁判では一転、吉蔵の最期は自死であり、殺していない、と犯行をひるがえし、助命を嘆願した。

逮捕から二年後、否認のまま死刑が宣告され、その日のうちに処刑場に引き出され、首を打たれた。

新聞はこれを派手に書き立てた。この事件に目をつけたのが明治政府だ。忠孝、貞節を教える教部省（文科省）はお伝を極悪人にすることで、痴情の汚らわしさを説こうと、戯作者の仮名垣魯文《かながきろぶん》に依頼。魯文の書いた『高橋阿伝夜叉譚』はさまざまな尾ひれがついて膨らんでいき、夫が業病でさえなかったら平凡な農家の主婦で過ごせたはずの女性が、世にも恐ろしい毒婦へと変貌していった。

三回忌法要をしたのが魯文とされているので、辞世もあるいは魯文が作ったものかもしれない。

参考文献

平林たい子『炎の女——妲妃のお百・花井お梅・高橋お伝』新潮社、一九五八年。
朝倉喬司『毒婦伝』平凡社、一九九九年。

松浦武四郎——「此材にて亡骸を焼き、其《その》遺骨は大台山《おおだいさん》に」

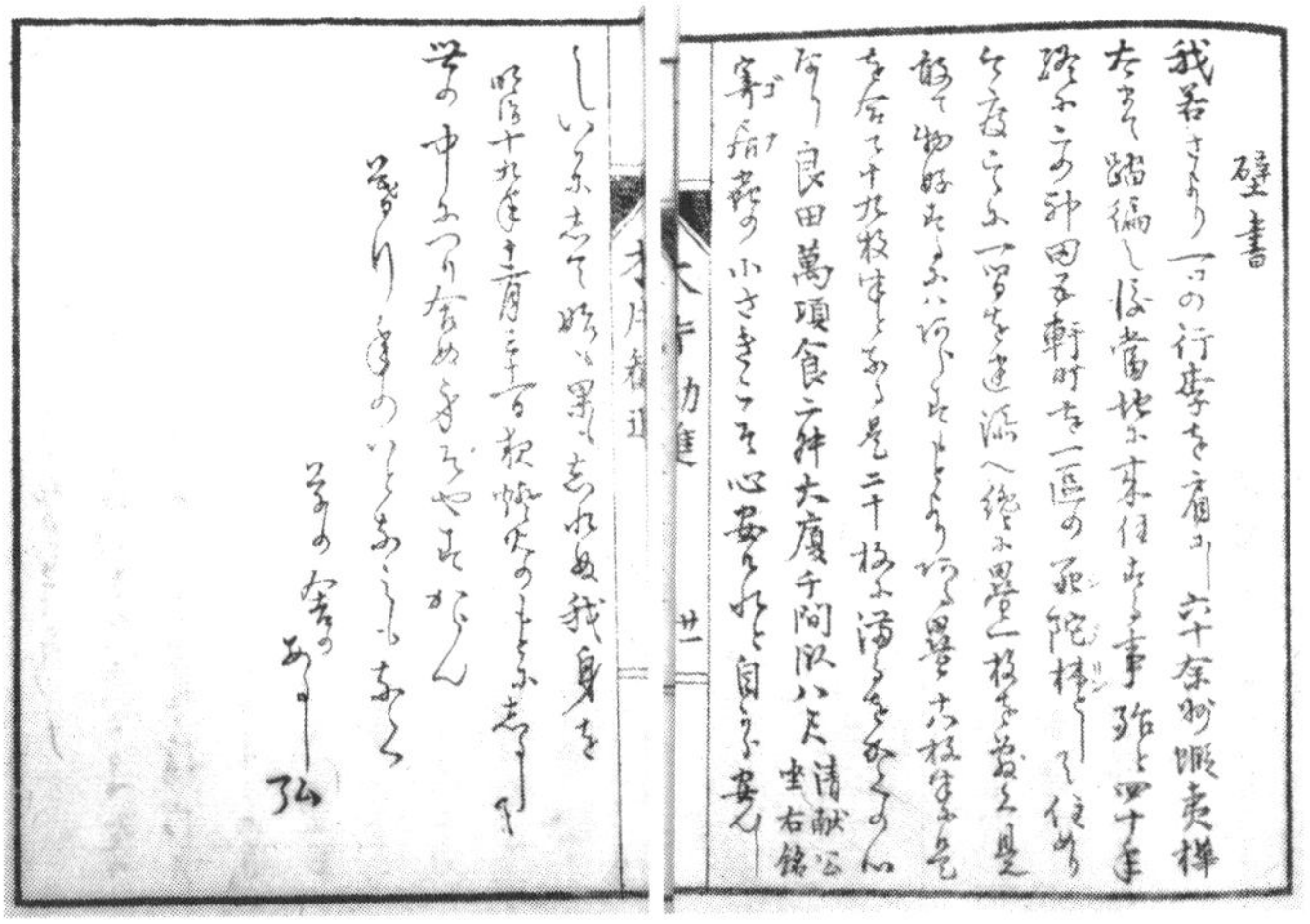

武四郎の遺書『木片勧進』の壁書き。
最後に「草の舎のあるじ弘」の文字が見える（札幌市立中央図書館蔵）

★まつうら・たけしろう
（一八一八―一八八八）

伊勢国須川村（三重県松阪市）生まれ。探検家。長崎で「北門の杞憂」を知り、蝦夷地を探検、以後三回蝦夷地やカラフト、北方領土などを探検。幕府の箱館奉行御雇として三回、蝦夷地を巡視し、『東西蝦夷山川地理取調日誌』などを著す。明治二十一（一八八八）年二月十日歿。享年七十一。

幕末の探検家で、「北海道」の名付け親として知られる松浦武四郎が、東京・神田五軒町の草の舎「一畳敷書斎《いちじょうじき》」で息を引き取ったのは明治二十一（一八八八）年二月十日午前四時ごろ。その壁に、長文の遺書が書かれていた。もっとも重要な部分は次の一節である。

死せば毀《こぼ》ちて此材にて亡骸を焼き、其《その》遺骨は大台山《おおだいさん》に遣《や》り呉《くれ》やうと、其は其時の機に計ひてよとしるし置（…）

最後に「明治十九年十二月三十一日夜、灯火のもとにしるして」として「世の中につり合ぬ身ぞやすからん　暮行年のいとなミもなく」と書かれ、「草の舎のあるじ弘《ひろむ》」と記されていた。

草の舎とは一畳敷書斎、弘は武四郎の本名である。この日付から武四郎は、死の一年二カ月前に、いずれ迎えるであろう最期を考え、亡骸は一畳敷書斎の材木で焼くように、遺骨は故郷の大台山に埋葬するように、と頼んでいた。

壁書きの文面は、『木片勧進《もくへんかんじん》』のなかにまとめられて、後に発行された。

文中の一畳敷書斎とは、武四郎が全国の知人らに頼んで、由緒ある場所から一片ずつ集めて建てたもので、三重の伊勢神宮から柱四本と戸袋屋根、京都の大徳寺から廊下入口上の欄間《らんま》、広島・厳島神社から南窓下の脚絆板《はばきいた》、京都の高台寺からたるき軒桁《のきげた》、大阪の四天王寺から廊下側の入口にかけた額……といった具合に、その数は八十四寺社・家から寄せられた八十九点にのぼった。

だがこの一畳敷書斎は、貴重なものであるとして、武四郎が望んだ取り壊して焼くことはせず保存された。現在は移設されて国際基督教大学が所蔵している。遺骨は遺書に基づき大台ケ原に埋葬する予定だったが、許可が下りず、浅草の称福寺（後に東京・染井霊園に移す）に葬られた。後年、歯を分骨して大台ケ原名古屋谷に納め、分骨碑を立てた。

武四郎は伊勢国須川村（現三重県松阪市）生まれ。長崎の平戸島に渡って僧侶になるが、長崎で知人から「北門の杞憂《きゆう》」を知らされ、弘化元（一八四四）年、還俗《げんぞく》して蝦夷地《えぞち》へ渡り、以後三度渡海して『三航蝦夷日誌』を執筆、〝蝦夷通〟と呼ばれた。

この時期、ロシアの南下が激しくなり、危機を感じた幕府は安政二（一八五五）年、蝦夷地を松前藩から取り上げて直轄地とし、箱館奉行を置いた。武四郎は同奉行御雇となり、翌安政三（一八五六）年から三年間にわたり蝦夷地の内陸も含めて踏査し、『回浦日誌』『東西蝦夷山川地理取調日誌』や『蝦夷山川地理取調図』（地図）などを著した。

だが場所請負人のアイヌ民族に対する搾取、横暴に怒り、その救済策を奉行に提唱するが容れられず、辞職。

明治維新成り、武四郎は蝦夷地御用（後に開拓使の判官）の地名選定担当に登用された。そこで武四郎は六つの案を提唱し、このうちの「北加伊道」が「北海道」となった。アイヌ民族はたがいに「カイノー」と呼び合っていた。カイとはこの国に生まれた者、ノーは尊称である。カイに込めた深い思いを知ることができる。

武四郎はこの時も開拓使に対してアイヌ民族の救済を訴えるが、相手にされず、官位を返上、辞職した。以後、各地の知人らを煩わせて集めた木片で一畳敷書斎を作り、そこに籠もって主に北海道のことを書き続けた。また故郷の大台ケ原の開発に着目し、何度も大台ケ原に足を運んで、開発計画をまとめた。

アイヌ民族を「旧土人」と呼んだ「北海道旧土人保護法」が廃止になり、アイヌ文化振興法（アイヌ新法）ができるのは平成九（一九九七）年、武四郎が亡くなって百九年目のことである。

参考文献

松浦武四郎『木片勧進』松浦弘蔵、一八八七年。
大山晋吾編著『北海道の名付け親　松浦武四郎の生涯――特にその少・青年期を中心として』三雲町、一九九二年。

山岡鉄舟——「腹張りて苦しき中に明けがらす」

鉄舟の書（石狩尚古社蔵）

★やまおか・てっしゅう（一八三六—一八八八）幕臣。槍術の師、山岡家を継ぐ。幕府の浪士募集の浪士取締役に。戊辰戦争が起こり、勝海舟の命で新政府征討軍参謀の西郷吉之助（隆盛）を駿府に訪ね、江戸無血開城の道筋をつける。明治政府の伊万里県令、侍従、宮内大丞・宮内少輔などを務めた。明治二十一（一八八八）年七月十九日歿。享年五十三。

旧幕臣だった山岡鉄舟は、三十五、六歳ごろから胃痛で医者にかかることが多くなった。身長二メートル、体重百キロ余という巨体にものをいわせた大喰い大酒飲みが、病の原因だった。

明治十九（一八八六）年、五十一歳を迎えて症状はいよいよ重くなり、翌年夏には右脇腹に大きなしこりができた。主治医は胃癌と診断し、東京医学校（後の東大医学部）の内科医で宮中侍医のドイツ人医師は、肝臓硬化症（肝硬変）であろうと診断した。

鉄舟は病床に臥せながらも、毎日写経を続け、頼まれると揮毫《きごう》もした。だが症状は悪化するばかりで、明治二十一年二月になると、食物が喉を通らなくなり、流動食に頼りだした。

死期を悟った鉄舟は二月十一日の紀元節に、病をおして参内した。明治天皇は驚き、勅使や侍医を差し遣わすほどだった。

七月に入り、病は少し持ち直した。鉄舟は八日、自ら創始した無刀流春風館道場の門弟全員を集め、

「今日はお前ら一人一人に稽古をつけるが、俺の稽古がいつもと違っていたら、無刀流は俺が死んだ後、ぶっつぶせ」

と言い、胴衣の紐を結ぼうとした。しかし衰弱していて結ぶことができなかった。

鉄舟はそれでも竹刀を手に構えた。門弟ら何人かが烈迫の気合もろとも打ち込んだものの、まったく歯が立たなかった。

十七日夕方、鉄舟は風呂に入りたいと言い、英子夫人に白衣を用意させ、風呂から上がるとそれを纏って部屋に戻り、皇居に向かい深々と一礼し、床に入った。

翌十八日午前一時、病状が急変した。重態と知って早朝から見舞客が次々に訪れた。鉄舟は、それに微かに応じながら竹刀の音が聞こえないのをいぶかり、きょうは稽古は休みです、と述べる門弟に、稽古を続けるよう言いつけた。

午後一時になると身を起こして、日課の写経を始めた。しかし半分ほど書いたところで、医師の忠告に従い筆を

置き、横になった。

夜になって鉄舟は、夫人とともに見舞客を見回してから、ずっと詰めている三遊亭円朝に、

「皆、退屈だろうから、落語を一席やれ。俺も聞きたい」

と言った。円朝は悲しみをこらえて語り始めると、鉄舟は夜具にもたれながら笑顔で聞き入った。

その夜はそのまま夜を明かし、明け方、烏の啼《な》き声を耳にした鉄舟は、次の辞世の句を作り、こんなものですかな、と述べた。

腹張りて苦しき中に明けがらす

それからほどなく呼吸が乱れだし、十九日午前九時十五分、息を引き取った。

戊辰戦争の最中、旧幕府代表の勝海舟の命を受け、駿府まで進軍してきた新政府征討軍参謀の西郷隆盛と会い、海舟との会見の道筋をつけ、江戸城無血開城を実現させ、江戸の町を戦火から救った男の最期だった。

勝海舟、高橋泥舟とともに「幕末三舟」と呼ばれた鉄舟の書は、数多く残っている。

参考文献

谷田左一『山岡鉄舟の生涯』忠誠堂、一九二六年。

山岡鉄舟『鉄舟随感録』国書刊行会、二〇〇一年。

小島英煕『山岡鉄舟』日本経済新聞社、二〇〇二年。

唐人お吉――「どうせ正気で　世渡りできぬ」

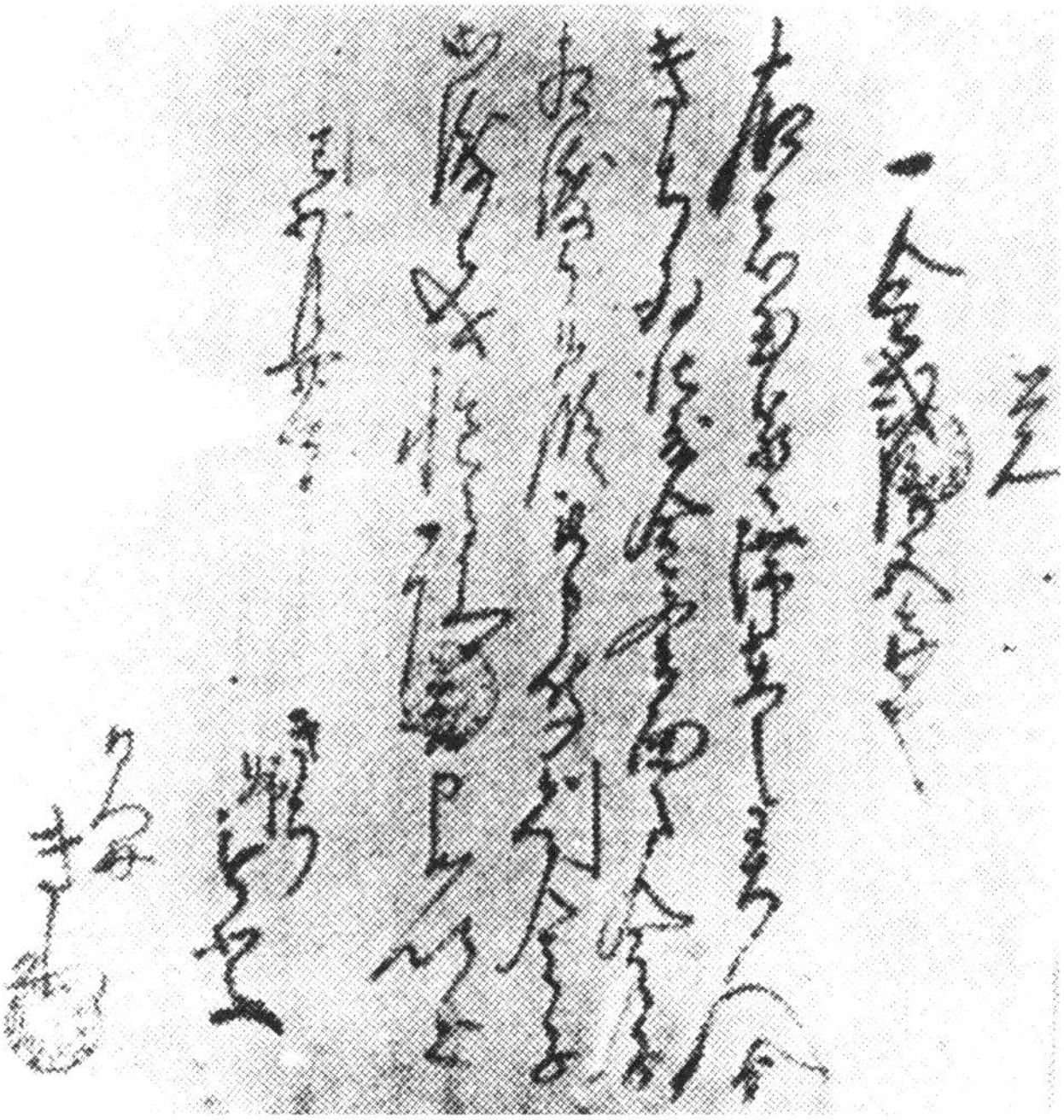

お吉の支度金の請取証文（豆州下田郷土資料館蔵）

★とうじん・おきち
（一八四一―一八九〇）

本名斎藤きち。尾張国の舟大工の家に生まれる。家族で伊豆国下田に移り住むが、父の死に遇い、船乗り相手の洗濯仕事などで暮すうち、大工の鶴松と結婚。だが、下田奉行により引き裂かれ、ハリスのもとへ。明治二十三（一八九〇）年三月二十七日歿。享年五十。

下田奉行所が、アメリカ総領事ハリスの要請に応じて、酌婦《しゃくふ》のお吉に対して、「異人部屋召使《めしつかい》」として奉公せよ、と命じたのは安政三（一八五六）年夏。支度金二十五両、年間手当て百二十五両という目の玉の飛び出るような破格な下賜金だった。お吉はこの時十六歳。すでに舟大工の鶴松と所帯を持っていた。酌婦とは飲食店で働く女性、召使いとは奉公人を指す。

同時にハリスの通訳でオランダ人ヒュースケンの「召使」に大工の娘、お福を指名した。こちらは支度金二十両、年間手当て九十両。

世間では異人は妖術を使うといわれていたので、二人とも、怖い、とおののき拒否した。だが、日米修好通商条約の交渉を有利にしたい下田奉行は、国のためにも何とか引き受けてくれ、そうでなければ役人どもの首が飛ぶ、と泣きを入れ、お吉もお福もしぶしぶ承知した。

お吉は紫紺の縮緬に金襴の丸帯という派手な衣装を身にまとい、駕籠で下田・玉泉寺に設けられた領事館のハリスのもとへ向かった。ハリスは五十四歳。体調を崩して吐血していた。

ところがお吉は、わずか三日間で解雇される。体に腫れ物ができている、というのが理由だった。お福はその後もヒュースケンのもとへ通い続ける。

解雇されたお吉は以来、異人と交わった女性として好奇の目にさらされ、人々は「唐人お吉」と蔑んだ。

やがてお吉はその日の暮らしにも事欠くようになり、苦悩から逃れようと昼夜の区別なく酒をあおり出す。

翌年春、ハリスは幕府の反対を押し切って江戸に入り、通商条約の交渉を続け、翌々安政五（一八五八）年、他国に先駆けて日米修好通商条約を締結させた。その年の暮れ、駐日公使になり、江戸・麻布の善福寺に設けられた公使館に入った。

このころお吉はひどいアルコール中毒にかかり、しばしば江戸のハリスのもとに行き、金をせびっている。

文久二（一八六二）年、ハリスが帰国して、お吉はまた酌婦になった。まだ二十二歳の若さなのに、相手になるのは下層階級の男性ばかりだったという。

このころお吉が作ったといわれる都々逸がある。

どうせ正気で　世渡りできぬ
ままよ剣菱　鬼ごろし
盃洗の中にうかしたあの盃を
誰が水揚げするのやら

お吉はその後、横浜へ行き、舟大工の鶴松と縒《よ》りを戻すが、長続きせず、明治四（一八七一）年下田に帰り、すぐ消息が途絶えた。

明治十一（一八七八）年になって突然下田に戻ったお吉は、小料理屋安直楼を経営するが、客に見放されて酒に溺れる日が続き、ついには店をたたみ、ひそかに仏を拝む毎日になった。お吉は、歴史の波に揉みくちゃになった自分の人生に、悔し涙を流しながら、仏にすがったのであろう。

明治二十三（一八九〇）年三月二十七日、激しい雨が降りしきっていた。お吉は全身ずぶ濡れになりながら、稲生沢川沿いに延びる鉄道馬車道をたどって門栗ケ淵の上流に出ると、ご詠歌を歌いながら水嵩《みずかさ》の増した稲生沢川に身を投げた。

翌朝、門栗ケ淵で逆さになって浮いているお吉の遺体が発見され、前夜、ご詠歌を聞いたという農民が現れて、覚悟の自殺と断定された。唐人にさわると指が腐るなどと言って、お吉の遺体は丸二日間川縁にこもをかぶせたまま放置されていたが、たまたま通りかかった宝福寺の住職が引き取り、檀家に頼んで運ばせ、ねんごろに葬った。

お吉の遺書は残されていない。だが前述の心情ゆさぶる都々逸が、結果的に彼女の伝える唯一のものとなった。

参考文献

丹潔『伝記唐人お吉』ジープ社、一九五〇年。

十一谷義三郎、現代日本文学全集七九『唐人お吉――らしゃめん創生期』筑摩書房、一九五六年。

竹岡範男『唐人お吉物語』詩歌文学刊行会、一九八〇年。

肥田喜左衛門『下田の歴史と史跡』豆州下田郷土資料館、一九九九年。

中江兆民――「一年とは余の為めには寿命の豊年なりと」

中江兆民著『一年有半』の表紙

★なかえ・ちょうみん
（一八四七―一九〇一）
土佐国（高知県）出身。評論家。本名篤助または篤介。自由主義、民主主義思想を推進。「東洋のルソー」とうたわれ、自由党の創設に参加、『東洋自由新聞』主筆、『自由新聞』社説掛になったほか、小樽の『北門新報』主筆などに。『毎夕新聞』に入社し、近衛篤麿らの国民同盟会に参加。明治三十四（一九〇一）年十二月十三日歿。享年五十五。

中江兆民は明治三十四（一九〇一）年春、前年秋から痛めていた喉《のど》を大阪の医師に診断してもらったところ、喉《こう》頭癌《とうがん》で「余命一年半」と宣告された。そこで兆民は六月初めから遺稿を執筆しだし、八月三日に脱稿した。兆民はこのなかで表題の『一年有半』についてこう書いた。

一年とは余の為めには寿命の豊年なりと、此書題して一年有半と曰《い》ふは是れが為め也

一年半、諸君は短促なりと曰はん。余は極《きわめ》て悠久なりと曰ふ。若《も》し短と曰はんと欲せば、十年も短なり、五十年も短なり、百年も短なり。夫《そ》れ生時限り有りて死後限り無し、限り有るを以て限り無きに比す短には非《あら》ざる也、始より無き也。若し為《な》す有りて且つ楽むに於ては、一年半是れ優に利用するに足らずや、嗚呼《ああ》所謂《いわゆる》一年半も無也、五十年百年も無也、即《すなわ》ち我儕《わがせい》は是《こ》れ、虚無海上一虚舟《きょしゅう》

続いてわが国の堕落ぶりに触れ、「今やわが邦中産以上の人物は、皆横着の標本なり」と記し、筆先は立憲政友会から伊藤博文ら元老に向けられ、「伊藤（博文）以下皆死し去ること一日も早ければ、一日国家の益となるべし」と切り捨てた。

この原稿は門弟の幸徳秋水の勧めで九月に博文館から出版された。反骨精神に溢れる兆民が、死を目前にしながら、政治や社会を批判し、自らの心情を綴ったものとして激賞され、二十万部を売る世紀のベストセラーになった。

兆民は続いて九月十二日から『続一年有半』の執筆を開始し、十日ほどで脱稿、翌月同じ博文館から出版された。この内容は霊魂から始まり、精神の死滅、躯殻《くこく》の不滅を説き、無辺無限《むへんむげん》、空間、主観、客観へと持論を展開した。この著書もまた大きな反響を呼んだ。

それからほどない十一月初め、兆民は呼吸困難に陥った。以後、体力が急速に衰えて、声も出なくなり、筆談がやっとになった。河野広中夫人の紹介で加持祈祷師《かじきとうし》がやってきたが、兆民は、これを拒もうとして筆談用の石盤を

投げつける仕草までした。

十二月に入ると小石川武島町の自邸に籠もりきりになり、気管の切開手術をした。もうろうとなる意識が少しでも戻ると、筆談をした。そのなかで遺体を解剖するよう、宗教上の儀式はしないように、と遺言した。

十三日朝から昏睡状態になり、午後七時半、息を引き取った。結局、二冊の著書がそのまま遺書となった。

新聞は十二月十五日、兆民の訃報を報じたが、そのなかで人目を引いたのが異様な記事と黒枠の死亡広告だった。最初に新聞記事を、次に黒枠広告を掲げる。ここに見える中江篤介とは兆民の本名である。


先生曾《かつ》て人に語って、若《も》し予をして内務大臣たらしめば、大概の病人は一々解剖せしめて、医学の進歩に貢献することにしたしと謂《い》はれしが、先生未だ内務大臣たらざるも死骸は遺言によりて本日正午十二時に大学に送り、岡田（和一郎）博士の執刀にて解剖することになりたり。

中江篤介儀本日死去致候に付此段為御知申上候也
明治三十四年十二月十三日
男　中江丑吉
親戚　浅川範彦
遺言に依り一切宗教上の儀式を用ゐず候に付来る十七日午前九時小石川区武島町廿七番地自宅出棺青山会葬場に於て知己友人相会し告別式執行致候間此段謹告候也
友人　板垣退助
大石正巳

いまでこそ宗教上の儀式を排除するのは、さして珍しくはないが、この時代ではまさに意表をつくものだった。

人々は好奇の目を見張り、新聞は「一代の奇人の最後を飾るには、又一代を驚倒せしめるのを奇葬式を見るなるべし」と報じた。

十七日午前九時、遺骸を収めた柩は中江邸を出て、青山墓地会葬場に到着した。会葬場には各政党の領袖を始め両議院議員、政党員、新聞記者など名士一千余人が詰めかけた。

兆民は思想家として知られ、明治四（一八七一）年にフランスに渡り、帰国後に仏学塾を開き、民権論を提唱し、自由党の創設に参加して同党機関紙『自由新聞』の社説掛になった。

明治三十三（一九〇〇）年、『毎夕新聞』に入り、ロシア討伐を目指す近衛篤麿らの国民同盟会に参加するが、自らの意に反して侵略主義へ進むという結果を招く。この時期から兆民は喉の痛みを覚え、結局、喉頭癌と診断され、それが命取りになった。

参考文献

『中江兆民全集　第十巻』岩波書店、一九八三年。
中江篤介『一年有半、続一年有半』嘉治隆一編、岩波書店、一九三六年。

正岡子規――「痰《たん》一《いっ》斗《と》糸瓜《へちま》の水も間にあはず」

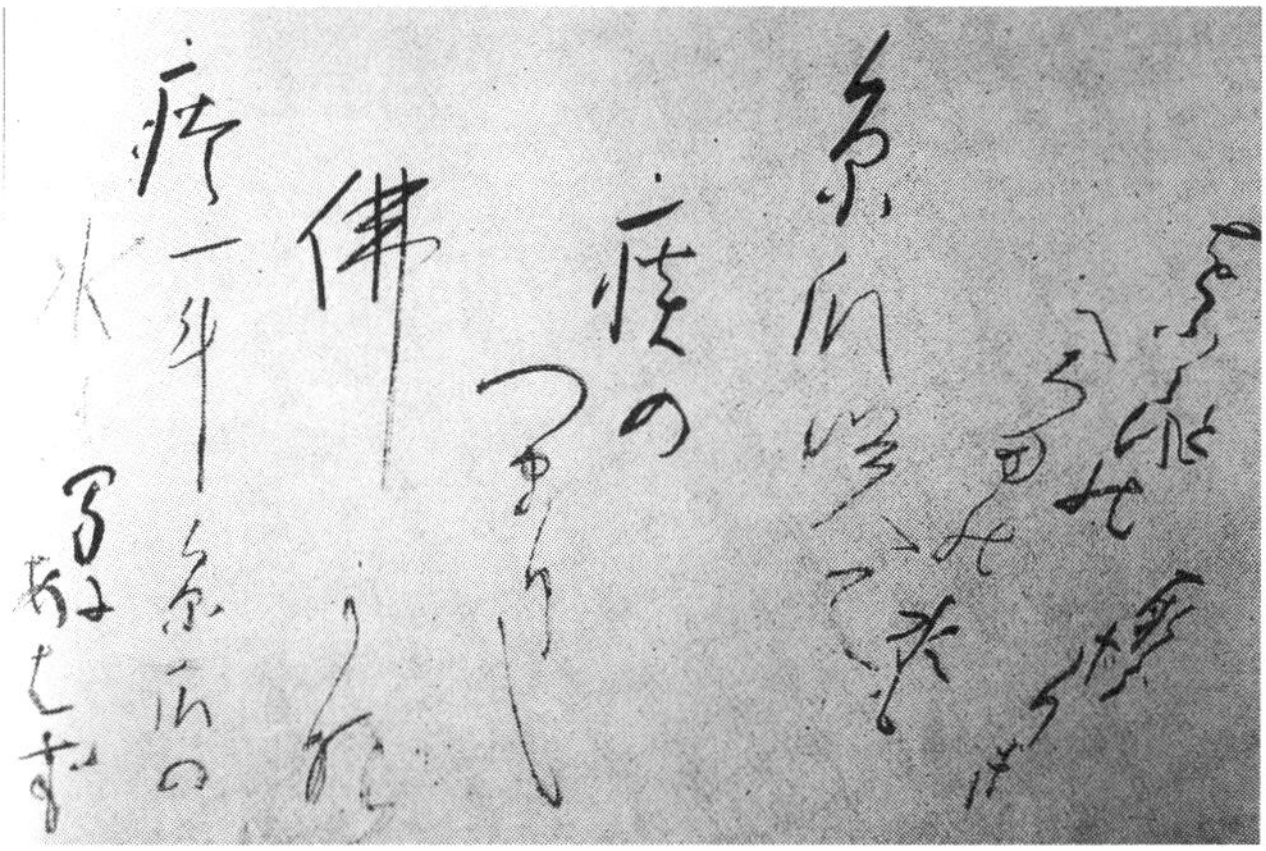

子規の絶句三句（国立国会図書館蔵）

★まさおか・しき

（一八六七―一九〇二）

伊予国温泉郡藤原新町（愛媛県松山市）生まれ。本名常規。幼少から和歌などに親しみ、反面、ベースボールに熱中。二十三歳の時、喀血し、肺病と診断され、「卯の花の散るまで鳴くか子規《ほととぎす》」など時鳥《ほととぎす》の句を四、五十作る。これを機に子規を名乗る。明治三十五（一九〇二）年九月十九日歿。享年三十六。

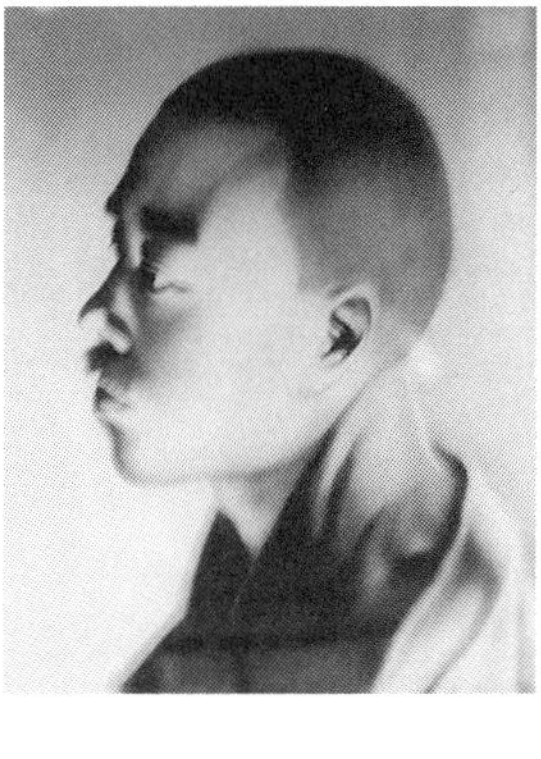

（松山市立子規記念博物館所蔵）

俳句雑誌『ホトトギス』を興し、明治の俳壇に君臨した正岡子規は、明治三十五（一九〇二）年九月十九日午前零時ごろ、肺病のため東京・台東区根岸二の自宅で亡くなった。老成した風貌と作品から、数え三十六歳という若い年齢に、意外な感想を抱かれる人が多かった、という。

子規が病気になったのは三十代に入ってすぐ。心配した母の八重と妹の律が故郷の四国松山からやってきて子規の世話をした。

病床に臥して六年目のこの年の春、子規は新聞『日本』の連載エッセーに「病牀《びょうしょう》六尺」と題して次の文章を書いた。

病牀六尺、これが我《わが》世界である。しかもこの六尺の病牀が余には広過ぎるのである。（後略）

六尺は約一・八二メートルで、布団の丈をいう。そこから手や足を出すと、時に僅かに畳に触れることができるが、立つことはできない。床擦れができて、その痛みはひどく、少し身を動かすだけでも激痛が走る。モルヒネを打ってもそれは一時のものにすぎない。そんななかで子規は原稿を書き続けた。

だが病状は少しもよくならない。死を覚悟した子規は、かねて彫刻家に作らせておいた自分の肖像の台裏に辞世の句を書いた。

土一塊　牡丹生けたる其下《そのした》に

この後、不思議と持ち直し、あるいはと思わせた。だが九月になると激しい下痢が続いて、足に水腫ができ、丸太ん棒のように膨れ上がった。にもかかわらず子規は、連載エッセーを口述筆記で書き続けた。編集者が無理させたくないので休載にすると、子規は、続けたいと、悲痛な手紙を出した。

九月十八日、子規の病状が激変した。結社の同人や友人が枕元に集まったが、喉《のど》に痰《たん》が詰まって、言葉を交わせるような状態ではない。しかし何か訴えようとしているので、同席していた妹が墨をすり、子規に筆を持たせ、友人が紙を画板に貼りつけて掲げた。子規は全身の力を振り絞るようにして中央にこう書いた。

糸瓜《へちま》咲て　痰《たん》のつまりし佛かな

痰は少しも切れようとしない。それでも子規はまた筆を持ってくるよう指示し、いま書いた同じ紙の左側と右側に、こう書いた。最後の句の文字はかなり乱れている。

痰《たん》一斗《いっと》糸瓜《へちま》の水も間にあはず

をととひのへちまの水も取らざりき

この一枚の紙に書かれた三首が絶筆となった。

書き上げた子規は、筆を投げ捨てるようにして、すぐに眠りについた。時々、呻《うめ》いていたが、やがて静かになった。夜中の十二時ごろ、母が子規の手を握ってみると、すでに冷たくなっていた。

参考文献
正岡子規『病牀六尺』岩波書店、一九八四年。
土井中照『子規の生涯』アトラス出版、二〇〇六年。

藤村 操——曰く「不可解」我この恨を懐て

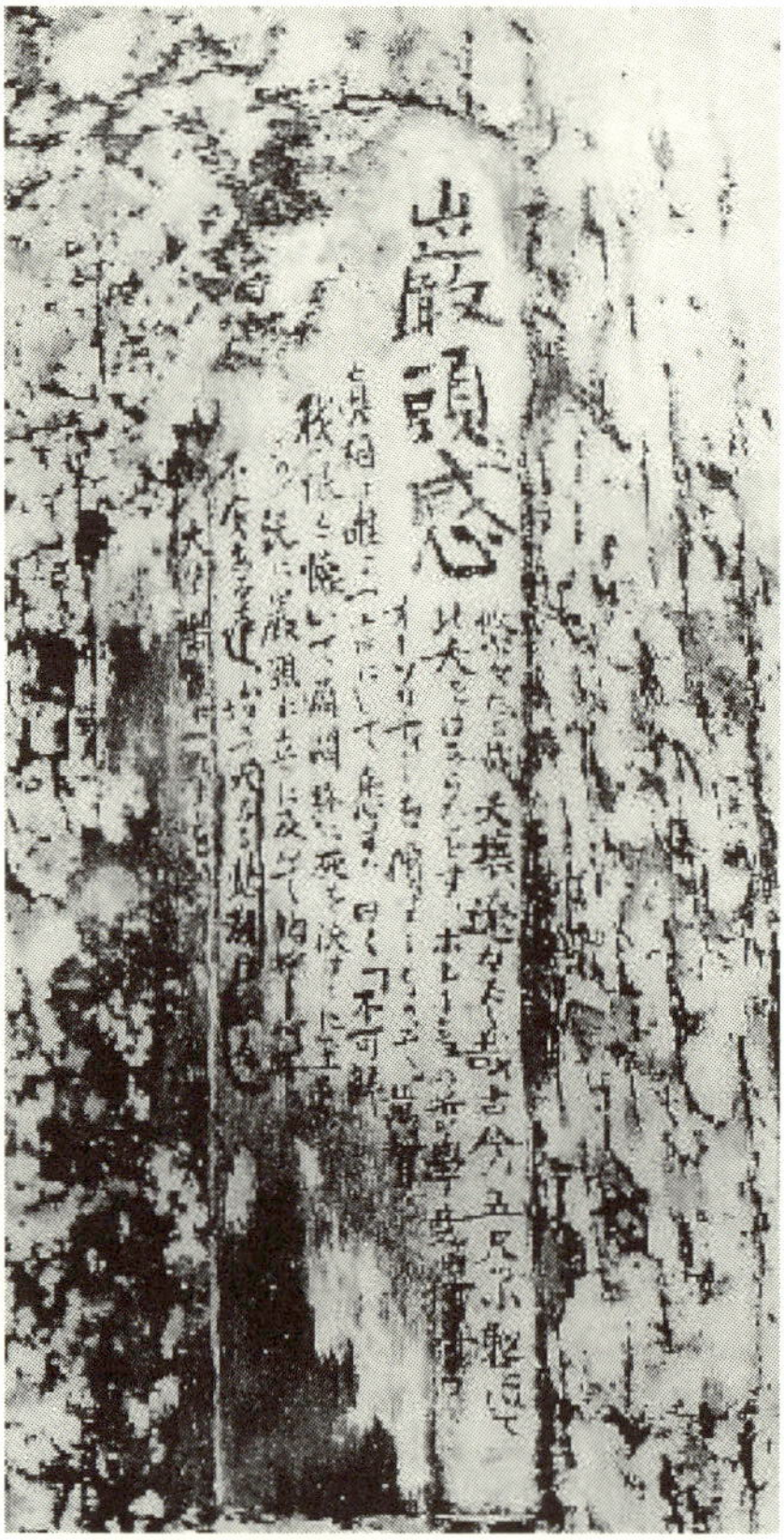

立木の肌に書かれた藤村操の遺書「巌頭之感」（複製、著者蔵）

★ふじむら・みさお
（一八八六―一九〇三）
大蔵省主計官の三男に生まれる。転勤で札幌に滞在中、父が亡くなったため、札幌中学二年で東京へ戻り、開成中、京北中を経て一高（東京大学教養課程）に進学。京北中学時代から秀才といわれた。明治三十六（一九〇三）年五月二十二日歿。享年十八。

明治三十六（一九〇三）年五月二十一日朝、第一高等学校文科一年生、藤村操はいつものように、

「学校へ行く」

と言って家を出た。

操は歴史学者那珂《なか》通世博士の甥で、京北中学時代から秀才といわれた。父はすでに亡く、兄二人は別居し、母と弟妹と暮らしていた。

操はその足で上野駅午前九時発の列車に乗り込み、日光に向かった。日光駅に着いた時はすでに陽が翳《かげ》りだしていた。駅にほど近い市街地の小西旅館に入り、宿泊を頼んだ。

操は部屋で家族宛てにはがきを書いた。

十八年間の鴻恩《こうおん》は、寸時も忘れざれども、世界に益なき身の、生きて甲斐なきを悟りたれば、華厳《けごん》の滝に投じて身を果たす。浮世はこれことごとく涙なり。

次に友人の藤原正宛てにはがきを書いた。

宇宙の原本義、人生の第一義、不肖の僕には到底解きえぬことと断念《あきら》め候ほどに、敗軍の戦士本陣に、退かんとするにて候。

二十一日夜　操

正兄

翌朝早く起きた操は、旅館の女性にビールを注文して飲み、食事を摂《と》ってから、人力車を雇って華厳《けごん》の滝へ向かっ

た。途中、菓子店に立ち寄って羊羹《ようかん》を買い求め、車引きの男に差し出した。男は喜んでこれを食べた。

人力車は神橋をわたって山間の道に入った。なだらかな登り道が続いている。二時間もかかって馬返《うまがえし》という地点まで行き、ここで車引きに金を渡して引き返させた。

操は細い山道を登り、大谷《だいや》川の川伝いに延びる道を歩いた。大谷川は華厳の滝が流れ落ちる川である。川沿いの道を小一時間かけて華厳の滝の上に出た。

滝を見下ろす位置にミズナラの樹木が生い茂っていた。操は一本のミズナラの樹木の前に立ち、持っていたコウモリ傘を地面に突き刺してから、ナイフで樹肌を削り取った。そして用意の墨と硯を取り出し、墨をすってから筆で「巌頭之感《がんとうのかん》」と大きく書き、次のような文章を記した。これが遺書である。


悠々たる哉天壌、遼々たる哉古今、五尺の小躯を以て此大をはからむとす。ホレーショの哲学、竟《きょう》に何等のオーソリチィーを価するものぞ。万有真相は唯だ一言にして悉す。曰く「不可解」我この恨を懐て煩悶終に死を決す。既に巌頭に立つに及んで胸中何等の不安あるなし。始めて知る大なる悲観は大なる楽観に一致するを。


書き終えた操は、華厳の滝目がけて身をひるがえした。

藤村家では操がいつまでも戻らないので、不審に思って本人の部屋の机の引き出しを開けてみると、近親者や友人に配る品物や返却する本のリストなどを書いた半紙七枚が見つかった。驚いた母や弟妹が心当たりを探したが、わからなかった。

翌日夜になって操からのはがきが届いた。日光局の消印が押されていたので、叔父の那珂通世が翌朝早く日光へおもむき、旅館の経営者や車引きなどから話を聞き出した。すぐに華厳の滝へ向かい、樹肌に書かれていた「巌頭之感」を発見した。

この投身自殺は大きな波紋を呼んだ。ことに『万朝報』五月二十七日付は、「少年哲学者を弔す」と題して、

我が国に哲学者なし。この少年に於て初めて哲学者を見る。否、哲学者なきに非ず、哲学の為に抵死する者なきなり。

と最大限の表現でその死を悼んだ。

華厳の滝という荘厳なあの世をイメージする滝の名と、富国強兵へ走りだした時代の漠然とした不安のなかで、操の死は美しい行為として若者たちの心を揺さぶったのである。夕暮れになるとお堀端などで「巌頭之感」を詠じる若者が目立ち、その一方で投身自殺者が増えだした。

操の遺体が滝壺の近くで発見されたのは、事件から一カ月半経った七月三日。それからほどなく、自殺の原因は思想上の悩みなどではなく、失恋によるものと報じられた。だが操人気は衰えず、華厳の滝は自殺の名所として喧伝されることになる。

参考文献

土門公記『藤村操の手紙――華厳の滝に眠る十六歳のメッセージ』下野新聞社、二〇〇二年。
平岩昭三『検証　藤村操――華厳の滝投身自殺事件』不二出版、二〇〇三年。

尾崎紅葉――「死なば秋露のひぬ間ぞおもしろき」

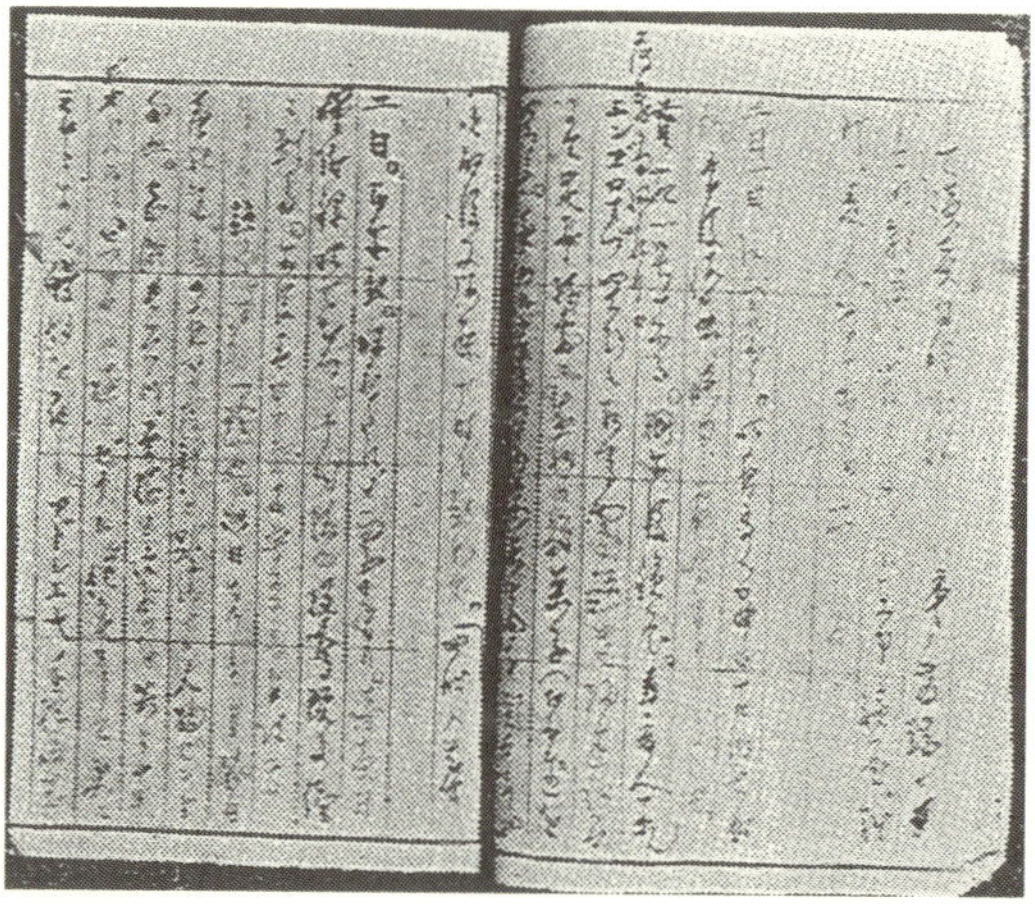

紅葉の自筆草稿「十千萬堂日録」(『現代日本文学全集　第4巻』より)

★おざき・こうよう
(一八六七―一九〇三)

江戸芝中門前町(浜松町)生まれ。東大予備門在学中に、同志らと硯友社を組織して『我楽多文庫』を発刊。新著百種の初刊の小説『二人比丘尼色懺悔』を出版した。日就社に入り、雑誌『江戸紫』を発行、春陽文庫の主任になり、小説を書き続けた。『金色夜叉』は代表作。明治三十六(一九〇三)年十月三十日歿。享年三十七。

写実派小説家として『金色夜叉』などを書き、一世を風靡《ふうび》した尾崎紅葉は、明治三十六（一九〇三）年十月三十日午後十一時十五分ごろ、東京・牛込区横寺町の自宅で胃癌のため亡くなった。

紅葉はこの三月、病院で胃癌と診断されて入院し、その後、銚子市に転地したが、療養するほどでなく、元気に仕事をこなしていた。ところが十月二十九日から急に病状が悪化し、寝込んでしまった。

死期を察知した紅葉は門下生全員を枕元に集め、遺言すると言いだした。門下生が緊張していると、

「どれもこれもまずい面だなあ」

と言ってから、今後ますます一致して文学に励むように、と述べた。

西の方角に向かって合掌した紅葉は、医者である義弟を呼び、

「余命のない者が二、三時間、寿命をのばしたところで何になる。モルヒネを多量に打って楽に死なせてくれ」

と言い、キンツバを一口食べ、こんどは、

「別れの盃をする」

と言いだした。

酒が運ばれ、初めに紅葉がストローで一口飲み、その後、皆が同じように一口ずつ飲んだ。そして次のような遺言を残した。

一、葬式は質素にせよ

一、輿《こし》は嫌いなれば駕籠《かご》にして四隅に白蓮の造花を挿すべし

一、配物《くばりもの》は予は焼饅頭を好まざれば、京橋銀座横町の菊の家へ命じ、米饅頭に紅葉の印を捺《お》したものを用ふべし、但し潰し餡《あん》にして折などは毫《すこし》も気取るべからず

一、予は七生まで生れ替りて文筆を捨てざるべし

その場にいた竹冷宗匠が一句を求めると、

死なば秋露のひぬ間ぞおもしろき

と、最近作の一句を示し、

「このくらいのところでご免こうむりましょう」

と言った。

すでに日付が変わっていた。紅葉はその後、昏睡に陥ることはあったが、意識もはっきりしていて、見舞客がくるたびにいちいち目を開けて挨拶していた。だがやがて静かになり、眠るように息を引き取った。結局、この一句が辞世となった。作家として最初の胃癌死といわれる。

紅葉は東京生まれ。三田英学校に入学し、かたわら石川鴻斎の門下生となった。明治二十一（一八八八）年、東京帝国大学法学科に入り、後に文科に移るが、これより早く十九歳の時、同志を集めて硯友社を組織して『我楽多文庫』を発刊した。続いて新著百種の初刊として小説『色懺悔』を出版し、紅葉の名は大いに高まった。同二十三（一八九〇）年、大学を辞めて日就社に入り、雑誌『江戸紫』を発行、続いて春陽文庫の主任になった。その後、もっぱら小説を書き続け、同三十五（一九〇二）年夏、二六新報に入ったが、自慢の健康体も病魔には勝てなかった。

参考文献

岡保生『尾崎紅葉——その基礎的研究』東京堂、一九五三年。
『現代日本文学全集　第四巻』筑摩書房、一九六七年。
『紅葉全集』岩波書店、一九九四年。

廣瀬武夫――「天佑《てんゆう》ヲ確信シ再ヒ旅順口閉塞ノ途ニ上リ」

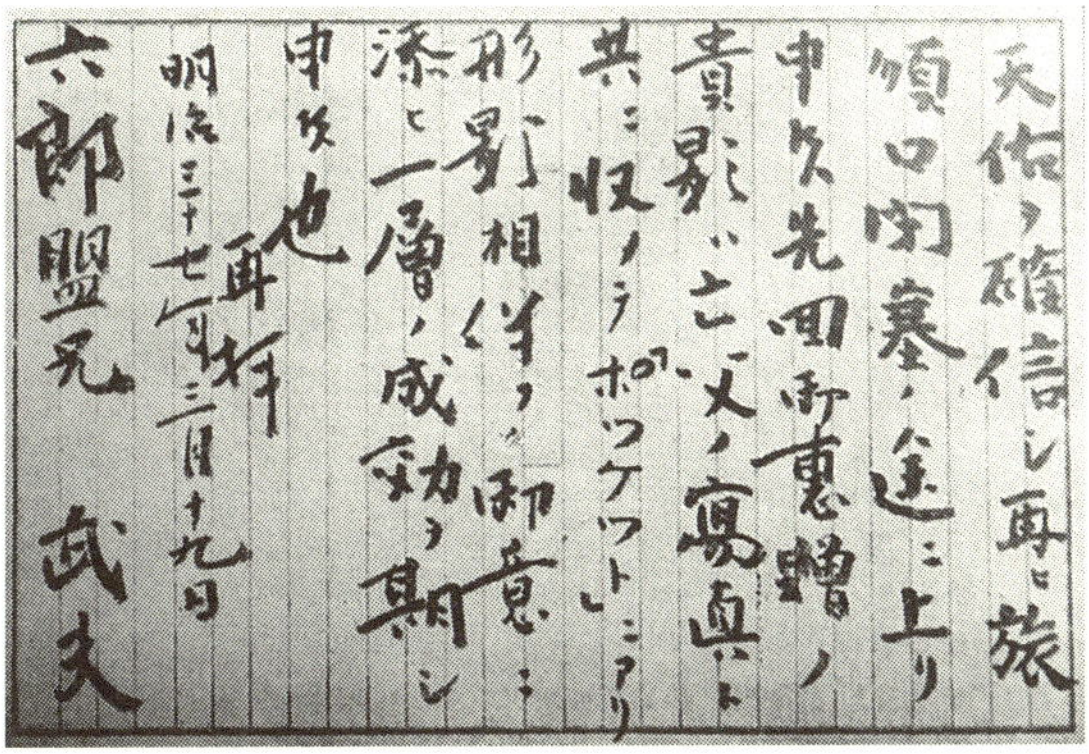
天佑ヲ確信シ再ヒ旅
順口閉塞ノ途ニ上リ
申ス先日御恵贈ノ
貴影ハ亡父ノ寫真ト
共ニ収メテポツケツトニアリ
形影相伴フテ御意ニ
添ヒ一層ノ成功ヲ期シ
申候也　再拝
明治三十七年三月十九日
六郎盟兄　武夫

廣瀬武夫が浅間艦長八代六郎に送った絶筆（『写真五拾年史』より）

★ひろせ・たけお
（一八六八―一九〇四）

海軍軍人。大分県出身。海軍兵学校卒。日清戦争後、ヨーロッパ駐在武官を歴任して少佐に。日露戦争の旅順港閉塞作戦で福井丸の指揮官として出撃、魚雷に遇い、杉野孫七上等兵曹を捜索し、戦死。明治三十七（一九〇四）年三月二十七日歿。享年三十七。

明治三十七（一九〇四）年二月八日、日本海軍の連合艦隊は、清国（中国）遼東《りょうとう》半島の旅順港外のロシア艦隊に奇襲をかけ、二艦を撃沈した。二日後の十日、日本政府はロシアに対し宣戦を布告した。日露戦争の始まりである。

連合艦隊司令長官東郷平八郎は、旅順港内に逃げ込んだロシア艦隊を、港口を閉塞《へいそく》して封じ込める作戦を立て、志願兵を募集したところ、二千人を超えたので、このなかから第一次閉塞隊員六十七人を選抜した。このなかに海軍少佐廣瀬武夫が含まれていた。

二月二十四日未明、広瀬を含む閉塞隊員は運送船天津丸以下五隻に分乗し、駆逐艦《くちくかん》、水雷艇《すいらいてい》に護衛されながら密かに出航した。港口に近づいて自らの船を沈める作戦である。先発の駆逐隊が先制襲撃を仕掛けて港口に侵入しようとした。これを察知したロシア軍は砲台からいっせいに砲火を浴びせたので、五隻の船はことごとく沈没、または座礁して目的を達することができず、引き揚げた。

三月二十八日未明、二回目の攻撃が千代丸以下四隻の運送船で実行された。広瀬は二番船福井丸に乗船、指揮して黄金山西北海岸から侵攻したが、海岸から百メートルの地点で水雷に船底を破られた。広瀬は船を自爆して、乗員をボートに移らせた。

ところが杉野孫七兵曹長の姿が見えない。広瀬は沈みゆく船内を三度にわたって、

「杉野はいずこにおるか」

と叫んで探し回った。だが見つからず、やむなく沈みゆく船を離れ、ボートに乗り移ろうとした瞬間、飛来した弾丸が頭部を射抜いた。広瀬はそのまま海中に転落、最期を遂げた。

広瀬は二度目の攻撃に際して、母、兄、姉、姪、それに上司らに九通の「決別の便り」を送っている。そのうち浅間艦長八代六郎大佐宛てのものを掲げる。

天佑《てんゆう》ヲ確信シ再ヒ旅順口閉塞ノ途ニ上リ申候　先回御恵贈ノ貴影ハ亡父ノ寫真ト共ニ収メテ「ポッケット」

ニアリ　形影相伴フノ御意ニ添ヒ一層ノ成効ヲ期シ申候也
再拝
明治三十七年三月十九日
六郎盟兄　武夫

指揮福井丸再赴旅順口閉塞
七生報国　一死心堅
再期成効　含笑上船　武夫

この書は靖国神社に保存されている。
広瀬の死は、「呼べど探せど杉野は見えず」と喧伝《けんでん》され、軍神と崇《あが》められることになる。戦前までは東京都神田万世橋たもとに広瀬と杉野の銅像が立っていた。

参考文献

『写真五拾年史』国民タイムス社、一九一五年。
『廣瀬武夫全集』講談社、一九八三年。

斎藤緑雨――「僕本月本日を以て目出度死去仕候」

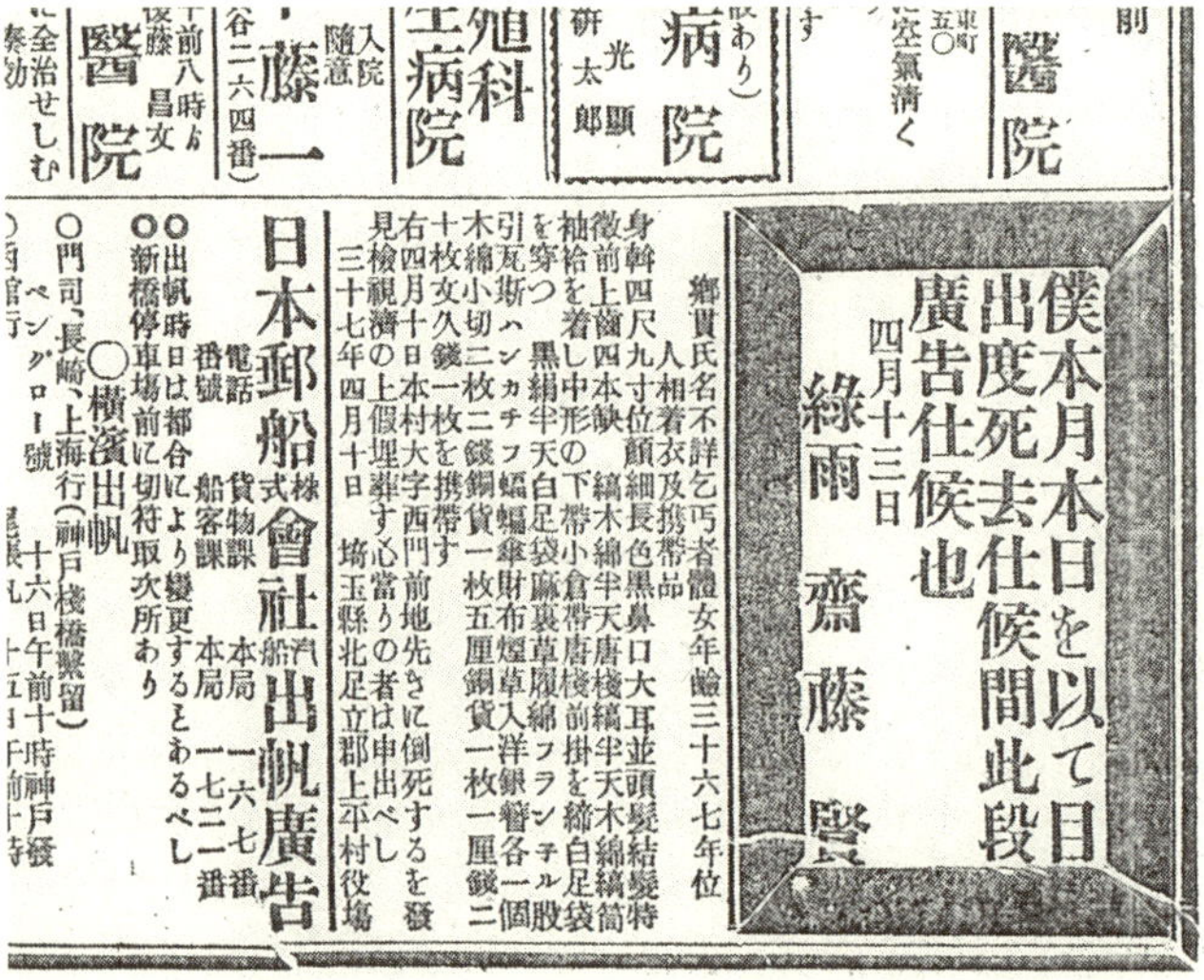

僕本月本日を以て目出度死去仕候間此段廣告仕候也

四月十三日

緑雨 齋藤賢

郷貫氏名不詳乞丐者體女年齢三十六七年位

人相着衣及携帯品

身幹四尺九寸位顔細長色黒鼻口大耳並頭髪結髪特徴前上歯四本缺縞木綿半天唐桟縞半天木綿縞筒袖袷を着し中形の下帯小倉帯唐桟前掛を締白足袋を穿つ黒絹半天白足袋麻裏草履綿フランテル股引瓦斯ハンカチフ蝙蝠傘財布煙草入洋銀簪各一個木綿小切二枚二銭銅貨一枚五厘銅貨一枚一厘銭二十枚文久銭一枚を携帯す

右四月十日本村大字西門前地先きに倒死するを發見検視済の上假埋葬す心當りの者は申出べし

三十七年四月十日　埼玉縣北足立郡上平村役場

日本郵船株式會社汽船出帆廣告

電話番號　貨物課　本局一六七番　船客課　本局一七二一番

○○出帆時日は都合により變更することあるべし

○○新橋停車場前に切符取次所あり

○横濱出帆

○門司、長崎、上海行（神戸棧橋繋留）

ペングロー號　十六日午前十時神戸發

『朝日新聞』に掲載された死亡広告（1904年4月14日付）

★さいとう・りょくう

（一八六七―一九〇四）

小説、評論家。三重県生まれ。本名は賢《まさる》、号は真猿、正直正太夫など。才知にたけ、皮肉文学者、毒舌評論家といわれた。『今日新聞』『東西新聞』『国会』『二六新報』を渡り歩く。自らの死亡広告を二度も掲載する奇行をみせた。明治三十七（一九〇四）年四月十三日歿。享年三十八。

文壇きっての奇才といわれた斎藤緑雨が、奇妙な新聞広告を頼んで息を引き取ったのは明治三十七（一九〇四）年四月十三日。質素な葬儀が行われた十四日朝、その死亡広告が『万朝報』と『朝日新聞』の朝刊に掲載された。

緑雨は三重県生まれ。本名は賢《まさる》、号は真猿、正直正太夫と称した。才知にたけ、新聞社を渡り歩き、その才能を見せつけた。小説家、文芸評論家というより、皮肉文学者、毒舌批評家といわれた。

独身の緑雨が結核の病にかかり、東京を離れて神奈川県鵠沼などで療養しだしたのは明治三十三（一九〇〇）年ごろ。三年ほど経て東京に戻り、本所横網町に移り住んだ。

明治三十七年三月初め、日露戦争が始まるなかで、緑雨の病状は急速に悪化していき、友人の馬場孤蝶に宛てて「やや危険の状態に陥りたること御承知置き下され度」と便りを書いた。

四月十一日夕方、緑雨が危篤に陥ったとの知らせで孤蝶が駆けつけると、「いよいよお別れだ。少し頼みたいことがある」

と言い、口述筆記をさせた。

僕本月本日を以て目出度死去仕候間此段広告仕候也　四月　日　緑雨　斎藤賢

そのうえで緑雨は、

「死んだらこれを新聞広告に出してほしい」

と頼み、孤蝶を帰した。

翌十二日夕方、孤蝶が仕事の帰りに立ち寄ったが、会わないというので、そのまま帰宅した。

十三日朝、緑雨が呼ぶので家人が病床に行くと、台所の方で音がするが、何の音か、と訊ねた。水を汲んできた音です、と答えると、水がほしい、という。水を差し出すと、ゆっくり飲み終え、みんな次の間へ行ってくれ、と言った。次の間に行った家人らが数分後に戻ってみると、緑雨はすでに息絶えていた。

知らせを聞いて駆けつけた孤蝶は、二日前に緑雨と約束した通り、口述筆記した文面に十三日の日付を書き込み、『朝日新聞』や『万朝報』などに広告を掲載するよう取り計らった。

十四日朝、葬式が行われた。棺に同行したのは親戚四人と友人の孤蝶、幸田露伴、与謝野寛の三人だけ。この日、自作の死亡広告が新聞に掲載され、「僕本月本日を以て目出度死去致し候間」の文面に人々は驚きの声を上げた。

改めて十六日、駒込の大円寺で納骨式が行われ、その冥福を祈った。

ところで緑雨はもう一度、奇妙な広告を出している。明治二十三（一八九〇）年、硯友社が雑誌『江戸紫』第三号で、投票による「文壇十傑」を発表した。このころ緑雨は正直正太夫を名乗っていたが、その名が十傑のなかにないのに腹を立て、『江湖新聞』に「文壇十傑は八百長だ」と皮肉を言い、毒舌をふるった。そのうえ、同年八月二十二日の『読売新聞』に「正直正太夫死す」という長文の戯文を発表した。少しだけ紹介すると、こんな調子である。

今年今月今夜、星江東《こうとう》に殞《お》つ。雲昏《くら》く雨暗し。

正直正太夫のトットやくたいなる最期を遂げられたること重々惜しき限りなり。

文末に「鐘と捡《かね》のあい鳴るとき、正直正太夫自ら記す」と書いた。鋭い批判力を持ち、反面、人生を風刺とユーモアで生きた希有な人物であったといえる。

参考文献

吉野孝雄『飢は恋をなさず――斎藤緑雨伝』筑摩書房、一九八九年。

横川省三・沖 禎介——「是天ナリ命ナリ」

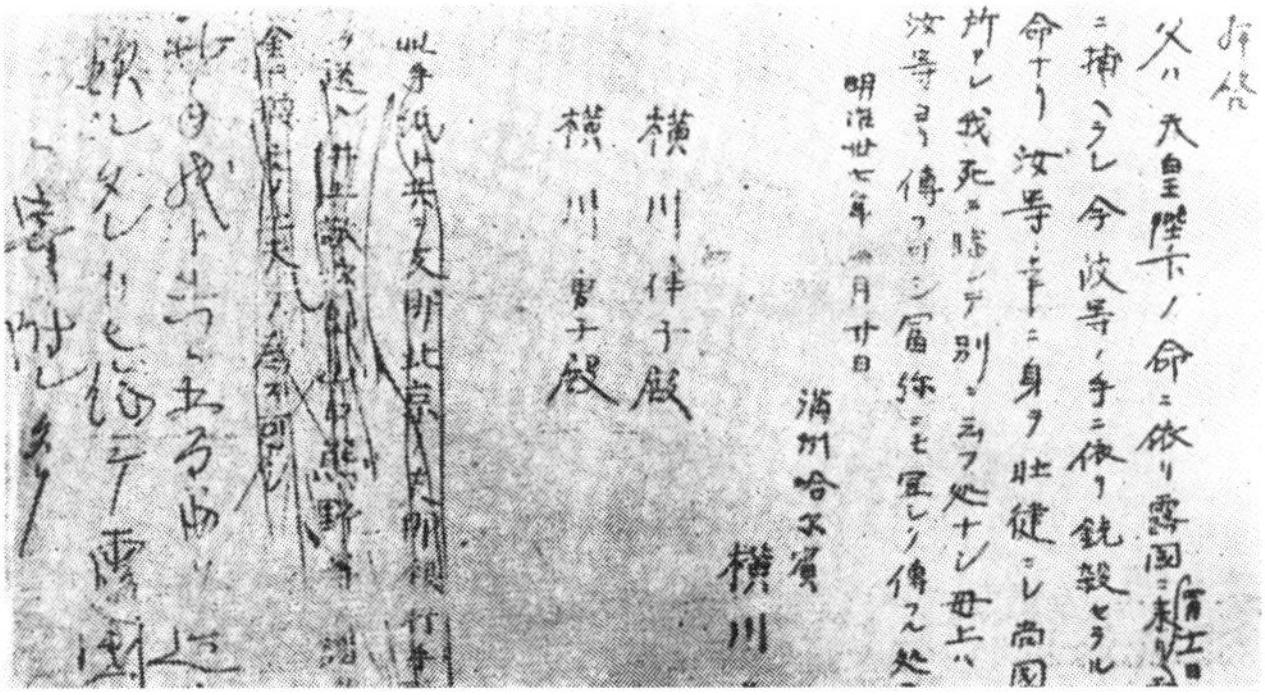
拝啓
父ハ天皇陛下ノ命ニ依リ露国ニ赴キ
ニ捕ヘラレ今汝等ノ手ニ依リ銃殺セラル
命ナリ汝等ハ幸ニ身ヲ壮健ニシ尚国
所ナレ我死ニ臨ミテ別ニ云フ処ナシ母上ハ
汝等ニヨク傳ヘヨシ眉弥ニモ宜シク傳ヘル処
明治卅七年四月廿日
満州哈尓賓
横川
横川伸子殿
横川富子殿

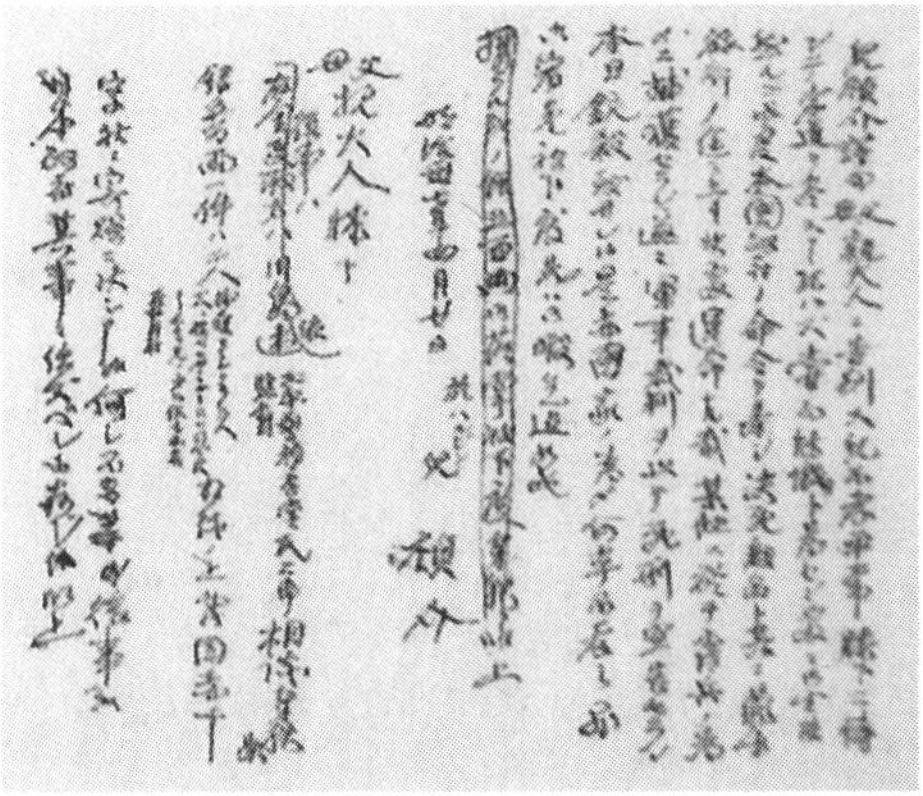

横川（上）と沖（下）の遺書（靖国神社蔵）

★よこかわ・しょうぞう（一八六五—一九〇四）

★おき・ていすけ（一八七四—一九〇四）

ともに満州義軍。清国（中国）の満州に入り、特別任務班として敵情視察、鉄道爆破、後方撹乱などで日本軍を支援。フラルジ鉄橋爆破をしようとしてロシア兵に発見、逮捕され、銃殺。明治三十七（一九〇四）年四月二十日歿。横川　享年四十。沖　享年三十一。

沖 禎介

横川省三

（国立国会図書館蔵）

日露戦争が起こってほどなく日本政府は、韓国帝室の安全を保障する代わりに軍事行動に必要な便宜を受けるという内容を盛り込んだ日韓議定書に調印した。これをもとにわが国は韓国を保護国化していく。

この時期、陸軍中将福島安正、駐清（中国）公使館付武官らの指揮のもとに、旧軍人や「義軍」と呼ばれる民間人が特別任務班として満洲（中国東北部）に続々入り、日本軍の行動を側面から支えるため、鉄道線路を破壊し、ロシア軍の兵器弾薬糧秣を奪い取るなど攪乱《かくらん》活動を続けていた。

横川省三（東京府出身）と沖禎介（沖縄県出身）は陸軍通訳として、特別任務班のメンバー十二人とともに現地で馬賊を募集してグループを編成し、敵情視察や後方攪乱などをしていた。馬賊とは中国東北部に跋扈《ばっこ》していた騎馬の群盗である。

ところが明治三十七年四月十一日、チチハル西方のフラルジ鉄橋を爆破しようとして、ロシアのコサック兵に発見、捕えられ、監禁された。

横川と沖禎介は処刑と決まった。銃殺寸前の四月二十日、二人は故郷の妻や子供たちに遺書を書いた。この遺書は後にロシア赤十字を経て日本側に届けられ靖国神社に現存する。

最初に横川、続いて沖のものを掲げる。

横川省三

拝啓

父ハ天皇陛下ノ命ニ依リ露国ニ来リ。四月十一日露兵ノ為ニ捕ヘラレ今彼等ノ手ニ依リ銃殺セラル。是天ナリ命ナリ。汝等幸ニ身ヲ壮健ニシ帝国ノ為ニ尽ス所アレ。我死ニ臨ンデ別ニ云フ処ナシ。母上ハ勿論《もちろん》宜シク汝等ヨリ伝フ可《べ》シ。富弥ニモ宜シク伝フル処アレ。

明治卅七年四月廿日　満州哈爾賓《はるびん》

横川律子殿
横川勇子殿

児禎介謹而《つつしんで》父母親大人ニ告別ス。児不幸平常膝下《しっか》ニ侍《じ》シテ孝道ヲ為スコト能《あた》ハズ。当局遺憾ト為セン処ニ御座候。然ルニ此度本国政府ノ命令ヲ奉ジ決死数名ト共ニ蒙古旅行ノ途ニ上リ候処運命ナル哉、某地ニ於テ露兵ノ為メニ捕獲セラレ遂ニ軍事裁判ヲ以テ死刑ヲ宣告セラレ本日銃殺致サレル。是亦国家ノ為メ何卒不孝之罪御宥免被下度《ゆうめんくだされたく》、先ニ御暇乞迄如此《おいとまごいまでかくのごとく》　以上

明治卅七年四月廿日　於ハルピン　児　禎介

父母親大人膝下

二人はその日のうちにハルビン郊外に連行され、目隠しをされてロシアのコサック兵に銃殺された。銃殺直前の写真が後にロシア側よりもたらされ、現存する。

戦争が日本の勝利に終わり、二人が監禁されていた部屋を調べたところ、「尽忠報国」「天皇陛下万歳」の血書が見つかった。

参考文献

利岡中和『真人横川省三伝――伝記・横川省三』大空社、一九九六年。

長野政雄――「余ハ感謝して凡てを神に献ぐ」

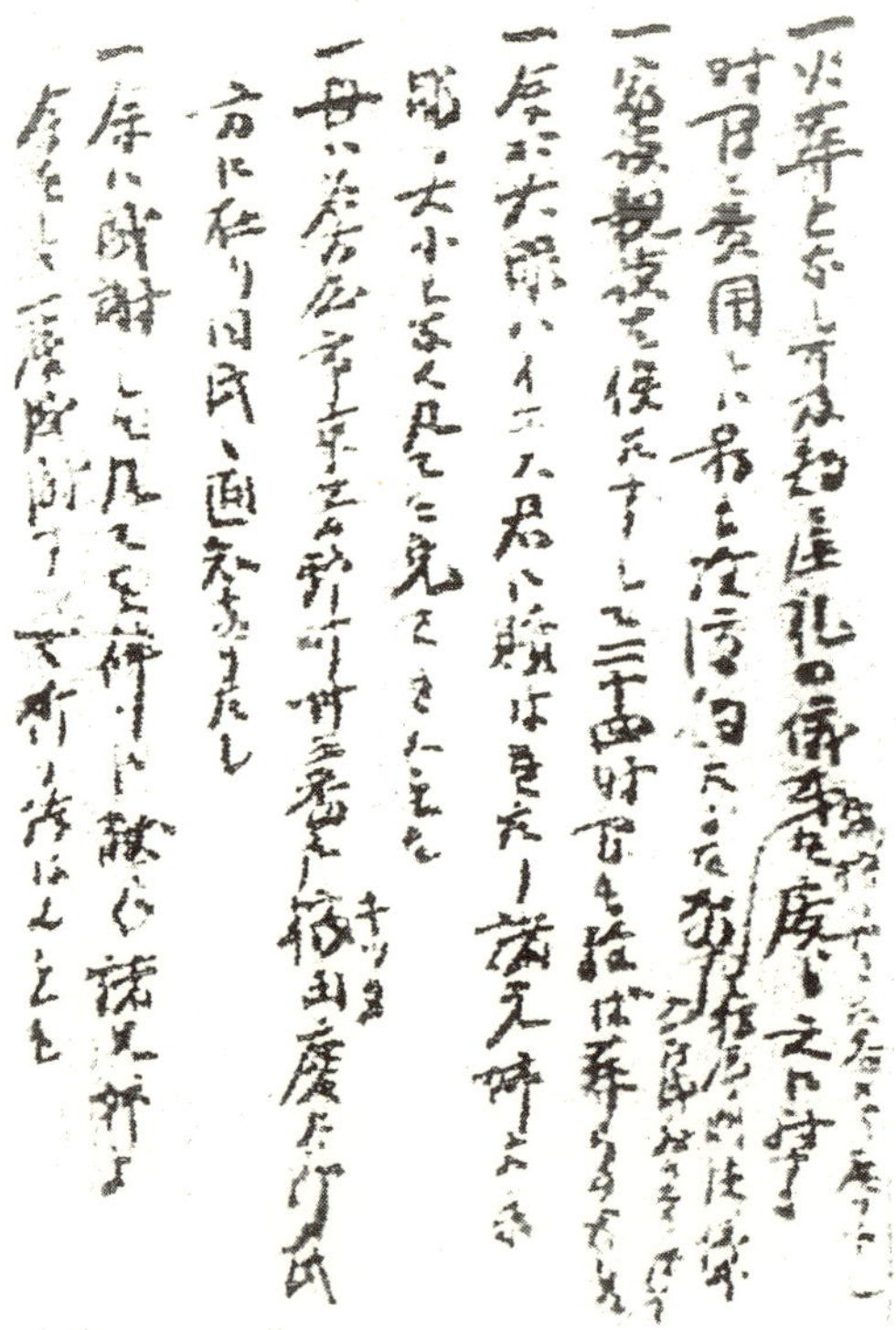

長野政雄が上着の内側に縫いつけていた遺書（複製、著者蔵）

★ながの・まさお
（一八八〇―一九〇九）
旭川駅運輸事務所庶務主任。旭川基督教会（現旭川六条教会）日曜学校長。愛知県生まれ。名古屋起訴院の給仕などをし、大阪で判任官になるが、鉄道省に入り、札幌駅勤務を経て旭川駅運輸事務所へ。名寄発旭川行列車に乗車し、塩狩峠で列車事故に遭遇。明治四十二（一九〇九）年二月二十八日歿。享年三十。

明治四十二（一九〇九）年二月二十八日午後六時半ごろ、北海道・名寄発旭川行の最終列車が天塩《てしお》・石狩国境の塩狩峠（和寒《わっさむ》—蘭留《らんる》間）に差しかかった。ここは四十分の一の勾配が続く難所で、積雪に埋もれるなかを、機関車は客車を曳いてあえぎあえぎ登った。

突然、客車の最後尾車の連結器がはずれ、一両だけが後ろに下がりだした。最後尾の車両に乗っていた客たちは驚き、悲鳴を上げて助けを求めた。

この客車に偶然同乗していたキリスト教信者で北海道鉄道倶楽部（後の国鉄北海道管理局）旭川駅運輸事務所庶務主任の長野政雄は、とっさに後部のデッキに飛び出し、制御手を助けてハンドルブレーキを回したが、効果がない。と、一瞬、長野の体が宙に浮き、鉄路上に落下し、逆進する客車に轢《ひ》かれて、大腿部以下両足轢断《れきだん》で即死した。連結器に触れて誤って落ちたとも、自ら身を投げたともいわれる。これにより列車の速度は落ち、約五キロ走って停止した。乗客にけが人はなかった。

長野の上着の内側に縫いつけられたはがきが見つかった。いつ天に召されてもいいように、毎年元旦に書いていた三通の「遺書」だった。以下に掲げる。

余が永眠せしときハ　恐縮ながら此《この》袋の内に認《したた》めある通り宜しく願上候
　愛兄姉各位　　　　　　　　　　　　　　　　頓首　政雄　（一枚目）

一　火葬となし可及的虚礼の儀式を廃し　之に対する時間と費用とは最も経済的たるを要す　湯棺の如き無益なり廃すべし　履歴の朗読儀式的所感の如き之を廃する事

一　家族親族を待たずして二十四時間を経ば葬られたし

一　余が大罪ハイエス君に贖《あがな》はれたり　諸兄姉よ余の罪の大小となく凡《すべ》てを免されんことを

一　母ハ名古屋市東芦野町卅三番ノ橘田《きった》慶太郎氏方に在り　同氏に通知ありたし

一　余ハ感謝して凡てを神に献ぐ　諸兄姉よ余をして一層感謝すべく祈り給はんことを（二枚目）

一　吾が家の歴史（日記帳）其他余が筆記せしもの及信書（はがき共）ハ之を焼棄《しょうき》の事

一　余ハ諸兄姉が余の永眠によりて天父に近づき　感謝の真義を味はれんことを祈る　苦楽生死均《ひとし》く感謝なり（三枚目）

長野はつねに神に召されることを意識し、仲間の信者たちに、「余は感謝して凡てを神に献ぐ」「苦楽生死均《ひとし》く感謝なり」と記したのである。

長野の遺体はすぐに旭川に送られ、三月二日、葬儀が行われた。

長野の死は、暴走する客車を止めようとして命を捨てた行為として、多くの人々の心を揺さぶった。長野の死に感動してキリスト教に入信する人が目立った。

長野が亡くなって一年後、旭川基督教会は「故長野政雄君の略伝」と記念絵はがきを発行した。この絵はがきは二枚組で、一枚目は長野の写真と遺書の写し、二枚目は上着の内側に縫いつけていた三枚の遺書である。

この長野をモデルに旭川に住む小説家、三浦綾子が小説『塩狩峠』を発刊したのは昭和四十三（一九六八）年である。三浦は日曜日ごとに通う旭川六条教会でその事実を知り、打ちのめされる思いで書き上げたという。事故からちょうど六十年経っていた。同著は評判になり、映画化もされた。

参考文献

中島啓幸『塩狩峠、愛と死の記録』いのちのことば社フォレストブックス、二〇〇七年。

佐久間勉——「十二時三十分　呼吸非常ニクルシイ」

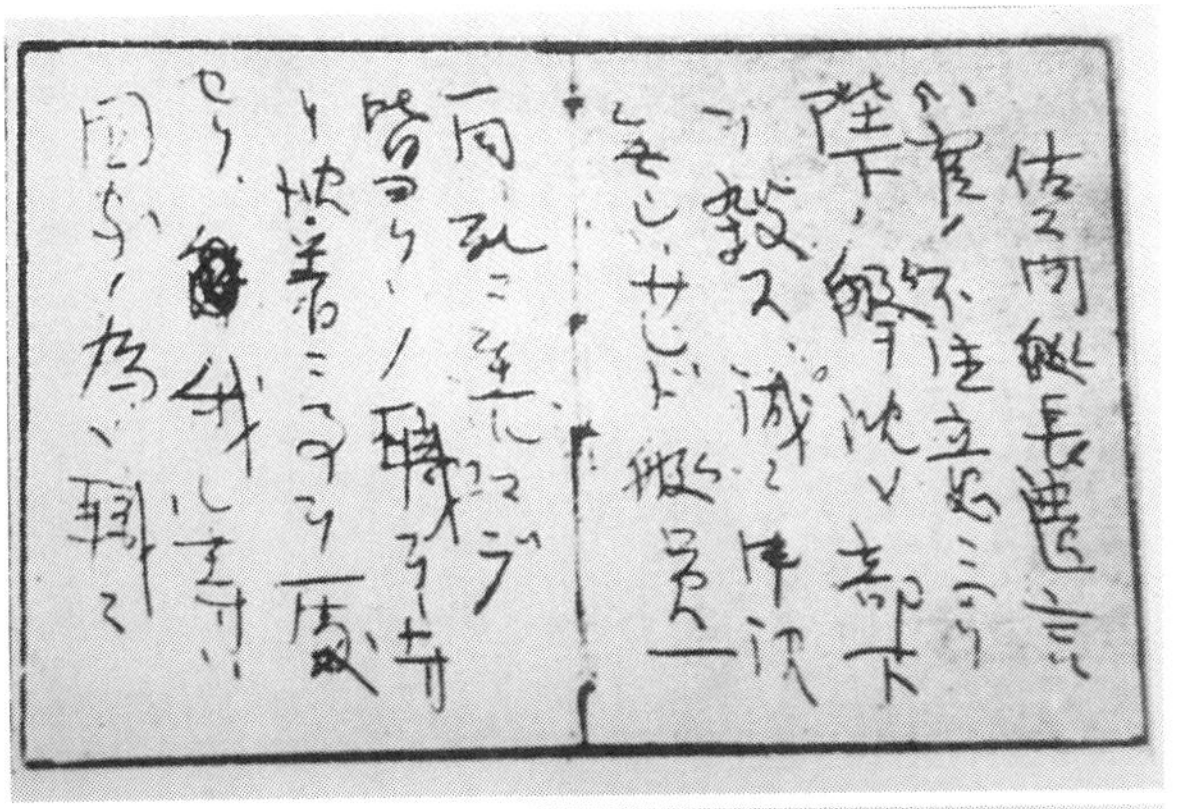
佐久間艇長遺言
小官ノ不注意ニヨリ
陛下ノ艇ヲ沈メ部下
ヲ殺ス、誠ニ申訳
無シ、サレド艇員一
同、死ニ至ルマデ
皆ヨクソノ職ヲ守リ
沈着ニ事ヲ処セリ
我レ等ハ国家
ノ為メ職ヲ

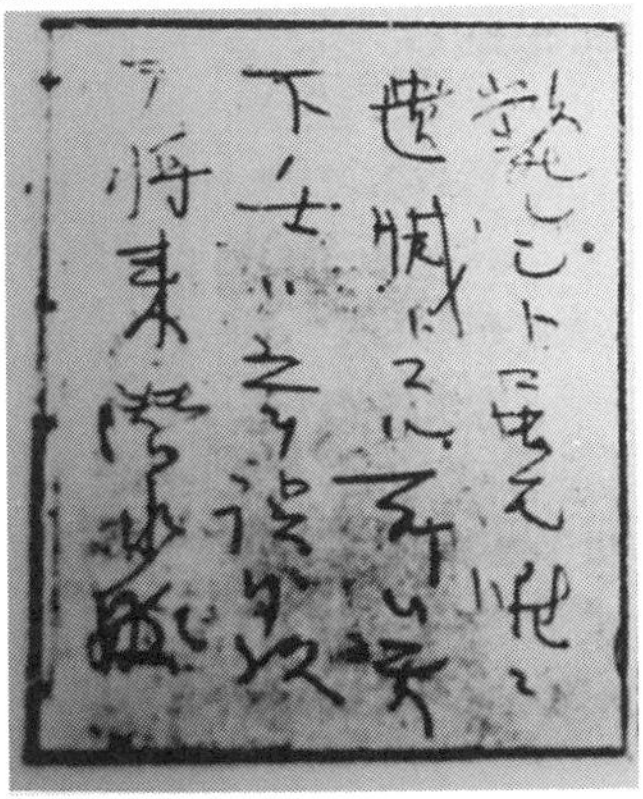
斃レシト雖モ唯々
遺憾トスル所ハ天
下ノ士ハ之ヲ誤リ以テ
将来潜水艇ノ発展

浮上しない潜水艇内で書いた佐久間の遺書（『図説国民の歴史　第10』より）

★さくま・つとむ
（一八七九―一九一〇）
福井県北前川の神職の家に生まれた。海軍兵学校卒業後、海軍少尉候補生として「比叡」に乗艦。日露戦争では連合艦隊の旗艦「笠置」に乗艦し交戦。後に潜水艇長に。明治四十三（一九一〇）年四月十五日歿。享年三十一。

海軍の第六潜水艇長・海軍大尉の佐久間勉は、明治四十三（一九一〇）年四月十二日から広島湾宮古島南方の海域で、六号艇に乗り込み潜水試験訓練を開始した。乗組員は佐久間を含め十五人。

四日目を迎えた十五日午前十時ごろ、六号艇は母艦の歴山丸から離れて潜水試験を始めた。その直後、52フィートのところで潜水艇の機関用通風塔から海水が入りだした。急ぎ浮上しようとしたが果たせず、遭難した。

六号艇は二時間経っても浮上してこなかった。通報を受けた呉鎮守府は近くにいた艦艇を現場に急行させ、水雷艦隊が捜索に当たった。水雷艦隊は日露戦争の折、旅順港外で水雷の敷設などを担当している。だが広い海域のため捜索は難航し、遭難場所を突き止めることができなかった。

探索は継続して行われ、翌日午後になって沈没した場所がやっと確認された。すでに三十時間以上が経過していた。サルベイジ潜水員が海中に潜り、艇体をハンマーで叩いてみたが反応はなく、生存の望みは断たれた。

工作艦が沈没艇に索綱《さくづな》をかけ、起重機で引き揚げたのは事故から丸二日経った十七日朝のことである。

調べたところ浸水した艇内で十五人の乗組員は、部署についたまま、絶命していた。艇内は通路もなく、腹這いになって自分の部署につくと、身動きができないほどで、事故が発生しても、司令塔へ向かう空間さえなかったのである。

佐久間艇長の上着のポケットから手帳が発見された。佐久間は迫りくる死と対峙しながら、三十七頁にわたり大きな文字で遺書を書いていたのだった。その大要を示す。

佐久間艇長遺言

（略）

小官ノ不注意ニヨリ陛下ノ艇ヲ沈メ部下ヲ殺ス　誠ニ申訳無シ、サレド艇員一同死ニ至マルデ皆ヨクソノ職ヲ守リ沈着ニ事ヲ処セリ（略）

瓦素林《ガソリン》潜航ノ際、過度深入セシ為メ「スルイスバルブ」ヲ締メントセシモ途中「チエン」キレ、依テ手ニテ之ヲシメタルモ後《おく》レ、後部ニ満水セリ、約廿五度ノ傾斜ニテ沈降セリ
一、沈下ト共ニ「メンタンク」ヲ排水セリ、燈消エ、「ゲーヂ」見エザレドモ「メンタンク」ハ排水シ終レルモノト認ム、電流ハ全ク使用スル能ハズ、電液ヘ溢ルモ少々、海水ハ入ラズ、「クロリン」ガス発生セズ。残気ハ五〇〇磅位ナリ、唯々頼ム所ハ手動「ポンプ」アルノミ……（右十一時四十五分　司令塔ノ明リニテ記ス）（略）
十二時三十分　呼吸非常ニクルシイ、瓦素林《ガソリン》ヲ「ブローアウト」セシ積《つも》リナレドモ、ガソリンニヨウタ。（略）
十二時四十分ナリ。

文中の十四日は十五日の誤りである。以上の文面から、潜水直後に事故が発生し、艇の後部から浸水して二十五度に傾き、遭難してほどない午後零時半以降に乗組員のほとんどが絶命した、と判断できる。

この遺書は、最後まで沈着に行動したとして激賞され、海軍軍人の鑑《かがみ》とうたわれた。

佐久間は福井県北前川の神職の家に生まれた。海軍兵学校を卒業し、海軍少尉候補生として「比叡《ひえい》」に乗り組む。明治三十七年二月、日露戦争が始まると、連合艦隊の軍艦「吾妻」に乗り組み出撃し、ウラジオ艦隊と交戦し、旅順の海上封鎖にも従事した。翌年五月の日本海海戦では旗艦「笠置」の分隊長として乗り組んだ。

日露戦争後は水雷術練習所生となり、その後、第一潜水艇長から第六潜水艇長になり、潜水訓練に明け暮れる毎日だった。

参考文献

『図説国民の歴史　第一〇――近代日本の百年』日本近代史研究会編、国文社、一九六四年。
藤本仁『佐久間艇長の遺書と現代』渓水社、二〇〇六年。

幸徳秋水——「千代田の松の雪折の音」

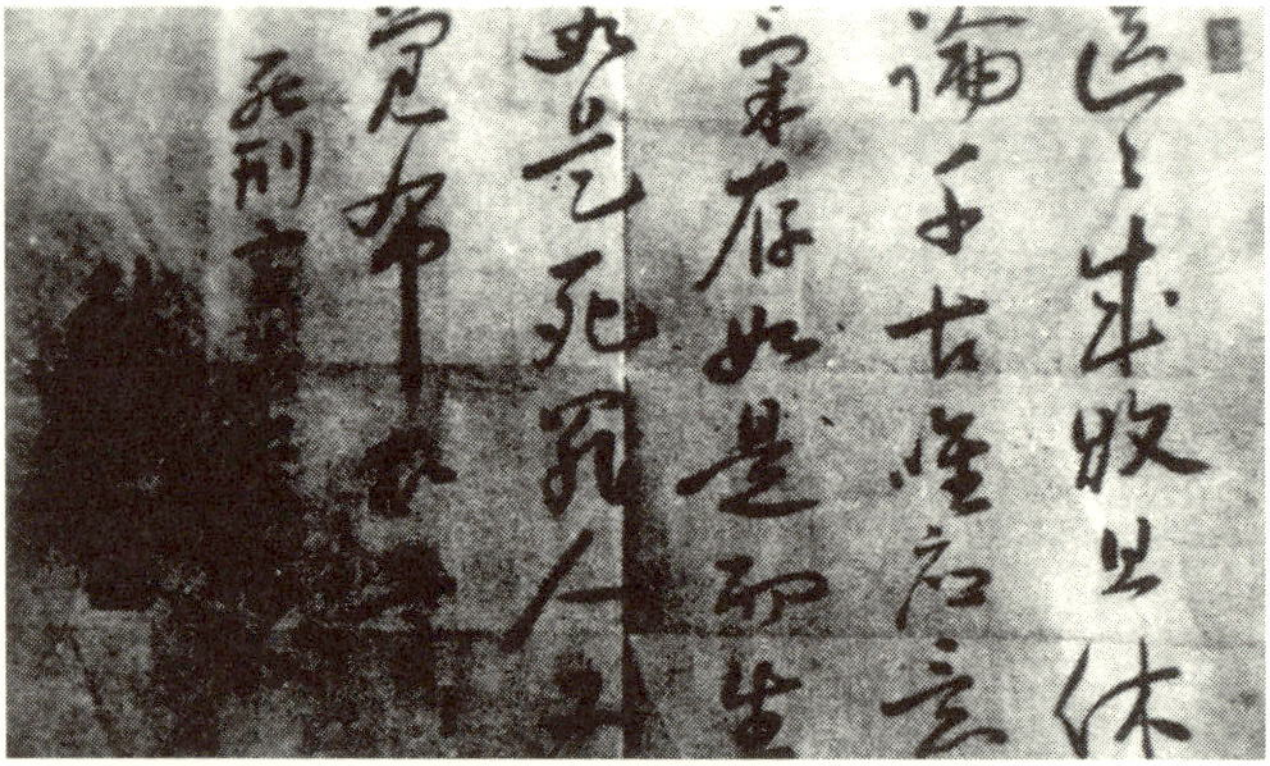

幸徳が獄中から母に送った便りと漢詩。これが絶筆に。
（『幸徳秋水の日記と書簡』より）

★こうとく・しゅうすい
（一八七一—一九一一）
高知県出身。社会主義者・新聞記者。『万朝報』に「我は社会主義者なり」と題する論説を書く。社会民主党設立発起人。平民社を興して『平民新聞』を発刊し、日露戦争に反対し非戦論を展開した。政府に睨まれ、発禁処分、新聞紙条例違反で禁固処分などを受け入獄。明治四十四（一九一一）年一月二十四日歿。享年四十一。

大逆事件は明治末期に起こった恐るべき政治的陰謀事件ということができる。爆発物らしきものを製造していた男が逮捕され、天皇誕生日を狙って天皇の馬車に爆発物を投げようとした、と自供したことから、幸徳秋水（本名伝次郎）ら二十六人が逮捕され、大審院法廷は明治四十四（一九一一）年一月十八日、幸徳ら二十四人に死刑の判決を言い渡した。わずか六日後の二十四日、処刑。

幸徳の辞世は、

爆弾の飛ぶよと見えし初夢は
千代田の松の雪折の音

事件の経過をたどっていくと、この辞世に幸徳の政治への皮肉と怒りが込められているのを知ることができる。

明治四十三（一九一〇）年五月二十五日、長野県松本署は長野県明科村製材所職工長、宮下太吉を爆発物取締罰則違反容疑で逮捕し、鶏冠石《けいかんせき》粉末、塩酸《えんさん》カリ、ブリキ缶などを押収した。これが事件の発端となる。

宮下は取り調べに対して思いがけない供述をした。

明治四十年暮れ、愛知県半田で職工として働いていた時、大阪平民社の森近運平を訪ねて社会主義の思想を知り、皇室の役割に疑問を抱く。さらに同四十二年二月、東京・巣鴨の平民社、幸徳秋水を訪ねて、天皇崇拝の思想が社会主義を実行するうえで障害になっていると知らされ、「爆発物を天皇に投げつける」として、同年六月、長野県明科村に移り住み、爆発物の原料や器具を購入して製造と実験を繰り返し、一応の成功を見た。宮下は幸徳を通じて知り合った新村忠雄、古河力作、それに幸徳と同棲している管野須賀子の三人に投弾計画を相談した、というものだった。

とはいえ爆発物の完成度も低く、投弾計画というのもきわめて雑駁なものだったらしい。

松本署は宮下の自供に基づき、古河と新村、それに新田の兄の善兵衛、ブリキ缶職工新田融の四人を逮捕した。だが長野署はこの段階ではまだそれほどの犯罪とは認識していなかった。

ところが東京地裁検事局が検事小原直を長野に派遣し、長野地裁次席検事和田良平とともに宮下らを取り調べたことで、事態は急変する。このころ検事局は地裁のなかに含まれていた。

取り調べの結果、宮下、新村は、天長節の十一月三日を狙って天皇の馬車に投弾するかのような襲撃計画を自供したのである。天長節とは天皇誕生日を指す。旧刑法第七十三条にはこう書かれている。

天皇、太皇太后、皇太后、皇后、皇太子又ハ皇太孫ニ対シ危害ヲ加ヘントシタル者ハ死刑ニ処ス

現在の象徴天皇と違って、当時の天皇は〝現人神《あらひとがみ》〟とされていただけに、取り調べの検事も、報告を受けた上層部も、政府も、震え上がった。初の大逆事件の摘発だけに松本署は一躍、脚光を浴び、長野地裁検事正・三家重三郎は三人の身柄を直ちに検事総長の松室到に送致し、引き続き厳しく取り調べた。大審院検事小山松吉は後に回想して、「有史以来の大事件であるから、法律を超越して処分しなければならぬ。訴訟手続などに拘泥すべきでないという意見が政府内部にあった」

と述べているので、この裁判に政府が最初から深く関わったことがわかる。

宮下らが逮捕されて一週間後の六月一日、神奈川県湯河原温泉で『通俗日本戦国史』を編集中の幸徳秋水が逮捕された。この直後、大阪、和歌山、熊本などで十九人が逮捕され、その数は二十六人にのぼった。

幸徳は高知県出身で、明治二十（一八八七）年に上京するが、保安条例違反で多くの高知人とともに追放された。翌年、大阪に出て中江兆民を知り、中江に従い東京へ移り、後に新聞記者になり、『万朝報』に「我は社会主義者なり」と題する論説を執筆、わが国初の社会主義政党である社会民主党の設立発起人になった。この間に著書も著した。

日露開戦を主張する万朝報を退社した後、平民社を興《おこ》して『平民新聞』を発刊し、非戦論を主張した。だが政府に睨まれてしばしば発禁処分を受け、新聞紙条例違反で禁固処分を受け入獄した。出獄後はアメリカに渡り、半年後に帰国。結成されたばかりの日本社会党に招かれ、直接行動主義の重要さを説いた。だがその後体調が優れず、療養かたがた湯河原温泉の旅館に泊まり込みで執筆中だった。

大審院検事局は予審判事潮垣太郎を主任に据え、綿密な予審調書を作成した。裁判を担当する大審院は特別部を設けた。十一月八日、幸徳はその空気を察知してか、獄中から堺宛てに最期を託す便りを書き、十日には母多治子宛てに便りを書き、次の一詩を添えた。

鳩鳥喚晴烟樹昏
愁聴点滴欲消魂
風々雨々家山夕
七十阿嬢泣倚門

鳩鳥《きゅうちょう》　晴れを喚《よ》んで烟樹昏《えんじゅくら》し
愁えて点滴《てんてき》を聴いて魂消えんとす
風々雨々　家山の夕
七十の阿嬢《あじょう》泣いて門に倚る

公判は十二月十日から非公開で始まった。裁判長鶴丈一郎以下陪席判事六人、検事は司法省民刑局長平沼騏一郎ら、弁護人は磯部四郎、花井卓蔵ら十一人。

公判は連日開かれ、被告人訊問のほかは証人調べも証拠調べもなく、すべて予審調書によった。二週間目の二十四日に審理は終了。二十五日は日曜日にもかかわらず検事の論告求刑が行われ、

「陛下を襲おうと計画したのは明らかである」

として、被告人二十六人全員に死刑を求刑した。

二十七日からは弁護人が三日間にわたって最終弁論を行った。

幸徳は判決を前にした明治四十四（一九一一）年一月一日、堺宛てに便りを書いた。

モウ浮世に心残りは微塵もない。不孝の罪だけで僕は万死に値するのだ。

辞世の「爆弾の飛ぶよと見えし初夢は　千代田の松の雪折の音」はこのころの作と判断できる。千代田は皇居および霞ヶ関、丸の内を含む地域なので、宮城の松の枝が雪で折れる音を、弾丸の音と間違えた、とする精一杯の皮肉にもとれるし、どうしようもない権力への痛烈な批判の一首ともとれる。

判決公判は一月十八日に開かれ、裁判官は被告人らを「逆徒」「不忠者」と決めつけ、幸徳ら二十四人に死刑を宣告、新村と新田には爆発物取締罰則違反でそれぞれ有期懲役十一年と十八年を言い渡した。

この日、房に戻った幸徳は、弁護人に宛てて便りを書いた。

今日の判決申渡で大に肩が軽くなった様な気がする。子供のある人や、前途のある青年などはかわいさうでならぬけれど、兎に角はせい〳〵した。

判決が出た翌日、政府は死刑判決を受けた二十四人のうち半数の十二人を恩赦により減刑して無期懲役にする措置を取った。幸徳ら十一人は二十四日、死刑が執行された。管野だけは一日遅れの二十五日に処刑された。

参考文献

『幸徳秋水の日記と書簡』塩田庄兵衛編、未來社、一九五四年。
西尾陽太郎『幸徳秋水』吉川弘文館、一九五九年。

乃木希典・静子――「大君の　みあとしたひて　我はゆくなり」

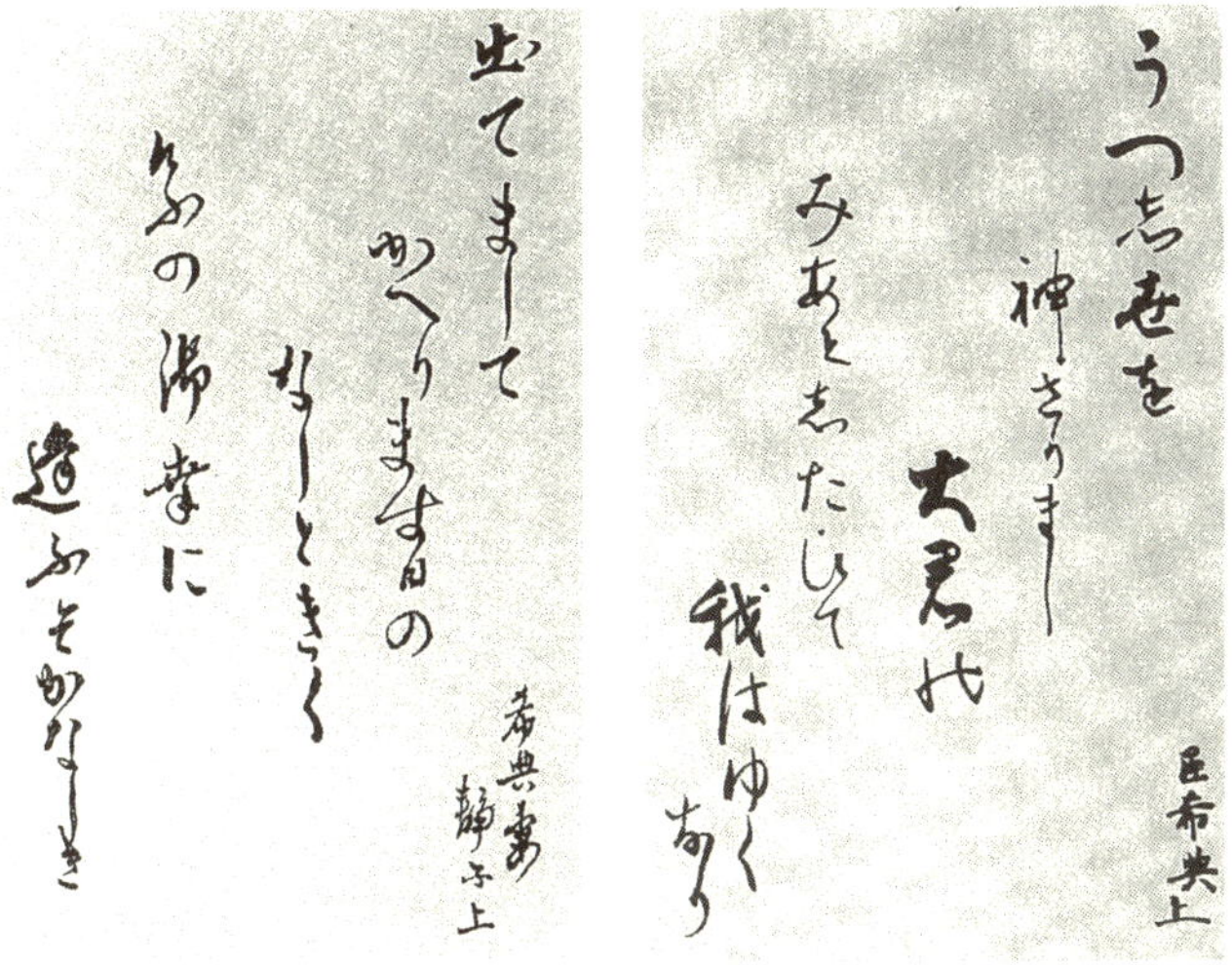

乃木夫妻の辞世（乃木神社蔵）

★のぎ・まれすけ（一八四九―一九一二）
★のぎ・しずこ（一八六〇―一九一二）

乃木希典は陸軍大将。長州藩江戸藩邸で藩士の子に生まれる。熊本鎮台歩兵第十四連隊長心得となり、秋月の乱に出撃、小倉営所司令官兼務として西南戦争に出撃し、軍旗を奪われる。明治十一年、鹿児島出身の静子夫人と結婚。日清戦争、日露戦争を戦う。大正元（一九一二）年九月十三日歿。享年六十四、静子　享年五十三。

乃木希典、静子夫人の最期の朝

明治天皇が亡くなられたのは明治四十五（一九一二）年七月三十日。ご大葬は年号が変わった大正元年九月十三日深夜、東京・青山斎場で行われることになった。

陸軍大将乃木希典は、この日を殉死の日と定めていた。妻の静子がその決意を聞き、「私もお供します」と述べたのは、後に明らかになる遺書の内容から、前夜か当日朝と判断できる。

大葬当日の十三日、赤坂新坂町の自宅で朝を迎えた乃木は、斎戒沐浴《さいかいもくよく》してから母屋の左手にある厩舎《きゅうしゃ》に赴き、二頭の愛馬にカステラを与えた。当時カステラは高級な食べ物で、愛馬との決別を意味した。

母屋に戻った乃木は、妻静子とともに朝食を摂《と》ってから、使用人に言いつけて写真館の主人を呼んだ。乃木は陸軍大将の正装、静子は喪服をまとい、写真を撮影した。現存するこの写真は、乃木が向かって右手の椅子に腰掛け、新聞を読んでおり、静子は左手に立って正面を見ている。穏やかな風情である。

午前九時、乃木夫妻はわが家を出て殯宮《ひんきゅう》へおもむき、それとなく別れの挨拶をして回った。帰宅して昼過ぎに、軽い昼食を摂った。

午後二時ごろ、静子の姉の馬場貞子とその孫たちがやってきて賑やかになった。貞子らが帰ると、乃木家はまた静かになった。

夕方、夫妻はわずかな夕食を摂った。静子が地階に降りて、ぶどう酒を運んできた。

乃木家は傾斜地に建っているので、後方が地階になっている。従って、前方から見ると二階建てだが、後方からは三階建てに見える。

午後七時過ぎ、夫妻は一階の居間に入った。ここは普段から乃木が使っている部屋で、隣に六畳の次間《つぎのま》がある。妻静子の部屋は廊下を挟んで向かいの六畳間と、隣に四畳の化粧の間があった。

夫妻は居間の床に明治天皇の写真を飾り、左右に天皇から贈られた品々、勲章を置いた。辞世が認《したた》められた。最初に乃木の二首を、次に静子の辞世を掲げる。

うつし世を　神去りましし大君の
　みあとしたひて　我はゆくなり

神あかり　明かりましぬる大君の
　みあとはるかに　おろかみまつる

出てまして　かへります日のなしときく
　けふの御幸に　逢ふそかなしき

乃木夫妻は辞世の和紙三枚と、前夜に書いた遺書二通を勲章のそばに置くと、乃木がその前に座り、静子は夫の横顔を見る形でその左手に座った。夫妻は皇居を遙拝《ようはい》してから、乃木が軍服を脱いで軍刀を抜き、腹の皮を薄く十文字に切り、続いて軍刀の柄を膝に立て、刀先を前額部《ぜんがくぶ》に当てて力まかせに刺した。刀先は左頸部《ひだりけいぶ》を貫き、乃木は正面を向いたまま倒れた。

妻静子も乃木の自決とほぼ同じ時刻に、懐剣《かいけん》の鞘《さや》をはらって左胸を突き刺し、うつ伏せになったまま絶命した。葬列が近づく時刻になっても夫妻が部屋から出てこないので、使用人らが不審に思っていると、突然、異様な音がした。驚いた地階の女性が一階まで駆け上がり、部屋の戸をこじ開けて、血まみれになっている夫妻を発見した。警視庁警察医員岩田凡平作成の「乃木将軍及同夫人死体検案始末」によると、自決したのは午後七時四十分ごろ、と推察できる。

午後八時、明治天皇のご遺体を乗せた霊柩車が、ご大葬の行われる東京・青山斎場に向けて皇居を出発した。同時に弔砲《ちょうほう》が轟いた。

弔砲が一分ごとに鳴り響くなか、同邸警備の警察官から赤坂警察署に急報が届き、警視庁警察医らが駆けつけたのは午後九時ごろだった。

同「検案始末」から乃木は刃渡り二尺二寸九分（約七十センチ）の軍刀を用い、死因は気道食管左総頸動脈迷走神経及び第三頸骨髄左横突起を裁断、左頸部を貫通とあり、即死と思われる。妻静子は刃渡り六寸三分（約二十九センチ）の懐剣で胸を四カ所突いていた。第四の刃が心臓まで貫いた、と記されている。

遺書二通は巻紙に「遺言条々」として十カ条にわたり書かれていた。長文なので、以下に三カ条のみ掲げる。

第一　自分此度御跡《みあと》を追ひ奉り自殺候処恐入候儀其罪は不軽《かるからず》存候然る処明治十年役に於いて軍旗を失ひ其後死処《しにどころを》得《え》度《たく》心掛候も其機を得ず皇恩の厚に浴し今日迄過分の御優遇を蒙《こうむ》り追々老衰最早御役に立の時も無余日候折柄此度の御大変何共恐入候次第茲に覚悟相定め候事に候

第二　両典戦死の後は先輩諸氏親友諸彦よりも毎々懇諭有之候得共養子弊害は古来の議論有之目前乃木大兄の如き例他にも不尠《すくなからず》特に華族の御優遇相蒙り居実子ならば致方も無之候得共却て汚名を残す様の憂へ無之為め天理に背きたる事は致す間敷《まじき》事に候祖先の墳墓の守護は血縁の有之限りは其者共の気を付可申事に候乃ち新坂邸は其為め区又は市に寄付し可然《しかるべく》方法願度候

第三　資財分与の儀は別紙の通り相認め置き其他は静子より相談可仕候

第一では、西南戦争で軍旗を失い、死を決していたのに成《な》せず、明治天皇の死により殉死を覚悟したと述べている。第二の冒頭の両典とは長男勝典、次男保典を指し、息子二人を戦死させたいま、養子をもらうよう勧める者もいるが、弊害の恐れもあり、先祖の墓については血縁の者に任せたい、邸宅は市か区に寄付するよう述べている。第三が問題の文面で、これからいくと乃木は当初、妻を残して死のうと考えていたことがわかる。遺書を書いたのは十二日であろう。しかし乃木の決意を知った妻は、乃木に同行を求めたと判断できる。

乃木夫妻の死は周辺を驚かせた。弔砲がまだ鳴りやまないうちに、新聞社の号外を配る鐘の音が深夜の町を慌ただしく駆けめぐった。号外は「乃木大将遺言書」として、その全文を掲げるという物々しさだった。

乃木夫妻の遺書並びに遺品は乃木神社（東京都港区）に安置されている。

参考文献

井戸田博史『乃木希典殉死・以後——伯爵家再興をめぐって』新人物往来社、一九八九年。

『将軍乃木希典』志村有弘編、勉誠出版、二〇〇四年。

田中正造――「苗代水欠乏農民寐食セズシテ」

★たなか・しょうぞう
（一八四一―一九一三）

下野国小中村（栃木県佐野市小中町）生まれ。栃木県選出代議士。群馬、栃木両県にまたがる渡良瀬川流域が足尾銅山から排出される鉱毒で汚染され、被害が拡大。被害農民が集団で押し出し、警察官憲兵による弾圧（川俣事件）となる。大弁護団を組織して法廷闘争を展開。正造は国会で政府の姿勢を追及し、議員辞職して天皇に直訴し社会問題化。大正二（一九一三）年九月四日歿。享年七十三。

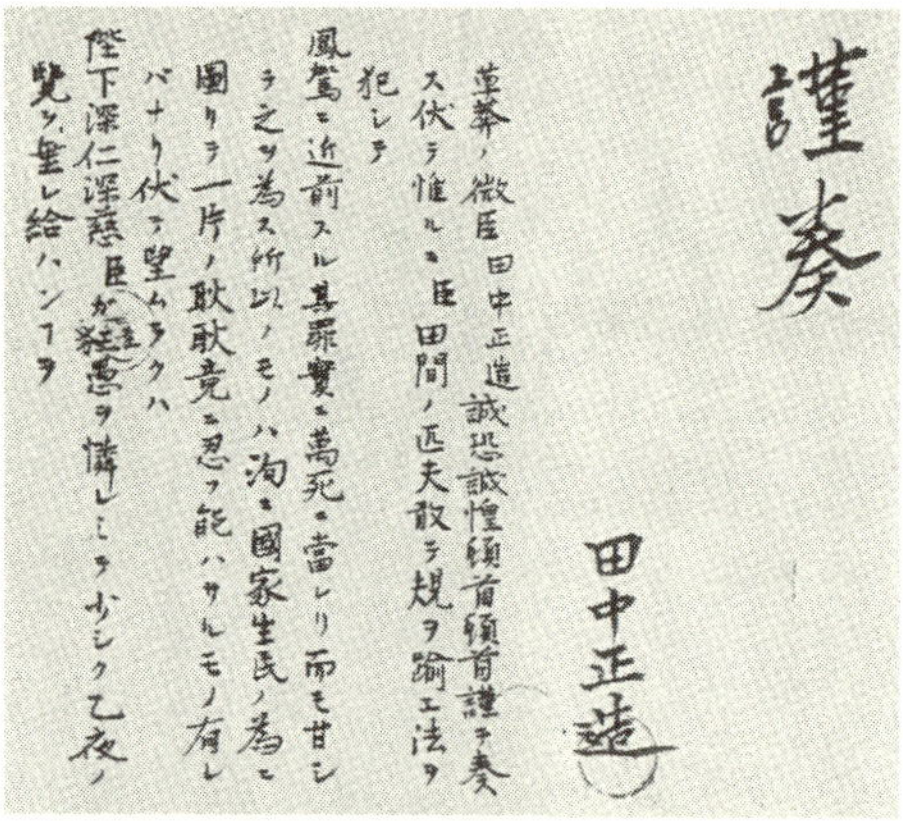
謹奏
田中正造
草莽ノ微臣田中正造誠恐誠惶頓首頓首謹テ奏
ス伏テ惟ルニ臣田間ノ匹夫敢テ規ヲ踰エ法ヲ
犯シテ
鳳駕ニ近前スル其罪實ニ萬死ニ當レリ而モ甘シ
テ之ヲ為ス所以ノモノハ洵ニ國家生民ノ為ニ
図リテ一片ノ耿耿竟ニ忍フ能ハサルモノ有レ
バナリ伏テ望ムラクハ
陛下深仁深慈臣ガ狂愚ヲ憐レミテ少シク乙夜ノ
覧ヲ垂レ給ハンコトヲ

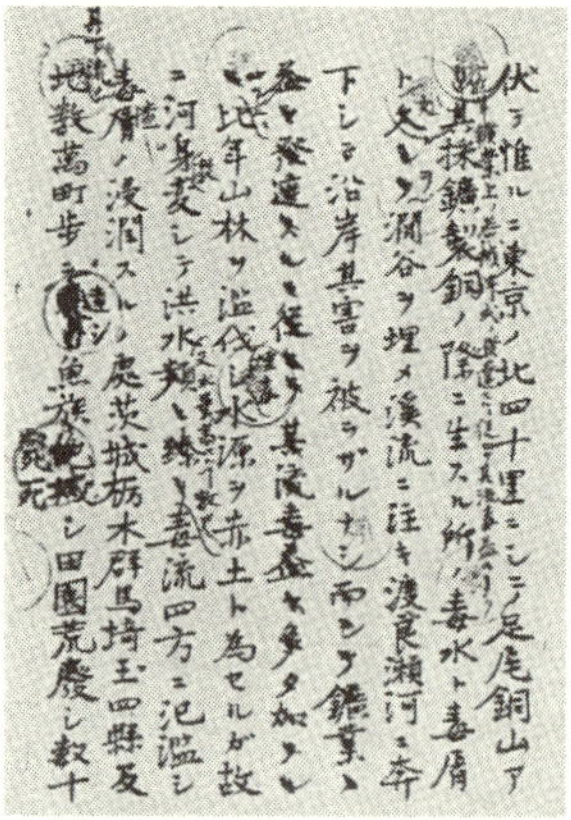
伏テ惟ルニ東京ノ北四十里ニシテ足尾銅山アリ
其採鑛製銅ノ際ニ生スル所ノ毒水ト毒屑
ト之レ澗谷ヲ埋メ渓流ニ注キ渡良瀬河ニ奔
下シテ沿岸其害ヲ被ラザルナシ而シテ鑛業ヲ
益々発達スルニ従ヒ其流毒益々多ク加フルニ
比年山林ヲ濫伐シ水源ヲ赤土ト為セルガ故
ニ河身変シテ洪水頻リニ至リ毒流四方ニ氾濫シ
毒屑ノ浸潤スルノ處茨城栃木群馬埼玉四縣及
地数萬町歩ニ達シ魚族斃死シ田園荒廃シ数十

田中正造の直訴状（『写真図説〈明治百年〉の歴史　明治編』より）

（足尾鉱毒事件田中正造記念館蔵）

足尾鉱山の鉱毒被害問題に真っ向から取り組んだ田中正造が、栃木県足利郡下羽田村の庭田清四郎宅で息を引き取ったのは大正二（一九一三）年九月四日午後零時五十分ごろ。この日午前、病床の正造は、見舞いに訪れた鉱毒被害総代格の男性に向かい、

「お前たちの見舞いは少しも嬉しくない。皆正造に同情するばかりで、正造の事業に同情する者は一人もいない」

と痛烈な言葉を吐いた。

正午過ぎ、正造は床から起き上がろうとした。付添いの木下尚江が背後から支えると、「いけねえ」としかり深く呼吸した。急を聞いて知友らが駆けつけた。正造は、何かを語ろうとして大きく息を吐いたが、そのまま皆をにらみまわして絶命した。じっとみつめていた妻カツは「おしまいになりました」と静かに言った。

枕元には、正造の全財産である菅《すげ》の小笠と一本の杖と信玄袋が置いてあった。信玄袋のなかに「新約聖書」が一冊と、「帝国憲法」と「マタイ伝」を綴じた小冊子、それに三冊の日記、長文の草稿が入っていた。

この長文の草稿こそ、正造が命を賭けて書き記した遺書だった。草稿のごく一部を掲げる。大正二年六月十七日とあり、死の二カ月前のものである。政治に対する怒りがにじみ出ている文面である。

苗代水欠乏農民寐食セズシテ苦心セルノ時安蘇郡及西方近隣ノ川々細流

巡視ノ実況及其途次ニ面会セシ同情者ノ人名略記　内報其一号書

一、曾《かつ》テ御心配モアリシ今春来気候ノ激変ニ付キ郡中及西方近隣ノ川々細流ノ巡視ハ恰《あたか》モ農業ノ期節ニ迫リ、川々流水ノ皆無、苗代水欠乏ナリト聞知シテノ後レバセノ急場デシタガ、私ハ常ニ川々ノ下流ニ出没セシマヽ大河ニ遠キ陸地田畑用水等ニ遠クナリタルモノデスカラ、用水ノ欠乏ト云フニ驚キテ飛出シマシタ。ケレドモ、亦之《またこ》レニ依テ種々ノ新ラシイ感覚モ得マシタ。諸君モ陸地ニナレテモヤハリ苗代水ノ欠乏ニハ非常ニ感ゼラレタデシヤウ。天然自然ノ関係ハ一朝一夕ニ申上ゲ尽クセマセン。伺ヘ尽センノデ困リマスカラ静

ニ心ヲ沈メテ正格ニ考ネバナラヌデス。ソシテ私事今来モ多忙デス。曾テ諸君ガ援助ノ浅カラザル関東東北水毒除害ノ事デス。御承知ノ如ク今ヲ去ル二十余年来ノ継続問題、即チ鉱毒ノ根絶問題ニ忙ガシイデスカラ、他方面ノコトハ何モカモシレマセンデ真暗ラデス。此度モ其巡回中ノ二三ヲバアリノマヽニ告ゲマスケレドモ、前後十一年谷中村ノ一隅ニ虐げられて居ル、即井ノ中ニ落チタ蛙デス。井蛙ノ管見デス。但シ井ノ中ノ蛙ノ眼ハ又妙ナリ。彼レハ白昼天ノ星ヲ見ルトモ申シマス。但シ此蛙、岡ニ出ルト天ノ星ヲ見ヘナクナルデス。此下手ノ長キ文句御叱リ御無用デス。愚文モ知読セル人ノ前ニハ知文トナルデス。(後略)

日本初の公害問題とされる足尾鉱毒被害が表面化したのは明治十八(一八八五)年以降。足尾銅山の銅の産出が増えるにつれ、銅山から流れ出た排水が渡良瀬川に流れ込み、群馬、栃木両県にまたがる同川流域から魚類が姿を消した。一方、洪水で冠水した田畑から作物がまったく穫れなくなった。

明治二十四(一八九一)年十二月、栃木県選出代議士の正造は、対策もなく放置している政府の怠慢を追及した。だが政府は原因を調査中、と答えるに止まった。

正造の指導により被害農民は群馬県邑楽郡渡瀬村の雲龍寺内に「足尾銅山鉱業停止請願事務所」を設置し、政府に説明を迫ったが、ラチがあかず、明治三十(一八九七)年三月、激昂した農民ら八百人が集団で上京し、農商務省に詰めかけた。以後、この〝押し出し〟は明治三十三(一九〇〇)年二月まで四回に及び、利根川畔川俣宿入口では農民が警察官憲兵による大弾圧で、百人を超す逮捕者が出る騒ぎになった(川俣事件)。

『毎日新聞』編集者石川半山と謀り、幸徳伝次郎(後の秋水)の協力を得た正造は代議士を辞め、明治三十四(一九〇一)年十二月十日午前十一時、貴族院から還幸の天皇を待ち受け、訴状を右手に掲げ、「お願いでござい、お願いでござい」と叫んで駆け寄った。

直訴は護衛兵に刺殺される、死を覚悟しての行動だけに世間は驚倒し世論は沸騰した。

筆者は、この直訴状こそ、死を賭けた正造の本当の遺書だったのではないか、と考える。正造は自ら起草した文面を上奏文に非礼があってはならないと考え、新聞記者の幸徳に託し、幸徳がこれを記述、受け取った正造がさらに手直したものである。文面の随所が訂正され、丸型の訂正印がそこここに見えるのはそのためである。現存する直訴状を掲げる。

謹奏

田中正造

草莽《そうもう》の微臣《びしん》田中正造、誠恐誠惶《せいきょうせいこう》頓首頓首、謹《つつしん》で奏す。伏《ふし》て惟《おもいみ》るに、臣田間の匹夫《ひっぷ》、敢《あえ》て規を踰《こ》え法を犯して鳳駕《ほうが》に近前する、其罪実に万死に当れり。而も甘じて之を為す所以のものは、洵《まこと》に国家生民の為に図りて、一片の耿々《こうこう》竟に忍ぶ能はざるもの有ればなり。伏て望むらくは陛下深仁深慈《しんじんしんじ》、臣が至愚を憐れみて、少しく乙《いっ》夜《や》の覧を垂れ給はん事を。

伏て惟るに、東京の北四十里にして足尾銅山あり、近年鉱業上の器械洋式の発達するに従ひて其流毒益々多く之れを其採鉱製銅の際に生ずる所の毒水と毒屑と澗谷《かんこく》を埋め渓流に注ぎ、渡良瀬川に奔下して沿岸其害を被らざるなし。而して、加ふるに此年山林を濫伐し、水源を赤土と為せるが故に、河身激変して洪水又水量の高まること数尺、毒流四方に氾濫し、毒渣の浸潤するの処茨城栃木群馬埼玉四県及其下流の地数万町歩に達し、魚族斃死し田園荒廃し、数十万の人民の中産を失ひるあり営養を失へるあり或は業に離れ飢て食なく病て薬なきあり、老幼は溝壑に転じ壮者は去て他国に流離せり。如此にして二十年前の肥田沃土は、今や化して黄茅白葦満目惨憺の荒野と為れるあり。

臣夙に鉱毒の禍害の滔々底止する所なきと民人の痛苦其極に達せるとを見て、憂悶手足を措くに処なし。嚮に選れて衆議院議員となるや、第二期議会の時初めて状を具して政府に質す所あり、爾後議会に於て大声疾呼其拯救《じょうきゅう》の策を求むる茲に十年。而も政府の当局は常に言を左右に托して、之が適当の措置を施すことなし。而して地方牧民の職に在るもの亦恬として省みるなし。甚しきは即ち人民の窮苦に堪へずして群起して其保護を請願するや、有志は警吏を派して之を圧抑《あつよく》し、誣《しい》て兇徒と称して獄に投ずるに至る。而して其極や既に国庫の歳入数十万円を減じ、又将《まさ》に幾億千万円に達せんとす、現に人民公民の権を失ふもの算なくして、町村の自治全く頽廃せられ、貧苦疾病及び毒に中《あた》りて死するもの亦年々多きを加ふ。

伏て惟みるに、陛下不世出の資を以て列聖の余烈を紹ぎ、徳四海に溢れ威八紘に展ぶ、億兆昇平を謳歌せざるなし。而も輦轂《れんこく》の下を距る甚だ遠からずして、数十万無告の窮民、空しく雨露の恩を希ふて昊天《こうてん》に号泣するを見る。嗚呼《ああ》是れ聖代の汚点に非ずと謂《い》はんや。而して其責や実に政府当局の怠慢曠職《こうしょく》にして、上は陛下の聡明を壅蔽《ようへい》し奉り、下は家国民生を以て念と為さゞるに在らずんばあらず。嗚呼四県の地亦陛下の一家にあらずや、四県の民亦陛下の赤子にあらずや。政府当局が陛下の地と人とを把て如此きの悲境に陥らしめて省みるなきもの、是れ臣の黙止すること能はざる所なり。

伏て惟るに、政府当局をして能く其責を竭《つく》さしめ、以て陛下の赤子をして、日月の恩に光被せしむるの途他なし。渡良瀬河の水源を清むる其一なり。河身を修築して其天然の旧に復する其二なり。激甚の毒土を除去する其三なり。沿岸無量の天産を復活する其四なり。多数町村の頽廃せるものを恢復する其五なり。加毒の鉱業を止め毒水毒屑の流出を根絶する其六なり。如此にして数十万生霊の死命を救ひ、居住相続の基を回復し、其人口の減耗を防遏し、且つ我日本帝国憲法及び法律を正当に実行して各其権利を保持せしめ、更に将来国家の基礎たる無量の勢力及び富財の損失を断絶するを得べけんなり。若し然らずして長く毒水の横流に任せば、臣は恐る、其禍の及ぶ所将に測る可らざるものあらんことを。

臣年六十一、而して老病日に迫る、念ふに余命幾くもなし。唯万一の報効を期して、敢て一身を以て利害を計らず、故に斧鉞《ふえつ》の誅を冒して以て聞す、情切に事急にして涕泣言ふ所を知らず。伏て望むらくは、聖明矜察《せいめいきょうさつ》を垂れ給はん事を。臣痛絶呼号《つうぜつこごう》の至りに任ふるなし。

明治三十四年十二月　　　　　　　　　　草莽の微臣田中正造誠恐誠惶頓首頓首

直訴に驚いた官吏らは、慌てて正造を取り押さえた。だが訴えにも一理あるとして、政府の指示により即日釈放した。これにより足尾鉱毒問題は社会の注視を浴びるようになる。一方政府は鉱毒問題を治水問題として終結を謀り、明治三十九（一九〇四）年十二月谷中村買収を決め、栃木県下都賀郡谷中村を滅して遊水池を設け、渡良瀬川の氾濫を防止しようと企図した。明治四十（一九〇七）年一月同村に土地収用法（強制買収）の認定をした。谷中村に移り住む正造は、この計画は鉱毒問題の何らの基本的な解決にならないとして、谷中村民とともに反対運動を押し進めた。

この間に村民の多くは村を去り、最後まで村に残った十六戸の家屋は強制破壊されたが残留民は仮小屋住まいで抵抗を続けた。政府は次に渡良瀬川を付け替える改修案を出した。

正造は渡良瀬川など水系の調査を続け、やっとその報告書をまとめ上げたが、こんどは印刷する代金がない。そこで経費を工面するため県下の安蘇・足利両郡の有志を回っている最中、冒頭の下羽田村の庭田宅で倒れたのだった。

その間正造は軍備全廃を唱え、「人権亦法律より重し」と個人を国家に優先するなどいまの憲法の先駆となっている。

参考文献

木下尚江編『田中正造の生涯』文化資料調査会、一九六六年。
『写真図説〈明治百年〉の歴史』明治編、講談社、一九六八年。
島田宗三『田中正造翁余録』下、三一書房、一九七二年。

『田中正造全集　第五巻』田中正造全集編纂会、岩波書店、一九八〇年。
『田中正造とその時代』栃木県立博物館、二〇〇一年。
田中正造『予は下野の百姓なり』下野新聞社、二〇〇八年。

松井須磨子――「やはりあとを追ひます。あの世へ」

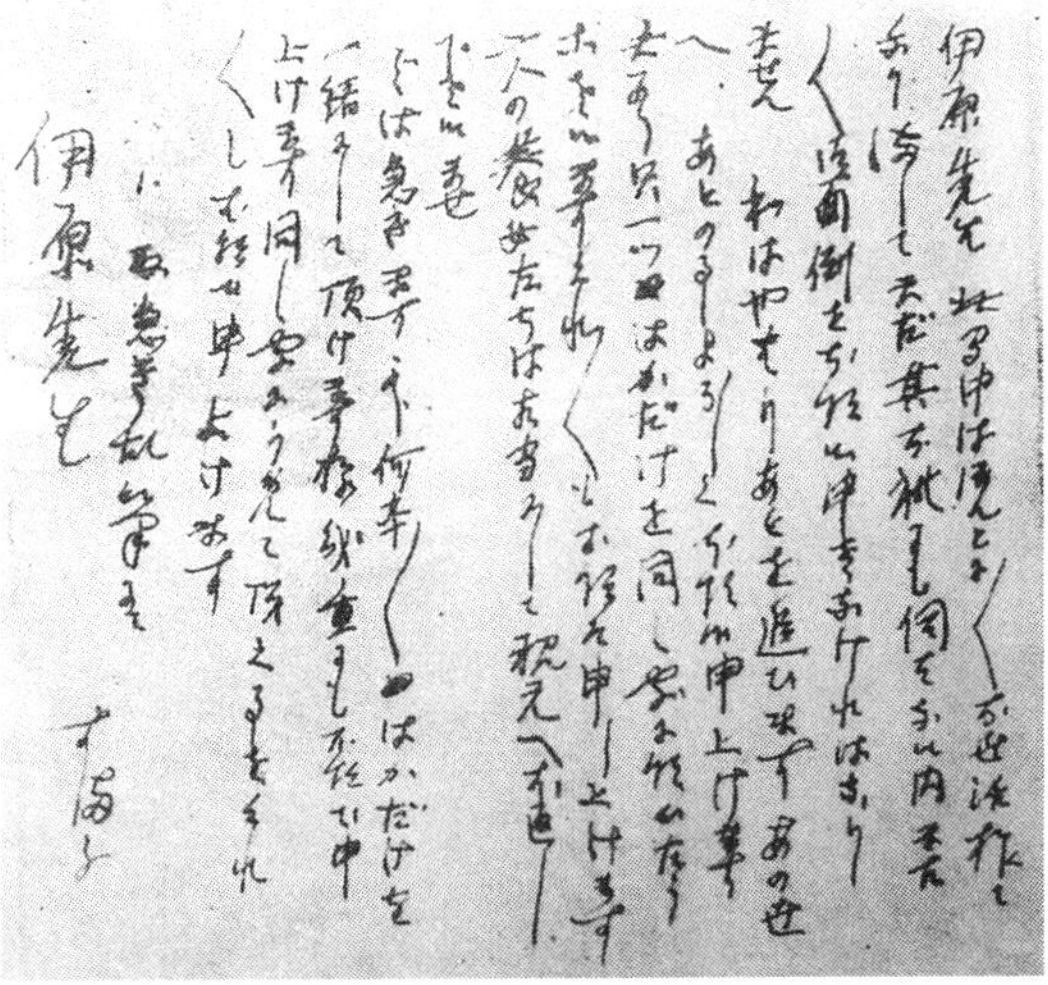

伊原青々園に宛てた遺書（『須磨子の一生』より）

★まつい・すまこ

（一八八六―一九一九）

長野県埴科郡清野村生まれ。本名小林正子。戸板裁縫女学校を卒業してすぐ木更津の旅館の若主人に嫁ぐが離縁。その後、東京高等師範の学生と知り合い再婚。文芸協会附属演劇研究所に入り、指導講師の島村抱月と出会う。大正八（一九一九）年一月五日歿。享年三十四。

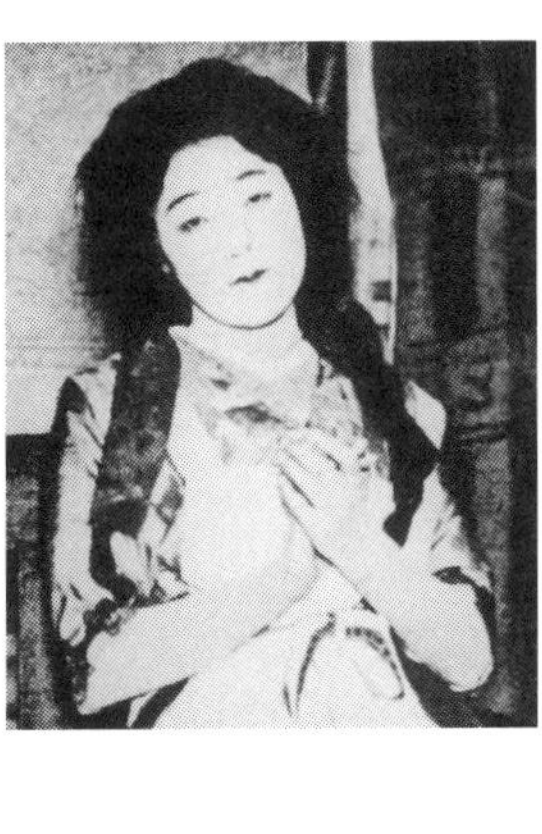

屠蘇《とそ》気分がまだ抜けない松の内の大正八（一九一九）年一月五日朝、女優、松井須磨子は東京・牛込の芸術倶楽部の舞台裏の道具部屋で、梁に緋縮緬《ひぢりめん》のしごきを掛け、首を吊って絶命した。舞台の師であり、愛人でもあった島村抱月がスペイン風邪に罹り、亡くなって二カ月目の命日で、後追い自殺だった。

そばに遺書が三通残されていた。そのうち伊原青々園宛ての遺書を『読売新聞』朝刊一月六日付から紹介する。

伊原先生、此間中はほんとに〱お世話様になりました。まだ其お礼にも伺はない内、また〱御面倒をお願ひ申さなければなりません。私はやはりあとを追ひます。あの世へ。あとの事よろしく御願ひ申上げます。夫《それ》から只一つはかだけを同じ処に願ひたうござひます。くれぐ〱もお願ひ申し上げます。二人の養女たちは相当にして親元へお返し下さいませ。

では急ぎますから、何卒〱はかだけを一緒にして頂けます様、幾重にも御願ひ申上げます。同じ処にうめて頂く事をくれぐれもお願ひ申上げます。

取急ぎ乱筆にて。　　すま子

伊原先生

須磨子は明治十九（一八八六）年、長野県埴科郡清野村の生まれで、本名小林正子という。兄姉が八人もいたため、幼くして養女に出されたが、十六歳の時、養父が亡くなり、実家に戻った。後に東京・麻布の姉みねの嫁ぎ先に身を寄せ、裁縫女学校に通い、同三十六（一九〇三）年夏、卒業した。

その年の秋、須磨子は木更津の旅館の若主人のもとに嫁ぐが、子供が生めそうにないとして帰される。しかし二十三歳の時、東京高等師範の学生、前沢誠助と知り合い、再婚した。前沢は演劇に関心が深く、俳優志願の若者が同家に数多く出入りしたので、須磨子は次第に興味を持ち出す。

東京俳優学校創設者の一人である桝本清に保証人になってもらい、坪内逍遙の主宰する文芸協会附属演劇研究所の試験を受け、合格した。第一期生は十六人。

入学して間もなく、須磨子は英語の素養が足りないとして退学されそうになる。須磨子は、もっと語学を学ぶから、と坪内に涙ながらに訴え、以来、原書を手に猛烈に勉強に励む。

この間に演劇研究所の指導講師をしていた島村抱月と出会う。島村は須磨子より十五歳年上。島根の実家が地震などにより破産状態になり、裁判所の給仕になるが、検事の嶋村文耕がその人柄を見込んで養子縁組を条件に東京専門学校（早稲田大学の前身）に入学させ、経済的援助をした。同校を卒業した島村はその後、イギリスとドイツに三年間留学して帰国し、早稲田大学講師（後に教授）になり美学、近代英文学史、欧州近代文芸史、文学概論などを講義し、かたわら坪内の文芸協会設立に携わり、研究所の講師をしていた。

明治四十三（一九一〇）年春、文芸協会は第一回試演会「ハムレット」を上演し、須磨子はオフィーリア役で力量を見せた。だが家庭を省みなくなり、同年秋、前沢と離婚。その後、島村の訳、演出の「人形の家」のノラを演じ、これが評判になり、女性解放の動きにまで発展するほどになった。

このころから須磨子と妻子のある島村の関係が親密度を加えていく。島村の妻イチ子の訴えを聞いた坪内は、何とか二人を引き離そうとするが、どうにもならず、須磨子を諭旨退会処分にした。これを知った島村は、妻と五人の子供を捨てて須磨子と同棲し、恩師坪内と決別して文芸協会を辞め、芸術座を結成した。早大教授も捨てた。

芸術座の第一回公演は大正二（一九一三）年九月十九日から十日間にわたり「モンタナ・ヴァンナ」と「内部」が上演され、連日満員の状態になった。だが須磨子の名声が高まるにつれ、その奔放な言動や島村の態度を批判する劇団内部の確執が強まり、設立当初のメンバーが次々に離れていった。

しかし須磨子の人気はとどまるところを知らず、トルストイの「復活」の劇中歌「カチューシャの唄」により頂点に達した。こうして日本全国はおろか、中国、台湾、韓国、ロシア・ウラジオストックまで公演回数四百四十四回をこなすという画期的な記録を打ち立てた。

大正七（一九一八）年十月末、須磨子はスペイン風邪に罹《かか》り、高熱を出して寝込んだ。島村が看病しているうち、こんどは島村に感染してしまった。

十一月四日、須磨子は近く始まる公演を控えて、稽古のため、気にしながらも寝込んだままの島村を置いて芸術倶楽部二階のわが家を出た。稽古が長引き、終わったのは五日午前二時ごろだった。

わが家に戻ったところ、島村はすでに息絶えており、同倶楽部内に同居していた人たちにより、顔に白布がかけられていた。須磨子は島村の遺体に顔を埋めて泣き叫んだ。

連絡を受けて島村家から妻子が駆けつけた。

須磨子が島村の後を追って自殺したのは、死後二カ月経った大正八年一月五日。おのれの信念を貫いた女の執念の凄まじさを感じさせた。だが、須磨子がくどくどと頼んだ「一つの墓」への願いは叶えられなかった。須磨子の墓は生家の菩提寺に立っている。

参考文献

秋田雨雀・仲木貞一、伝記叢書三一八『恋の哀史　須磨子の一生』（復刻）大空社、一九九九年。

原 敬――「位階勲等《いかいくんとう》の陞叙《しょうじょ》は余の絶対に好まざる」

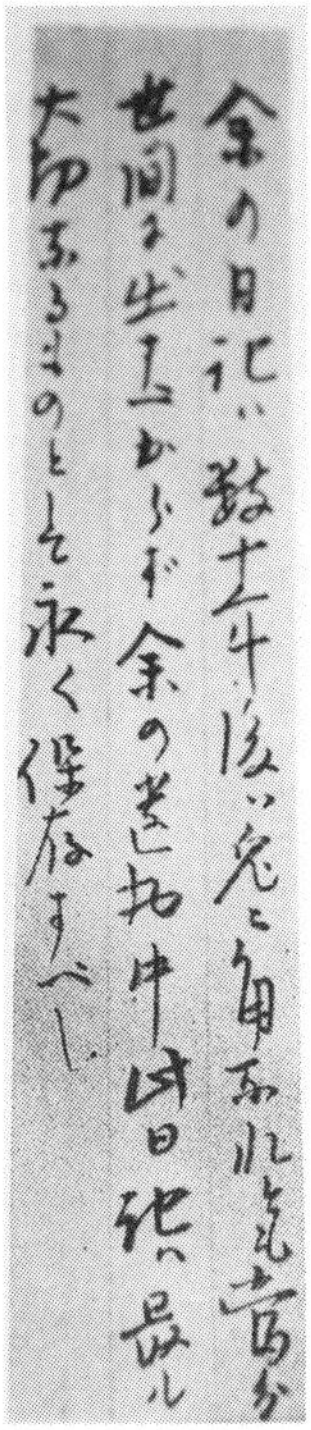
余の日記は数十年後は兎に角当分
世間に出すへからず余の遺物中此日記は最も
大切なるものとして永く保存すへし

遺書に書かれた日記に関する部分（『図説国民の歴史　第12』より）

★はら・たかし
（一八五六―一九二一）

南部藩家老格の家に生まれる。総理大臣。新聞記者を経て農商務省入り。後に大阪毎日新聞社長。立憲政友会の創立に参加。第四次伊藤内閣の逓信相、第一、二次西園寺内閣及び第一次山本内閣の内相。政友会総裁から初の〝平民宰相〟に。大正十（一九二一）年十一月四日歿。享年六十六。

（国立国会図書館蔵）

大正十（一九二一）年十一月四日午後七時二十五分ごろ、総理大臣原敬は、元田鉄道相、中橋文相、高橋内閣書記官らとともに東京駅から京都に向かうため、駅長高橋善一の先導で駅長室を出て改札口に向かった。

その時、突然、鳥打ち帽をかぶった若い男が短刀を手に横合いから飛び出し、

「国賊《こくぞく》っ、国賊っ」

と叫びながら、飛び上がるようにして原の右胸部を刺した。

その瞬間、原の顔面はみるみる蒼白《そうはく》になり、無言のまま倒れそうになった。背後にいた元田をはじめ見送りの人たちが原を抱きかかえ、二の太刀を浴びせようとした犯人を取り押さえた。

原は駅長室に運ばれたが、傷は深く、駆けつけた医師も手をほどこせない状態だった。気付け用のぶどう酒を飲ませたが、原は一滴口にしただけでそのまま絶命した。

検視の結果、傷は左乳下深く心臓に達しており、出血はなはだしく、肋骨《ろっこつ》が一本折れていた。刺す時、よほど力を入れたものと判断できた。

犯人は東京・大塚駅転轍手の中岡艮一とわかった。中岡は土佐藩士中岡慎太郎を祖父に持ち、日頃から政治に関心を抱いていた。閣僚の買株事件や満州鉄道疑獄事件などが続発しているのは、原総理が悪いからだとして暗殺を決意した。巣鴨の刀剣商から短刀を買い求めた。十月二日夜、原が信州から帰京するのを狙って上野駅に行くなど何度もつけ狙い、四度目のこの日、目的を果たしたのだった。

明治政府発足以来、初の現職首相の暗殺に世間は騒然となった。

原の家系は南部藩の出身で、祖父は家老格。戊辰戦争では朝敵とされた。この時、原は十二歳の少年だった。成人して郵便報知新聞記者から農商務省に入り、後に大阪毎日新聞社長になり、わが国初の政党である立憲政友会の創立に参加し、第四次伊藤内閣の逓信相、第一、二次西園寺内閣及び第一次山本内閣の内相を務めた。大正三（一九一四）年、政友会総裁となり、大正七（一九一八）年、初めての〝平民宰相〟となり、明治憲法下におけるもっと

も優れた政治家といわれた。この時代の閣僚はほとんどが爵位を持っていたのである。

原の死を伝え聞いた明治天皇は、すかさず正二位大勲位に叙し、菊花大綬章を授けた。

あさ子夫人から原の「遺言状」が明らかにされた。原は同僚の森久保作蔵から、「危害を加える者が少なくない」と指摘され、大正十年二月二十日の議会開会中に遺言状をしたため、夫人に手渡していた。だが護衛警察官をつけるようにとの忠告には断固、聞こうとしなかった。以下に遺言状を掲げる。

遺言状
一、死去の際、位階勲等《いかいくんとう》の陞叙《しょうじょ》は余の絶対に好まざる所なれば、死去せば即刻発表すべし
一、死亡通知は親戚のみに限るべし。一般には別に通知書を出さず、新聞紙の広告に止むべし
一、死亡広告は左の趣旨にて可なり
父原敬何日何時死去致候に付、何日何時、郷里盛岡に於て葬儀相営み候
此広告の外、別段御通知は不致候
生花造花放鳥香奠（典）等一切の御贈与は遺旨《いし》に依り勝手ながら御断致候
年　月　日　　原　貢

ここに出てくる「位階勲等《いかいくんとう》の陞叙《しょうじょ》は余の絶対に好まざる」は、平民宰相にふさわしいといわねばなるまい。葬儀通知状の「原貢」は原の嫡男である。

原はさらに妻と長男宛てに、東京では何の式もせず、盛岡ですること。墓石の表面には姓名のほかは、戒名はもちろん位階勲等は記さないこと。葬儀の際の儀仗兵などは不用などと認《したた》めたものを残していた。

また日記にも触れ、次のように書いた。

余の日記は数十年後は兎角《とかく》なれども当分世間に出すべからず
余の遺物中此《この》日記は最も大切なるものとして永く保存すべし

原の遺体は遺言状にのっとり十一月九日、郷里の盛岡に送られ、大慈寺で葬儀がひっそりと行われた。戒名は「大慈寺殿逸山仁敬大居士」と立派だが、墓碑は「原敬墓」とのみ刻まれている。

ところで犯人の中岡だが、東京地方裁判所の予審調書から意外な事実が判明した。上司の上野栄三郎と政治談義をしているうち、上野が、

「腹を切る」

と述べたところ、中岡は「原を切る」という意味にとったというのだ。しかも上野に、「お前は度胸がない」と言われ、殺害を決意したという。そして凶器を買い求めて間もない九月一日、日記に次のように書いた。

忘るる勿れ、我姓名の新聞に載れるとき(大きな写真)

この一文から中岡の犯罪は売名行為ではなかったか、ともいわれた。そうなると原の魂は浮かばれないことになる。

参考文献
『原敬日記　第六巻』林茂・原奎一郎編、福村出版、一九六七年。
『図説国民の歴史　第一〇――近代日本の百年』日本近代史研究会編、国文社、一九六四年。

森 鷗外――「余ハ石見人森林太郎トシテ死セント欲ス」

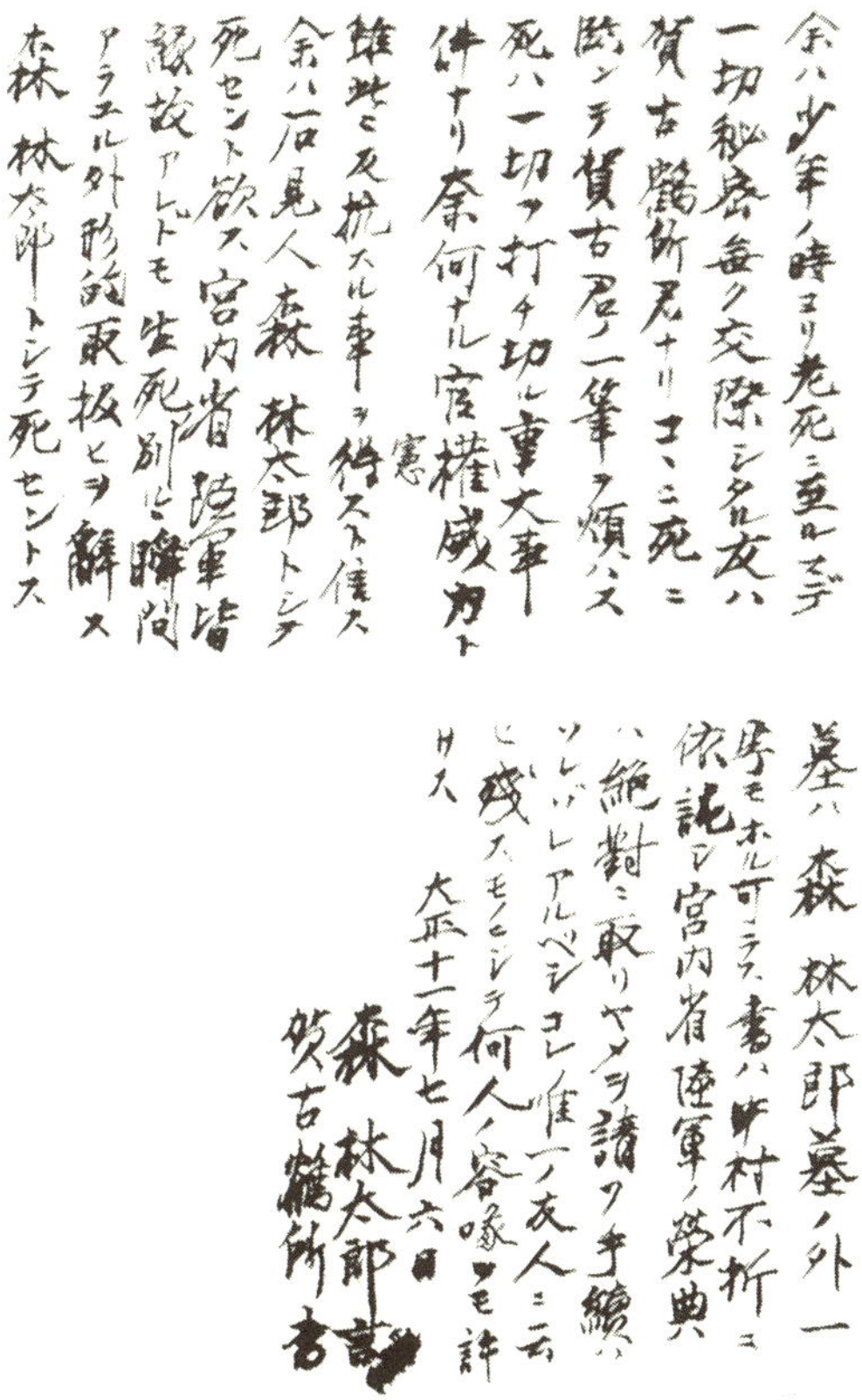
余ハ少年ノ時ヨリ老死ニ至ルマデ
一切秘密無ク交際シタル友ハ
賀古鶴所君ナリコヽニ死ニ
臨ンデ賀古君ノ一筆ヲ煩ハス
死ハ一切ヲ打チ切ル重大事
件ナリ奈何ナル官憲威力ト
雖此ニ反抗スル事ヲ得スト信ス
余ハ石見人森林太郎トシテ
死セント欲ス宮内省陸軍皆
縁故アレドモ生死別ルヽ瞬間
アラユル外形的取扱ヒヲ辭ス
森林太郎トシテ死セントス
墓ハ森林太郎墓ノ外一
字モホル可ラス書ハ中村不折ニ
依託シ宮内省陸軍ノ栄典
ハ絶対ニ取リヤメヲ請フ手続ハ
ソレゾレアルベシコレ唯一ノ友人ニ云
ヒ残スモノニシテ何人ノ容喙ヲモ許
サス
大正十一年七月六日
森林太郎言
賀古鶴所書

鷗外の口述で書かれた「遺書」（複製、著者蔵）

★もり・おうがい
（一八六二―一九二二）石見国津和野（島根県）生まれ。本名林太郎。小説家、軍医。東京大学医学部卒。陸軍省医務局長などのかたわら、小説『舞姫』や『阿部一族』『高瀬舟』など歴史小説を書く。評論家、翻訳家としても活躍し、文壇に異彩を放つ。大正十一（一九二二）年七月九日歿。享年六十一。

森鷗外といえば、わが国が生んだ代表的な小説家というイメージが強いが、文学博士で東京帝室博物館総長兼図書頭、帝国美術院（現日本芸術院）初代院長のほか、医学博士で陸軍軍医総監の要職にあったのを知る人は意外に少ない。

鷗外は死期を予期していたとみえ、大正十一（一九二二）年六月四日、親友の賀古鶴所博士を東京都内の自宅に招き、病床で細かく遺言した。賀古は鷗外のその言葉を「遺言書」として認《したた》めた。

それから一カ月後の七月九日午前七時五分ごろ、鷗外は安らかに息を引き取った。この段階で「遺言書」が明らかにされた。以下に記す。

余ハ少年ノ時ヨリ老死ニ至ルマデ一切秘密無ク
交際シタル友人ハ賀古鶴所君ナリ
コヽニ死ニ臨ンテ賀古君ノ一筆ヲ煩《わずら》ハス
死ハ一切ヲ打チ切ル重大事件ナリ
奈何《いか》ナル官権（憲）威力ト雖《いえども》此ニ反抗する事ヲ得スト信ス
余は石見人森林太郎トシテ死セント欲ス
宮内省陸軍皆縁故アレドモ生死ノ別ルヽ瞬間アラユル外形的取扱ヒヲ辞ス
森林太郎トシテ死セントス
墓ハ森林太郎墓ノ外一字モホル可ラズ
書ハ中村不折ニ依託シ宮内省陸軍ノ栄典ハ絶対ニ取リヤメヲ請フ
手続ハソレゾレアルベシ
コレ唯一ノ友人ニ云ヒ残スモノニシテ何人ノ容喙ヲモ許サス
大正十一年七月六日

森林太郎　言
賀古鶴所　書

鷗外は、本名の森林太郎として死にたい、墓もそれでよい、宮内省や陸軍省の栄典はいらない、という内容である。だがその意志とは裏腹に、危篤が伝えられた九日朝、特旨をもって次の通り、位階陞叙《いかいしょうじょ》の沙汰があった。

正三位勲一等功三級　森林太郎
叙従二位（特旨を以て位一級被進）

葬儀は十二日午後二時から東京・谷中斎場で行われ、大勢の弔問客で埋まった。

鷗外は石見国津和野（現島根県）の生まれ。東京大学医学部卒。軍医としてドイツ留学後、軍医総監から陸軍省医務局長へ進む一方で、作家として『舞姫』『うたかたの記』などを発表、また『スバル』を創刊して『雁』『青年』などを発表し、文壇に異彩を放った。『興津弥五右衛門の遺書』『阿部一族』『高瀬舟』など歴史小説を書くかたわら、評論家、翻訳家としても活躍し、その地位を不動のものにした。

参考文献

唐木順三『森鷗外』東京ライフ社、一九五六年。
『森鷗外全集』筑摩書房、一九七九年。
大谷晃一『鷗外、屈辱に死す』人文書院、一九八三年。

知里幸恵——「銀の滴降る降るまはりに」

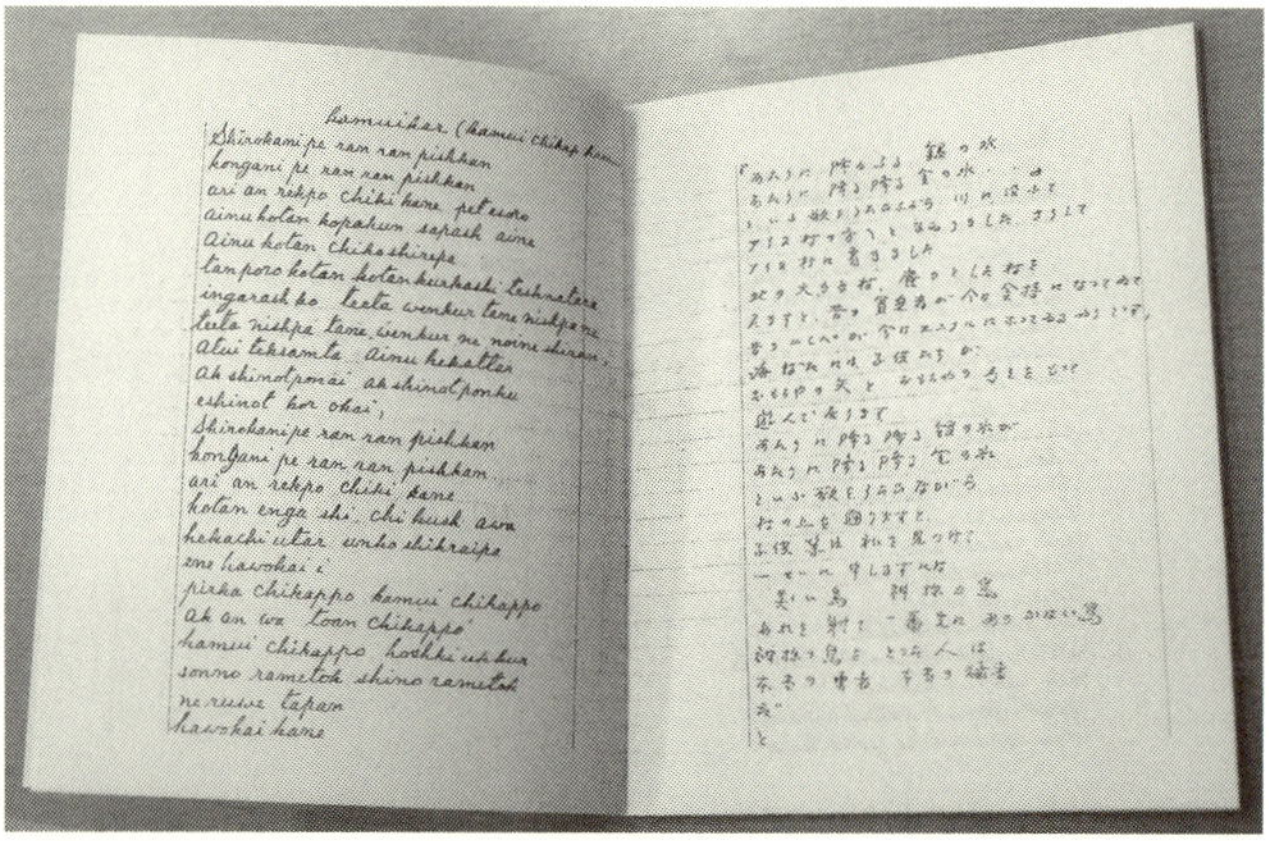

知里がノートに書いた「アイヌ神謡」。左側がローマ字文

★ちり・ゆきえ
（一九〇三—一九二二）

北海道幌別郡（登別市）でアイヌ民族の娘に生まれる。六歳で母の姉、金成マツのもとに移り住み、叔母マツと祖母モナシノウクからアイヌの神謡（カムイユーカラ）を子守歌のように聞く。言語学者金田一京助と出会い、ローマ字と日本語で『アイヌ神謡集』を執筆するが、東京の金田一宅に滞在中、心臓病で死去。アイヌ初の北海道大学教授知里真志保は実弟。大正十一（一九二二）年九月十八日歿。享年二十。

アイヌ民族の知里幸恵が上京先の国語学者金田一京助宅で亡くなったのは大正十一（一九二二）年九月十八日。幸恵は金田一の勧めで古くからアイヌ民族に伝わるアイヌ神謡（カムイユーカラ）を執筆し、出版に向けて死の直前まで校正を続けていた。

『アイヌ神謡集』のなかのフクロウの神が自ら謡った「銀の滴降る降るまはりに」は、アイヌ民族の精神性を伝える貴重なものとなった。絶筆というには当たらないが、幸恵が命を削って書いた「世間に対する遺書」として取り上げる。

神謡はかなり長いので、その前段部分だけを紹介する。

「銀の滴降る降るまはりに、金の滴
降る降るまはりに。」と云ふ歌を私は歌ひながら
流に沿つて下り、人間の村の上を
通りながら下を眺めると
昔の貧乏人が今お金持になつてゐて、昔のお金持が
今の貧乏人になつてゐる様です。
海辺に人間の子供たちがおもちやの小弓に
おもちやの小矢をもつてあそんで居ります。
「銀の滴降る降るまはりに
金の滴降る降るまはりに。」といふ歌を
歌ひながら子供等の上を
通りますと、子供達は私の下を走りながら

云ふことには、
「美い鳥！　神様の鳥！
さあ、矢を射てあの鳥
神様の鳥を射当てたものは、一ばんさきに取つた者は
ほんたうの勇者ほんたうの強者だぞ。」
云ひながら、昔貧乏人で今お金持になつている者の
子供等は、金の小弓に金の小矢を
番《つが》へて私を射ますと、金の小矢を
私は下を通したり上を通したりしました。
其の中に、子供等の中に
一人の子供がたゞの（木製の）小弓にたゞの小矢
を持つて仲間にはいつてゐます。私はそれを見ると
貧乏人の子らしく、着物でも
それがわかります。けれどもその眼色を
よく見ると、えらい人の子孫らしく、一人変り
者になつて仲間入りをしてゐます。自分もたゞの小弓に
たゞの小矢を番へて私をねらひますと、
昔貧乏人で今金持の子供等は大笑ひをして
云ふには、
「あらをかしや貧乏の子

あの鳥神様の鳥は私たちの
金の小矢でもお取りにならないものを、おまえの様な
貧乏な子のたゞの矢腐れ木の矢を
あの鳥神様の鳥がよくよく
取るだらうよ。」
と云つて、貧しい子を足蹴《あしげ》にしたり
たゝいたりします。けれども貧乏な子は
ちつとも構はず私をねらつてゐます。
私はそのさまを見ると、大層不憫《ふびん》に思ひました。
「銀の滴降る降るまはりに、
金の滴降る降るまはりに。」といふ歌を
歌ひながらゆつくりと大空に
私は輪をゑがいてゐました。

幸恵が金田一と出会ったのは大正七（一九一八）年夏。そのころ幸恵は生家の北海道登別から離れて、旭川の叔母金成マツ宅に住み、旭川区立女子職業学校で学んでいた。

アイヌ神謡の採取で旭川の金成宅を訪れた金田一は、初めて会った幸恵に対し、祖母モナシノウクや叔母マツは優れたアイヌ神謡の語り部であり、神謡こそ貴重な口承文学である、と語る。

幼いころからアイヌ民族ゆえに差別に悩まされ続けてきた十六歳の幸恵は、その言葉に涙を流して感動し、神謡を文字に書いて伝えようと決意、金田一に伝えた。

以来、幸恵は祖母や叔母がアイヌ語で語る神謡を、金田一から送られたノートにローマ字で書き取る作業を続けた。だが幸恵は心臓病を病んでおり、日を追って次第に悪化していった。しかも祖母も叔母も病に臥し、その看護もしなければならなくなった。しかし幸恵は書くことを止めようとしなかった。ノート一冊を書くのに七カ月もかかった。

大正十（一九二一）年、幸恵は書き上がったノートをまとめて金田一に送った。十二編の神謡が書かれていた。金田一はその表現法の見事さ、文字の美しさ、文学性の高さに感激し、柳田国男らと相談して出版の手はずを整え、幸恵に上京するよう勧めた。

幸恵が病を押して上京したのは大正十一（一九二二）年五月十一日。だが病気のため体は思うようにならず、夏場に入り、これ以上、金田一に迷惑をかけられないと思い、旭川に帰る、と言いだす。東京の暑さは北海道生まれの病人にはよほどこたえたのだろう。

金田一は慌てて病院に入院すれば治るといって引き留めた。だがそれもならず、結局、二十五日に帰郷することになった。

九月十三日朝、待望の『アイヌ神謡集』の校正刷りが上がってきた。幸恵の体調が一時的に持ち直した。幸恵は朝から晩まで校正に取り組んだ。

五日後の十八日、校正の仕事を終え、夕食を食べた後、幸恵の心臓が突然、痛みだし、その場に昏倒した。近くの医師が駆けつけて診察したが、その夜遅く、息を引き取った。数え二十歳、満十九歳三カ月の短い生涯だった。幸恵が命を削って書いた初の『アイヌ神謡集』が出版されたのは、亡くなった翌年夏。金田一らは悲しみに暮れた。

幸恵は『神謡集』の序文に、次のような文章を書いている。

其の昔此の広い北海道は、私たちの先祖の自由の天地でありました。天真爛漫《てんしんらんまん》な稚児《ちご》の様に、美しい自然に抱擁されてのんびりと楽しく生活してゐる彼らは、真に自然の寵児《ちょうじ》、何と云ふ幸福な人たちであったでせう。

時代を見つめるアイヌ民族の、呻きのようなものを感ぜずにはいられない。

参考文献

知里幸恵『アイヌ神謡集――炉辺詞曲』(補訂再版)弘南堂書店、一九七〇年。

藤本英夫『銀のしずく降る降る』新潮社、一九七三年。

知里森舎「知里幸恵ノート」刊行部編集『知里幸恵ノート』(復刻版)知里森舎、二〇〇二年。

有島武郎・波多野秋子——「三児よ父は出来る丈の力で闘つて来たよ」

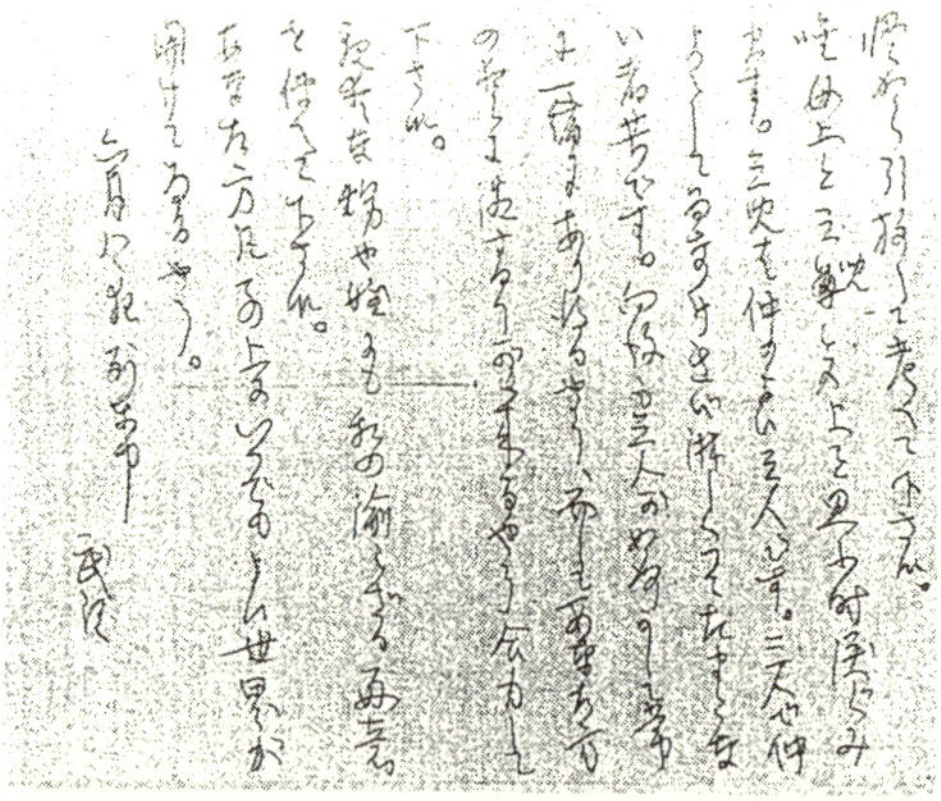

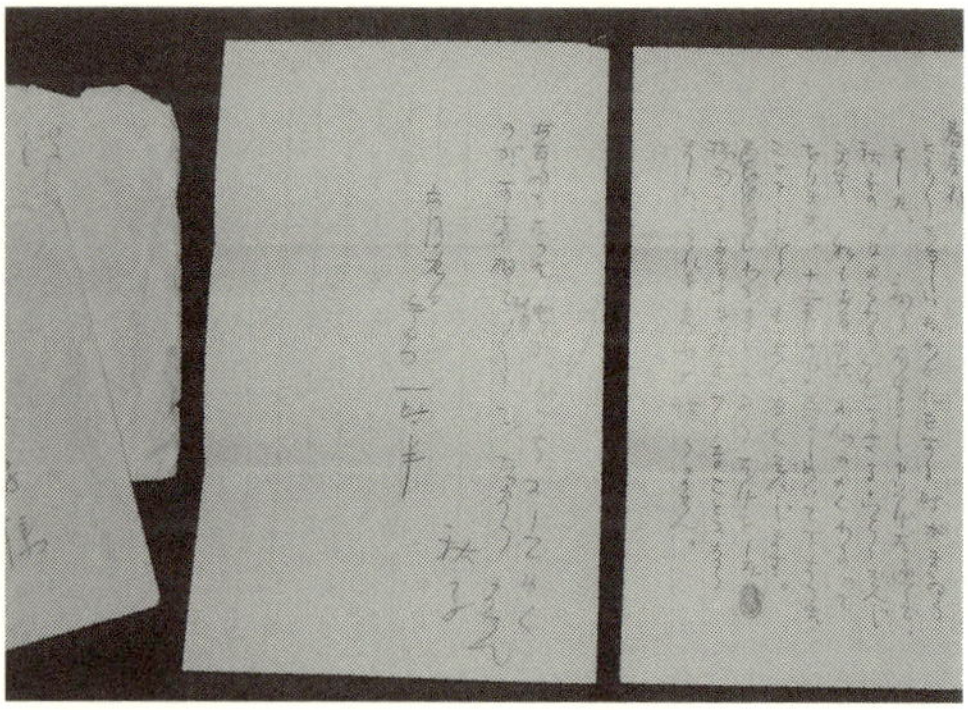

（上）有島武郎の遺書の一通（『新潮日本文学アルバム』より）
（下）波多野秋子の夫宛ての遺書（北海道立文学館蔵）

有島武郎

波多野秋子

★ありしま・たけお
（一八七八—一九二三）
★はたの・あきこ
（一八九四—一九二三）

有島武郎は小説家・評論家。東京都生まれ。学習院中等科から札幌農学校に編入学し、卒業後、アメリカに留学。母校の東北帝大農科大学の英語教授に。かたわら小説を発表。雑誌記者の波多野秋子と出会い深い仲に。父武は大蔵省官吏、後に実業界に転じる。弟に画家の生馬、小説家里見弴。長男は俳優森雅之。大正十二（一九二三）年六月九日歿。有島武郎享年四十六。秋子享年三十。

作家の有島武郎が愛人の雑誌記者波多野秋子と長野県軽井沢の別荘で心中したのは、大正十二（一九二三）年六月九日。それから約一カ月後の七月七日未明、遺体が発見された。北海道狩太村《かりふと》（現在の後志《しりべし》管内ニセコ町）の有島農場を小作人に解放して一年後の意外な結末だった。

有島が札幌農学校（後の北海道大学）を卒業後、ヨーロッパをめぐって再び北海道へ戻り、父武が経営する狩太村の有島農場を訪れたのは明治四十（一九〇七）年夏。農場は三百町歩も開墾され、小作人は六十戸ほどに増えていた。父の農場経営が小作人からの搾取で成り立っている事実に直面した有島は、短編『親子』に対立する父子の葛藤を描く。

帰京した武郎は短期間、軍務に服すが、間もなく母校の札幌農学校が東北帝大農科大学に昇格し、英語教授に要請され、同四十二（一九〇九）年札幌へ。両親に勧められるまま陸軍少将の娘康子と結婚した。年子の息子三人を授かったが、その反面で、霊と肉、信仰と性欲など数々の矛盾と背信にさいなまれ、家庭生活まで破綻をきたすようになる。一方官憲から危険思想の持ち主としてつけ狙われる。

有島はしばしば狩太の有島農場へ出かけ、作品を書き続けるが、妻が病に倒れ、東京へ戻る。間もなく妻と父を亡くした有島は、その後何度も北海道を訪れ、北国を舞台にした作品を発表するが、急に創作活動が鈍ってしまう。その原因が額に汗しない生活をしているからだと考えた有島は、大正十一（一九二二）年七月、有島農場を小作人に解放した。

帰京した有島は執筆に没頭しようとするが、潔癖な人道主義者ゆえかそれもままならず、挫折感に苛《さいな》まれていく。有島が雑誌『婦人公論』記者の波多野秋子と知り合ったのはこのころである。秋子には春房という夫がいたが、その美貌は文壇仲間に知れ渡っていた。やがて二人は深い仲になる。それが夫の春房に知れた。

有島は春房に呼び出され、秋子の前で、

「女房はあなたにやるから、慰謝料を出せ」

と言われた。即座に断ったところ、それなら姦通罪で訴える、と言われた。姦通罪とは旧刑法に存在したもので、夫のいる女性に対する罪で、男性は適用外だった。

このことが世間に知れたらどうなるか。しかも秋子だけを罪人にするわけにはいかない。悩み抜いた二人はついに心中を決意する。大正十二年六月八日、二人は示し合わせて上野駅から列車に乗り込んだ。有島は縞の和服に袴、秋子は絽縮緬《ろちりめん》の単衣に錦紗《きんしゃ》の羽織をまとっていた。

有島は車中で三通の遺書を書いた。そのうちの一通を掲げる。

母上　行光　敏行　行三宛

今日母上と行三にはお会ひしましたが他の二人には会ひかねました。私には却つて夫《それ》がよかつたかも知れません、三児よ父は出来る丈の力で闘つて来たよ。

かうした行為が異常な行為であるのは心得てゐます。皆さんの怒りと悲しみとを感じないではありません。けれども仕方がありません。どう闘っても私はこの運命に向つて行くのですから。すべてを許して下さい。

皆さんの悲しみが皆さんを傷つけないやう。皆さんが弟妹たちの親切な手によつて早くその傷から断ち切るやうたゞそればかりを祈ります。かゝる決心がくる前まで私は皆さんをどれほど愛したか。

六月八日汽車の中にて　武郎

有島は次に、秋子の夫春房に宛てて遺書を書いた。

波多野様　この期になつて何事も申しません。誰がいゝのでも悪いのでもない、善につれ悪につれそれは運命が負ふべきもののやうです。私達は運命に素直であつたばかりです。それにしても私達はあなたの痛苦を切感せずにはゐられません。あなたの受ける手傷が少しでも早く薄らぎ癒えんことを願上げます。

……今私達は深い心から凡《すべ》ての人に謝し凡ての人に同感します。現世的の負担を全く償ふ事なくて此地を去る私達をどうかお許し下さい。

六月八日夜汽車の中　有島武郎

列車は四時間ほどで軽井沢駅に着いた。二人はここから草軽電鉄に乗り換えて、有島の別荘近くで電車を降りた。雨が降りしきっていた。暗闇の道を歩いて別荘浄月庵に着いた。錠がかかっていたので、ベランダの雨戸をこじ開けて、八畳間の応接室に入った。隣にもう一つ、八畳間ほどの部屋があった。

二人はローソクを灯し、濡れた衣服を脱ぎすてると、裸身のまま抱き合い、交わった。

「最後のいとなみ……戯れつつある二人の小児に等しい……」

有島はその直後に紙片に書き残している。

秋子が夫宛ての最後の遺書を書き上げた。すでに九日午前一時半になっていた。

春房様

とう〱かなしいおわかれをする時がまゐりました。度々おはなし申上げた通りで、秋子の心はよくわかって下さることとゝぞんじます、私もあなたのお心がよくわかってをります。十二年の間愛しぬいて下さつたことをうれしくもつたいなくぞんじます。わがまゝのありたけをした揚句にあなたを殺すやうなことになりました。それを思ふと堪りません。あなたをたつた独りぼつちにしてゆくのが、可哀相で〱たまりません

秋子

六月九日午前一時半

この秋子の遺書は最近、北海道立文学館が入手したものだが、後半の文字がはげしく乱れているのがわかる。死の準備を整えた二人はテーブルの上に椅子を置き、並んでその上に上がった。有島が女物の伊達巻きを、秋子は扱帯《しごきおび》をそれぞれ梁《はり》にかけ、椅子を蹴って首を吊った。

それから一カ月ほど経った七月六日午後二時ごろ、隣の三笠ホテル管理人が二人の遺体を発見した。軽井沢警察署の刑事が現場に急行し、検視の結果、覚悟の心中とわかった。テーブルの上に有島から母、弟、子供たちに宛てた三通の遺書、秋子から親宛ての遺書、さらに二人の連署で波多野春房宛ての遺書など七通が残されていた。

この心中事件は大きな反響を呼んだ。新聞は連日、大々的に報道し、世論はその是非をめぐって真っ二つに割れ、沸騰した。

参考文献

山田昭夫『有島武郎・姿勢と軌跡』(改訂版) 右文書院、一九七六年。
『有島武郎全集　第一巻』瀬沼茂樹・小田切進編、筑摩書房、一九八八年。
財団法人北海道文学館編『資料情報と研究』北海道立文学館、二〇〇九年。

金子文子——「何が私を斯うさせたか」

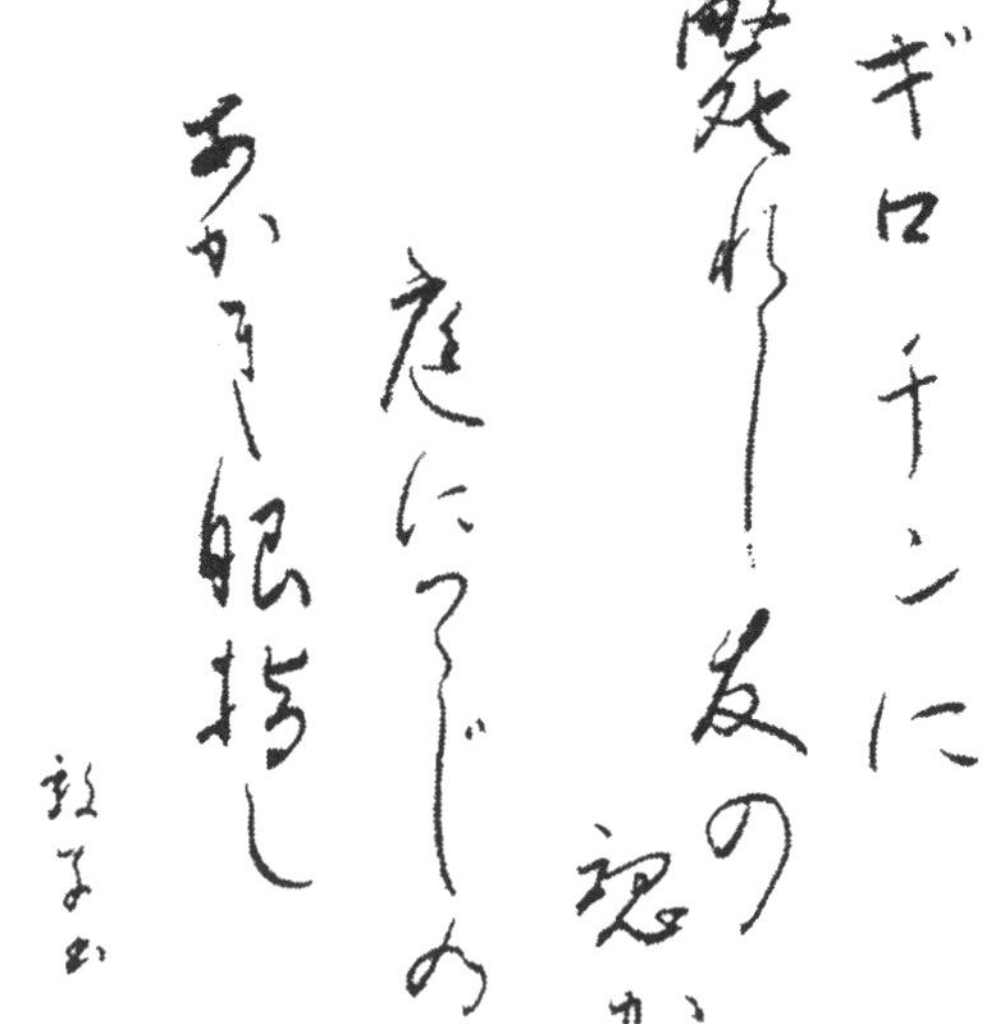

文子の短歌（『獄窓に想ふ』より）

★かねこ・ふみこ
（一九〇五—一九二六）
神奈川県横浜市生まれ。六歳の時、父は母の妹と家庭を捨てて駆け落ちし、母の実家に引き取られる。その後、朝鮮に移住した大叔父宅に移り住んだ。十七歳の時、単身上京し、職業を転々と変えながら英語学校などに通ううち、社会主義者らと交わり、朴烈と知り合う。大正十五（一九二六）年七月二十三日歿。享年二十二。

無期懲役囚の金子文子が栃木刑務所内で縊死《いし》したのは判決から四カ月後の七月二十三日。生命を弄《もてあそ》ぶ司法への当てつけともいわれた。

最初に文子が関わった「朴烈《ぼくれつ》事件」について触れたい。『警視庁史』によるところである。

朝鮮独立運動秘密結社「不逞社」を主宰する朝鮮人、朴烈こと朴準植は、金子文子と大正十一（一九二二）年三月、内縁関係を結んだが、翌年秋に皇太子が成婚式を挙げるのを知り、式場へ行く途中の天皇もしくは皇太子を襲おうと計画した。

朴烈は十一月ごろ、単身京城へ行き、朝鮮独立を企図する義烈団の首脳、金思燮に会い、金が計画している上海からの爆弾搬入が成功したら分けてほしいと懇願し、東京へ戻った。

警視庁は早くからこれを察知し、内偵を進めていたが、たまたま大正十二（一九二三）年九月一日、関東大震災が起こった。この混乱のなかで、朝鮮人による暴動が起こるという流言が飛び交い、自警団による朝鮮人リンチ事件が随所で起こった。警視庁は急ぎ、朝鮮人の身辺保護を指示し、各署はこれに基づき多数の朝鮮人を保護検束した。「保護検束」とは『広辞苑』によると、旧行政執行法により救護を要すると認められる者に対して行った検束、とあるが、実際はそれに名を借りた朝鮮人取り締まりそのものであった。

九月三日、朴烈は世田ケ谷署に、文子は淀橋署に保護検束され、秘密結社「不逞社」の取り調べを受けた。その後同年十月二十日に至り、朴烈、文子をはじめ十六人が治安警察法違反で逮捕、起訴された。

審理が進むにつれて朴烈と文子は、爆弾を使用して治安を攪乱《かくらん》しようと、爆弾の製造及び入手を図ったとして、同十四（一九二五）年三月、爆発物取締罰則違反で起訴されたが、その審理中、さらに天皇もしくは皇太子を襲撃する大逆事件が発覚し、同年七月、追起訴された。

大逆事件の審理は大審院で行われ、朴烈と文子は朝鮮民族の王衣、王冠をつけて出廷し、民族の代表であるとして抵抗をみせた。大審院は大正十五（一九二六）年三月二十五日、二人に対して死刑を宣告した。だが四月五日、恩赦により無期懲役に減刑され、朴烈は千葉刑務所に、文子は栃木刑務所に収容された。

ここに紹介するのは、文子が予審判事に命じられるままに、未決の市ケ谷刑務所内で自分の生い立ちから現在に至るまでを書いた手記である。この判事は二人に同情し、大正十四年五月二日、東京地方裁判所の予審廷で、取り調べの終わった朴烈と、他の法廷に出廷していた文子を引き合わせ、戯れに写真を撮影した。後に「怪写真」として内閣不信任案が上程されるなど政治問題化し、判事は引責辞任することになる。

文子は裁判が済んだ後、この判事に頼んで手記を宅下げしてもらい、それを栗原一男に送り、出版を頼んだ。この時、文子は「添削されるに就いての私の希望」として四点を挙げ、「事実である処に生命を求めたい。だから、何処までも『事実の記録』として見、扱って欲しい」と述べている。

だが出版は思うようにいかず、春秋社から『金子ふみ子獄中手記　何が私をかうさせたか』が出版されたのは昭和六（一九三一）年夏、文子が亡くなって五年の歳月が経っていた。

その後、この著書は昭和四十七（一九七二）年秋、黒色戦線社により復刻された。文子の和歌など加筆分を除いても四百十五頁にのぼる。文子が、

「この手記は私自身のいつはりのない生活事実の告白であり、ある意味では全生活の暴露と同時にその抹殺である。呪はれた私自身の生活の最後的記録であり、この世におさらばするための遺品である」

と書いている通り、そのまま文子の長い長い「遺書」といえる。

内容は両親の話から始まり、朝鮮での小学生生活、父との別れ、大叔父家を出て東京での新聞の売り子や露店商人、そして放浪者になり、何度かの同棲を繰り返すうち社会主義者の人々を知り、朴烈と知り合い同棲する直前までを、複雑な家族関係や貧しいどん底の暮らしなどを織りまぜながら、忌憚《きたん》なく書いている。ことに朝鮮併合による弊害を鋭く指摘している。

最後の「手記の後に」を掲げる。この部分は「手記のはじめに」とともに、栗原に送る段階で書きたしたもので、

自殺の直前の文面である。

何が私を斳うさせたか。私自身何もこれについては語らないであらう。私はたゞ、私の半生の歴史をこゝにひろげればよかつたのだ。心ある読者は、この記録によつて充分これを知つてくれるであらう。間もなく私は、此の世から私の存在をかき消されるであらう。しかし一切の現象は現象としては滅しても永遠の実在の中に存続するものと私は思つて居る。

私は今平静な冷やかな心で此《この》粗雑な記録の筆を擱《お》く。私の愛する凡てのものゝ上に祝福あれ！

文子の短歌一首を『獄窓に想ふ』より掲げる。宛先不明の便りの中にあったものである。

ギロチンに斃れし友の怨か
　庭につつじのあかき眼に指し

参考文献

金子ふみ子『何が私をかうさせたか——金子ふみ子獄中日記』黒色戦線社、一九七二年。
山田昭次『金子文子——自己・天皇制国家・朝鮮人』影書房、一九九六年。

III　昭和戦前・戦中

芥川龍之介――「汝等の父は汝等を愛す」

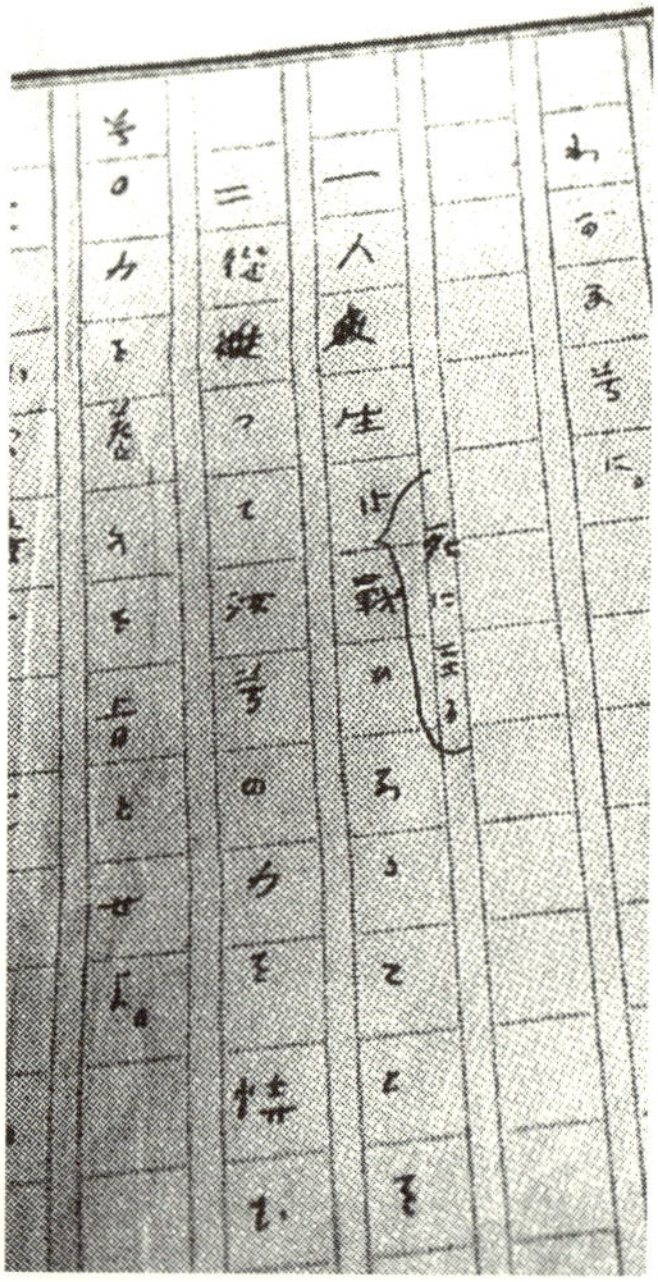
わが子等に。
一 人生は死に至る戦なることを
二 従つて汝等の力を恃む
汝の力を養ふを旨とせよ。

後に発見された芥川の子供宛ての遺書（日本近代文学館蔵）

★あくたがわ・りゅうのすけ（一八九二―一九二七）

作家。東京生まれ。東京大学在学中から久米正雄、菊池寛らとともに『新思潮』を発刊、海軍機関学校英語教官の後、創作活動に入り、毎日新聞社の社員となり、『鼻』『芋粥』などを発表。大正期の作品としては『羅生門』『地獄変』、童話『蜘蛛の糸』などを発表。昭和二（一九二七）年七月二十四日歿。享年三十六。

昭和二（一九二七）年七月二十四日午前一時ごろ、東京・滝野川町田端、作家、芥川龍之介は、自宅の書斎で劇薬ベロナール、ヂエアールなどを多量に飲み、寝室に入った。午前六時ごろ苦悶しだしたのをふみ子夫人が見つけ、すぐかかりつけの医師を呼び応急手当てをしたが、一時間後に絶命した。

枕元にふみ子夫人、三人のわが子、画家小穴隆一、作家菊池寛、叔父竹内宛ての五通の遺書と、原稿用紙十八枚に書かれた「ある旧友へ送る手記」と題した長い遺書が残されていた。小穴も菊池も親友である。

滝野川署の調べによると、芥川は長らく肺結核を病み、最近は強烈な神経衰弱に悩まされ、家庭的にも心配事が重なっていたといい、覚悟の自殺と断定した。

最初に夫人への遺書を掲げる。ペンで原稿用紙一枚半ほどに書いたものである。

一、活かす工夫は絶対に無用
二、絶命後は小穴君に知らせよ絶命前に知らせることは小穴君を苦しめること並に世人を騒がせるおそれがある
三、自殺と知れたらそれまで、自殺と知れなかったら暑さ中りの病死としてくれ
四、事後は下島先生と相談して然るべく取計らへ、自殺と判った場合は菊池あての遺書は同君に渡せ、ふみ子あてのものはいづれにかゝはらず開封して読み絶対に遺書の通りにすべし
五、小穴君には『蓮平の蘭』を贈るべし、義敏にはすずりを贈るべし
六、この遺書は朝、読了後直ちに焼失すべし

次に「わが子等に」を掲げる。三人の幼児は長男比呂志、次男多加志、三男也寸志である。

一　人生は死に至る戦ひなることを忘るべからず
二　従って汝等の力を恃《たの》むこと勿《なか》れ　汝等の力を養ふを旨とせよ
三　小穴隆一を父と思へ。従って小穴の教訓に従ふべし
四　若しこの人生の戦ひに破れし時には汝等の父の如く自殺せよ。但し汝等の父の如く他に不幸を及ぼすを避けよ
五　茫々たる天命は知り難しと雖も、努めて汝等の家族に恃《たの》まず、汝等の欲望を抛棄《ほうき》せよ　是反《これかえ》って汝等をして後年汝等を平和ならしむる途なり
六　汝等の母を憐憫せよ。然れどもその憐憫の為に汝等の意志を枉《ま》ぐべからず。是亦却って汝等をして後年汝等の母を幸福ならしむべし
七　汝等は皆汝等の父の如く神経質なるを免れざるべし。殊にその事実に注意せよ
八　汝等の父は汝等を愛す（若し汝等を愛せざらん乎《かな》、或は汝等を棄てて顧みざるべし。汝等を棄てて顧みざる能はば、生路も亦なきにしもあらず）

芥川龍之介

芥川は東京大学英文科在学中から久米正雄、菊池寛らとともに『新思潮』を発刊し、卒業後、横須賀の海軍機関学校英語教官になるが、間もなく辞めて大阪毎日新聞に入り、『鼻』『芋粥』などの作品を発表し、一躍その名を高めた。その後『地獄変』『傀儡師』『影燈籠』『夜来の花』『沙羅の花』『黄雀風』などの作品を次々に発表し、文壇に確固たる地位を築いた。雑誌『改造』『文藝春秋』などにたて続けに執筆し、かたわら菊池寛と共同で小学生全集を監修するなど意欲的に動いた。

芥川は「ある旧友へ送る手記」によると二年ほど前から死を意識しだしたようで、死の前日の二十三日は一日中、二階の書斎に籠もって『改造』の原稿「西方の人」「文芸的な、余りに文芸的な」を書いた。

その後、前述の遺書などを書き上げ、夕食の食卓では夫人や幼児らと談笑しながら過ごした。再び書斎に引きこもって聖書を読み、劇薬を飲んで階下の寝室に入った。

夫人が気づいて声をかけると芥川は、

「いつもの睡眠薬を飲んだ」

と低い声で答え、床の上に横たわって聖書を読み、やがてそれを開いたまま枕頭に伏して眠りについた。夫人が気づいた時は呼吸が荒く、顔色は鉛色に変わっていたという。

芥川の死はわが国の文壇をはじめ世間を驚かせた。

文藝春秋社が文学賞「芥川賞」を設置したのは死後八年経った昭和十（一九三五）年のことである。一時中断され、戦後の二十四（一九四九）年に復活した。

ところで芥川の遺書六通のうち二通は、日本近代文学館（東京都目黒区）に保存され、残りは遺言により焼却処分したとされたが、芥川の死後八十二年経った平成二十（二〇〇八）年夏、末裔宅でその四通が見つかり、同館に寄贈された。

先に掲げた「一　人生は死に至る戦ひなることを忘るべからず」で始まる子供宛ての遺書も含まれていた。

参考文献

菊池寛編『文藝春秋　芥川龍之介追悼号』昭和二年九月号、文藝春秋社。

生田春月――「不思議な朗らかなさびしさを感ずる」

生田春月の詩碑（法城寺）

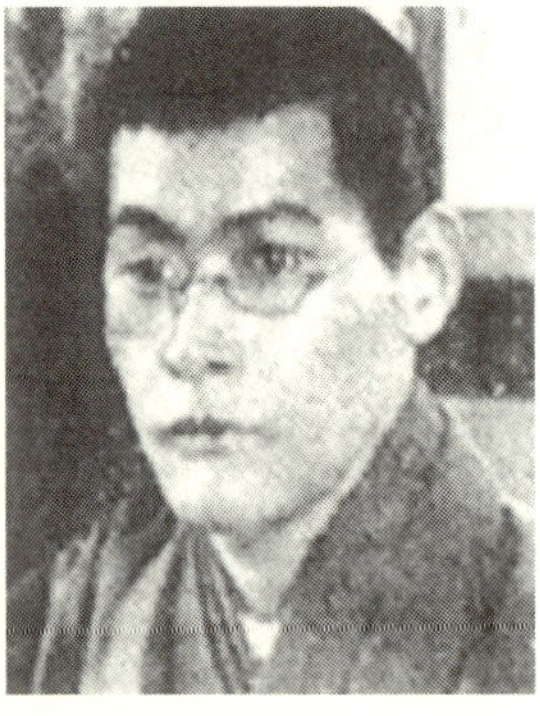

★いくた・しゅんげつ
（一八九二―一九三〇）
詩人、翻訳家。本名清平。鳥取県会見郡道笑町（米子市）生まれ。幼少期から詩作を始め、十七歳で上京し、英語、独語などを独学。『帝国文学』に詩を連載し、詩集『霊魂の秋』『感傷の春』を刊行。翻訳家として「ハイネの詩集」はじめ二十五冊の訳書を出す。昭和五（一九三〇）年五月十九日歿。享年三十九。

昭和五（一九三〇）年五月十九日午後十一時ごろ、大阪築港を出帆し、今治に向かった大阪商船すみれ丸から、乗船していた男性が身投げした。乗船者名簿から東京都牛込区弁天町の詩人、生田春月とわかった。

船は二十一日朝早く今治港に着き、船長から遺留品の小型のトランク、日用品、下駄などが今治署に届けられた。

春月は講演旅行から戻って間もない十四日早朝、突然、花世夫人に、旅行してくると言い残して家を出た。二、三日したら帰ると思っていると、十八日に、大阪堂ビルの用紙に走り書きした便りが届き、

「大阪まで来た、もうすぐ帰る、くはしい事はあとで　春月生」

とあった。

その後に届いた投身自殺の急報だったので、驚いた夫人は二十日夜、急ぎ神戸へ向かった。

春月が残した遺品のトランクのなかから、夫人宛ての遺書と現金百円、大阪朝日新聞の二人の社員宛ての遺書、それにがま口、ウイスキー瓶などが見つかった。

遺書の内容から春月は船上でこれを書いたものとわかった。

　今別府行のすみれ丸の船上に居る今四五時間で僕の生命は絶たれるであらうと思ふ、さっき試みに物を海に投げて見たら驚くべき早さで流れ去ってしまった僕のこの肉体もあれと同じ様に流れ去るのだらうと思へば何となくさう快な気持がする、恐怖はほとんど感じない、発見されて救助される恥だけは恐ろしいが……（中略）僕は詩にも書いた通り女性関係で死ぬのではない、それは付随的の事に過ぎない、要は文学者としての終りを完うせんがために死ぬやうなものだ、たしかにこの上生きたならどんな恥辱のうちにくたばるか分らないのだ、これもしかし男らしいことかも知れないと思ふが僕は元来男らしい男ではない、だからこれが僕らしい最期で、僕としての完成なのだと思ふ、僕の生がいもいよいよここまで来たのだと考へると実に不思議な朗らかなさびしさを感ずる、いま神戸に船がつく相客がないうちに急いで書く、いま原稿その他家事上の事などちょっ

と気のついた事だけを記しておく。（中略）
その外色々書きたいがもうよそう、さらば幸福に力強く生きて下さい、僕は貴女の悪い夫であった、どうかこれまでの僕の弱点を許してもらひたい、今にして僕は矢張り貴女を愛していた事を知った。さらば幸福に
五月十九日夜
生田花世様

一方、春月が死の直前に大阪堂島から投函した便りが、二十一日朝、東京都麹町区五番町、第一書房主、長谷川巳之吉宛てに届いた。

四月末に春月がやってきて、「象徴の烏賊」「真実に生きる悩み」の詩稿を取り出し、

「これは私の一生を代表する最近の心境を描いた詩集だ」

と述べ、長谷川の手元に置いていった。新聞報道で春月の死を知ったばかりの長谷川は急ぎ開封したところ、詩集の出版についてくれぐれもよろしく、と書かれた後に、次のような遺書が綴られていた。


私の詩人生活も随分長く続きましたが、もうその終るときがきました。昨日は堂ビルに一日引籠って「象徴の烏賊」を書き終りました。最期にこれを大阪からお送りするのです。いろいろ感慨を抱きつつ……


春月研究家の広野晴彦は「研究ノート」のなかで、

「自死自葬論を唱え、これを実践した春月の死は特異なものであるといえる」

としたうえで、

「芸術、人生に対しての情熱とその真摯さのゆえに、その懊悩を続けた春月が〝詩は叛逆なり〟と叫び、実践の戦

士となりえずとも、鋭い筆剣の戦士としてたたかい抜いた」と評した。

参考文献

『生田春月全集』生田花世、生田博孝編、新潮社、一九三〇―三一年。

宮澤賢治——「みのりに棄てばうれしからまし」

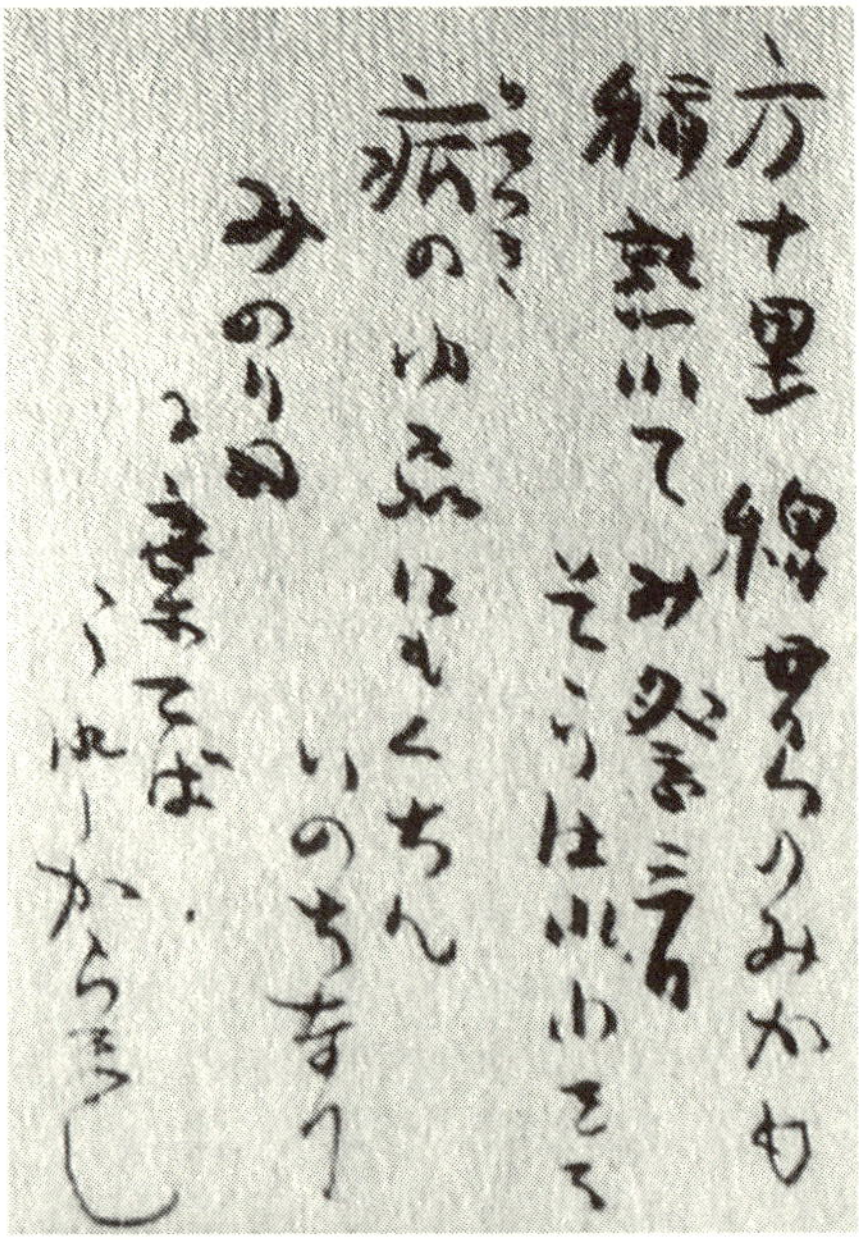

宮澤賢治の遺詠

★みやざわ・けんじ
（一八九六―一九三三）

詩人、児童文学者。岩手県稗貫郡（花巻市）の農家に生まれた。心象スケッチと名づけた独特の構想と手法で詩を書く。農業指導をしながら作品を書き、病に倒れる。詩集『春と修羅』のほか、童話『風の又三郎』、『銀河鉄道の夜』など。昭和八（一九三三）年九月二十一日歿。享年三十八。

資料提供 林風舎

昭和八（一九三三）年九月十九日夜更け、岩手県花巻の実家の二階に臥していた宮澤賢治は、病床を離れて玄関口に出た。鳥谷《とや》ケ崎神社祭礼の神輿が三日間の渡御を終えて神社に戻るのである。賢治は夜露に濡れながら神輿を伏し拝んだ。今年は久々の豊作に恵まれ、賢治は感謝の気持ちでいっぱいだった。

翌二十日朝、賢治の容態が一変した。熱が高く、呼吸が荒くなり、顔面が蒼白になった。駆けつけた医師は急性肺炎なので、絶対安静にするように、と告げた。

その夜、賢治は枕元の父の政次郎と、親鸞、日蓮の往生観について語り合った。父は浄土真宗、賢治は日蓮宗の信者として、同じ大乗仏教のなかで対立していた。父は親鸞の教えこそ絶対と主張し、賢治は死んで仏になり得るには日蓮のいう法華経を護持して供養すべき、と主張した。だが話は平行線をたどった。

父が階下に降りていったので、賢治は筆を取り、遺詠を二首書いた。豊作を寿ぐ時期に命が絶えるわが身を詠んだものだった。これが絶筆となった。

方十里稗貫《ひえぬき》のみかも稲熟れて
　み祭三日そらはれわたる

病《いたつき》のゆゑにもくちんいのちなり
　みのりに棄てばうれしからまし

近所の農民が作物のことで相談にやってきた。家人が、時間も遅いし病態もすぐれないので断ろうと思い、一応賢治に伝えたところ、賢治は、大事なことだから、と言って絣の着物に着替えて階段を降りた。

賢治は茶の間で相手の回りくどい話を聞いてから、丁寧に説明した。やっと終わって客が辞去した時、急に呼吸が乱れだした。驚いた弟清六が抱きかかえて二階に運んだ。

賢治は部屋に入るなり、

「今夜の電灯は暗いなあ」

とつぶやいた。清六は心配して、賢治のそばに布団を敷いて寝た。

翌朝、医師がやってきて診察したが、様子が前日と違う、という。母イチが実家に電話して、熊の肝を届けてくれるよう頼んだ。賢治が生き物の肝など口にしないのはわかっていたが、そうせずにはいられなかった。

午前十一時半、賢治が突然、南無妙法蓮華経、南無妙法蓮華経、と唱えだした。病人とは思えない澄んだ高らかな声だった。家人たちが驚いて二階に駆け上がった。と、賢治は喀血していて、夥におびただしい血がついていた。父の政次郎がその血を拭いながら、何か言うことはないか、と質すと、

「国訳の法華経を一千部作ってください。表紙は朱色にしてください。そして私の知己の方々に差し上げ、私の生涯の仕事は、この法華経をあなたに届け、そのなかで仏意に触れて無上道に入られますようお祈りしています、と伝えてください」

と述べた。政次郎はうなずきながら賢治の気持ちを褒《ほ》めたたえ、階下に降りていった。賢治は清六に向かい、

「俺もとうとう父さんに褒められたな」

と言い、微笑んだ。

少し休ませたいというので、母だけを残して家族はみんな階下へ降りた。賢治が水を所望したので、吸い口に水を満たして渡すと、ごくごくとおいしそうに飲んだ。そして、枕元に置いてあった消毒液のオキシフルに綿をひたして、それで指や手を拭き、さらに首や胸を拭こうとした。母は、階下に行きかけて、呼吸がいつもと違うように感じ、その名を呼びながら枕元へ取って返したが、賢治はそのまま眠るように息を引き取った。

賢治は大正十五（一九二六）年、農学校教師を辞めて荒れ地を開墾し、羅須地人協会を作って農民たちの農事指

導をするかたわら、詩を作り続けた。しかし病にかかり、次第に悪化していき、昭和六（一九三一）年秋には死を意識し、両親に宛てて次のような遺書を書いていた。

この一生の間どこのどんな子供も受けないやうな厚いご恩をいただきながら、いつも我儘《わがまま》でお心に背きたうたうこんなことになりました。今生で万分一もついにお返しできませんでしたご恩はきっと次の生、又その次の生でご報じいたしたいとそれのみ念願いたします。どうかご信仰といふのではなくてもお題目で私をお呼びだしください。そのお題目で絶えずおわび申しあげお答へいたします。

九月廿一日

賢治

父上様
母上様

たうたう一生何ひとつお役に立てずご心配ご迷惑ばかり掛けてしまひました。どうかこの我儘者をお赦しください。

この遺書からちょうど二年後の死だった。賢治の代表作となった『銀河鉄道の夜』をはじめ、手帳に書かれていた「アメニモマケズ、カゼニモマケズ」の詩などは、死後に発見され、刊行されたものである。

参考文献

森荘已池『宮沢賢治の肖像』津軽書房、一九七四年。
毎日グラフ別冊『宮沢賢治――詩と修羅』毎日新聞社、一九九一年。

長谷川海太郎——「えっ、心臓麻痺で」

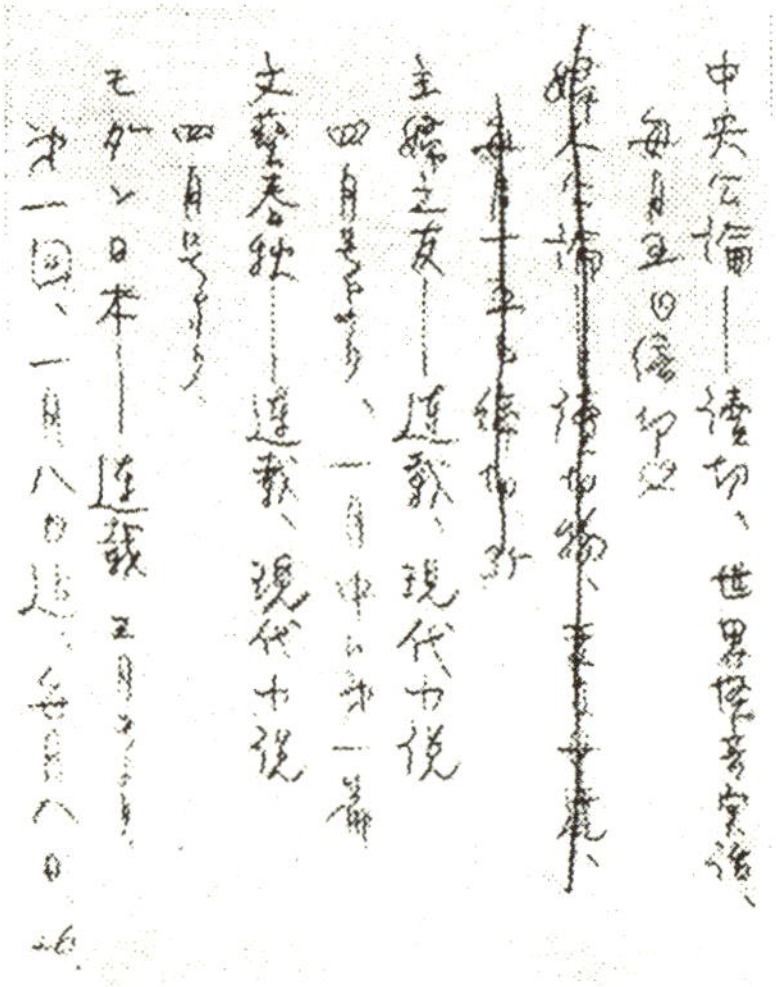

中央公論——読切り、世界怪奇実話、
毎月五日締切
婦人公論——続き物、丹下左膳、
毎月十五日締切
主婦之友——連載、現代小説
四月号より、一月中に第一篇
文藝春秋——連載、現代小説
四月号より
モダン日本——連載　五月号より、
第一回、一月八日迄、毎月八日迄。

長谷川海太郎自筆のスケジュール（『一人三人全集　第5巻』より）

★はせがわ・かいたろう
（一九〇〇—一九三五）
小説家・翻訳家。新潟県佐渡島生まれ。筆名は谷譲次、林不忘、牧逸馬。アメリカに渡り各地を放浪、帰国して、谷譲次の名で〝めりけんじゃっぷ〟物を、林不忘の名で丹下左膳物を、牧逸馬の名で恋愛物を書く。昭和十（一九三五）年六月二十九日歿。享年三十六。

長谷川海太郎というより、谷讓次、林不忘、牧逸馬の三つのペンネームを使って書きまくった作家といった方が、ピンとくるかもしれない。その海太郎が最後に執筆、脱稿した作品の場面があまりにも異様なものだった。

昭和十（一九三五）年六月二十九日午前十時ごろ、海太郎は神奈川県鎌倉の新築したばかりの豪邸で、急に胸を抑えて苦しみだした。夫人が慌てて介抱したが、医師が到着した時はすでに息が絶えていた。

死因は心臓麻痺で、過労によるものといわれた。しかし遺体に「カルモチン」（睡眠薬）などを服用した時に見られる斑点が多数顕《あらわ》れたので、自殺ではないかと疑われ、鎌倉署が検視する騒ぎになった。

海太郎はこの前夜から執筆していた「七時〇三分」という小説が脱稿し、いつものように一眠りしようとして容体が急変した。昭和八（一九三三）年から『一人三人全集』全十六巻を新潮社から刊行し、以後丸二年かかって全巻を刊行し終えたばかりだった。

絶筆となった「七時〇三分」の内容が人々を驚かせた。競馬で大穴を当てた主人公の宮本武蔵が翌日付の新聞を手に入れ、妻の閑子と、自分自身の死亡記事を読む、というものだった。

その最後の場面を紹介すると、こうだ。

「下らねえ野郎が一匹いやがる。しかし極楽往生だな。閑ちゃん聞きなよ。こんなおめでたい奴がいるぜ。本日午後七時〇三分、府中競馬帰りの車中で、神田連雀町宮本武……わあっ……、なんだって大穴を見事に当て続け、細君や、取巻き連に囲まれながら……嘘だ！　俺は、俺はな、生きているじゃねえか。下らねえ。……突然狂いだし……。」

「あなた、どうしたの。そんな、バ、馬鹿なことなんか、……札をばらまきながら心臓麻痺で、……えっ、心臓麻痺で……。」

この後、耳元で「オイ、夕刊を買わぬか、明日の」という老人の声が聞こえ、主人公は絶命する。なにか死を予感させる内容である。

この未刊のままの原稿は『日の出新聞』記者だった和田芳恵が補足して完結させた。

海太郎は新潟県佐渡島の生まれ。二歳の時、一家で函館に移住した。父の淑夫（世民）は函館新聞主筆。弟の燐二郎は画家、濬はロシア文学者、四郎は作家である。兄弟が父の影響を受けて育ったのは歴然としている。

海太郎は函館中学に進むが、ストライキ事件にかかわり五年で退学し上京、明治大学専門部に入り卒業。大正九（一九二〇）年渡米してオベリン大学に学ぶが、すぐ退学し、職業を転々としながらアメリカ各地を放浪した。

大正十三（一九二四）年に帰国し、『探偵文芸』に翻訳物を書くかたわら、『新青年』に谷譲次の名で〝めりけんじゃっぷ〟物を書き、作家の道へ。昭和二（一九二七）年、林不忘の名で『東京日日新聞』に「新版大岡政談」を連載、丹下左膳が人気を呼び花形作家になった。一年半にわたるヨーロッパ旅行を経て帰国し、丹下左膳物を『読売新聞』に連載する一方、牧逸馬の名で「この太陽」（『東京日日新聞』）、「地上の星座」（『主婦の友』）などの恋愛物を書いて女性層の評判になった。

海太郎は日本人離れした行動力と、アメリカ体験に裏打ちされた独自の作風でぐいぐい書いた。書くのが早く、上野から函館へ行く列車と青函連絡船のなかで、小説を一作書き上げたという。当時は上野―函館間に丸一昼夜を要したから、仮に一作の分量を原稿用紙三百枚として、一時間に十枚以上、大変なスピードと言わねばなるまい。

売れっ子作家として絶頂期にあった。海太郎は、三十六年間の短い生涯を、あっという間に駆け抜けて行った。

参考文献

牧逸馬・林不忘・谷譲次『一人三人全集　第五巻』河出書房新社、一九七〇年。

相澤三郎――「右顧左《うこさ》べんの現状は実に残念に御座候」

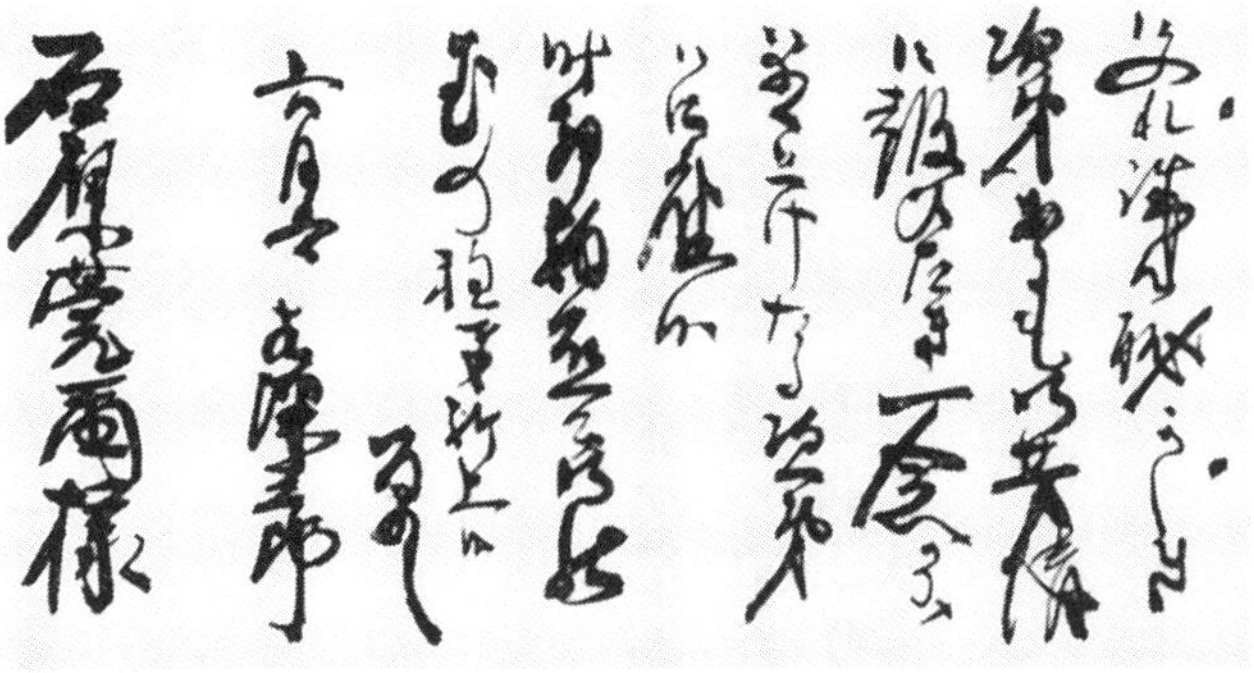

石原莞爾大佐に宛てた二通目の便り（『二・二六事件――獄中手記・遺書』より）

★あいざわ・さぶろう
（一八八九―一九三六）
陸軍中佐。仙台市出身。陸軍士官学校を卒業して仙台歩兵第四連隊に配属。各地に勤務して中佐に進級し、歩兵第四一連隊付に。剣道の達人。真崎甚三郎教育総監の更迭、自身の台湾第一連隊への転任命令により、永田鉄山局長の暗殺へ走る。昭和十一（一九三六）年七月三日歿。享年四十八。

昭和十（一九三五）年八月十二日午前九時四十分ごろ、東京・千代田区永田町の陸軍省軍務局長室で、軍務局長の永田鉄山陸軍少将が新見英夫東京憲兵隊長の報告を聴取中、突然、相澤三郎陸軍中佐が軍刀を抜き、無言のまま入ってきた。永田局長が身をかわそうとして背後から二度切られ、隣室の応接室へ逃れたところで頭を切られた。新見隊長が制止しようとして左腕を切られて重傷。相沢中佐はその場で取り押さえられた。永田局長は近くの病院に運ばれたが、午前十一時四十五分、絶命した。

相沢中佐は仙台歩兵第四連隊に配属され、同連隊の中隊長だった東久邇宮の中隊付になった。昭和八（一九三三）年、昇進して第四一連隊（福島）付となるが、このころから西田税、村中孝次らと接触し、昭和維新を達成するには軍隊が国体原理に透徹すべきという思いを抱く。だが昭和九年三月、軍務局長に就任した永田鉄山は、その地位を利用し、軍の統制に名をかりて昭和維新の動きを阻止しようとしている、と考えるようになった。

折しも同志の村中らが反乱陰謀の嫌疑で軍法会議にかけられ、さらに翌十年七月、信奉する教育総監真崎甚三郎大将が更迭されたのを知りいよいよ激昂し、七月十八日上京。翌十九日、陸軍軍務局長室を訪ねて永田と面会して辞職を勧告。だが断られたため、渋谷区千駄ヶ谷の西田税宅に宿泊し、同志らと語り合い、永田が真崎を更迭したのは統帥権の干渉である、と断定した。いったん福島に戻った相沢に八月一日、台湾歩兵第一連隊付の転勤命令が下りた。相沢は永田が元老や財閥などと意を通じて、昭和維新の機運を弾圧しようとしているとして皇国日本の前途を憂い、十二日朝、東京に出て陸軍省の軍務局長室に入り込み、永田局長を切り殺したのだった。

相沢事件の軍法会議の最中に二・二六事件が起こり、その関連性から会議は非公開になった。昭和十一年五月七日、死刑判決。上告棄却され、七月三日、代々木の陸軍刑務所刑場で銃殺された。

相沢が獄中から崇拝する石原莞爾大佐に出した書簡三通のうちの最後の便りと、処刑前日に妻宛てに書いた辞世を掲げる。三通目の便りは死刑の判決を受けて上告中のもので、遺書といってよかろう。

冠省　先日は早速拝顔の栄を辱し感謝の至り、翌日大辺《たいへん》有難く、念願奉仕の曙光を感謝致し候　是れ偏《ひとえ》に現首脳部の御方々の純忠至誠の発露と拝察仕り、早速友人殊に小畑将軍に対し拙生の真情を述べ、是非大佐殿に御会ひ下され度き為め数次御来駕を嘆願致し候も　遂昨二十六日に至り明瞭に御断り被下候、其の御事情は色々有之べしと存じ候も、現首脳のあらゆる難局を突破して唯々大義名分に基き御実行の尊き御事に対しては、何物の事情も溶合する事が建国精神に適ふ事に候間、唯々遺憾の極みに御座候

日本臣民の先達者は、現下の情勢に於ては殊の外、要機要点に大義名分を明らかにして実行する事が最も肝要にして、拱手傍観《きょうしゅぼうかん》の依つて生ずる私情は何物も断じて挟むべきものに御座なく候

奈何《いかん》右顧左《うこさ》べんの現状は実に残念に御座候、茲に大佐殿初め皆々様の愈々《いよいよ》御健在の程を茲に祈申上度御座候

色々申上げ度き事有之候も之にて擱筆《かくひつ》仕り候　草々

六月廿三日　　相澤三郎

石原莞爾様　御机下

辞世

まごころによりそう助けかひありて
　仕へはたして今帰へるわれ

七月二日午後十一時

米子へ　　三郎

参考文献

河野司編『二・二六事件――獄中手記・遺書』河出書房新社、一九七二年。

安藤輝三――「一切の悩は消えて　極楽の夢」

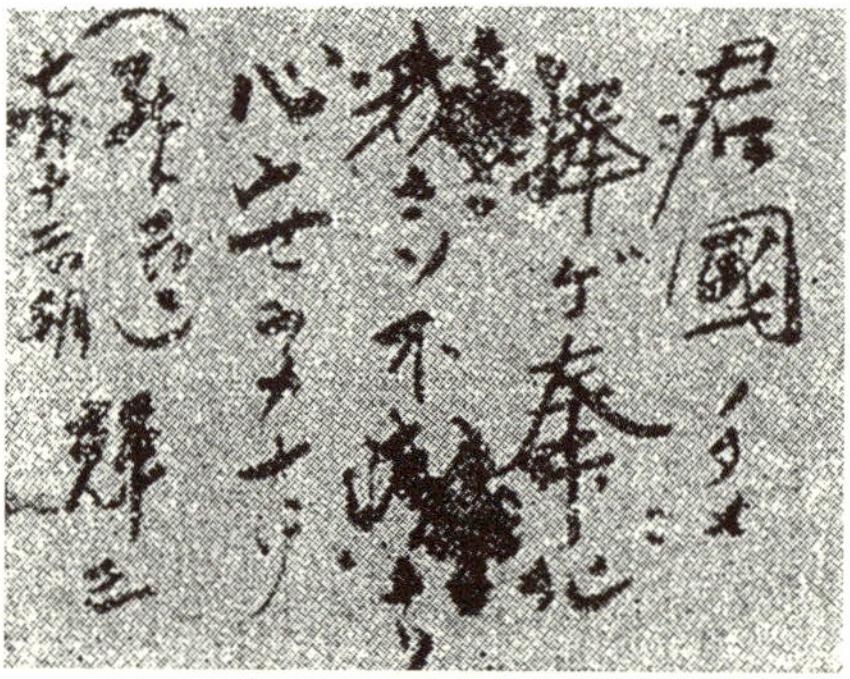

血痕のついた絶筆（『二・二六事件――獄中手記・遺書』より）

★あんどう・てるぞう
（一九〇五―一九三六）
陸軍大尉。東京出身。父の転勤で各地で過ごす。宇都宮中学校を経て、陸軍士官学校卒。歩兵第三連隊付、大尉になり、歩兵第三連隊第六中隊長に。第三連隊付の時から陸軍に所属していた秩父宮と親交があった。誰からも敬愛され、「安藤が起てば第三連隊は決起する」といわれた。昭和十一（一九三六）年七月十二日歿。享年三十二。

昭和十一(一九三六)年二月二十六日未明、昭和維新を叫ぶ陸軍青年将校たちは、決起部隊一四八三人を率いて暗闇のなか、それぞれの営門を出発した。

安藤輝三大尉率いる歩兵第三連隊は東京市麹町区三番町(千代田区麹町)の侍従長官邸を襲い、鈴木貫太郎侍従長をピストルで射撃し、安藤大尉が軍刀でとどめを刺そうとしたが、夫人に懇願され、辞めた。

栗原安秀中尉率いる歩兵第一連隊は永田町の総理官邸を襲撃し、首相と間違えて秘書官の松尾伝蔵陸軍予備役大佐を殺害。丹生誠忠中尉らは陸相官邸を占拠した。坂井直中尉らは四谷仲町の斎藤実内大臣私邸を襲い、内大臣をピストルで射殺した。内大臣を襲撃した後、高橋太郎少尉らは上荻窪の渡辺錠太郎教育総監私邸に押し入り、ピストルで応戦した総監を殺害した。野中四郎大尉らは警視庁を占拠した。中橋基明中尉率いる近衛歩兵第三連隊第七中隊は赤坂表町の高橋是清蔵相私邸を襲い、ピストルを発射し軍刀で殺害した。河野寿大尉は民間人とともに湯河原の伊藤屋旅館別館に宿泊中の牧野伸顕前内大臣を襲い、護衛の警察官を殺したが、牧野は危うく難を免れた。

決起部隊将校らは川島義之陸相と会い、決起趣意書を読み上げ、要望書を提出した。

同日午前九時半、天皇は参内した川島陸相に対して、速やかに事件を鎮定するよう沙汰した。だが陸相の優柔不断から天皇の意思が決起部隊に伝わらず、逆に「陸軍大臣告示」として、

一、蹶起ノ趣旨ニ就テハ天聴ニ達セラレアリ
二、諸子ノ真意ハ国体顕現ノ至情ニ基クモノト認ム
三、国体ノ真姿顕現ノ現況(弊風ヲモ含ム)ニ就テハ恐懼ニ堪ヘズ
四、各軍事参議官モ一致シテ右ノ趣旨ニ依リ邁進スルコトヲ申合セタリ
五、之以上ハ一ツニ大御心ニ俟ツ

と伝えたので、決起部隊は維新の行動が認められたとして占拠地に留まった。ところが二十七日になって戒厳令が発せられた。しかも「原隊へ復帰せよ」との「奉勅《ほうちょく》命令」が決起部隊に速やかに届かず、決起部隊を戒厳部隊に編入する策動などもあって混迷した。その挙げ句、戒厳令司令部は二十八日夜、決起部隊を反乱軍として討伐に乗り出した。

二十九日朝、「勅命下る、軍旗に手向ふな」と書かれたアドバルーンが掲げられ、「下士官兵ニ告グ」として、「今カラデモ遅クナイカラ原隊へ帰レ」「抵抗スル者ハ逆賊デアルカラ射殺スル」とのビラが撒かれ、これを読んだ下士官兵らは肩を落とし、すごすごと原隊へ戻っていった。

安藤隊は最後まで残ったが、安藤輝三大尉が自決を図って失敗したことで、動乱はやっと収まった。反乱軍将校は代々木の陸軍刑務所に送られたが、この間に野中大尉は自決、河野大尉は三月五日に自決した。以上が二・二六事件の全貌である。

陸軍特設軍法会議の審判は非公開で開かれ、七月五日、反乱を指揮した将校十三人と民間人四人に死刑、将校五人に無期懲役の判決が言い渡された。審理は一審だけで上告なし、弁護人なしという一方的な処断であった。

死刑判決を受けた十七人のうち十五人は、判決から一週間後の七月十二日、陸軍刑務所の処刑場で銃殺された。残された磯部浅一・一等主計、村中孝次大尉の二人は、北一輝（次の項を参照）の審判に絡み、延ばされたが、翌十二年八月十九日、処刑された。

『二・二六事件――獄中手記・遺書』（河野司編、河出書房新社）に、処刑を前にした青年将校らの心境が綴られている。腐敗しきった政治や軍部への純粋な怒り、一方的な裁判への批判など、胸迫るものがある。

このなかから、反乱軍の首魁の一人として処刑された安藤輝三大尉の長文の遺書を掲げる。同大尉は陸軍士官学校卒。歩兵第三連隊付になり、昭和九（一九三四）年、大尉に昇進。同十（一九三五）年、歩兵第三連隊第六中隊長になった。蜂起の決断は二月二十三日と首謀将校のうちもっとも遅かった。

公判ハ非公開、弁護人モナク（証人ノ喚請ハ全部却下サレタリ）発言ノ機会等モ全ク拘束サレ裁判ニアラズ捕虜ノ訊問ナリ、カカル無茶ナ公判無キコトハ知ル人ノ等シク怒ル所ナリ
判決ノ理由ニ於テ全ク吾人ヲ民主革命者トシテ葬リ去レリ、又コトサラニ北一輝、西田ト関係アル如クシ、又改造法案ノ実現云々トシタリ
万斛《ばんこく》ノ恨《うらみ》ヲ呑ム
当時軍当局ハ吾人ノ行動ヲ是認シ、マサニ維新ニ入ラントセリ、シカルニ果然、二十七日夜半反対派ノ策動奏功シ、奉勅命令（撤退命令）ノ発動止ムナキニ至ルヤ、全ク掌《てのひら》ヲ返スガ如ク「大命ニ抗セリ」ト称シテ討伐ヲ開始シ（奉勅命令ハ我々ニ伝達サレズ）、全ク五里霧中ノ間ニ下士官兵ヲ武装解除シ、将校ヲ陸相官邸ニ集合ヲ命ジ、憲兵及他ノ部隊ヲ以テ拳銃、銃剣ヲ擬セシメ山下少将、石原大佐等ハ自決ヲ強要セリ、一同ハソノヤリ方ノアマリニ甚シキニ憤慨シ自決ヲ肯《がえ》ンゼズ（特ニ謂《いわ》レナキ逆賊ノ名ノモトニ死スル能ハザリキ）、今日ニ至レリ

叛軍ナラザル理由

（一）蹶起《けっき》ノ趣旨ニ於テ然《しか》リ
（二）陸軍大臣告示ハ吾人ノ行動ヲ是認セリ
（三）天皇ノ宣告セル戒厳部隊ニ編入サレ、小藤大佐（当時歩一連隊長）ノ指揮下ニ小藤部隊トシテ麹町地区警備隊トシテ任務ヲ与ヘラレ、二十七日ハ配備ニ移レリ
（四）奉勅命令ハ伝達サレアラズ
（五）尚、（付加）
二十六日スデニ大詔渙発《かんぱつ》ニ至ラントシアルモ内閣ガ辞表ヲ出シテキルカラ副署ガデキヌタメ、マダソレニ至ラヌト伝ヘラレ、又二十八日正午頃、詔勅ノ原稿ヲ当時ノ軍事課長村上大佐ヨリ余ハ示サレ「ココマデキテキ

ルノダカラ」ト聞ケリ、而《しこう》シテ今ニ至リテ曰ク、陸相ノ告示モ戒厳部隊ニ入レタ事モスベテ説得ノタメノ手段ナリシト強弁シアリ、陸軍大臣ノ告示ハ宮中ニ於テ軍事参議官会合ノ上作製セラレタルモノニシテ、陸軍大臣告示トシテ印刷配付、布告サレタルモノハ

コレニ二通アリ

（一）蹶起《けっき》ノ趣旨ハ天聴《てんちょう》ニ達シアリ

（二）諸子ノ行動ハ国体ノ真姿顕現《しんしけんげん》ノ至情ニ基クモノト認ム

（三）軍事参議官一同ハ軍長老ノ意見トシテ従来此ノ点不充分ナリシヲ以テ今后努力ス、閣僚モ亦同ジ意見ナリ

（四）此レ以上ハ大御心ニマツ

（五）皇軍相討ツ勿レ

トアリ「陸軍大臣ヨリ」トアルモノハ第二項ノ行動ノ代リニ「真情」トアリ、ソノ他二、三異《ことな》ル所アルモ大同小異ナリ、コレヲ説得案ト称シアルモ、一モ説得ノ内容ヲナシアラズ、軍長老ガ軍ノ総意トシテ是認セルコトハ明ラカナリ、又戒厳軍隊ニ蹶起部隊ヲ編入セル命令ノコトハ「謀略ノタメノ命令」ハ断ジテ存在スルモノニアラザルナリ（此ノ点ハ極ク最近ニ至リ軍一部デ問題トナシアルガ如シ）

判決ノ理由ニ於テハ「日本改造法案」ノ実現ヲ期シ、トナシ、右「法案」ヲ以テ「日本国体ト絶対ニ相イレザルモノ」ト記セリ（此ノ点ハ吾々ガ公判ニ於テ然ラザル点ヲ強調セルトコロナリ）、而《しか》ル時ハ結局吾人ノ今回ノ挙ハ、「日本国体破壊ノ暴挙」ナリトノ結論ニ陥ル、然ラバ「精神ハヨイケレドモ行動ハ悪イ」ト云フコトガイハレルカ、又陸軍ノ総意トシテ陸相ノ告示ニヨリ布告サレタル「諸子ノ行動（又ハ真意）ハ国体ノ真姿顕現ノ至情ニ基クモノト認ム」ト云フ項ハドウナルノカ

嗚呼《ああ》我々ハ共産党ト同ジニ扱ハレテキルノデアル、軍当局ハ北、西田ヲ罪ニ陥レンガタメ無理ニ今回ノ行動ニ密接ナ関係ヲツケ、両人ヲ民主革命者トナシ極刑ニセント策動シアリ、（軍幕僚ト吾人トハ対立的立場ニアリ）吾

人ヲ犠牲トナシ、吾人ヲ虐殺シテ而モ吾人ノ行ヘル結果ヲ利用シテ軍部独裁ノファッショ的改革ヲ試ミントナシアリ、一石二鳥ノ名案ナリ、逆賊ノ汚名ノ下ニ虐殺サレ「精神ハ生キル」トカ何トカゴマカサレテハ断ジテ死スル能ハズ、昭和維新ハ吾人ノ手ニヨル以外断ジテ他ノ手ニ委シテ歪曲《わいきょく》セシムル能《あた》ハズ

何故ニ戒厳令ガ解ケヌノカ、何故ニ兵隊ハ外出サヘデキヌノカ、我ニ前島（注・前島清上等兵、安藤大尉の当番兵）ヲ会ハセルコトヲ恐怖スル原因ハドコニアルノカ

軍ガイカニ戦々兢々《せんせんきょうきょう》トシテ而《しか》モ虚勢ヲ張ッテヰルコトヨ、（栗原君ノ如キハ士官学校在校中ノ弟トサヘ会ヘヌデハナイカ）徹底的弾圧デアル、又当時「大命ニ抗セリ」トノ理由ノモトニ即時、吾人ヲ免官トナシテ逆徒トヨベルハ「勅命ニ抗セザルコト明瞭ナル今日ニ於テ如何ニスルカ」

辞世

一切の悩は消えて　極楽の夢

十二日朝　　安藤

尊皇討奸

尊皇ノ義軍やぶれて寂し　春の雨

心身の念をこめて　一向に
　大内山に　光さす日を

国体を護らんとして　逆徒の名

万斛の恨　涙も涸れぬ　ああ天は
鬼神　輝三

処刑された安藤の遺体の懐中から、血痕のついた封筒が見つかった。表に、「体ト共ニ家族ニオ渡シ下サレ度シ　安藤輝三　係官殿」と認められていて、なかに松陰神社のお札と、四枚の半紙に書いた血染めの絶筆が入っていた。冒頭の書はその一枚で、「七月十二日朝」と書かれている。

参考文献

河野司編『二・二六事件――獄中手記・遺書』河出書房新社、一九七二年。

北 一輝——「父は只法華経をのみ汝に残す」

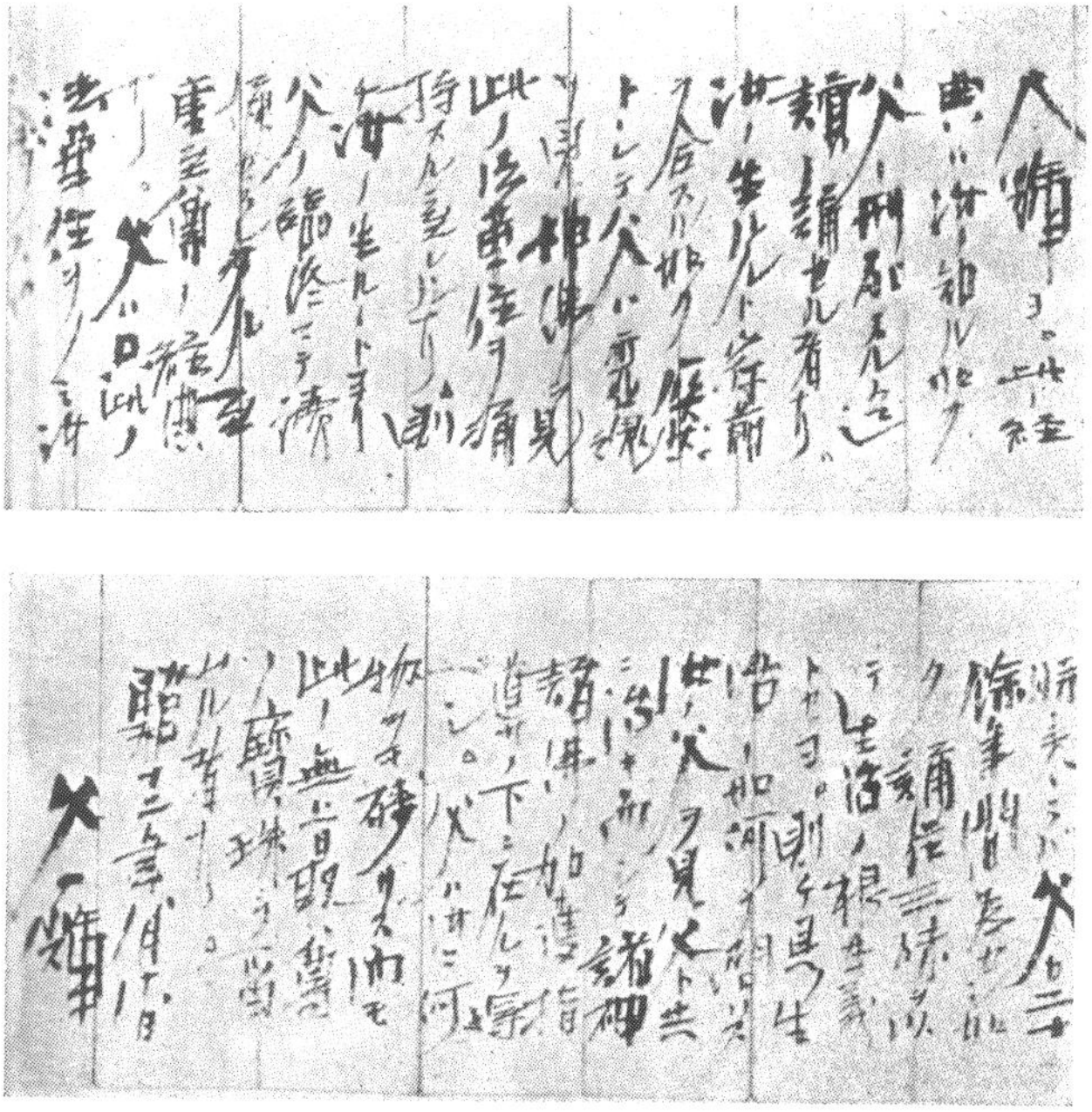

処刑の日、息子大輝への遺書の最初と最後の部分（『北一輝著作集　Ⅲ』より）

★きた・いっき
（一八八三—一九三七）

社会主義者。新潟県佐渡島生まれ。本名、輝次郎。『国体論及び純正社会主義』を出版。中国革命同盟会・黒龍会に入り、辛亥革命が勃発すると中国に渡る。排日運動の高まりのなかで『国家改造案原理大綱』を執筆、帰国。西田税と関わる。昭和十二（一九三七）年八月十九日歿。享年五十五。

二・二六事件に絡んで昭和十一（一九三六）年二月二十八日に逮捕された北一輝らの審判は、東京・代々木の陸軍特設軍法会議で継続して行われ、昭和十二（一九三七）年八月十四日、西田税とともに民間側首魁として死刑判決が言い渡された。安藤輝三ら反乱将校の軍法会議同様、非公開、一審のみの上告なし、弁護人なしの一方的な裁判であった。

北はともに処刑された磯部、村中と相談し、二・二六事件の決起を事前に知っていたとされ、北の著書『日本改造法案大綱』の主張が決起将兵らを動かしたと断じられた。

北らは判決言い渡しから五日後の同月十九日、前年死刑判決が出ていた磯部浅一・一等主計、村中孝次大尉とともに、代々木の陸軍刑務所刑場で銃殺された。

北は日ごろから法華経を信奉し、経典八巻を肌身から離すことはなかった。実子がなく、辛亥革命の同志、譚人鳳の孫を養子に貰い受け、大輝と名づけた。北はこの息子に宛てて、法華経八巻末の余白に次の遺書を書き残したほか、処刑の日、担当の看守に手記を手渡した。

大輝よ、此の経典は汝の知る如く父の刑死する迄、読誦《どくしょう》せるものなり。汝の生るると符節を合する如く、突然として父は霊魂を見、神仏を見、此の法華経を誦持《しょうじ》するに至れるなり。即ち汝の生るるとより、父の臨終まで読誦せられたる至重至尊《しちょうしそん》の経典なり。父は只此法華経をのみ汝に残す。父の想ひ出さるる時、父の恋しき時、汝の行路に於て悲しき時、迷へる時、怨み怒り悩む時、又楽しき嬉しき時、此の経典を前にして南無妙法蓮華経と唱へ、念ぜよ。然らば神霊の父直ちに汝の為に諸神諸仏に祈願して、汝の求むる所を満足せしむべし。

経典を読誦し解脱するを得るの時来らば、父が二十余年間為せし如く、誦住三昧《じょうじゅうざんまい》を以て生活の根本義とせよ。則ち其の生活の如何《いかん》を問はず、汝の父を見、父と共に活き、而《しこう》して諸神諸仏の加護、指導の下に在るを得べし。

父は汝に何物をも残さず、而も此の無上最尊《むじょうさいそん》の宝珠を留むる者なり。

昭和十二年八月十八日

父　一輝

北は日露戦争前までは帝国主義を歴史の必然ととらえて対露開戦を主張し、国家の強化を模索する論陣を張った。その一方で社会主義に強い関心を寄せ、万世一系の皇統を国体の精華とみるのは「迷妄虚偽《めいもうきょぎ》」とする国体論批判を打ち出した。日露戦争最中の明治三十七（一九〇四）年夏、上京し、同三十九（一九〇六）年、『国体論及び純正社会主義』を自費出版し、すぐ発売禁止処分になった。

幸徳秋水ら社会主義者らと接触しながら、中国革命同盟会・黒龍会に入り、同四十四（一九一一）年、辛亥《しんがい》革命が勃発すると黒龍会の一員として中国に渡り、宋教仁を支援したが、宋が暗殺された後、退去命令を受けて帰国した。

再び中国に渡り、ここで鈴子夫人と結婚。排日運動の高まりのなかで、国内の改造こそ先決として、大正八（一九一九）年ごろから『国家改造案原理大綱』を執筆した。帰国後、謄写版印刷し、配付されたが、外国に対しては国家改造が必要とする主張は、従来の国家主義思想に大きな衝撃を与えた。

ほどなく西田税と知り合う。西田は陸軍士官学校を卒業し、朝鮮の羅南騎兵第二十七連隊付の少尉から、広島の騎兵第五連隊に転任するが、病気のため同十四（一九二五）年、依願予備役になった。軍籍を退いた西田は大川周明主宰の大学寮の教官となり、やがて北の門下生となった。

西田は北から『国家改造案原理大綱』の版権を譲り受け、『日本改造法案大綱』と改題して刊行。昭和二（一九二七）年、「天剣党綱領」を一部の陸軍中尉、少尉や士官候補生などに配付し、少壮尉官を中心とする国家革命運動を開始した。

だが同七（一九三二）年の五・一五事件（海軍将校らの反乱）では陸軍将校を抑えて参加させなかったと誤解されて狙撃され、これが北との結びつきをより深くした。

参考文献

『北一輝著作集　Ⅲ』みすず書房、一九七二年。
河野司編『二・二六事件――獄中手記・遺書』河出書房新社、一九七二年。

白井波留雄――「我まゝばかし言って全く済まぬ」

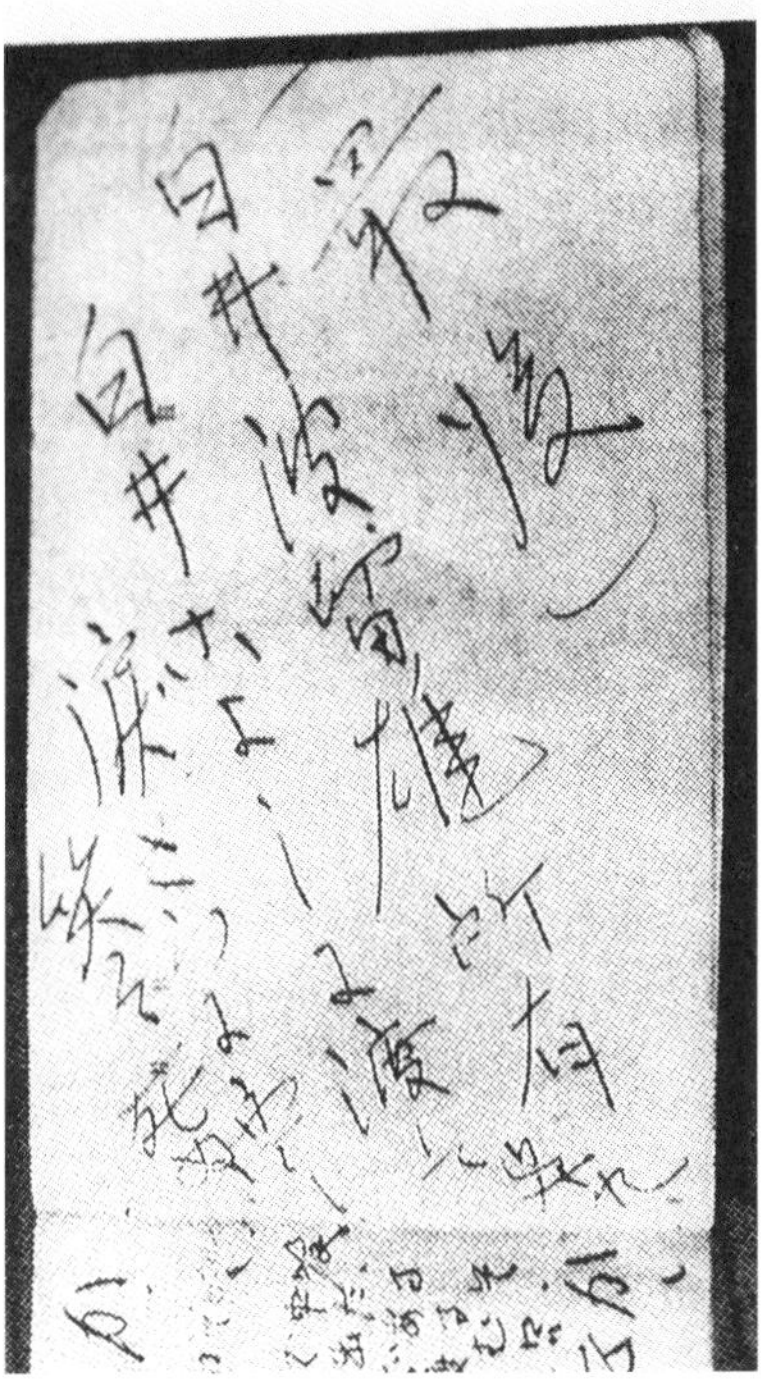

白井波留雄所有と記された遺書（『昭和の遺書』より）

★しらい・はるお

（一九〇七―一九三七）

陸軍一等兵。東京出身。応召で中国戦線に派遣され、戦闘の果てに戦死。手帳に克明に心境を記す。昭和十二（一九三七）年十月六日歿。享年三十一。

日中戦争が激しさを加えだした昭和十二（一九三七）年秋、日本陸軍支那派遣加納部隊阿部隊は上海の北に位置する宝山県薀藻浜クリーク渡河戦の激戦に遭遇し、ついに全滅した。

同年春に出征した東京都出身の陸軍一等兵、白井波留雄はこの戦いに参加し、その模様を小さな手帳に書き続け、最後に「白井こよし（妻）に渡して呉れ」と綴って戦死した。実家には結婚して三年の妻、誕生を過ぎたばかりの長女、そして父の顔を知らない次女が妻のお腹にいた。

『昭和の遺書』（辺見じゅん編、角川書店）から紹介する。（一）は日記、（二）（三）（四）は家族への便りである。この日記がどんな経緯で祖国へ運ばれたのか記載はないが、召集により家族と引き離され、戦線に配属された一庶民の慟哭の遺書といえる。なお判読できない文字は□とした。

（一）

9月27日　雨晴

此の日前の日わ《ママ》同じ。もうれつに弾丸が来る。
敵五百米《メートル》に来る。

9月28日　晴

第一線にて戦ふ。
生か？　死か？

9月29日　晴

時午後5時10分前。地掘った穴の中にて書く。空に飛行、大砲、聴《きく》。今は5人やられた。今の所生《いき》て居る。一人穴の中、敵は百五十米の所。愈《いよいよ》夜になる。

9月30日　夕暮に雨

第一線より百米後に来る。12時頃大隊本部に来る。今は穴の中。時に午後6時5分、書く。夜《や》しゅう有るみこみ。砲弾の音もうれつ。

今の所生てる。

午後6時7分。

10月3日　雪

午後2時戦気《ママ》じくした。夜しゅに《ママ》行た。全く死あるのみ。銃丸は雨の如《ごと》し。すさまじかつた。併《しか》し攻げきは失配《ママ》した。今は全《まった》くのぬれ鼠《ねずみ》だ。生地ごくだ。時8時45分。夜に行つて軍旗中隊となつた。十、十一、十二、中隊にて行く。

生か？　死か？

10月4日

十、十一、十二、中隊攻撃も総《すべ》て失配《ママ》。他《ママ》数の死者を出す。時8時30分、書く。後は命令待つのみ。□戦の地占《ママ》はウ・ソンクリイク。□上にて平田君に合《ママ》つた。実に懐かしいもの。午後4時50分。こよし、後の事は頼む。6時頃であつた。車中の尺八は又よかつた。此の晩程楽《たの》しく眠たい日はなかつた。

10月5日　晴

生か。

楽しい朝が来た。今朝は初てビールが渡つた。今の所無事。皆、中隊長の元にて中喰《ママ》をした。其《そ》の時命令が出た。今晩の戦が最後である。もんだいのクリーイクを渡る。

こよし後の事はたのむそ《ママ》。皆様によろしく。今は只《ただ》、死あるのみ。死か。

（最後）

白井波留雄所有、白井こよしに渡して呉れ。
涙さらに無し。笑つて死ぬ。

（二）

君枝ちゃん大きくなつたらお母さんの言ふ事は良く聞ておりこを《ママ》さんになつて呉《く》れ。最後のお父さんのお頼ですよ。昭和十二年十月五日書

波留雄

（三）

白井こよし様

こよし、お前には色々と心配を掛て済なかつた。我まゝばかし言つて全く済まぬ。許して呉れ。心より御礼を言ふ。子供の事は頼む。私の一生の言葉だ。優しい夫を持つて子供を大事にしてやつて呉れ。頼みます。一生の御願だ。昭和十二年十月五日

波留雄

（四）

八田の父母様、長い事御世話様になりました。こよしの事は御願致します。皆国のためです。

昭和十二年十月五日

波留雄

参考文献

辺見じゅん編『昭和の遺書』角川書店、一九八七年。

都井睦雄——「夜明も近づいた、死にましょう」

戦慄ノ二十八名を射殺

九連發の獵銃を亂射

十二戸の寝込を襲撃

今曉作州西加茂の兇劇

血塗れて民家へ

犯人逃入の山狩り

斧鎌も磨く

被害者氏名

恐怖の曉を語る

犯人山中で

『合同新聞』1938年5月22日付。

★とい・むつお

（一九一七—一九三八）

三十三人殺傷事件の犯人。女性に振られ、世間の物笑いにされたと逆恨みし、熟睡中の祖母を手始めに集落の家々を襲い、猟銃、日本刀などで次々に殺害。横溝正史の小説『八つ墓村』のモデルになった事件。昭和十三（一九三八）年五月二十一日歿。享年二十二。

昭和十三（一九三八）年五月二十一日未明、岡山県苫田郡西加茂村行重の貝尾集落で、わずか一時間半に三十人を殺害し、三人に重軽傷を負わせるという、世界でも類例のない事件が起こった。病気に悩み、恋に狂った若者の見境なしの犯行だった。

この集落に住む無職、都井睦雄は二日前の十九日夜、自分の部屋に籠もり、円筒形の懐中電灯二個を角のように取り付けた鉢巻きを作り上げた。この間に二通の遺書を書き、一通は「書置」、もう一通は「姉上様」と上書きした。

翌二十日夕方、都井は外に出て、ペンチで電柱の電線を四カ所にわたり切断した。この集落は村の北東はずれに位置していた。人々は電気が切れているのに不審を抱いたが、電気会社の宿舎が遠かったので通報もせず、早めに夕食を済ませて床についた。

夜はしだいに更けて、犯行の時刻を迎える。以下『岡山県警史』をもとに経過を述べる。被害者の氏名は仮名とした。

二十一日午前一時半ごろ、都井は隣室の祖母が寝静まるのを待って、かねて用意の異様な鉢巻きを頭に縛りつけ、胸に自転車用の角形電灯をぶら下げた。さらに腰に日本刀を差し、懐に短刀を忍ばせ、右手にブローニング九連発猟銃、左手に斧を持った。

都井はまず隣室の六畳間に入り、眠っている祖母の頸部目がけて斧を振り下ろした。その瞬間、首は血を噴いて飛んだ。祖母は声も立てず即死。

玄関を出た都井は、北隣の岸本家に押し入り、熟睡していた母と男子二人を日本刀で刺し殺した。次に恋に恨みを持つ西山家に押し入り、四畳間に寝ていた父と実家に戻っていた長女を猟銃で射殺し、母と母の妹を日本刀で斬り殺した。

続いて隣家のもう一軒の岸本家を襲い、奥の間で並んで寝ていた夫と妻を刺し殺した。妻は西山家の次女である。表八畳間にいた甥が起き上がったので猟銃を発射し、倒れたところを銃筒で殴りつけ殺害した。母は斬られて重傷を負った。

銃声や悲鳴が重なり合って響き、このあたりから集落の人々は異常事態が起こっているのを察知した。

都井は次に寺元家に押し入った。同家の人々は返り血を浴びた悪鬼のような犯人の姿におののき、逃げ出したが、都井は父を台所で射殺したのをはじめ、長男を軒先まで追って射殺し、妻と五女を廊下で、六女を軒先でそれぞれ射殺した。長女だけは逃れて軽傷で済んだ。

隣家も同姓の寺元で親戚に当たる。都井はこの家に踏み込むなり、寝ていた母と息子を射殺。もう一軒の寺元家では逃げようと廊下の雨戸を開けた妻を背後から射殺した。さらに難波家を襲って妻と妹、それに働きにきていた岸本家の長女と手伝いの女性を射殺。池田家では母、妻、四男を射殺し、縁側まで逃れた父を追いかけて射殺した。岡田家は逃げる夫と妻を射殺した。

都井はその足で北東にある楢井集落へ行き、一軒の家に入って雑記帳を破った紙と鉛筆を奪い、荒坂峠を越えて仙の城山頂に達した。貝尾から四キロほど離れた場所である。

ここで都井は、奪った紙と鉛筆で最後の遺書を書き上げ、電灯をつけた鉢巻きを解いて遺書の上に置いて重しにした。次に日本刀、短刀、自転車用の電灯などを体からはずして並べ、地下足袋も脱いで揃え、胡座《あぐら》をかいて座り込んだ。

次に詰め襟洋服のボタンをはずし、ブローニング九連発猟銃の銃口をシャツの上から心臓部に当て、両手で銃身を握って右足の親指を引き金にかけて引いた。その瞬間、銃声が響き、都井の体はのけぞって倒れ、銃身は一メートルほど吹っ飛んだ。即死だった。後に検視した警察医は死亡時刻を午前五時ごろ、と推定した。

自殺現場から発見された最後の遺書を掲げる。

愈々《いよいよ》死するにあたり一筆書置申します、決行するにはしたが、うつべきをうたずうたいでもよいものをうった、時のはずみで、ああ祖母にはすみませぬ、まことにすまぬ、二歳の時からの育ての祖母、祖母は殺してはいけないのだけれど、後に残る不びんを考えてついああした事を行った。樂に死ねる様にと思ったらあまりみじめなことをした、まことにすみません、涙、涙、ただすまぬ涙が出るばかり。姉さんにもすまぬ、はなはだすみません。ゆるして下さい、つまらぬ弟でした、この様なことをしたから(たとい自分のうらみからとは言いながら)決してはかをして下されなくてもよろしい、野にくされれば本望である、病気四年間の社会の冷胆、圧迫にはまことに泣いた、(中略)今度は強い強い人に生れてこよう。実際僕も不幸な人生だった、今度は幸福に生れてこよう。

思う様にはゆかなかった、今日決行を思いついたのは、僕と以前関係のあった○子が貝尾に来たから、又△子も来たからである。(中略)又×一と言う奴、実際あれを生かしたのは情けない、ああ言うものは此の世からほうむるべきだ、(中略)

もはや夜明も近づいた、死にましょう。

『合同新聞』は翌二十二日の社会面をほとんどつぶし、次のような見出しで報道した。

戦慄！　二十八名を射殺
九連発の猟銃を乱射　十二戸の寝込を襲撃
先ず祖母を惨殺、部落を暗黒化　今暁作州西加茂の兇劇
犯人山中で鉄砲自殺　痴情による怨恨を遺書して

都井は幼くして両親と死別し、姉とともに祖母に育てられた。頭がよくて小学校の成績は常にクラスのトップだったが、生まれつき虚弱体質から体育が苦手で、欠席がちだった。祖母はそんな都井を溺愛するが、成長するにつれ

わがままになり、仕事もせず、姉が嫁いでからは陰鬱《いんうつ》な性格がより強くなった。

両親の死因が肺結核だったのを知った都井は、世間の目が冷たいのは病気のせいと思い込み、社会を恨み、近隣の女性に近づいて拒絶されると、逆恨みするようになった。二十歳になり徴兵検査を受けて不合格になり、より自暴自棄になった。

都井は自分を物笑いにする世間に復讐してやろうと決意し、猟銃を買うなど万全の準備をして凶行に及んだのだった。

参考文献

筑波昭『津山三十人殺し』草思社、一九八一年。
『合同新聞』一九三八年五月二二日付。

種田山頭火――「拝む心で生き拝む心で死なう」

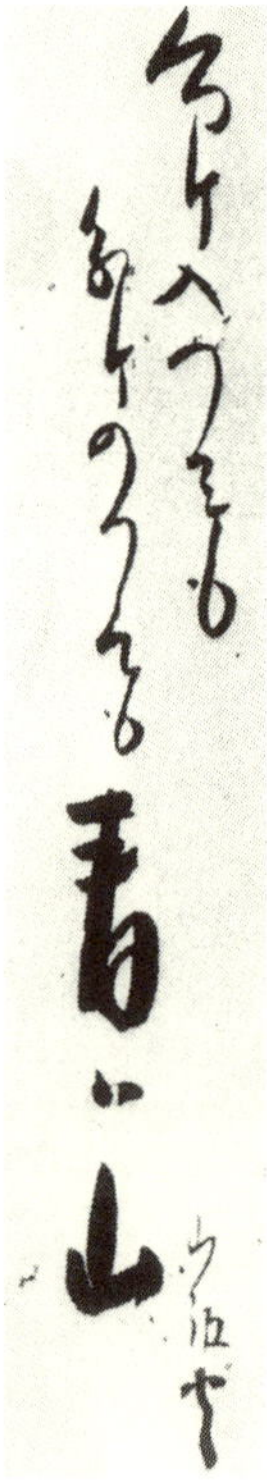

山頭火の筆跡(『防府の生んだ俳人山頭火』より)

★たねだ・さんとうか
(一八八二―一九四〇)

自由律俳人。山口県佐波郡西佐波令村(防府市)生まれ。本名正一。出家得度して堂守に。行乞行脚の旅に出て、山陽、山陰、四国、九州などを歩く。この間に句集七冊、自筆ノート「旅日記」などを書き残す。昭和十五(一九四〇)年十月十一日歿。享年五十九。

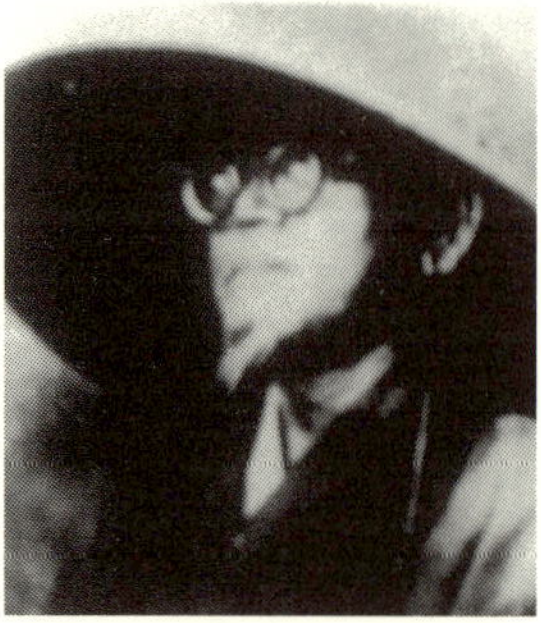

昭和十五（一九四〇）年十月八日夕、托鉢行脚《たくはつあんぎゃ》の自由律俳人、種田山頭火《たねださんとうか》は、自分の住む一草庵近くの愛媛県松山市内の高橋一洵（松山高商教授）宅の座敷で、酒に酔い眠っていた。

山頭火は一昨夜、酒に酔って転んで倒れ、一洵の教え子の学生に助けられたので、その礼を言ってほしいと前夜、一洵宅に立ち寄ったが、きょうもまたやってきて、座敷でひと眠りしていた。

一草庵へ戻った山頭火はその夜、日記にこう書いた。これが絶筆となった。

（略）拝む心で生き拝む心で死なう、そこに無量の光明と生命の世界が私をまつてゐてくれるであらう。巡礼の心は私のふるさとであつた筈であるから——夜、一洵宅へ行く、しんみりと話してかへつた。更けて書かうとするに今日殊に手がふるへる

翌九日夜、山頭火が一洵宅前にぼんやり立っていたので、不審に思い訊ねると、

「もう一度遍路《へんろ》に出たい。すっぽりと自然に出て、しっくりと落ちついた心になりたいんだ。明日の句会の時、十円ほど貸してもらえまいか」

と言った。

一洵が承諾すると、遍路の話をし、亡くなったばかりの句友の思い出を語った。それから一洵を誘い、護国神社の大祭に出かけ、夜店で酒二合とおでん二本を買い、うまそうに食べた。

十日は一草庵で句会が催される日である。山頭火はこの日を楽しみに句友宅を訪ねて出席の確認をとって回り、帰宅したが、一草庵の上がり口で倒れ、意識を失った。隣の御幸寺の者が見つけて、庵の奥の三畳間に布団を敷いて寝かせた。昼過ぎに句友の広瀬無水が立ち寄り、山頭火に頼まれて便所に連れて行った。

夕方六時ごろ、句友たちが集まってきて句会が始まった。だが隣室の山頭火は眠っていた。息が少し荒いが、酔っ

て寝ているのは珍しいことではない。

夜十時に句会は終了し、句友たちは一時間ほどおしゃべりをした。この間、山頭火は目覚めることもなく、容態も変わったところもなかったので、句友たちは帰っていった。

一洵はいったん帰宅したものの眠られず、翌十一日午前二時ごろ、一草庵へ行ったところ、山頭火の容態は急変していた。呼び続けると一度は目を開けたが、再び昏睡状態に陥った。御幸寺の住職を起こし、医師を呼びに走ったが、戻った時は呼吸はなかった。

死因は脳溢血。山頭火が常に望んでいた〝コロリ往生〟だった。

五日前に句帳に記した次の三句が絶筆三句となった。

ぶすりと音をたてて虫は焼け死んだ
焼かれて死ぬる虫のにほいのかんばしく
打つよりをはる虫のいのちのもろい風

山頭火ほど風変わりな生涯を送った人物もあるまい。山口県佐波郡西佐波令村（防府市）の生まれ。本名正一。種田家はかつて大種田と呼ばれる大地主だったが、十一歳の時、母が屋敷内の井戸に飛び込み自殺した。

早稲田大学に入学した山頭火は、そこで頽廃《たいはい》と堕落《だらく》の風潮に影響され、虚無的な生活に陥っていく。結婚を勧められても、首をタテに振らず、二十八歳で嫌々結婚して種田家を継ぎ、酒造場を経営するが、実務は人任せで、読書三昧の毎日。郷土文芸誌『青年』に参加し、山頭火を名乗り、翻訳や俳句を発表した。

実弟が自殺した翌大正九（一九二〇）年、妻と離婚。上京して一ツ橋図書館の臨時職員になるが、疲れて退職。放浪中の大正十二（一九二三）年、関東大震災に遭遇し、避難の途中に社会主義者に疑われて憲兵に拉致され、厳しい尋問を受けた。

山頭火が熊本市内の曹洞宗報恩寺で出家得度したのは大正十四（一九二五）年春、四十四歳。ほどなく同市郊外の観音堂の堂守になった。この直後の俳句。

分け入つても分け入つても青い山

やがて山頭火は乞食《こつじき》、つまり行乞行脚《ぎょうこつあんぎゃ》の道を歩みだす。一般に言われる乞食《こじき》は、他人の恵みで生きる人を指すが、仏道でいう乞食《こつじき》は、托鉢で布施をもらい、その日その日を過ごす修行道である。

だがその意味を世間は理解せず、コジキやホイトウと同様に蔑まされ、冷たくあしらわれた。

山頭火はこの行脚のなかで俳句を詠み続けた。その俳句も五七五ではない独特のもので、特異な俳人といわれた。句集は『鉢の子』（昭和七年刊）はじめ七冊に及ぶ。

山頭火が晩年になって常々口癖のように言っていたのが、「遺書」にも通じる次の随筆である。

述懐
私の念願は二つ。ただ二つある。ほんたうの自分の句を作りあげることがその一つ。そして他の一つはころり往生である。病んでも長く苦しまないで、あれこれと厄介をかけないで、めでたい死を遂げたいのである。

――私は心臓麻痺か脳溢血で無造作に往生すると信じてゐる。

――私はいつ死んでもよい。いつ死んでも悔いない心がまへを持ちつづけてゐる。――残念なことにはそれに対する用意が整うてゐないけれど。――

――無能無才。小心にして放縦。怠慢にして正直。あらゆる矛盾を蔵してゐる私は恥づかしいけれど、かうなるより外なかつたのであらう。

意志の弱さ、貪の強さ——あゝこれが私の致命傷だ！

本当の自分の句をつくることと〝コロリ往生〟、その二つの念願を成し遂げて、山頭火は逝った。

参考文献

『定本種田山頭火句集』大山澄太編、弥生書房、一九七一年。
文・又田竹栖、写真・三木彊『防府の生んだ俳人山頭火』防府の文化を高める会、一九七三年。
『山頭火全日記』全八巻、春陽堂書店、二〇〇四年。

北原白秋――「水郷柳河こそは、我が生れの里」

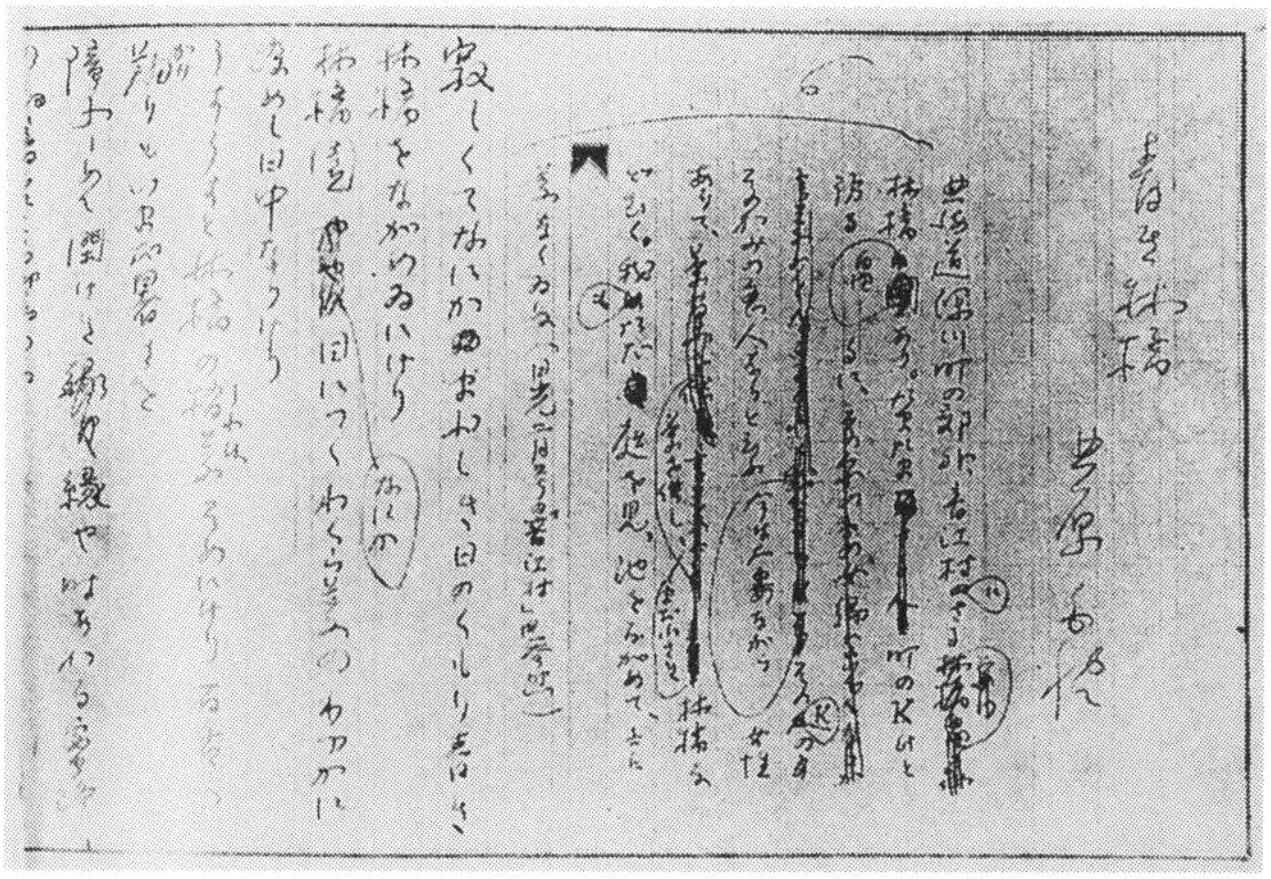

「青き林檎」の原稿（『新潮日本文学アルバム 25　北原白秋』より）

★きたはら・はくしゅう
（一八八五―一九四二）

詩人、歌人。福岡県柳川生まれ。本名隆吉。詩集『邪宗門』『思ひ出』『雪と花火』、歌集『桐の花』『雲母集』などを出版。童謡、わらべ歌など数多い。昭和十七（一九四二）年十一月二日歿。享年五十七。

詩人・歌人として名高い北原白秋が肝臓病、糖尿病を患い亡くなったのは昭和十七（一九四二）年十一月二日。この四週間ほど前の十月六日、白秋は近く発刊される予定の水郷柳河写真集『水の構図』のはしがきを書いた。水郷柳河は白秋の故郷である。

はしがき

夜ふけ人定まつて、遺書にも似たこのはしがきを書く。

水郷柳河こそは、我が生れの里である。この水の柳河こそは、我が詩歌の母体である。この水の構図この地相にして、はじめて我が体は生じ、我が風は成つた。惟ふにひと度は明を失して、偲ぶところ深く、今亦、五《ご》蘊《うん》尽きむとして、帰するところいよいよに篤《あつ》い。いにしへのやむごとなきおん方は、「命の全けむ人は、畳菰《たたみこも》、平群《へぐり》の山の隠白樫《くまがし》が葉を髻華《うず》に挿せ、その子。」と、仰せになつたと聞く。さるにしても何を歎き、何を希《ねが》はうとするこの私であらうか。ああ、柳河の雲よ水よ風よ、水くり清兵衛よ、南の魚族よ。

昭和十七年十月六日

白秋識す

病の床にて

白秋の死によって『水の構図』は未完の遺稿になるはずだったが、死後に刊行されたことでこの一文が「遺書」となった。

白秋は『邪宗門』『桐の花』に代表される詩歌集をはじめ、「赤い鳥小鳥」「あわて床屋」など日本人の心を揺さぶる童謡を数々残した。その作品の一つ一つが故郷と結びつき、故郷に呼びかけているように思われる。これほど故郷を愛した文学者はいない、とされる所以である。
亡くなる年も病床で創作を続け、童謡集など三冊を刊行。『日本伝承童謡集成』を企画するなど最後まで意欲的に取り組んだ。

参考文献

北原白秋詩歌、田中善徳写真『水の構図——水郷柳河写真集』アルス、一九四三年。

山本五十六——「大君の御楯とただに思ふ身は」

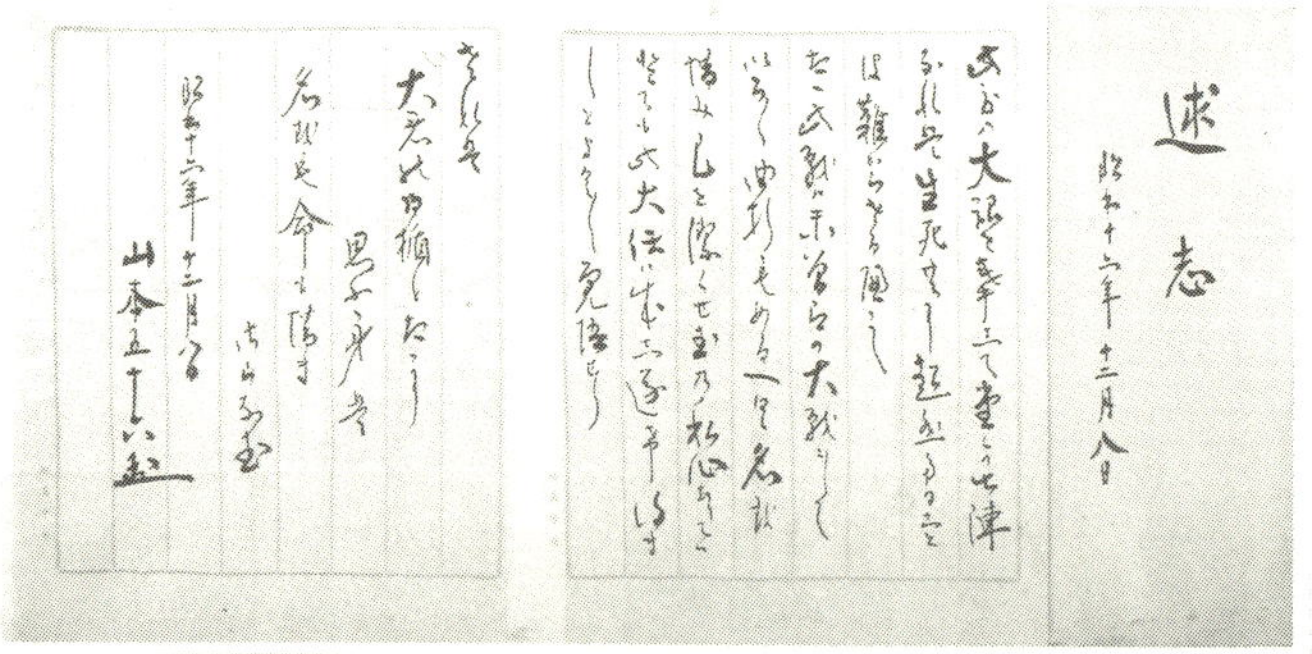

山本五十六が書いた「述志」（大分県立先哲史料館蔵）

（国立国会図書館蔵）

★やまもと・いそろく
（一八八四—一九四三）

海軍大将、新潟県長岡市生まれ。日露戦争に従軍後、アメリカ・ハーバード大学に学ぶ。帰国して航空母艦赤城艦長、第一航空戦隊司令官などを務める。ロンドン軍縮会議予備交渉の日本代表に。連合艦隊司令長官となり、ハワイ真珠湾攻撃を立案、戦果。だがミッドウェー海戦で敗北。昭和十八（一九四三）年四月十八日歿。享年六十。

昭和十八（一九四三）年四月初旬、連合艦隊司令長官山本五十六大将は日本海軍の前線基地である南西太平洋のニューギニアのブリテン島ラバウルに乗り込み、五日からソロモン方面の「い号」作戦と呼ばれる航空撃滅戦を、自ら陣頭指揮して実施した。

この直前の三日、山本は次の和歌を詠んだ。死を暗示する内容で、これが絶筆となった。

天皇《すめらぎ》のみ楯とちかふま心は
　とどめおかまし命死ぬとも

所期の戦果を上げた山本は十六日、作戦を打ち切り、翌日はこの作戦の研究会を開いた。

十八日午前六時、山本は幕僚三人とともに一号機に乗り込み、宇垣纏参謀長以下五人は二号機に乗り込み、ラバウル東飛行場を飛び立った。護衛の零戦六機がこれに従った。ショートランドの航空基地バランを訪問し、最前線の将兵を慰問して、その日のうちにラバウルに戻る予定だった。

この時、機動部隊指揮官小沢治三郎中将が、護衛機を五十機ぐらいにしてはどうか、と進言した。だが山本は、

「搭乗員は疲れているだろうから」

と固辞した。

一方、アメリカ軍の南太平洋部隊司令官ハルゼー大将は、山本の動きのすべてを事前に暗号解読で読み切っていた。ハルゼーは山本機の撃墜を命じた。

ガタルカナル島のアメリカ基地から、ミッチェル少佐を指揮官とするP38ライトニング戦闘機十六機が飛び立ち、ブーゲンビル島方面で待ち伏せた。

ミッチェル機群が予定の地点に着いたのは午前九時三十四分。その時、前方から南下してくる陸攻二機と零戦六

機を発見した。ランフィア大尉率いる四機が陸攻機二機を攻撃し、後続の十二機が護衛の零戦機を阻止することになっていた。

アリメカ軍機を発見した山本長官搭乗の一号機は、急降下してジャングルすれすれにブーゲンビル島ブイン基地に向かったが、ランフィア機に捕捉されてあっという間に被弾し、胴体が一面、火炎に包まれ、密林のなかにそのまま突っ込み炎上、全員戦死した。

宇垣参謀長搭乗の二号機も被弾し、海岸から二百メートル沖の海中に突っ込んだ。参謀長ら三人が助かったが、二人戦死した。護衛の零戦機にも被害が出て、合計二十人が戦死した。

山本の遺体は翌十九日午後二時ごろ、日本軍の捜索隊により発見されたが、機外にあった座席に腰をかけ、軍刀を握りしめていたという。海軍軍医少佐田渕義三郎の「死体検案記録」には「顔面貫通機銃創背部盲管機銃創ヲ被リ貴要臓器ヲ損傷シ即死」とあり、背後から撃たれた機関銃弾によるものと断定された。

山本は大東亜戦争と呼ばれた太平洋戦争の開戦の日に「述志《じゅっし》」として遺書を認《したた》め、陸軍次官室の金庫に預けていた。

此の度は大詔を奉じて堂々の出陣なれば生死共に超然たることは難からざるべし
ただ此戦は未曾有の大戦にしていろいろ曲折もあるべく、名を惜み己を潔くせむの私心ありてはとても此大任は成し遂げ得まじとよくよく覚悟せり
されば
大君の御楯とただに思ふ身は名をもいのちも惜まざらなむ

昭和十六年十二月八日　山本五十六　花押

忠誠心がことのほか厚い山本は、トラック島にいた昭和十七（一九四二）年十一月末、天皇が戦勝祈願に伊勢神宮に参拝したのを新聞で知り、いたく恐縮して郷土の知人に、

「あと百日の間に、小生の余命は全部すり減らす覚悟に御座候」

と便りを書き送っている。

山本の戦死は五月二十一日に公表され、元帥府に列せられた。葬儀は異例の国葬により営まれた。

参考文献

楳本捨三『提督山本五十六――その昭和史』宮川書房新社、一九六八年。

芳賀徹他著、大分県立先哲史料館編『堀悌吉』大分県教育委員会、二〇〇九年。

中野正剛——「名宰相は絶対に強くなければならぬ」

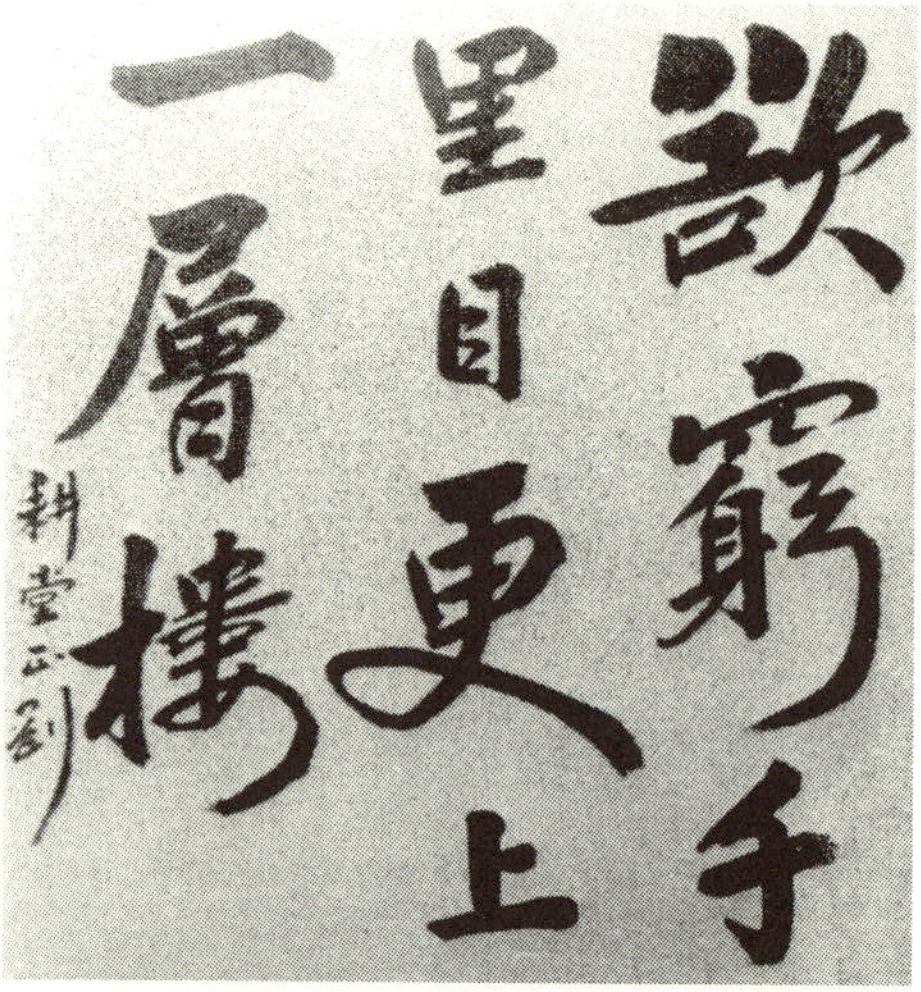

自決当夜に書き遺した絶筆（『中野正剛』より）

★なかの・せいごう
（一八八六—一九四三）

福岡県福岡市（福岡市中央区）生まれ。朝日新聞記者から福岡県選出の代議士になり、以来当選八回。民政党に属し、後に東方同志会を結成して会長。太平洋戦争（大東亜戦争）の戦局が激化するなか、東條英機総理大臣の政策を批判する論文「戦時宰相論」を発表、発行禁止に。昭和十八（一九四三）年十月二十七日歿。享年五十八。

昭和十八（一九四三）年十月二十七日午前七時ごろ、東京・渋谷区代々木本町、代議士、中野正剛宅で、同家の手伝いの女性が朝の掃除中、中野の寝室である奥八畳間の障子に血痕が付着しているのを見つけた。不審に思い室内を覗いてみると、中野が日本刀で腹を真一文字に薄く切ったうえ、頸動脈を掻き切り、絶命していた。

中野は宰相批判の論文を発表して憲兵隊に捕まり、二十六日に釈放されたばかり。妻は亡くなり、同宅には母と四男しかいなかった。

急報を受けた代々木署の係官及び検事、それに赤坂見付の医師らが現場に駆けつけ検視した結果、前夜十二時ごろに自殺したものと判明した。

中野は大正九（一九二〇）年、福岡県選出の代議士になり、以来当選八回。無所属倶楽部から民政党に属し、昭和五年十二月、若槻内閣が倒れたのを機に同党を離脱し、国民同盟を結成、以後、東方会を結成、統令になった。同十五（一九四〇）年には大政翼賛会常任総務に就任したが翌年辞任し、東方同志会を結成、会長になった。

太平洋戦争（大東亜戦争）が始まり、戦局はしだいに激しさを増していくが、そうしたなかで中野は東條英機総理大臣の政策に対して、論文「戦時宰相論」を新聞に発表して鋭く批判した。激怒した東條はこの新聞を発禁処分とした。

同十八年十月二十一日、中野は憲兵隊により逮捕され、五日間にわたり厳しい取り調べを受けた。釈放された二十六日夜、自宅に戻った中野は入浴して体を清めた後、郷里の黒田藩士族がよく着用した紋付き羽織を着、隣室の息子に色紙を二枚持ってくるよう言い、一枚に唐の詩人王之渙の「登鸛鵲楼《かんじゃくろうにのぼる》」の詩を書き、もう一枚にこう書いた。

欲窮千里目更上一層楼　　千里の目を窮《きわ》めんと欲し、さらに一層の楼に上る

中野はこの色紙を、

「一枚は兄にやれ。習字の手本にしなさい」

と言って息子に手渡した後、家族が寝静まるのを待って、割腹自殺を遂げた。

死を賭して書き、結果的に「遺書」となった論文「戦時宰相論」を掲げる（〔〕内は筆者注）。

「日本の非常時宰相は仮令《たとい》英雄の本質を有するも、英雄の盛名を恣《ほしいまま》にしてはならない」としたうえでこう続けた。

日露戦争に於て桂公〔桂太郎〕は寧ろ貫禄なき首相であつた。彼は孔明のやうに謹慎には見えなかつたが、陛下の御為に天下の人材を活用して、専ら実質上の責任者を以つて任じた。山県公〔山県有朋〕に頭が上らず、井上侯〔井上馨〕に叱られ、伊藤公〔伊藤博文〕憚り、それで外交には天下の賢才小村〔小村寿太郎〕を用ひ、出征軍に大山〔大山巌〕を頂き、連合艦隊に東郷〔東郷平八郎〕を推し、鬼才児玉源太郎をして文武の連絡たらしめ、傲岸《ごうがん》なる山本権兵衛をも懼《おそ》れずして閣内の重鎮とした。桂公は横着なるかに見えて、心の奥底に誠忠と謹慎とを蔵し、それがあの大幅にして剰す所なき人材動員となつて現はれたのではないか。難局日本の名宰相は絶対に強くなければならぬ。強からんが為には誠忠に謹慎に廉潔に、而して気宇広大でなければならぬ。

中野は明治時代の宰相桂太郎を例にとり、東條に「名宰相は絶対強くなければならぬ」と苦言を呈して、死んでいったのだった。

参考文献

緒方竹虎『人間中野正剛』潮書房、一九五六年。

猪俣敬太郎『中野正剛』吉川弘文館、一九六〇年。

渡邊行男『中野正剛自決の謎』葦書房、一九九六年。

南雲忠一――「敵ヲ索《もと》メテ進発ス、続ケ」

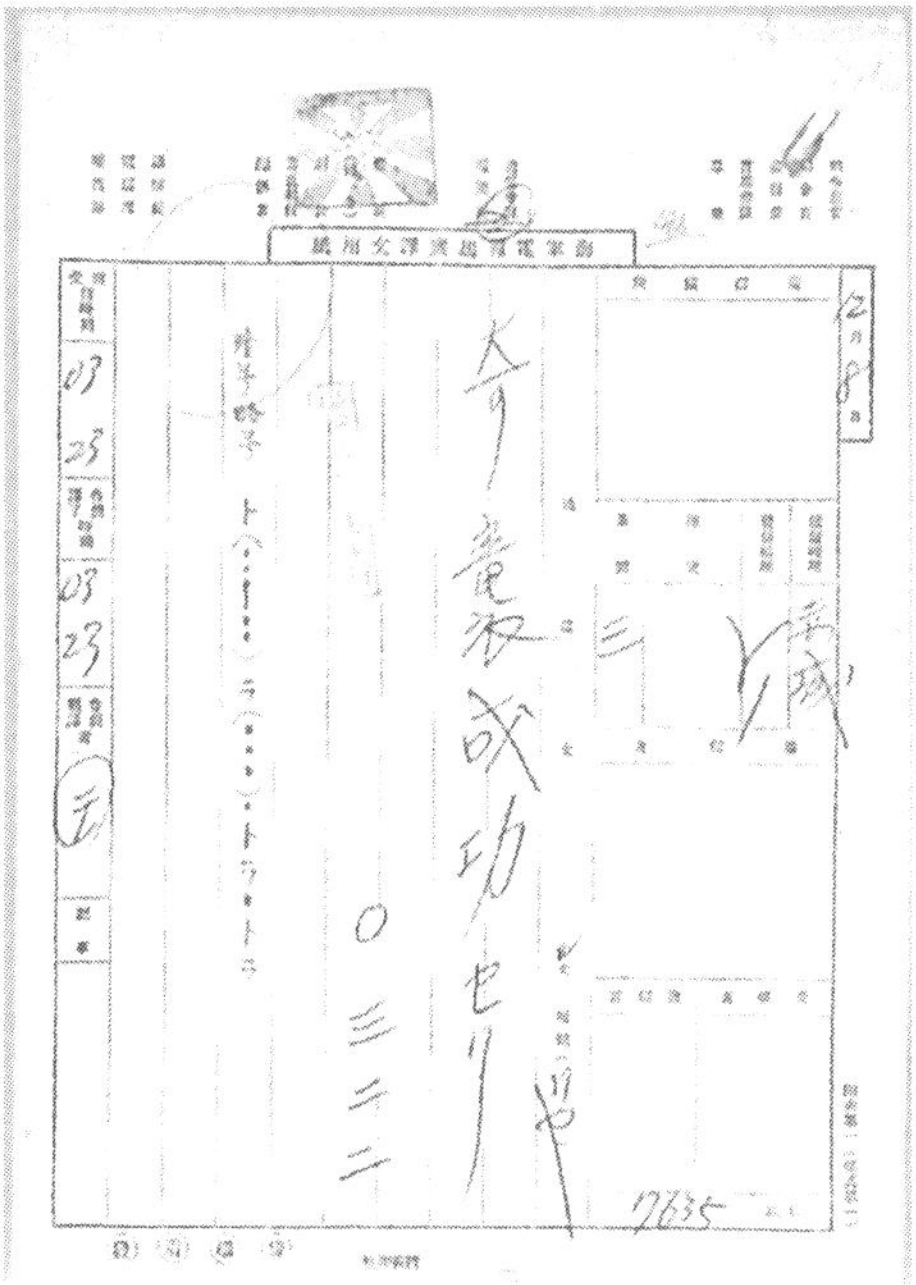

真珠湾の奇襲成功を伝える電文「トラ、トラ、トラ」（靖国神社蔵）

★なぐも・ちゅういち
（一八八七―一九四四）
海軍大将。山形県米沢出身。高雄、山城艦長などを務め、第一航空艦隊長官としてハワイ真珠湾攻撃やインド洋作戦、ミッドウェー作戦、ソロモン海戦で空母機動隊を指揮。中部太平洋方面艦隊兼第十四航空艦隊司令長官としてサイパン島攻防戦を戦い、自決。昭和十九（一九四四）年七月八日歿。享年五十八。

昭和十九（一九四四）年三月九日、海軍中将南雲忠一は、中部太平洋方面艦隊兼第十四航空艦隊司令長官としてサイパン島に赴任し、マリアナ防衛の最高指揮官になった。

南雲の指揮下に、師団長斎藤義次中将と第三十一軍参謀長井桁《いげた》敬治少将、そしてマリアナにいた小畑英良中将率いる陸軍第三十一軍が入った。これによりサイパンの守備兵力は陸海軍合わせて四万三千五百余になった。

南雲は太平洋戦争開戦以来、これまでハワイ作戦、ミッドウェー作戦、南太平洋機動作戦など重要な作戦を指揮してきた。このサイパン島もまた重要な防備戦となる。

六月十五日からアメリカ軍は、約七万人の兵力を次々にサイパン島に上陸させた。激しい戦闘になり、日本軍は随所で撃破され、死者が続出した。敗れた日本兵は山岳地へと逃れていき、最後は島の北西部の地獄谷に追い詰められた。残存将兵はざっと三千。この戦闘が始まった時、小畑中将はパラオ視察のため出張中で、不在だった。

戦闘は三週間に及び、敗色濃厚となった七月六日朝、南雲は最後の訓示を発した。

サイパン全島ノ皇軍将兵ニ告グ、米鬼進攻ヲ企図シテヨリ茲《ここ》ニ二旬余、在島ノ皇軍陸海軍ノ将兵及ビ軍属ハ、克《よ》ク協力一致善戦敢闘随所ニ皇軍ノ面目ヲ発揮シ、負托ノ任ヲ完遂セシコトヲ期セリ、然ルニ天ノ時ヲ得ズ、地ノ利ヲ占ムル能《あた》ハズ、人ノ和ヲ以テ今日ニ及ビ、今ヤ戦フニ資材ナク、攻ムルニ砲熕悉《ほうこうことごと》ク破壊シ、戦友相次イデ斃《たお》ル、無念、七生報国ヲ誓フ、而《しか》モ敵ノ暴虐ナル進攻依然タリ、「サイパン」ノ一角ヲ占有スト雖《いえど》モ、徒ニ熾烈《しれつ》ナル砲爆撃下ニ散華スルニ過ギズ、今ヤ、止《とど》マルモ死、進ムモ死、死生命アリ、須《すべから》ク其ノ時ヲ得テ、帝国男児ノ真骨頂ヲ発揮スルヲ要ス、予ハ残留諸子ト共ニ、断乎進ンデ米鬼ニ一撃ヲ加ヘ、太平洋ノ防波堤トナリテ「サイパン島」ニ骨ヲ埋メントス。

戦陣訓ニ曰《いわ》ク「生キテ虜囚ノ辱《はずかしめ》ヲ受ケズ」「勇躍全力ヲ尽シ、従容トシテ悠久ノ大義ニ生クルヲ悦ビトスベシ」ト。茲《ここ》ニ諸士ト共ニ聖《せい》寿ノ無窮《むきゅう》皇国ノ弥栄《いやさか》ヲ祈念スベク、敵ヲ索《もと》メテ進発ス、続ケ。

昭和十九年七月六日　　　　　　　　中部太平洋方面艦隊司令長官、南雲中将

この玉砕の訓示こそ、南雲の「遺書」であり、「遺言」であった。

訓示後の午前九時から十時ごろにかけて、部隊が最後の突撃を敢行することになった。南雲が師団長斎藤中将、参謀長井桁少将とともに、洞窟のなかの陣地で自決を遂げたのは八日朝である。

いくつかの異なる証言があるが、第四十三師団参謀の平櫛孝少佐の証言がもっとも信憑性が高いと思われるので、『肉弾!! サイパン・テニアン戦』から引用する。平櫛は最後の突撃の際、負傷して意識を失い捕虜となり、戦後、生還した人物である。

南雲海軍中将、斎藤中将、井桁少将の自決の場所と定められた洞窟の一段と高いところが、入念に掃き清められた。三人は肌着を着換えた。(中略)斎藤中将を真ん中に、右に南雲海軍中将、左に井桁少将が、遙かに祖国に面して正座した。高級副官がつくった即製の台の上に、各自の軍刀が鞘をはらって置かれてある。三人の専属副官は、拳銃の試射を終わって、それぞれのうしろに立った。(中略)。

「よろしゅうございましょうか」高級副官の声、「どうぞ」南雲海軍中将の声、三人は軍刀を逆手に持ち、日本の古式にしたがってみずからの腹部にあてた。高級副官の右手が挙がった。拳銃の鈍い銃声が三発……。一人の提督と二人の将軍は後頭部を撃ち抜かれた。

参考文献

松島慶三『悲劇の南雲中将──真珠湾からサイパンまで』徳間書店、一九六七年。
豊田穣『波まくらいくたびぞ──悲劇の提督・南雲忠一中将』講談社、一九七三年。

尾崎秀実――「元気で内外の情勢に敢然対処することを祈る」

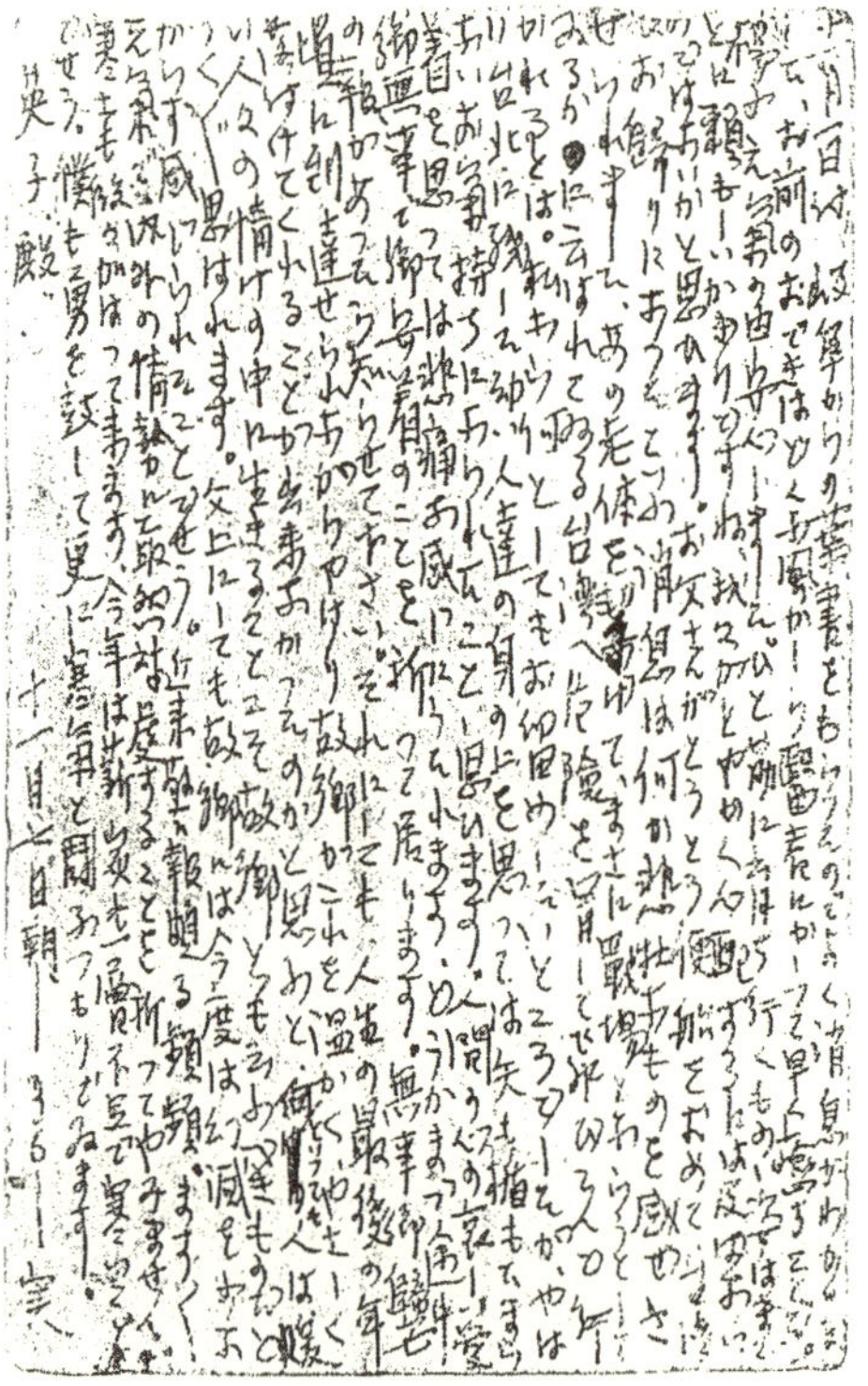

絶筆となった尾崎秀実のはがき（『愛情はふる星のごとく』より）

★おざき・ほつみ
（一九〇一―一九四四）
東京出身。筆名白川次郎。東京帝国大学法学部を卒業して朝日新聞に入社。上海特派員に。ここでドイツのジャーナリスト、リヒャルト・ゾルゲと知り合う。朝日新聞を退社して満鉄東京支社調査室の嘱託職員に。昭和十九（一九四四）年十一月七日歿。享年四―四。

政治評論家、尾崎秀実《ほつみ》がゾルゲ事件に連座し、逮捕されたのは昭和十六（一九四一）年十月十五日。尾崎は特高警察の厳しい取り調べの末、治安維持法、国防保安法、軍機保護法違反などの罪で起訴され、昭和十八（一九四三）年九月二十九日、死刑判決を受けた。処刑されたのは昭和十九（一九四四）年十一月七日朝だった。

尾崎は西巣鴨の東京拘置所に移された後、許されて初めて妻英子、娘楊子宛てに手紙を書いた。以来、一年余りの間に書いた便りは二百余通に及んだ。死を覚悟していた尾崎にとってその一通一通が真心込めた「遺書」であったといえる。

絶筆となったペン書きのはがきは処刑当日の十一月七日朝七時ごろ書いた。だが処刑は事前に伝えられておらず、便りを出して房に戻って間もなく呼び出された。絶命した時刻は午前八時五十一分と記録されている。

妻の英子が夫の死を知ったのは同日深夜。翌朝、二人の弁護士に伴われて尾崎の遺骸を受け取り、東京・下落合の火葬場に運び、夕方、遺骨を抱いてわが家に戻った。その二、三日後に尾崎から絶筆となったはがきが届いた。主のいない最後の便りだった。

便りの冒頭部分は、疎開した娘の楊子を気遣い、岐阜まで出かけた英子からの便りに対する返事、文中の「お父さん」は尾崎の父秀太郎で、新聞人として台湾に居住し、東京に戻っていた。

　十一月一日付、岐阜からの葉書をもらつたのでよく消息がわかりました。お前のおできはどんな風かしら。医者にかかって早く癒《なお》すことだ。楊子元気の由安心しました。ひと筋に育ち行くものの姿はまことに頼もしいかぎりですね。我々がとやかく心配するには及ばないのではないかと思ひます。お父さんがとうとう便船を求めて台湾にお帰りになったといふ消息は何か悲壮なものを感ぜさせられました。あの老体を携《ひっさ》げて、まさに戦場とならうとしてゐるかに云はれてゐる台湾へ危険を冒して飛びこんで行かれるとは。私なら何としてもお留めしたいところでしたが、やはり台北に残した幼い人達の身の上を思っては、矢も楯もたまらないお気持ちになられたことと思ひます。人間の心の哀しい愛着を思っては悲痛な感じにうたれます。どうかまづ途中御無事で御安着のことを祈って居ます。無事御帰宅の報があったら知らせて下さい。それにしても人生の最後の年頃に到達せられながらやはり故郷がこれを温かくやさしく落付けてくれることが出来なかったのかと思ふと、何といっても人は暖い人々の情けの中に生きることこそ故郷とも云ふべきものだとつく〴〵思はれます。父上にしても故郷には今度は幻滅を少なからず感じられたことでせう。

近来警報頗《すこぶ》る頻頻《ひんぴん》。ます〳〵元気で内外の情勢に敢然対処することを祈つてやみません。寒さも段々加はつて来ます。今年は薪炭も一層不足で寒いことでせう。僕も勇を鼓して更に寒気と闘ふつもりでゐます。

十一月七日朝　　　実

英子殿

尾崎は生後間もなく父の赴任地の台湾に移住し、中学まで過ごした後、第一高等学校から東京帝国大学、同大学院を経て朝日新聞に入社。昭和三（一九二八）年、上海特派員になり、四年間の勤務中に国際緊張の高まる日中間の認識を深めた。この間にドイツのジャーナリスト、リヒャルト・ゾルゲと知り合う。昭和十三（一九三八）年、朝日新聞を退社して満州鉄道東京支社調査室の嘱託になった尾崎は、日中問題の経世的な言論活動を続けた。アジア民族の解放を裏に秘めた東亜協同体論は高く評価された。

しかし帰国後、ゾルゲの国際スパイ事件の首謀者の一人として、太平洋戦争勃発直前の昭和十六（一九四一）年十月十五日朝、東京市目黒区上目黒の自宅で逮捕された。ゾルゲが逮捕されたのは十月十八日。昭和十七（一九四二）年五月十六日、国際諜報団事件として公表され、世間は騒然となった。尾崎は六月から十一月にかけて予審訊問を受け、この間に事件の広がりは満鉄調査部に及んだ。昭和十八（一九四三）年五月三十一日、東京地裁で第一回公判が開かれ、九月二十九日、ゾルゲとともに死刑判決を受けた。尾崎は二度にわたり上申書を提出したが、四月五日、大審院は上告棄却し、死刑が確定した。
妻子に宛てた二百通余にのぼる獄中書簡は、後に『愛情はふる星のごとく』の表題で発刊され、戦後のベストセラーになった。

参考文献

尾崎秀実『愛情はふる星のごとく——獄中書簡』尾崎英子編、世界評論社、一九四六年。

石岡俊蔵――「父母共に我れを案ずる勿《なか》れ」

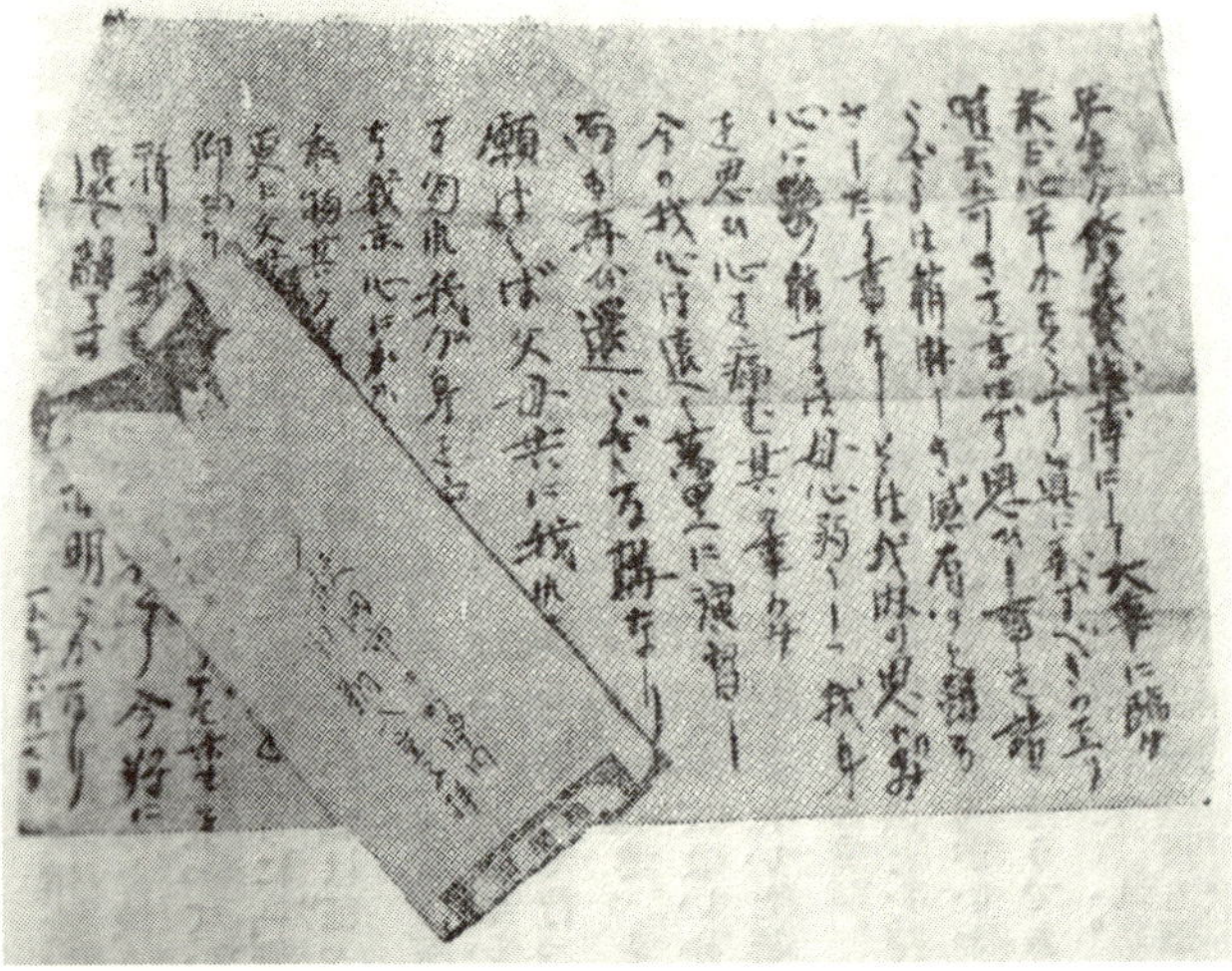

女性名にして書いた石岡俊蔵の便り（靖国神社蔵）

★いしおか・しゅんぞう
一九二一―一九四五
秋田県出身。陸軍伍長。徴用猶予前に出征した学徒。昭和十七年入隊し、昭和二十年一月十六日、フィリピンのラウニオン州アムラング海岸で戦死。昭和二十（一九四五）年一月十六日歿。享年二十三。

太平洋戦争はしだいに熾烈《しれつ》になり、政府は昭和十八（一九四三）年六月、学徒戦時動員体制確立要綱を閣議決定した。これにより学徒の徴用猶予は理科系を除いて停止になった。十月二十一日、東京・明治神宮競技場で東京近在七十七校から三万人が参加して学徒出陣の壮行大会が開かれた。学徒たちは十二月一日、いっせいに各地の軍隊に入営し、それぞれ戦線へと出撃した。学徒出陣した若者は三十万人にのぼるとされるが、その多くは還らぬ人となった。

戦後、日本戦没学生の手記『きけわだつみのこえ』が刊行され、これがきっかけになって日本戦没学生記念会（わだつみ会）により後に同名の第二集が発刊された。

このなかから日本大学文学部学生、石岡俊蔵陸軍伍長のものを掲げる。石岡は徴用猶予前に出征した学徒の一人で、昭和十七年四月一日に入隊し、昭和十九年一月十六日、フィリピンのラウニオン州アムラング海岸で戦死した。この遺書は戦線におもむく際、安全に届くよう、差出人を女性の名にして父母宛てに郵送したものである。

昭和十九年六月十七日

平生の修養浅薄にして大事に臨《のぞ》み未《いま》だ心平《たい》らかならず　真に恥ずべきの至《いた》り　唯云《ただい》ふ可《べ》きを言はず思ひし事を語らざるは萌淋《ややさび》しき感有《あ》りと雖《いえど》もさしたる事なし　そは我内の思ひのみ　心に鬱積《うっせき》するは母心弱くして我身を思ひ心を痛む其の事のみ

今の我心は遠く万里に演習し而も再び還《かえ》らざる構なり　願はくば父母共に我れを案ずる勿《なか》れ　我が身を案ぜざれば即ち我亦心にかかることなし

私物其の他はすでに発送せり　更に父母弟の栄ゆる大東亜の日を仰ぎて暮す日の速かに来らん事を祈る　我これを友に託す　今将《まさ》に遠く離る可し心亦明らかなり

この便りは、確かに父母のもとに届いたが、事前の検閲で開封された跡が残っていたという。

参考文献

日本戦没学生記念会編『きけわだつみのこえ――日本戦没学生の手記　第二集』岩波文庫、二〇〇三年。

栗林忠道――「矢弾つき果て散るぞ悲しき」

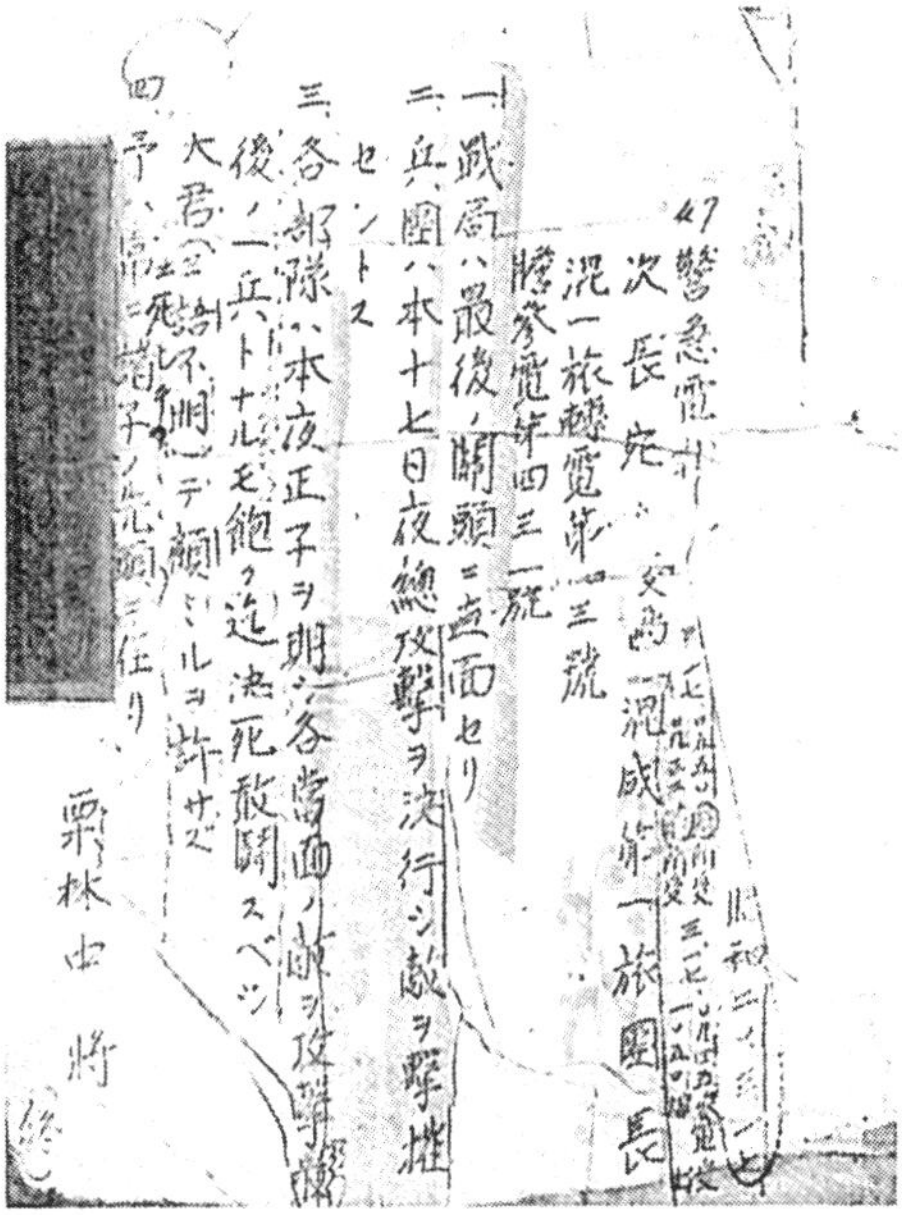

昭和二十年三月十七日

47 警急電報

次長宛　父島　混成第一旅団長

混一旅機電第一三號

膽参電第四三一號

一、戦局ハ最後ノ関頭ニ直面セリ

二、兵団ハ本十七日夜総攻撃ヲ決行シ敵ヲ撃摧セントス

三、各部隊ハ本夜正子ヲ期シ各当面ノ敵ヲ攻撃……後ノ一兵トナルモ飽ク迄決死敢闘スベシ 大君(判読不明)デ顧ミルヲ許サズ

四、予ハ常ニ諸子ノ先頭ニ在リ

栗林中将

(終)

大本営宛ての決別電報（『散るぞ悲しき』より）

★くりばやし・ただみち
（一八九三―一九四五）
長野県埴科郡旧西条村（長野市松代町）出身。陸軍大将。第百九師団を基幹とする小笠原兵団長として硫黄島に赴任し、守備隊を指揮。アメリカ軍の猛攻を迎撃戦でしのいだが、追い詰められ、大本営に決別電報を送り総攻撃を命じ、自刃。昭和二十（一九四五）年三月十七日歿。享年五十三。

昭和十九（一九四四）年七月初め、大本営は硫黄島に小笠原兵団を移し、小笠原島に駐屯中の第百九師団長の栗林忠道陸軍中将を兵団長に任命した。この直後、アメリカ軍のサイパン島上陸作戦が始まり、日本軍は壮絶な戦いの末、無残に敗北した。同島にほど近いマリアナ沖では日米艦隊による一大海戦が始まり、日本海軍は潰滅的な打撃を被った。

アメリカ軍の次の狙いは硫黄島である。東京から一二五〇キロ、サイパン島から一四〇〇キロ、ちょうど中央に位置する同島を奪い取り、ここを日本本土空襲の基地にするのは明らかだった。

栗林は、アメリカ軍を迎え撃つ水際作戦をやめて、後方の擂鉢《すりばち》山に陣地を構築し、元山地区に複郭拠点の陣地を構えた。擂鉢山は標高一六九メートルの小高い山だが、ほかに高地もないので、山頂に立つと島全体が一望できた。

アメリカ軍の上陸は昭和二十（一九四五）年二月十九日から始まった。艦砲射撃と上陸作戦を絡めた圧倒的な攻撃に日本軍は激しく迎撃したが、島はおびただしい硝煙と死臭にまみれ、擂鉢山はついに陥落した。

戦闘は日を追って激化し、アメリカ軍は包囲網を狭めてじりじりと迫ってきた。日本軍は弾薬も尽きかけていたが、必死に戦った。だが食料、とくに飲料水がなく、体力は日に日に消耗していった。

三月上旬には島のほぼ三分の二がアメリカ軍に占領され、日本軍は島の北部へ追い詰められた。日本兵はしきりにゲリラ戦を仕掛けて、アメリカ軍を脅かした。だが戦局の帰趨《きすう》は明らかだった。

三月十六日午後四時、栗林は大本営宛てに決別電報を打電した。

戦局、最後ノ関頭ニ直面セリ。敵来攻以来、麾下《きか》将兵ノ敢闘ハ真ニ鬼神ヲ哭《なか》シムルモノアリ。特ニ想像ヲ越エタル物量的優勢ヲ以テスル陸海空ヨリノ攻撃ニ対シ、宛然《えんぜん》徒手空拳ヲ以テ克《よ》ク健闘ヲ続ケタルハ、小職自ラ聊《いささ》カ悦ビトスル所ナリ。

然レドモ飽クナキ敵ノ猛攻に相次デ斃《たお》レ、為ニ御期待ニ反シ此ノ要地ヲ敵手ニ委ヌル外ナキニ至リシハ、小職ノ誠ニ恐懼《きょうく》ニ堪ヘザル所ニシテ幾重ニモ御詫申上グ。

今ヤ弾丸尽キ水涸レ、全員反撃シ最後ノ敢闘ヲ行ハントスルニ方《あた》リ、熟々《つらつら》皇恩ヲ思ヒ粉骨砕身《ふんこつさいしん》モ亦《また》悔イズ。特ニ本島ヲ奪還セザル限リ、皇土永遠ニ安カラザルニ思ヒ至リ、縦《たと》ヒ魂魄トナルモ誓ツテ皇軍ノ捲土重来《けんどじゅうらい》ノ魁《さきがけ》タランコトヲ期ス。

茲《ここ》ニ最後の関頭ニ立チ、重ネテ衷情ヲ披瀝《ひれき》スルト共ニ、只管《ひたすら》皇国ノ必勝ト安泰トヲ祈念シツツ永《とこし》ヘニ御別レ申上グ。

尚父島、母島等ニ就テハ同地麾下将兵、如何ナル敵ノ攻撃ヲモ断固破摧シ得ルヲ確信スルモ、何卒宜シク御願申上グ。

終リニ左記駄作、御笑覧ニ供ス。何卒玉斧《ぎょくふ》ヲ乞フ。

国の為　重きつとめを果し得で　矢弾尽き果て散るぞ悲しき
仇討たで　野辺には朽ちじ吾は又　七度生れて矛《ほこ》を執らむぞ
醜草の　島に蔓《はびこ》るその時の　皇国の行手一途に思ふ

翌十七日早朝、栗林は、硫黄島の全将兵に総攻撃決行を呼びかけた。

一、戦局ハ最後ノ関頭ニ直面セリ
二、兵団ハ本十七日夜、総攻撃ヲ決行シ敵ヲ撃摧《げきさい》セントス
三、各部隊ハ本夜正子《しょうし》ヲ期シ各当面ノ敵ヲ攻撃、最後ノ一兵トナルモ飽《あ》ク迄《まで》決死敢闘スベシ
大君〇〇〇（三文字読めず）テ顧ミルヲ許サズ

四、予ハ常ニ諸子ノ先頭ニ在リ　栗林中将

本夜正子とは翌十八日午前零時を指す。

だが土壇場で総攻撃は見合わされ、実施されたのは二十六日早朝。硫黄島の兵団は壊滅した。栗林の最期は明らかでないが、戦闘で重傷を負い、出血多量で死亡したとも、拳銃で自決したともいわれる。

硫黄島の玉砕が新聞に報道されたのは三月二十二日。読売報知は戦況を伝えた後、栗林の辞世三首を掲載した。そのなかの最初の一首が、次のように変わっていた。

国のため　重きつとめを果し得で　矢弾つき果て散るぞ口惜し

「悲しき」が「口惜し」に変わっていたのである。

死から六十余年を経て、これを追跡した梯久美子著『散るぞ悲しき』（新潮社刊）により、真実が明らかになった。

大本営陸軍部第二十班長だった種村佐孝大佐が栗林家を訪ね、

「この電報をもって、ご遺骨と思われるべし」

と、妻に手渡した。そこには手直しされていない文面が残されていたのだった。

参考文献

梯久美子『散るぞ悲しき——硫黄島総指揮官・栗林忠道』新潮社、二〇〇五年。

前田　啓——「俺が死んだら何人泣くべ」

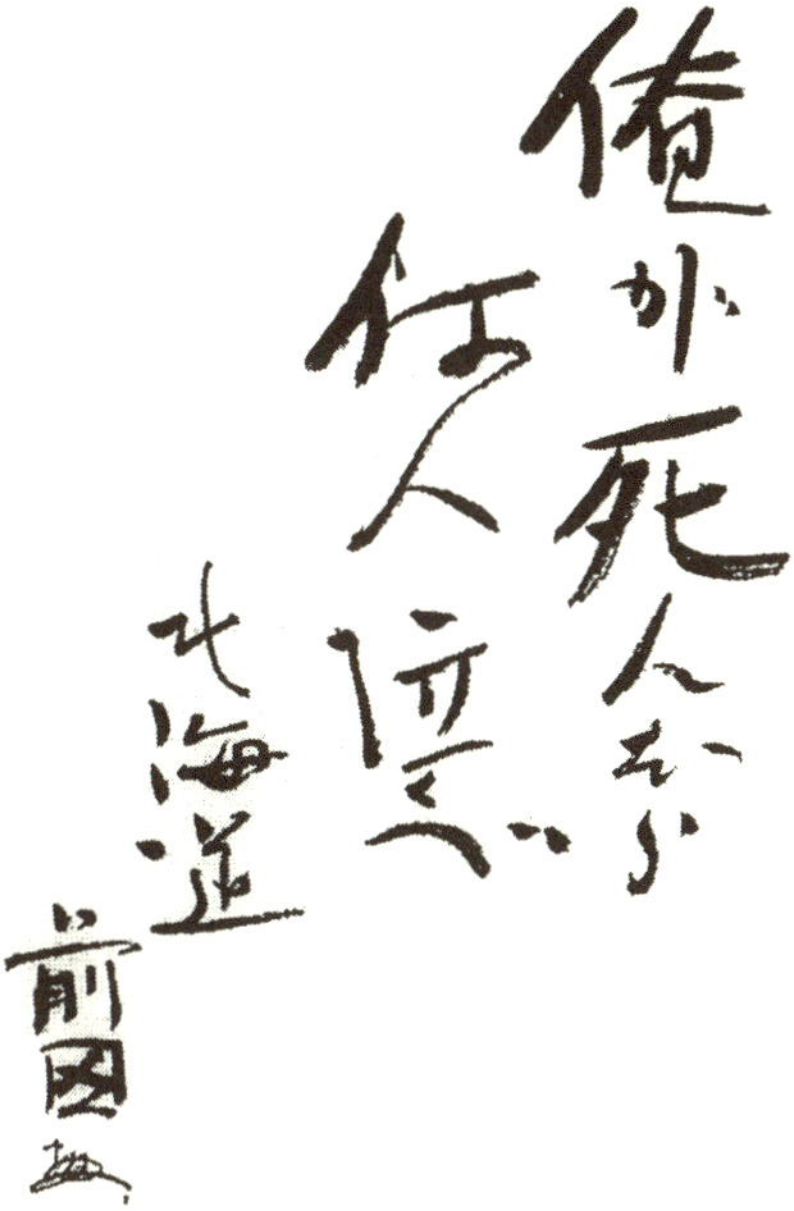
俺が死んだら何人泣くべ
北海道
前田啓

前田啓の遺書の最後の部分（『知覧特別攻撃隊』より）

★まえだ・けい
（一九二三―一九四五）

陸軍大尉。北海道出身。第二三振武隊特別攻撃隊として鹿児島の知覧基地から出撃、戦死。昭和二十（一九四五）年四月三日歿。享年二十二。

最悪の戦局に陥った日本軍部は、劣勢を挽回しようとフィリピンのレイテ湾作戦以来実施してきた特別攻撃隊を強化し、昭和二十（一九四五）年三月、本土最南端の鹿児島県知覧町の知覧飛行場をはじめ、万世・都城基地などを陸軍特攻基地にした。

特攻隊の隊員たちが続々と基地に集結してきた。ほとんどが十七歳から二十二歳くらいまでの若者ばかりで、少年航空兵や学徒出身の特別操縦見習士官も含まれていた。若者たちはわずかな滞在の後、飛行機の胴体の下に、二五〇キロ、五〇〇キロの爆弾をつけ、片道だけの燃料を積んで、沖縄戦線へと飛び立っていった。

飛行機もろとも肉弾になってぶつかっていくという人類史上例をみない攻撃だった。

出撃前に書いた遺書が数多く知覧特攻平和会館に現存する。以下、村永薫編『知覧特別攻撃隊』より四月三日に出撃、戦死した第二三振武隊、前田啓大尉の遺書を掲げる。なお階級は戦死後の特進である。

遺書

父母様、啓ハ大命ヲ拝シ征ク事ニナリマシタ。

二十有余年ノ今日ニ至ル迄厚キ御愛情ヲ受ケ、何一ツ孝行モ出来ズ御心配バカリカケ申シ訳御ザイマセン。厚ク御礼申シ上ゲマス。

啓ハ大君ノ御為太平洋ノ防波堤トナリ死ニマス。

武人ノ名誉之ニ過グルハナシ。元気旺盛ニシテ意気天ヲ衝ク有様ナリ。御安心下サイ。

今日ノ誉レ啓ゴトキ小臣、軀《み》ニ余ル光栄ナリト存ジマス。我ガ屍ハ敵艦ニアリテ消ユルトモ、魂ハ遠古天地ニ止マリテ皇国ノ礎ヲ護ラム。

軍人タリ股肱《ここう》トシテ大君ノ御為散レルコソ日本国ニ生享ケタル甲斐アルト言ヘヨウ。

而シテ身命ヲ大君ニ捧グルハ日本臣民ノ大義大道ナリ。又軍人ノ本分ナリ。

一、軍人ハ忠節ヲ尽スヲ本分トスベシ。
君ニ忠ナリ親ニ孝ナリノ両輪コレノ道義ニ邁進シ、死ヲ以テ山ヨリ高ク海ヨリ深シノ君親大恩ノ万分ノ一ナリト報イ奉ル決心ナリ。
最後ニ父上様御一同ノ御壮健ナラン事ヲ御祈リ申シ上ゲマス。猶《なお》、特ニ自分ノ墓ハ不用デアリマス。亡母ノ御墓ノ側ニ静カニ寝カセテ下サイ。サヨウナラ。
天皇陛下　万歳
振武隊　万歳
若桜屍ヲ空ニサラストモ
何惜シカロウ大君ノタメ
昭和二十年三月二十五日
陸軍特別攻撃隊　振武隊陸軍少尉　前田　啓

俺が死んだら
何人泣くべ
北海道　前田（花押）

前段の格調高い文面に比べ、後段の「俺が死んだら何人泣くべ」は若者の純真な想いを滲《にじ》ませ、胸迫るものがある。

参考文献

村永薫編『知覧特別攻撃隊』（改訂版）ジャプラン、一九九一年。

山本直樹――「我一子、長男山本一利、当年九歳ヲ残ス」

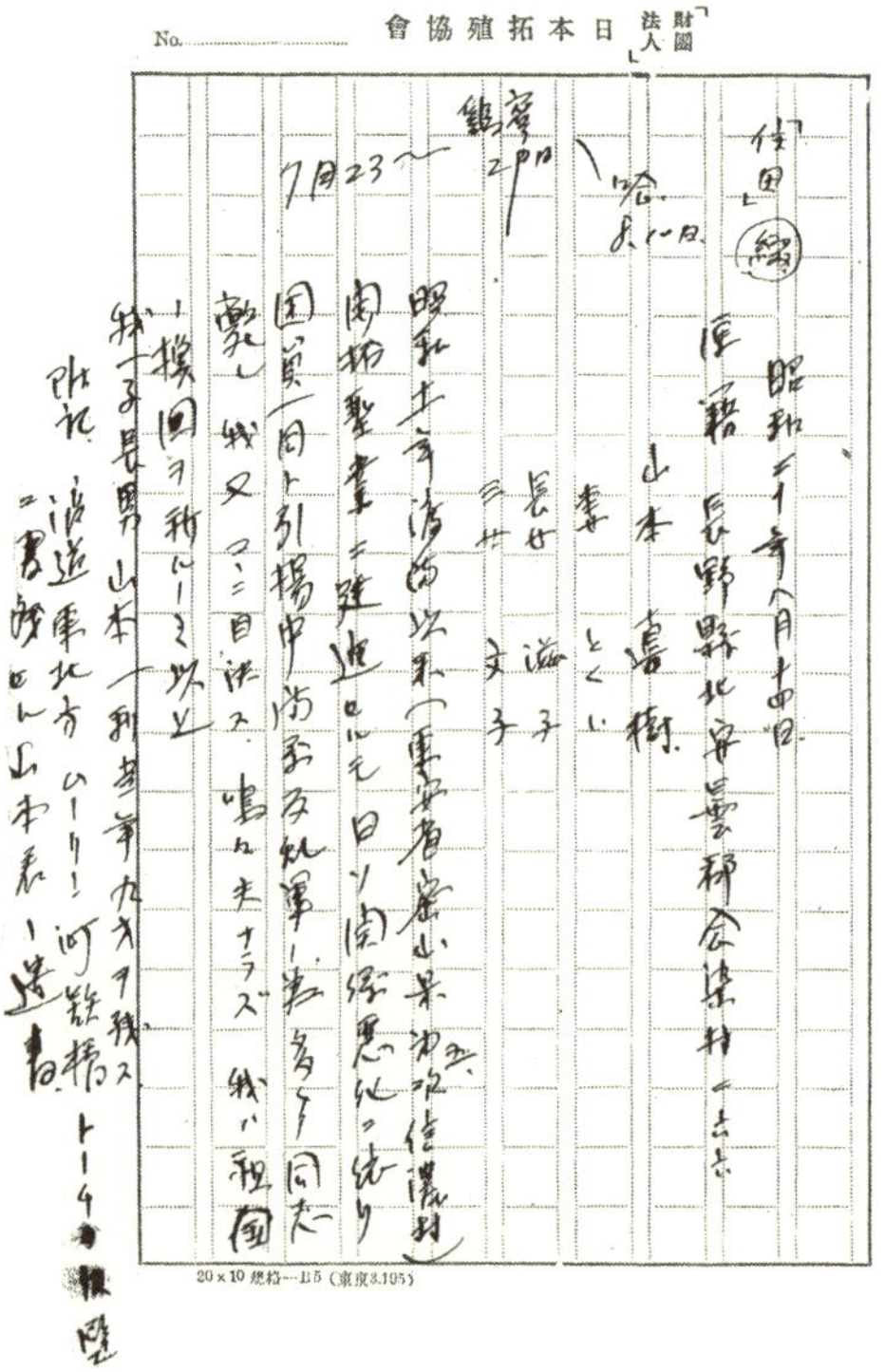
「財団法人」日本拓殖協會　No.

昭和二十年八月十四日

原籍　長野縣北安曇郡会染村[illegible]

山本直樹

妻　とく

長女　[illegible]子

三女　文子

昭和十二年渡満以来（東安省密山県第五次信濃村）

開拓事業ニ[illegible]シ来ルモ日ソ開戦[illegible]ニ依リ

[illegible]一同ト引揚中[illegible]軍ニ襲[illegible]多クノ同志

戦死シ我又ココニ自決ス　嗚呼[illegible]　我ハ祖国

ノ[illegible]ヲ祈ルノミ　以上

我一子長男山本一利当年九才ヲ残ス

附記　[illegible]

[illegible]山本[illegible]ノ遺書

トーチカ[illegible]壁

トーチカの壁に書かれた遺書の写し（著者蔵）

★やまもと・なおき

（一九〇九―一九四五）

東安省密山県第五次信濃村の開拓団員として家族とともに満州（中国東北部）に渡り、開拓に従事するが、ソ連参戦により逃走中、ソ連軍の進撃と中国人の蜂起により、長男だけを逃がし、家族ともども自殺。昭和二十（一九四五）年八月十四日歿。享年三十七。

開拓に励む満蒙開拓団の人々

満蒙開拓団とは、国策に基づき満州（中国東北部）に赴き、家族で開拓にいそしむうち、太平洋戦争末期のソ連参戦と、それに続く日本の敗戦により、開拓地を捨てて逃げまどい、膨大な犠牲者を出したという悲惨な運命をたどった集団である。

山本直樹もこうした開拓団の一員で、家族とともに逃避行の途中、ソ連軍と蜂起した中国暴民に襲われ、もうだめだと観念し、近くにあったトーチカと呼ばれるコンクリート作りの建て物内に入り、その壁に遺書を書き残し、一家で自決して果てたのである。

たまたま後日、立ち寄った同胞がこれを見つけて書き写し、哈爾浜《ハルビン》の日本人居留民会に手渡した。写しはB５判の財団法人日本拓殖協会の用紙に書かれたもので、「北満農民救済記録」と表書きされた七冊のノートのなかの二冊目に挟み込まれて日本に送られた。

昭和五十二（一九七七）年八月、日中友好手をつなぐ会北海道支部主催による満州開拓団、義勇隊敗戦避難時犠牲者三十三回忌法要が札幌市の西本願寺で催される直前、身元を伏せた高齢の男性から主催者側にノートが手渡され、写しの存在も含めて初めて明るみになった。ノートはゆえあって筆者が保存している。

この紙片は戦場となった極限の現地からもたらされた極めて特異な遺書といえる。

遺書の全文を記す。

昭和二十年八月十四日
原籍　長野県北安曇郡会染村二六六
山本　直樹
妻　とくい
長女　滋子

三女　文子
昭和十一年渡満以来（東安省密山県第五次信濃村）開拓聖業ニ建進セルモ、日ソ関係悪化ニ依リ、団員一同ト引揚中、満系反乱軍ノ為多クノ同志斃レ、我又ココニ自決ス
嗚々夫ナラズ、我ハ祖国ノ挽回を祈ルノミ、以上
我一子、長男山本一利、当年九歳ヲ残ス

付記　渡道東北方ムーリン河鉄橋トーチカ内壁ニ書残セシ山本君ノ遺書
七月二十三日
鶏寧二十九日
哈爾浜《はるぴん》八月十日「住田」綴

遺書に記された東安省密山県信濃村は『満州開拓史』によると、団長青木虎若、団員千四百九十人。逃避行の途中で六百十三人が死亡した。うち自決は百二十八人、病死は四百八十五人、未帰還者は四百三十八人、帰国者は四百三十九人となっている。

吉川彦元・屯長の記録によると、ソ連参戦により、八月十日午前十一時、主力千人が逃避行を始めたが、鶏石駅付近で蜂起した中国人の集団に襲われ、戦死者を出した。十二日、先頭が鶏寧着、主力は十三日着。鶏寧近くでまたも中国人の集団に襲撃され自決六十人を出す。そこへソ連軍が侵攻し、開拓団は逃げ場を失い混乱に陥り、自決者百六十八人を出した。

以上の記述から山本一家は、この直後に自決の道を選んだと推定できる。山本は蜂起の中国人と襲撃するソ連軍に包囲され、逃げられないと覚悟したが、息子だけは何としても生かしておきたいと思ったのであろう。遺書の最

後の「我一子、長男山本一利、当年九歳ヲ残ス」は、死んでいく父親のわが子への最後の願いであったことがわかる。

遺書を書き写した「住田」という人物が鹿児島県に居住していたのを探し出し、その事実を確かめたうえ、事件から六十年後に現地を訪れた。ムーリン河鉄橋そばのトーチカは現存するが、なかには草束がぎっしり入っていて踏み込むこともできない。残留孤児として生きたであろう一利少年の消息を訪ねて回ったが、結局はわからなかった。混乱のなかを逃げまどい、その果てに亡くなったのか、それとも親切な中国人に救われ、中国人として成長したのか。複雑な思いが胸をよぎった。

参考文献

合田一道『検証・満州一九四五年夏――満蒙開拓団の終焉』扶桑社、二〇〇〇年。

阿南惟幾――「一死以テ、大罪ヲ謝シ奉ル」

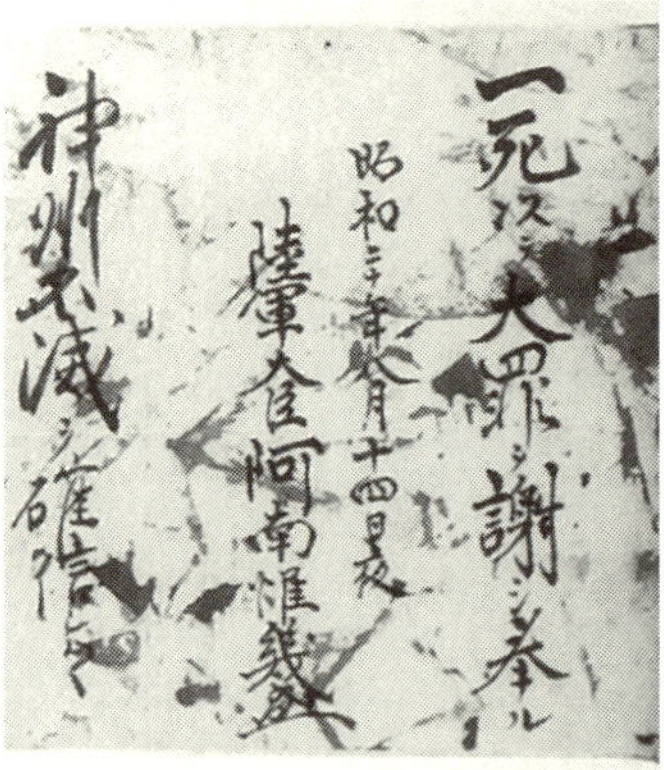

阿南惟幾の血染めの遺書（靖国神社蔵）

★あなみ・これちか
（一八八七―一九四五）
東京生まれ。陸軍大臣。陸軍大将。ポツタム宣言受諾に反対し、最後まで戦争遂行を主張したが容れられず、終戦の詔勅に署名。天皇に対し「一死以テ、大罪ヲ謝シ奉ル」の遺書を残して自刃。昭和二十（一九四五）年八月十五日歿。享年五十九。

昭和二十（一九四五）年八月十四日午後六時、陸軍大臣阿南惟幾大将は、梅津参謀総長と連名で大本営直轄の各軍に対して、次の電報を発した。

帝国の国体護持、皇土の保衛を完遂し得ることを条件として交渉中なりしも、敵の提示せる条項は右目的達成に著しく困難ならしむるものあり。之が為小職等は……万策を尽して強硬に主張し、またしばしば上奏せるも、天皇陛下におかせられては四国宣言の条項を受諾することに御親採あらせられたり。

そのあとに「小職等は万斛《ばんこく》の涙を呑んで之を伝達す」と書いた。

このころ陸軍内部は徹底抗戦を叫んで殺気だち、天皇のポツタム宣言受諾の録音盤をラジオ放送前に奪い取ろうとする動きなどが出ていた。

夜十一時、陸軍大臣として終戦詔勅《しょうちょく》に署名をした阿南は、鈴木貫太郎総理に別れの挨拶をしてから、官邸に戻った。夕食を済ませ、体を浄めてから遺書を書き出した。

一死以テ、大罪ヲ謝シ奉ル
昭和二十年八月十四日夜
陸軍大臣阿南惟幾（花押）

短い文面だが、そこには天皇の聖断に逆らい、あくまで抗戦を主張し続けた男の、重い決断が込められていた。文面の最後に、「神州不滅ヲ確信シツツ」と書きたした。続いて辞世を書いた。

大君の深き恵に浴し身は
　言ひ遺《のこ》すべき片言もなし
　八月十四日夜　陸軍大将　惟幾

この歌は七年前、第百九師団長として中国に向かう時、天皇と二人だけで食事をした後に、感慨を込めて詠んだものだが、遺書に大臣、辞世に大将と書きわけたところがいかにも阿南らしい。

書き終えた時、時刻は十五日午前一時半を回っていた。暦の上ではすでに十五日になっていたが、阿南は十四日のつもりでいる。父の命日だったのである。

義弟の竹下正彦中佐が訪ねてきた。阿南は、

「今夜、腹を切る」

と告げ、それから二人で酩酊するほど酒を飲んだ。竹下は陸軍の不穏なクーデター計画を伝えたが、阿南は驚きもしなかった。

竹下の記憶によるとこの夜の阿南は、死にゆく人というより、むしろ、ある達成感に満ちた印象だったという。

やがて阿南は純白のワイシャツを取り出し、

「これは侍従武官時代に拝領したもので、お上《かみ》がお肌につけられた品だ。これを着て逝く」

と述べ、着用した。そして軍服を着込み、胸にすべての勲章をつけた。

阿南は勲章で重い軍服を脱ぎ、床の間に置いてから、戦死した次男惟晟《これあきら》の写真を抱くようにして置き、、

「終わったら、上着を体にかけてくれ」

と言った。

午前五時、憲兵司令官大城戸三治中将が近衛師団の事件を報告するため官邸にやってきた。阿南は竹下に、

「そろそろ始める。憲兵司令官には君が会ってくれ」

と述べた。

竹下が席をはずした直後、阿南は皇居の方角に向かって廊下に座り、右手で腹を切った。竹下が駆け戻ると、阿南は左手で右頸部を探っていた。竹下は思わずその背後に膝をついた。阿南は右手の短刀を首に押しつけ、一気に引いた。血がしぶいた。竹下が、

「介錯いたしましましょうか」

と言うと、

「無用だ。あちらへ行け」

と言った。

竹下が再び戻ると、阿南が体を少し前のめりにして座っていた。すでに意識はない。竹下は介錯のため短刀を取り、右頸部を深く切り、床の間の軍服をその体にかけた。

敗戦を伝える天皇陛下の玉音放送が流れたのはそれから七時間後のことである。

参考文献
沖修二『阿南惟幾伝』講談社、一九七〇年。
角田房子『一死、大罪を謝す——陸軍大臣阿南惟幾』ＰＨＰ文庫、二〇〇四年。

大西瀧治郎――「吾死を以て旧部下の英霊と其の遺族に謝せん」

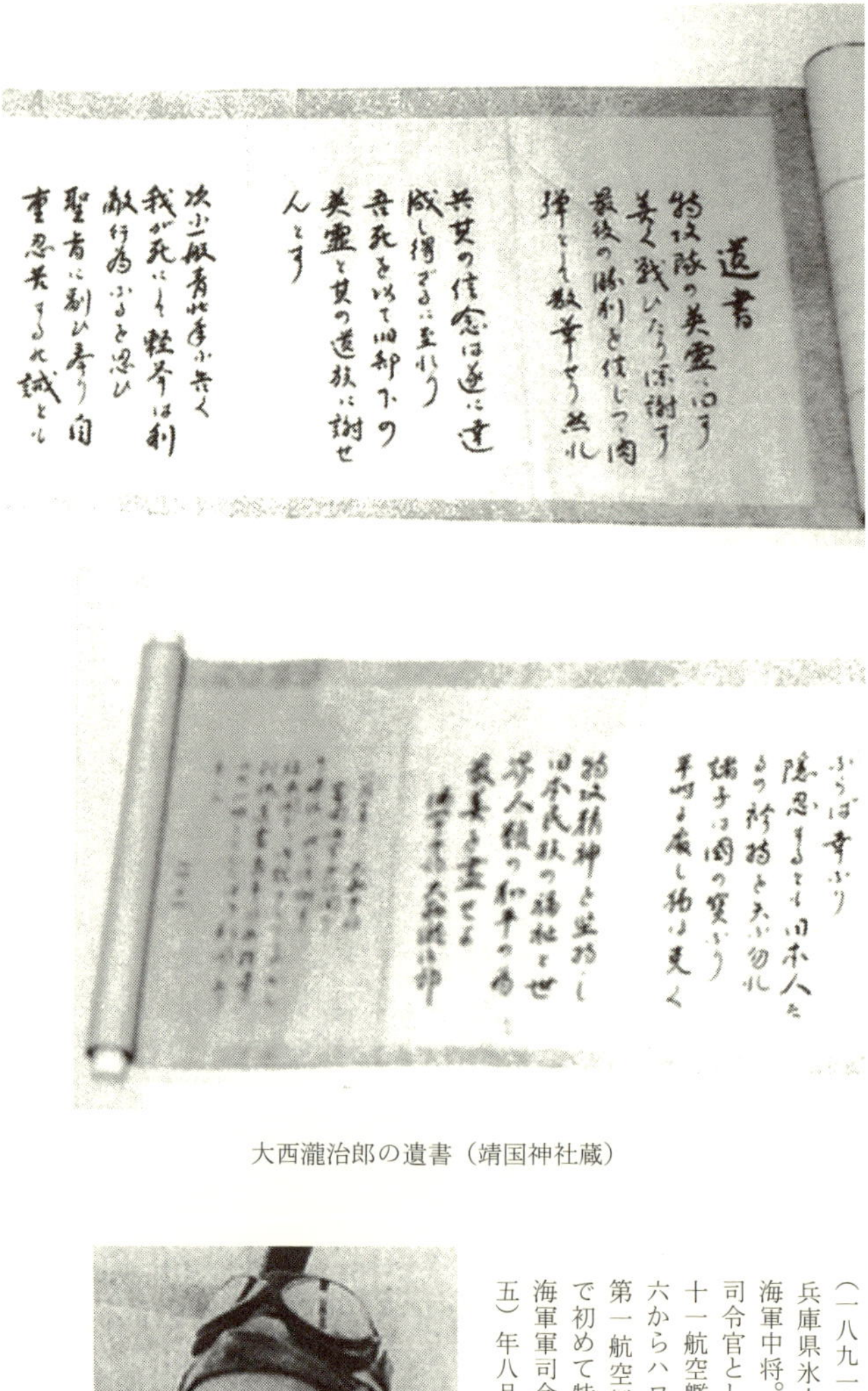
遺書
特攻隊の英霊に曰す
善く戦ひたり深謝す
最後の勝利を信じつゝ肉
弾として散華せり然れ
共其の信念は遂に達
成し得ざるに至れり
吾死を以て旧部下の
英霊と其の遺族に謝せ
んとす
次に一般青壮年に告ぐ
我が死にして軽挙は利
敵行為なるを思ひ
聖旨に副ひ奉り自
重忍苦するの誡とも
ならば幸なり
隠忍するとも日本人た
るの矜持を失ふ勿れ
諸子は国の宝なり
平時に処し猶ほ克く
特攻精神を堅持し
日本民族の福祉と世
界人類の和平の為
最善を尽せよ
海軍中将大西瀧治郎

大西瀧治郎の遺書（靖国神社蔵）

★おおにし・たきじろう（一八九一―一九四五）
兵庫県氷上郡芦田村（丹波市）出身。海軍中将。日中戦争で第二連合航空隊司令官として攻撃機から指揮。後に第十一航空艦隊参謀長となり、山本五十六からハワイ攻撃の研究を命じられた。第一航空艦隊長官となりレイテ作戦で初めて特別攻撃機の出動を命令した。海軍軍司令部次長。昭和二十（一九四五）年八月十六日歿。享年五十五。

太平洋戦争末期の昭和二十（一九四五）年三月、日本軍は乾坤一擲《けんこんいってき》、飛行機ごと敵艦に体当たりする特攻作戦に踏み切った。この肉弾作戦はアメリカ軍を驚かせたが、戦果ははかばかしいとはいえなかった。その挙げ句、日本は昭和二十年八月十五日、ポツタム宣言を受諾して敗戦となる。

特攻作戦を発案し、実行に移した中心人物とされる海軍軍司令部次長大西瀧治郎中将は、最後まで徹底抗戦を主張したが容れられず、天皇陛下の玉音放送の翌十六日、官舎内で腹を切った。

急報を聞いて軍医が駆けつけたが、大西は血みどろになって、

「生きるようにはしてくれるな」

と言い、腸が露出したまま耐え抜いた挙げ句、数時間後に絶命した。

遺書が二通残されていた。一通は疎開先の妻へ、もう一通は海軍の特攻隊の戦死者の御霊と遺族に宛てたものだった。

瀧治郎より淑恵殿へ

一、家族其の他家事一切は、淑恵の所信に一任す。淑恵を全幅信頼するものなるを以て近親者は同人の意志を尊重するを要す

二、安逸を貪ることなく世の為人の為につくし天寿《てんじゅ》を全うせよ

三、大西本家との親睦を保続せよ。但し必ずしも大西の家系より後継者を入るゝの要なし

之でよし百万年の仮寝かな

遺　書

特攻隊の英霊に曰《もう》す　善く戦ひたり深謝す
最後の勝利を信じつゝ肉弾として散華せり
然れ共其の信念は遂に達成し得ざるに到れり
吾死を以て旧部下の英霊と其の遺族に謝せんとす
次に一般青壮年に告ぐ
我が死にして軽挙は利敵行為なるを思ひ
聖旨に副ひ奉り自重忍苦するの誡《いましめ》ともならば幸なり
隠忍するとも日本人たるの矜持《きょうじ》を失ふ勿《なか》れ
諸子は国の宝なり　平時に処し猶ほ克く特攻精神を堅持し
日本民族の福祉と世界人類の和平の為最善を尽せよ

海軍中将　大西瀧治郎

特攻攻撃で死んでいった兵士は二千五百二十二人にのぼる。ほとんどが十代、二十代の若者であった。

参考文献

門司親徳『回想の大西瀧治郎』光人社、一九八九年。

幸田　明・美智子——「君《きみ》辱《はずかし》めを受くれば臣死す」

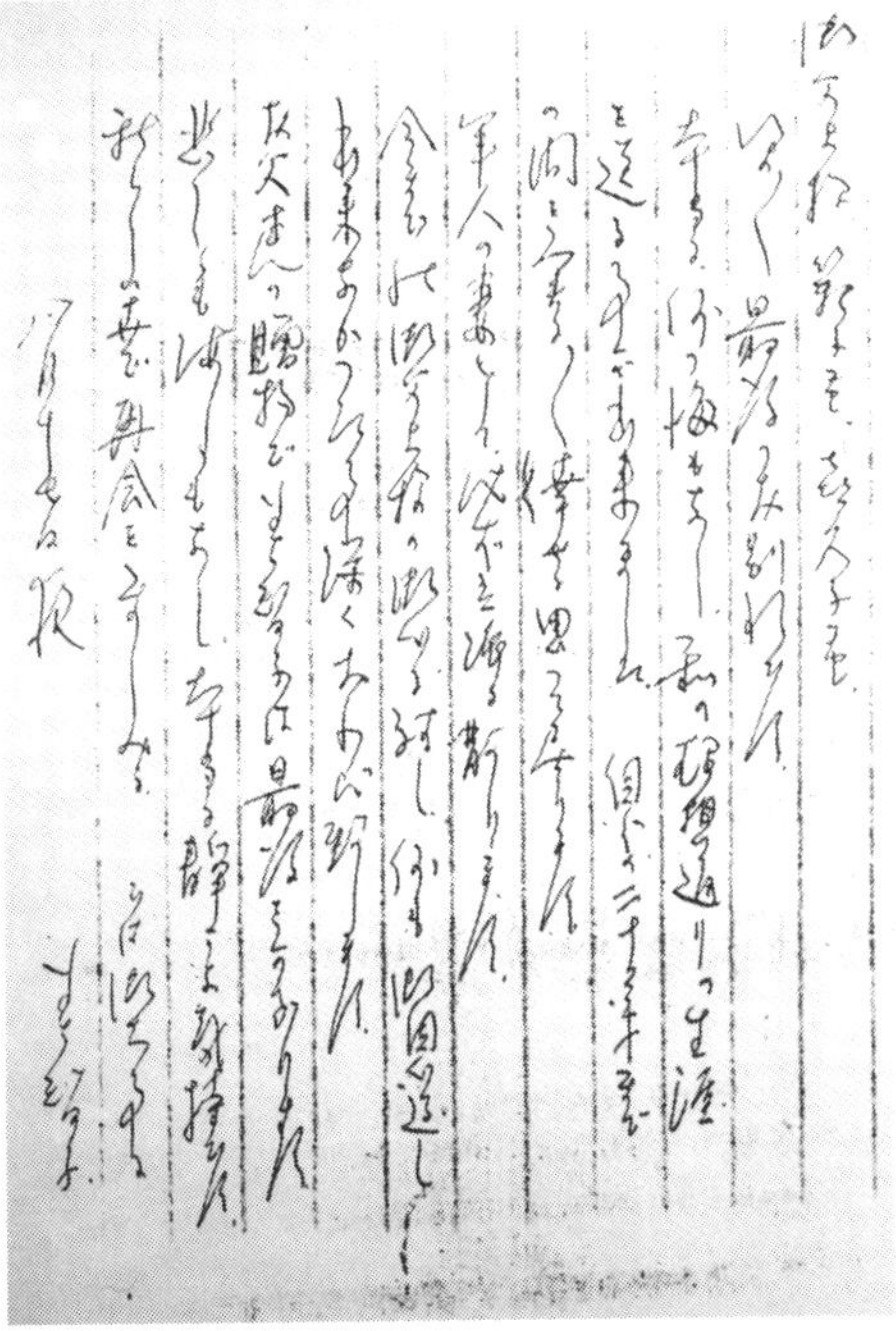

妻美智子の父、妹への遺書（遺族蔵）

★こうだ・あきら（一九二一—一九四五）
★こうだ・みちこ（一九二四—一九四五）

幸田明は海軍中尉。鳥取県鳥取市出身。日本大学在学中に学徒動員、樺太の能登呂守備隊、海馬島の守備隊から稚内の宗谷防備隊野寒布分遣隊特設見張所長に。敗戦の日に東京から単身やってきた婚約者の美智子と結婚し、三日後、夫妻ともども自決。昭和二十（一九四五）年八月十八日歿。明　享年二十五。美智子　享年二十一。

太平洋戦争の敗戦から三日経った昭和二十（一九四五）年八月十八日夜、北海道稚内町ノシャップの海軍宗谷防備隊野寒布分遣隊特設見張所長、幸田明海軍中尉は、見張所の電探室で割腹自決した。そばで新妻の美智子が青酸カリをあおって果てた。

夫妻はこの十五日に祝言を挙げたばかりで、遺書から、敗戦により夫婦そろって自殺したものと判明した。軍国日本の終焉を象徴するような壮絶な最期だった。

幸田明は鳥取県鳥取市の出身で、日本大学に在学中に学徒動員し、昭和十九（一九四四）年春、樺太の能登呂守備隊、続いて海馬島守備隊に勤務し、同年秋、稚内の宗谷防備隊野寒布《のさっぷ》分遣隊に赴任、間もなく同隊特設見張所長に就任した。

北国に晩秋の気配が漂うころ、在学中に東京で結婚を約束した美智子が妹とはるばる稚内にやってきた。美智子は両親が一日も早い結婚を望んでいることを伝え、自分の気持ちも述べた。幸田に異論のあろうはずがない。

年が明けた同二十年四月下旬、幸田は部隊を率いて船で海馬島へおもむき、電探施設の作業中、突如、アメリカ潜水艦の攻撃を受けた。この攻撃で部下三人を失った。

戦況は悪化するばかりで、北辺の海域にも危機が高まっていた。八月に入ると幸田は稚内駅前の新田写真館で写真を撮影した。故郷の両親に残す遺影のつもりだった。

婚約者の美智子が上野駅を出発したのはちょうどこの時期。途中、母の実家である秋田県長信田村に立ち寄り、疎開中の母と幼い弟に会い五日間過ごした。この間に広島と長崎に原子爆弾が落とされ、ソ連が参戦するなど緊迫した空気に包まれていた。

再び列車に乗り込み青森に着いたのが十日。青函連絡船に乗り函館へ。ここからまた列車に乗り換えた。車中泊をしながら十四日夜、稚内に着いた。駅前の旅館で宿泊。翌十五日早朝、ノシャップ灯台に近い見張所官舎の六畳と四畳半の新居に入った。ほかに三軒の家族持ちの兵士が住んでいた。

その日正午、天皇陛下の詔勅《しょうちょく》がラジオを通じて流れた。だが音声が悪くてよく聞き取れない。夕方近くなって日本の敗戦が伝えられた。

慌ただしく二人だけの祝言が挙げられた。敗戦の日の祝言である。前途に暗雲が漂いだしていた。

幸田は盃を置くと、美智子に向かいこう決意を述べた。

「無条件降伏となったいま、むざむざ生きていくわけにはいかないのだ」

幸田は天皇の苦衷を察するとともに、電探施設の作業中に部下を亡くした責任を取らなければならないと考え、自決の覚悟を伝えたのである。新妻はあまりのことに驚いたが、幸田の決意が動かぬものだとわかると、

「私もお供します」

と同意した。軍人の妻として夫だけ死地にやるわけにはいかなかったのであろう。

幸田は、筆字で遺書を次のように書いた。

遺　書

「君辱《きみはずかし》めを受くれば

臣死す」

他に申す事無之候

皇紀二千六百五年八月十五日

海軍中尉　幸田明　印

宗防（宗谷防備隊）に来て一年余り司令初め（ママ）皆様に色々御世話に相成厚く御礼申上げます

死体は土葬のまヽ野寒に寝かして下さい

国体の護持を願ひつゝ

明　拝

十六日、幸田は残務整理のため見張所へ出勤した。美智子は父母や知己の人々へペンで遺書を書いた。父宛てのものを掲げる。

父上様

幸田さんと最後まで共に、そして岬の土になることを絶対に不幸だとは思いません。

十七日は朝から蒸し暑かった。幸田は再び新田写真館を訪ねて妻がきたことを伝え、写真を督促し、腰の刀を握って「おれはやるぞ。これからだ」と激しい口調で述べた。

翌朝、写真ができて、受け取った幸田は、「うん、これならいい」とうなずきながら戻っていった。以上は新田写真館主の証言による。

幸田が宗谷防備隊司令から青酸カリを受け取ったのはこの前後と推測できる。

美智子は十七日夜、再び父や妹たちに宛てて遺書を書いた。

御父上様　○子チャン、○子チャン

いよ〳〵最後のお別れです。本当に何の悔もなく、私の理想通りの生涯を送る事が出来ました。自分の二十二年までの間を実に〳〵幸せに思って居ります。軍人の妻として必ず立派に散ります。

今までの御父上様の御心に対し、何も御恩返し出来なかった事深くおわび致します。お父さんの贈物で美智子は最後をかざります。悲しくも淋しくもなし、本当に静かな気持です。
新しい世で再会を楽しみに。ではお大事に。

八月十七日夜　美智子

この遺書は他の遺書とともに父親が長く保管していたが、昭和五十四（一九七九）年に亡くなった後、見つかり、美智子の実妹がもらい受けたものである。

十八日夜、夫妻は最後の遺書を書いた。

昭和二十年八月十八日　　海軍中尉　幸　田　明　印

宗谷防備隊司令殿

今般私意により切腹致し候
五十有余の部下の前途を見届け致すべきものにて候へども其の情おさえ難く卑怯者なるが故に先に決行仕候昨年七月より父の情にて御指導御鞭撻下され誠に感謝致し候何程御寛容の程御願申上候
国体護持を念じつゝ失礼仕候

草々

所の皆様へ

所の皆々様本当にいろ〳〵御世話になりました
何も私出来ませんでしたのに亦此度は御迷惑をおかけ致しまして申訳なく何卒御許し下さいませ三日間でしたが実に幸せに暮せました事たゞ〳〵皆々様の御蔭と本当に感謝致して居ります
悲しくも淋しくもなしたゞ心静かな気持です

何卒皆様も御大事にと祈り上げて居ります
本当にいろ〳〵有り難うございました

葉月十八日夜

美智子

同夜遅く、幸田は軍服姿、美智子は縫い上げた白い肌着の上に紫の標準服をまとい、数珠を手にして見張所の電探室に入った。二人は正座し遙拝《ようはい》してから、幸田が日本刀の鞘《さや》をはらった。美智子が夫から手渡された青酸カリをあおった。喉に激痛が走り、美智子は前方にうずくまるようにして倒れた。幸田は日本刀を腹に突き立て、横に切り裂いて前のめりに倒れ、絶命した。

二人の遺体が発見されたのは翌朝。遺書は十五通にのぼり、日付も十五日から十八日まであった。遺体は荼毘《だび》にふされ、遺骨は遺族に引き渡された。幸田の遺書は小冊子にまとめられたが、現物はない。

ノシャップ岬を見下ろす高台に「比翼塚」が建立され、残された灰が埋められた。比翼塚とは相思の男女をともに葬ったもので、夫婦塚とも呼ばれる。だが戦後、占領軍によりアメリカ軍基地が設置される段階で撤去され、いまはない。

参考文献

『故幸田中尉追悼記』宗谷防備隊野寒分遣隊作成、一九四五年。
稚内市史編纂室編『稚内市史』稚内市、一九六八年。

Ⅳ　昭和戦後・平成

佐倉晴夫──「けふは楽しい日曜日」

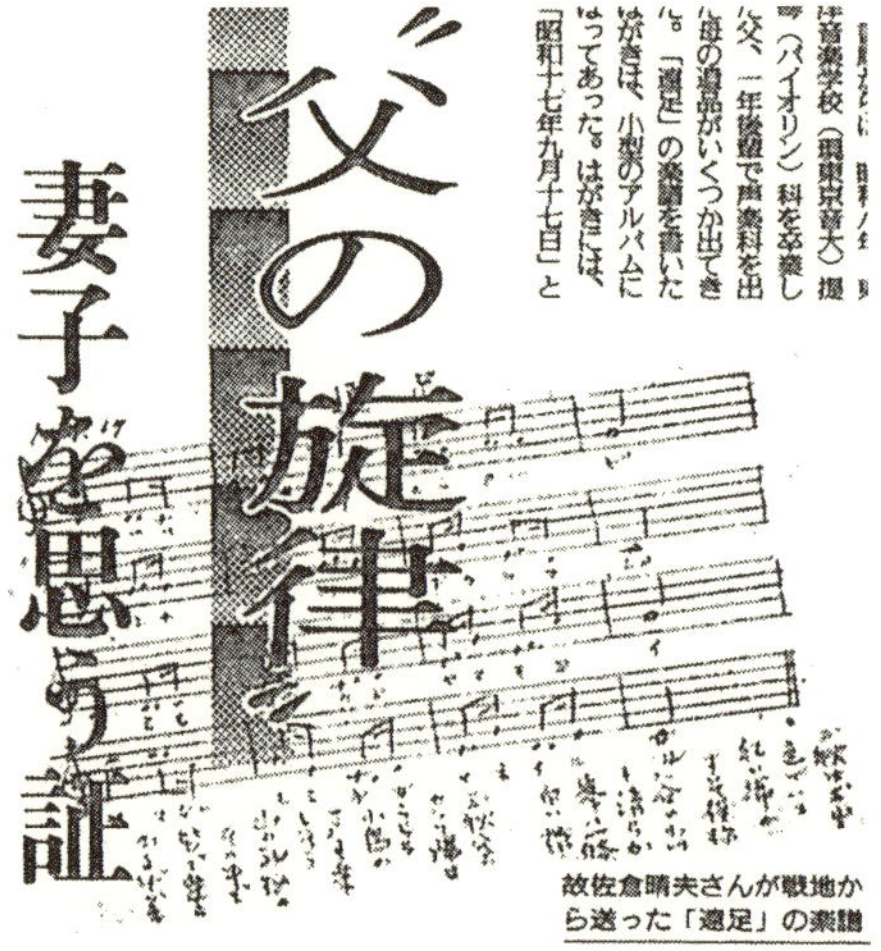
"父の旋律"
妻子を思う証
故佐倉晴夫さんが戦地から送った「遠足」の楽譜

読売新聞に報じられた「遠足」の楽譜

★さくら・はるお（一九一一―一九四六）

陸軍兵長。神奈川県小田原市出身。東洋音楽学校提琴科卒後、横須賀の汐入小学校の音楽教師に。結婚して二男一女を授かる。召集令状により満州（中国東北部）戦線へ。戦闘で負傷し、終戦後、現地で戦病死。昭和二十一（一九四六）年二月二日歿。享年三十五。

昭和六十一（一九八六）年八月十五日の『読売新聞』朝刊の連載「昭和の遺書」に、「愛の五線譜」という記事が掲載された。戦時中、軍人である父が満州（中国東北部）戦線で作詞・作曲した歌を、軍事郵便はがきで祖国の妻子宛てに送った。その後、父は戦病死したが、母はこれを「遺書」として大切に保存してきたのだった。

はがきに五線譜を引き、楽譜「遠足」を書いて祖国に送ったのは、神奈川県小田原市出身の佐倉晴夫陸軍兵長。受取人は俊子夫人。作詞作曲は昭和十七年九月十七日と記されている。

次男の佐倉久隆（神奈川県南足柄市）がこの楽譜の存在を知ったのは昭和四十三（一九六八）年夏。小田原市の実家で亡くなった母俊子（元県立小田原城内高校教諭）の遺品を整理中に、小型のアルバムに貼られた父のはがきを発見した。「遠足」のほか、故郷の小田原の海を歌った「渚」や父子の再会の願いを託した「夢」など七曲の楽譜も見つかった。父が出征した時、久隆はまだ満一歳にもなっておらず、父親の顔を知らない。

両親の遺品から父は昭和八（一九三三）年、東洋音楽学校（現東京音大）提琴科を卒業し、横須賀の汐入小学校の音楽の教師に。間もなく一年後輩で声楽科卒業の母と結婚し、二男一女をもうけたことがわかった。

昭和十六（一九四一）年、召集令状がきて、満州（中国東北部）の戦線に赴いた父は、妻子に何度も便りを出した。

「今、合唱を指導するので、時に発声練習などをやっています。娯楽物なきため、音楽が最大の慰安です」

「休日には歌謡曲を聴いては、わずかに心を慰めています。シューベルトの歌曲が時々聴きたくなります」

「歌が出来たら知らせて下さい。私も何か曲が浮かんだらまた書きます」

父の便りには、戦時下に離れ離れになった夫婦が歌を作って交換し合い、愛の絆を強めあっている様子が書かれていた。

感動した久隆は『読売新聞』の「昭和の遺書」の募集に応募し、それが「異色の遺書」として紹介された。はがきに書かれた「遠足」の歌詞を二番まで紹介する。

一、けふは楽しい日曜日
みんなそろって出かけましょ
海もよいけど山もよい
山じゃ紅葉が招いてる
二、秋はお山も色づいて
紅い錦のすそ模様
谷の小川も清らかに
峯に一条白い帯

昭和十七年九月十七日作

高校、大学時代から音楽に親しみ、フルートが得意な久隆は、この曲を自分で吹いてみた。弾むようなメロディーが心にしみた。父が音楽教諭として勤務した横須賀・汐入小学校の好意で、音楽会が開かれた。父のかつての同僚五人、教え子六人が集まり、一年二組の子供たち二十人が声を合わせて「遠足」を歌った。

この新聞報道をきっかけに、日本テレビがドキュメント86「41年目の夏に、よみがえる楽譜」として放送し、反響を呼んだ。

参考文献

『読売新聞』一九八六年六月一五日付。

山下奉文――「悵恨《ちょうこん》無限なり、比島の空」

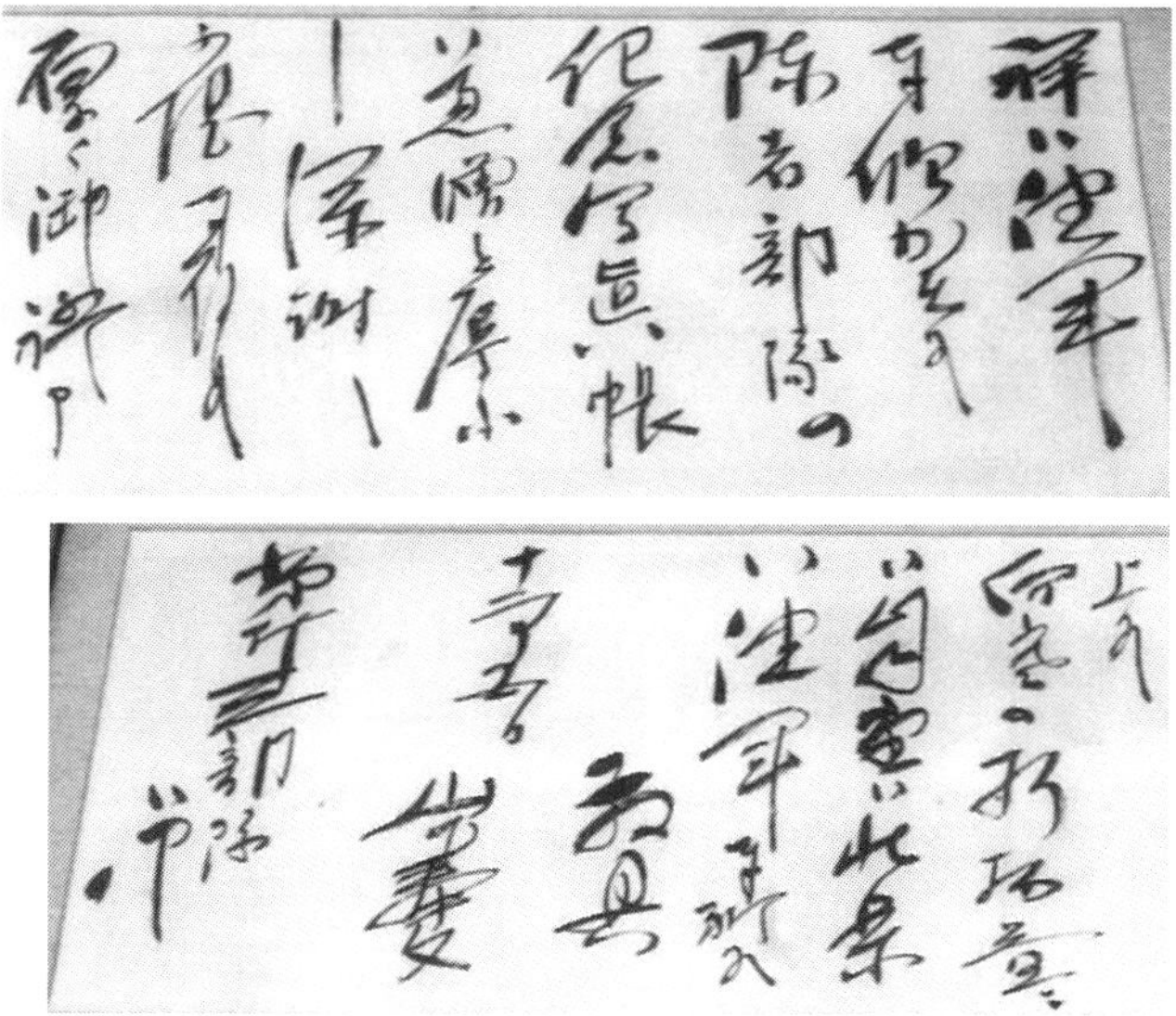

山下が軍事法廷に入る時に書いた署名（靖国神社蔵）

★やました・ともゆき
（一八八五―一九四六）
陸軍大将、第十四方面軍司令官。シンガポール陥落時、イギリス軍司令官パーシバルに「イエスかノーか」と降伏を迫った話は有名。激戦のマニラ・プログ山の複郭陣地で終戦を迎え、投降。処刑。昭和二十一（一九四六）年二月二十三日歿。享年六十二。

昭和二十（一九四五）年八月十五日、陸軍大将、第十四方面軍司令官、山下奉文はマニラのプログ山の複郭陣地で、終戦の詔勅と陸軍大臣阿南惟幾の自決を知らされた。

アメリカ軍の猛攻が相次ぎ、プログ山陣地が持ちこたえられなくなったら、最後の突撃を行い、山下と参謀長武藤章は自決し、生き残った兵士はゲリラとなって戦うという方針が決められていた。

だが本国政府の降伏で事態は一変した。陸軍大臣の死は「降伏」を説得するものと解釈できた。山下は、時期尚早という幕僚の進言を退け、アメリカ軍の要請に応じて九月一日、プログ山を降りた。そして三日、バギオで降伏文書に調印した。

降伏が一日遅れたら何百の将兵が飢え死にする、そんな切迫した状況が続いていた。これまで戦い続けた将兵を一人でも多く帰国させたいという責任感が山下の心底に募りだしていた。

山下は調印後、捕虜として拘束され、マニラの東南約六〇キロのロスバニオス村のはずれ、鉄条網に囲まれた粗末な建物の一室に収容された。

十月九日、山下は戦争犯罪容疑者として起訴された。訴因は虐殺、強奪、窃盗、傷害など百二十三項目にわたったが、山下が物理的に関知しえない事犯ばかりだった。

マニラ軍事法廷は十月三十日に開廷され、山下は冒頭から無罪を主張した。アメリカ人弁護人もこれを支持した。終始傍聴したアメリカ、イギリス、オーストラリアの新聞記者ら十二人も、全員が山下の無罪を信じたという。

だが一方で山下は刑死を覚悟していた。裁判の過程で耳にした日本軍のさまざまな残虐行為に対するアメリカ人、フィリピン人の憎しみを思うと、誰かが犠牲にならざるを得ない、それがトップに立つ者の責任、との思いに達していたと判断できる。

十二月八日、判決が下され、山下に絞首刑が宣告された。山下は大きくうなずき、次の七言絶句と辞世を書いた。

天日如灼地瘴癘　天日灼くが如く、地は瘴癘《しょうれい》
討匪制寇一春秋　討《とう》匪《ひ》制寇《せいこう》、一春秋
殉国忠士幾百千　殉国の忠士、幾百千
卒然拝停戦大詔　卒然として拝す、停戦の大詔
謹承投戈血涙降　謹んで承け、戈《か》を投げ、血涙降る
聖慮深遠徹心腸　聖慮《せいりょ》は深遠《しんえん》なり心腸に徹る
悵恨無限比島空　悵恨《ちょうこん》無限なり、比島の空
吾七生誓興神州　吾《われ》七たび生れ、誓って神州を興さむ

野山わけ集むる兵士十余万
　かへりてなれよ国の柱に

待てしばしいさを残してちりし友
　あとなしたひてわれもゆきなむ

処刑前夜、山下はビールを飲み、アスパラガスとパンを食べ、高いびきで眠った。

二月二十三日午前二時過ぎ、山下は、森田教悔師に次のような言葉を述べた。「私の不注意と天性の暗愚のため、全軍の指揮統率を誤り、何者にも代え難い御子息或いは夢にも忘れ得ない御夫君を多数殺しました事は、誠に申訳の無い次第であります」

そこにアメリカ兵士が入ってきて、山下の両手を後ろ手にして手錠をかけた。若いアメリカ人将校が誘導して、

中庭に設けられた処刑台の側に立った。将校がマッカーサー元帥の処刑命令を伝達した。山下は日本の方向に向かって深々と頭を下げた。

両眼に覆いの布が巻かれた山下は、ゆっくり十三階段を登りだす。突然、木と木のきしむ音がして、その姿が台上から消えた。

開戦当初、シンガポールを陥落させ、〝マレーの虎〟と恐れられた山下奉文陸軍大将の、これが最期だった。

参考文献

児島襄『山下奉文――史説』文藝春秋、一九六九年。

田村勝則——「お浄土《じょうど》でお会《あ》いしましょう」

★たむら・かつのり
（一九二九—一九四六）

死刑囚。少年保護更生施設にいて、食糧の盗みに入って米軍第八軍団第七七師団のMPを殺害、死刑に。占領下の少年犯罪で極刑になった珍しいケース。昭和二十一（一九四六）年五月十七日歿。享年十八。

少年の兇行

札幌のM・P殺害事件

少年のMP殺人事件を報じる『北海道新聞』（昭和20年12月27日付）

米軍占領下の昭和二十（一九四五）年十二月十九日午前二時ごろ、米軍第八軍団第七七師団のMP（憲兵）ロバート・ヤング一等兵が札幌市北二条西一丁目の同師団糧秣《りょうまつ》倉庫を警備中、なかに忍び込んでいた日本人三人を発見した。何者かと問い質したところ、そのうちの一人がカービン銃付き銃剣でやにわに突き刺し、昏倒する間に逃走した。同一等兵は即死した。銃は同倉庫から盗んだものだった。

米軍占領下に起こった被占領民による殺人事件であり、それも相手が治安の象徴であるMPだけに、同師団MP司令官ブッケーマー少佐は、札幌全戸を臨検してでも犯人を捜し出す、と徹底捜査の方針を固めた。

そこへ三浦一二三札幌署次席が訪れ、

「日本警察の面目にかけても犯人を捕らえるので、一週間の猶予を願いたい」

と申し出た。実は三浦は人事異動で前夜、羽幌署長から着任したばかり。札幌署長も異動で未着任だった。米軍側は了解した。

捜査の結果、札幌市内の少年保護更生施設「興農塾」の塾生の犯行とわかり、二十三日、主犯の田村勝則ら少年三人を逮捕、取り調べた結果、翌朝までに全面自供した。

田村らは食糧を奪おうと、まず銃を盗んで倉庫内に入り込んだ。銃は食糧の入った箱を壊すためだったという。ヤング一等兵が少年らを見つけ、一人の少年を捕らえたので、田村は助けようと引き返し、とっさに銃剣で突き刺したものとわかった。

翌年一月二十二、三両日、札幌市役所二階会議室を法廷に軍法会議が開かれ、七人の判事団の三分の二以上の賛成により、田村に絞首刑、他の二人に強制労働三十年の判決が言い渡された。犯行から一カ月余りというスピード判決だった。

田村は東京・巣鴨拘置所に送られ、五月十七日朝、処刑された。十八歳の処刑は極めて珍しい。田村は処刑の朝、花山信勝教戒師に勧められ次の遺書を書き残した。

お父さん、お母さん、いついつまでも、どうぞお元気で、なにも思いのこすことはありませんが、親孝行《おやこうこう》のできなかったことだけが、ざんねんです。いずれ、お浄土《じょうど》でお会《あ》いしましょう。二十一年五月十七日午前四時二十七分

花山教戒師は『平和の発見――巣鴨の生と死の記録』にその最期をこう記している。

教戒師が遺書を書き終えた田村に向かい、

「これが、君の小学校以来教《おし》えてもらって、今日《きょう》まで生かせてもらった、最後《さいご》の文字だよ。――安心して往《ゆ》きなさい」

というと、いままで決して涙《なみだ》をみせたことのなかった彼が、このときだけは、ポロリと大きな涙を流した。「もう数分だ」と、さいそくされて、房《へや》を出る。彼は、夏の上衣《うわぎ》のボタンをかけ、地下足袋《じかたび》をはく。北海道《ほっかいどう》で働いていたままの姿で刑場へ行ったのだ。

参考文献

札幌市教育委員会編、さっぽろ文庫三七『札幌事件簿』北海道新聞社、一九八六年。
花山信勝『平和の発見』百華苑、一九七〇年。

片山四郎――「御身が可愛相なり」

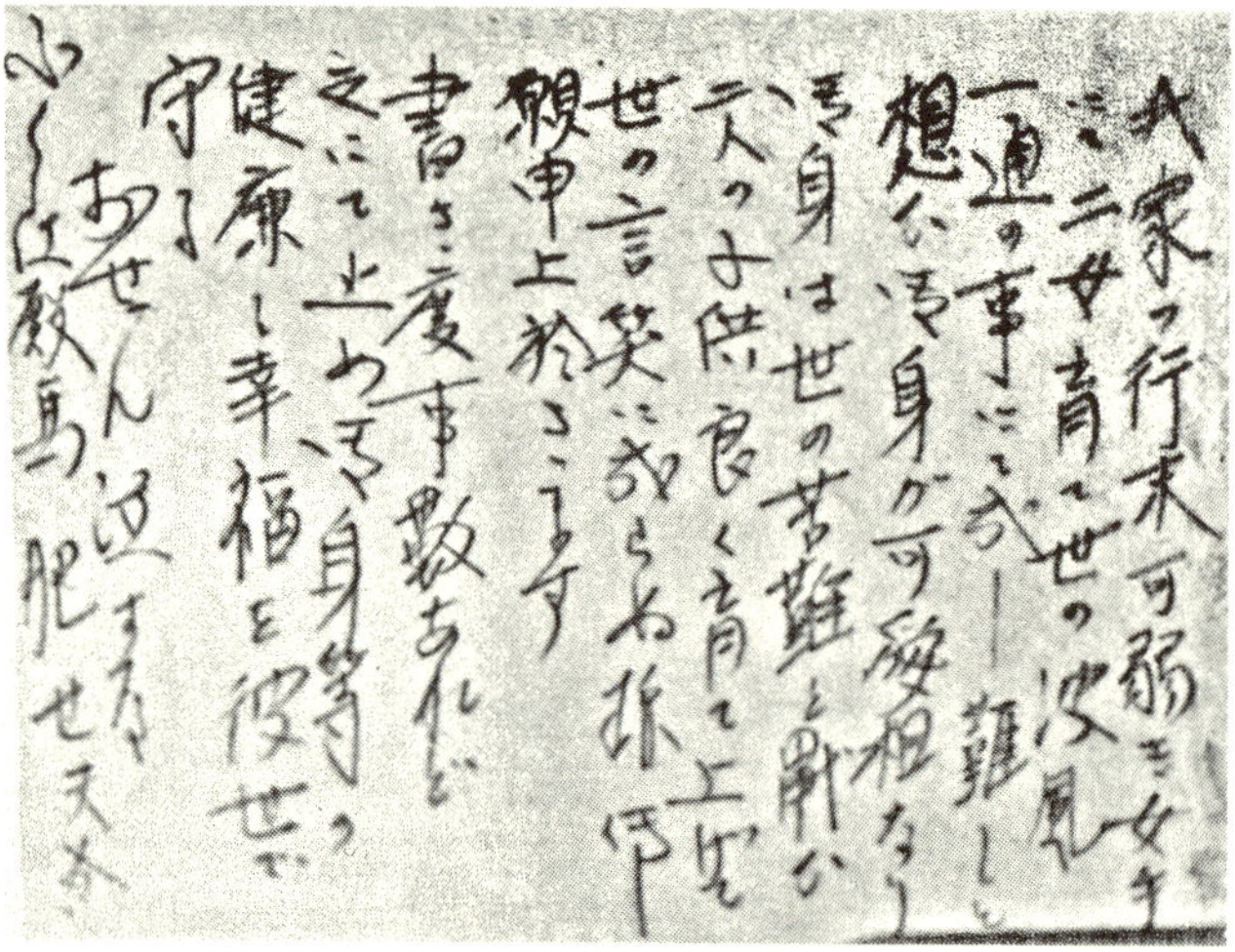

片山四郎の遺書（靖国神社蔵）

★かたやま・しろう
（一九一〇―一九四七）
徳島県出身。陸軍伍長。工兵第五十五連隊兵士として仏領インド支那からビルマ戦線に進撃。敗戦後捕虜になり、戦犯として処刑。昭和二十二（一九四七）年六月二十七日歿。享年三十七。

終戦直後、南方戦線では戦時中の日本軍の残虐行為が暴かれた。戦争犯罪人として法廷に引き出され、処刑された将兵は、別冊歴史読本『戦争裁判処刑者一千』（新人物往来社）によると、およそ千人にのぼる。

このなかには一方的な証言だけで処断された「冤罪《えんざい》」も少なくないとされる。陸軍伍長片山四郎が関わったのは、ビルマ国（現ミャンマー）で起こったミヤンミャ事件と呼ばれるもので、当事者はすでに亡く、身代わりになって処刑された。同著をもとに紹介する。

起訴概要によると昭和二十（一九四五）年二月、英国航空機がビルマのピヤホン付近に不時着した。ミヤンミャにいた仲田隊の兵士が英国機の搭乗員将校二人、下士官四人を捕虜にして二月七日、第五十五師団隷下工兵第五十五連隊（通称・壮八四二一部隊）本部に護送した。

翌朝、連隊長は英語のできる岡見弘中尉に取り調べを命じた。岡見は自分の事務室で部下五人、通訳ミョウミイ（ビルマ人）とともに取り調べをした。この部下のなかに大和伍長と片山伍長が含まれていた。

取り調べは午前十時ごろから始まり、途中、昼食を取らせて午後二時に終了した。一切不当な行為はなかった。捕虜の身柄はこの後、憲兵隊に送致され、事務引き継ぎが行われた。これで英国機搭乗員との関わりはなくなったはずであった。

ところが引き継いだ松井中尉はその夜、捕虜の将校二人をヘンサダの師団司令部に送致し、翌日、残り四人をミヤンミャの南方にあるモーソクィンの森に連行し、処断したのである。この時、通訳としてニッカ（ビルマ人）ら二人が同行した。

敗戦になり、日本兵はすべて捕虜になり、収容所に監禁されたが、ほどなくミヤンミャ事件が明るみになった。だがこの段階で事件に関わった松井中尉ら三人は死亡または行方不明になっていた。

英国ビルマ裁判ラングーン法廷は、通訳の現地人の証言をもとに、最初に取り調べをした岡見中尉、同席した大和伍長、片山伍長らを逮捕して尋問し、通訳の「岡見の命令で大和、片山らが殺害した」とする証言をもとに、被告四人に絞首刑（うち一人は減刑）、一人に有期刑を命じた。こうして片山は、岡見、大和とともに冤罪のまま昭和二十二（一九四七）年六月二十七日、ラングーンの中央刑務所で処刑された。

処刑前にイギリス軍から支給されたトイレ用の紙に鉛筆で書いた遺書が、靖国神社に保存されている。後に同僚が持ち帰ったものである。

フクヱ殿　四郎より

拝啓絶えて久しく文通無けれどフクヱ殿初め二人の女子皆元気と想ふ　小生出征以来二十二年四月十日迄元気なり　小生此度戦犯者として裁きの庭で果てるが致し方無し　出征の時より生きて御身の顔を見る事無しと覚悟して君国に捧げし身故に今は何も想ひ残す事無しといえども　親として夫として未だ見ぬ昭代　洋子　御身の事等想ひ出せば断腸の想ひがする

我家の行末可弱き女手にて二女育て世の波風一通りの事にて成し難しと想ひ御身が可愛相なり　御身は世の苦難と戦ひ二人子供良く育て上げて世の言笑に成らぬ様御願申上於《おき》ます

書き度事数あれど之にて止め御身等の健康と幸福を彼世で守る

おせん泣すな馬肥せ

ふく江殿　月の夜に窓にもたれて君想ふ

徳島県加茂谷村（現阿南市）に住む片山に二度目の召集令状がきたのは昭和十六（一九四一）年十月、太平洋戦争開戦の二カ月前。新婚十カ月、新妻のお腹に新しい命が芽生えていた。工兵第五十五連隊に所属し、仏領インド支那におもむき、開戦とともにビルマ戦線に進撃。以来敗戦をはさんで六年、子供の顔を見ぬままに、死を迎えることになる。階級の伍長は死後の昇級によるものである。

参考文献

別冊歴史読本『戦争裁判処刑者一千』新人物往来社、一九九三年。

山口良忠――「敢然、ヤミと闘って餓死するのだ」

★やまぐち・よしただ
（一九一三―一九四七）

佐賀県杵島郡白石町生れ。東京地方裁判所の経済統制違反担当判事。法を守り、食糧の配給量を守って栄養失調になり、餓死。昭和二十二（一九四七）年十月十一日歿。享年三十四。

5版

判事がヤミを拒み

榮養失調で死亡

遺した日誌で明るみへ

安い給料では食えぬ」と判検事がぞくぞく弁護士に転業してゆく折柄、いまこそ判検事は法の威信に殉じなければならぬとギリギリの給料から、一切のヤミを拒否して配給生活を守りつづけ、極度の栄養失調でついに斃れた青年判事の話が、このほど克明に記された日記から、はじめて明らかにされ、悲痛なその死をいたまれている

山口良忠判事

法を守り死の行進

山口判事の日記

遺書となった日記を報じる『朝日新聞』

日本国内は敗戦後も深刻な食糧難に悩まされた。配給量は一日二合五勺。それも米とは名ばかりで、麦、イモ、カボチャなどの代用食が多く、しかも遅配、欠配続きだった。インフレの波が押し寄せ、飢えた国民は取り締まりの網をかいくぐって農村に出かけ、ヤミ米を買い求めた。

そんななかの昭和二十二（一九四七）年十月十一日、東京地裁でヤミ米など経済統制違反を担当する裁判官が、配給の食糧だけではたりず栄養失調に陥り、餓死した。

東京都世田谷区に住む山口良忠判事。三十四歳。これが朝日新聞西部本社発行の新聞で報道されたのが死後二十日余り経った十一月四日。翌五日、同紙東京本社も報道して国民に大きな衝撃を与えた。

同紙によると山口裁判官は、法が現実の食糧事情と合致しないのを承知しつつ、ヤミ米行為を断罪する立場から逃れるわけにはいかない、との考えを強く抱いた。

ある夜、妻の矩子に対して、

「経済裁判を裁くには、その人たちが罪に落ちる直前の苦しみ、立場に立たないと、正しい裁きはできないと思う。これから僕の食事は、必ず配給だけで賄《まかな》ってくれ」

と述べた。

職業的倫理観がそう言わせたのである。この時期が昭和二十一年晩秋と思われる。

だが幼い二人の子供たちは毎日のように空腹を訴えた。妻はせめて着物を売って米を買う「タケノコ」生活を提案し、急場を凌ごうとしたが、山口は、

「人を裁く身で、どうしてヤミが出来るか。給料でやっていけ」

と怒鳴りつけた。

配給の遅配は十一日にも達し、夫妻が口にするのは塩味の味噌汁だけになった。

昭和二十二年を迎えてヤミ買いは急増し、それに応じて検挙者が増加し、山口は百件以上の審理を抱えて、連日

夜遅くまでその処理に追われた。三月になると体力は目に見えて消耗し、栄養失調状態であるのが誰の目にもわかるようになった。同じ世田谷に住む妻の実家が心配して食糧を送り届けたが、山口は受け取ろうとせず、せめて食事に招待しようとしたが、それも断った。

八月になり、山口の栄養失調はひどくなった。熱が下がらず、足元がふらつき、かさばる裁判資料を持つこともできなかった。

八月二十七日、山口は東京地裁の階段で倒れた。医者の診断の結果、栄養失調による肺浸潤(肺結核)と診断された。山口は初めて休暇を取り、佐賀県杵島郡白石町の実家へ戻ったが、医師を寄せつけようとしなかった。妻は、

「判事なんてほんとうに恨めしい」

と嘆いた。

死の直前に書いた日記に次のような一文があった。

食料統制法は悪法だ、しかし法律としてある以上、国民は絶対にこれに服従せねばならない。自分はどれほど苦しくともヤミ買出しなんかは絶対にやらない。従ってこれをおかすものは断固として処断しなければならない。自分は平常ソクラテスが悪法だとは知りつゝもその法律のためにいさぎよく刑に服した精神に敬服している。今日法治国の国民にはとくにこの精神が必要だ。

自分はソクラテスならねど、食糧統制法の下、喜んで餓死するつもりだ。敢然、ヤミと闘って餓死するのだ。自分の日々の生活は全く死の行進であった。判検事の中にもひそかにヤミ買いして何知らぬ顔で役所に出ているのに、自分だけは今かくして清い死の行進を続けていると思うと、全く病苦を忘れていゝ気持ちだ。

山口は「病苦を忘れていゝ気持ちだ」と書いて粛々と死んでいった。まさに遺書と呼ぶにふさわしい。

参考文献

宮村多樫編『殉法判事山口良忠遺文――三三年の生涯と餓死への行進』オフィスワイワイ蜜書房、二〇〇七年。

山形道文『われ判事の職にあり』文藝春秋、一九八二年。

菊池 寛――「私は、させる才能なくして」

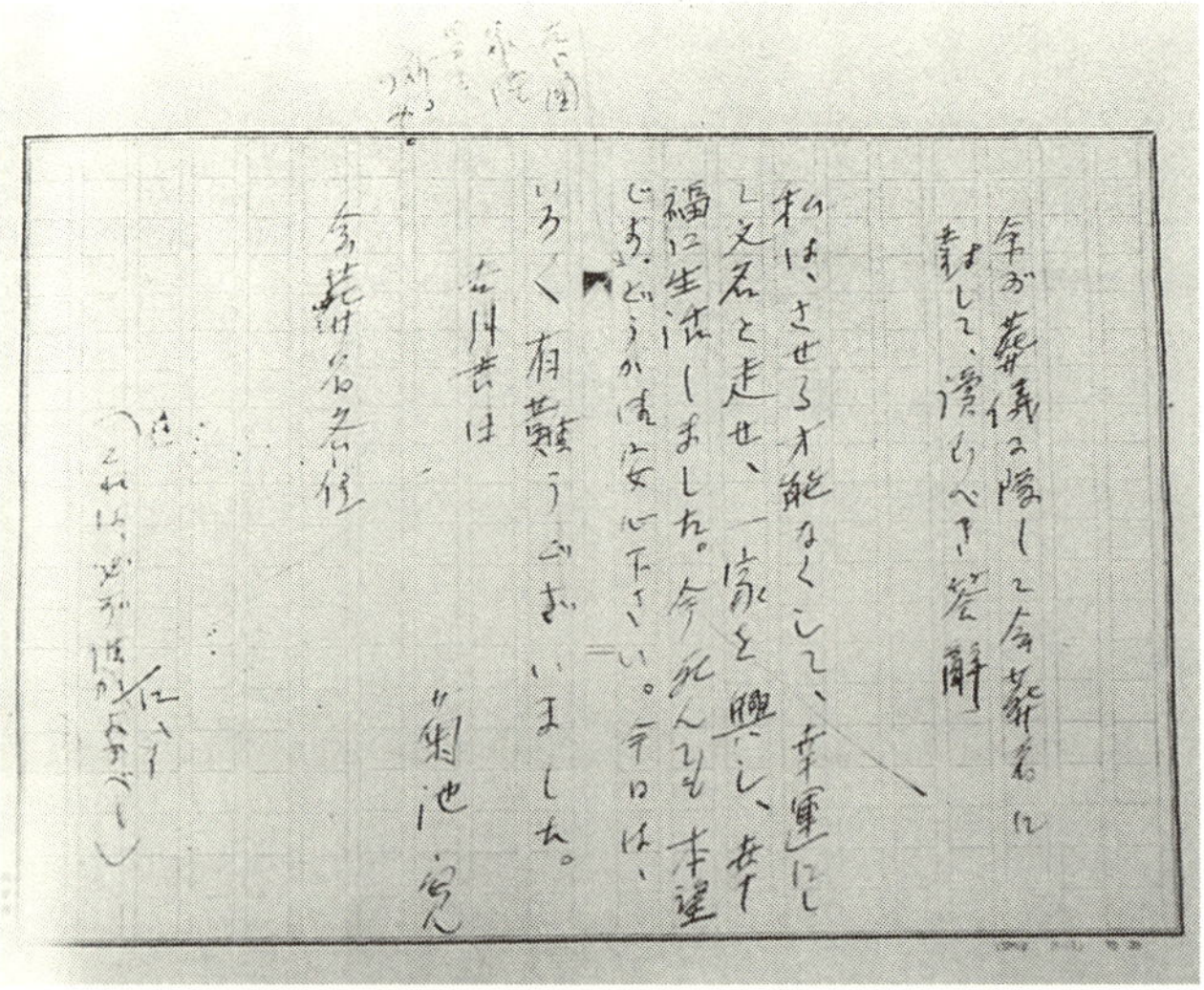

余が葬儀に際して会葬者に
對して、讀むべき答辭

私は、させる才能なくして、幸運にし
て文名を走せ、一家を興し、幸
福に生活しました。今死んでも本望
じます。どうか御安心下さい。平日は、
いろく有難うございました。

菊池寛

菊池寛の遺書の下書き（『新潮日本文学アルバム　菊池寛』より）

★きくち・かん

（一八八八―一九四八）

小説家。香川県高松生れ。京都帝国大学文学部英文学科卒。文藝春秋社を創設し社長に。『文藝春秋』を発刊。自ら『恩讐の彼方に』『父帰る』などの作品を発表。帝国芸術院会員。文藝春秋社を解散後は新聞小説などに連載物を執筆。昭和二十三（一九四八）年三月六日歿。享年五十九。

文壇の大御所といわれた菊池寛が狭心症で亡くなったのは昭和二十三（一九四八）年三月六日のことである。四、五日前から腹をこわして寝込んでいたが、回復したので、この夜、全快祝いだといって主治医や一人息子の英樹らとともに会食中、突然、胸が苦しくなり、居間に入った。主治医が注射を施したが、五分ぐらいで息を引き取った。午後九時十五分だった。

葬儀は九日午前十時から行われたが、その翌日、子供宛ての遺書と、一般読者宛ての遺書が見つかった。菊池は文壇への後事を託そうとしていた芥川龍之介が昭和二年に自殺したため、子供たちへの遺書を早くから認《したた》めていたのだった。最初に長男、長女宛てのものを掲げる。

母上の云ひつけをよく守り、真面目に勉強し、早く職業につかれたし。
何事にても、定職あるをよしとす。
早く自分の収入にて、独立出来るやう心がけられたし。
母上に孝行せられたし。母上ほど、おん身を愛したる人なし。
父はおん身を子としたるをほこりとす。何事につけても、お母さんに心配をかけるな。
お母さんを、大切にせよ。

よく勉強せよ。頑張れよ。青年時代努めると努めざるとは、一生の成否の岐るゝ所、しつかりやれ。二十までが、一番大切だ。勉強すれば、どんな事でも出来る。

父なき後は、よく母上の云ひつけを守り、
あまりぜいたくをせぬやう心がけられたし。
なるべく、職業教育を受け、独立出来るやうせられたし。

着実にして真面目なる青年にして、定職ある人と結婚せられたし。
父は、おん身を娘としたることをほこりとす。

次に一般読者宛てのもので、「余が葬儀に際して会葬者に対して読むべき答解」と書いた後、こう綴った。

私は、させる才能なくして、幸運にして文名を走せ、一家を興し、幸福に生活しました。今死んでも本望です。どうかご安心下さい。今日は、いろ〳〵有難うございました。

吉月吉日　　菊池　寛

会葬者各位

菊池は大正七（一九一八）年『無名作家の日記』で認められる。大正十二（一九二三）年、三十四歳の時、文藝春秋社を創設して社長になり、『文藝春秋』を発刊し、多くの作家を輩出、自らも多くの作品を書いた。帝国芸術院会員、大映初代社長なども務めた。

敗戦とともに文藝春秋社を解散し、私邸に引きこもって新聞小説や雑誌に連載物を書いた。主な作品は初期では『恩讐の彼方に』『父帰る』『藤十郎の恋』など。新聞小説の先駆として「第二の接吻」や「真珠夫人」「貞操問答」など通俗小説を手がけた。

参考文献

金子勝昭『菊池寛の時代』たいまつ社、一九七九年。
菊池夏樹『菊池寛急逝の夜』白水社、二〇〇九年。

川島芳子——「涙有れど——誰と語らん」

川島芳子の色紙。「日本も支那も同胞ぞ」の文字が見える
（『男装の麗人・川島芳子伝』より）

★かわしま・よしこ
（一九〇七―一九四八）

中国名は愛新覚羅顕玗、清朝粛親王の皇女。五歳で満蒙独立運動の士、川島浪速の養女となり、九歳で来日。豊島師範付属小学校から跡見女学校、松本高女へ。蒙古の将軍の遺児と結婚するが、離婚。中国に渡り、関東軍（日本軍）の防諜活動に携わる。昭和二十三（一九四八）年三月二十五日歿。享年四十一。

川島芳子は日中戦争から太平洋戦争期に、中国国内を舞台に日本軍の防諜活動に関わり、「男装の麗人」と騒がれた中国人女性である。本書の表題からいけば異論もあろうが、日本国籍をもち川島姓を名乗った時期もあり、日本人として取り扱いたい。

川島芳子は中国名を愛新覚羅《あいしんかくら》顕玗《けんし》といい、清朝粛親王の皇女。一九一一（明治四四）年に起こった辛亥革命により清朝の滅亡後、川島浪速の養女になり、東京、長野・松本で育った。十六歳から男装で通し、結婚した直後はそれを辞めたが、一九二九（昭和二）年、中国に帰国後は再び男装して関東軍（日本軍）に接近し、満州事変から始まった日中戦争に続く太平洋戦争期にかけて、日本軍の防諜活動に携わった。

一九四五（昭和二〇）年十月、蒋介石の国民政府に捕らえられ、祖国を売ったとして一九四八（昭和二十三）年三月二十五日、北京で銃殺された。

死の直前、顕玗に戻った芳子は、「心の日記」と題して、裏切られた日本に対する思いを痛烈な遺言状として残した。

遺言状
良心記
偽らざる手記

日本といふ国は、
（一）人の家へ只で住み
（二）人の命を玩具と考へ
（三）自分の出世の為には恩人も捨てる、それが、
（四）都合悪くなると転任して逃げる。

（五）平気で我々中国人の前で（天皇様）の悪口を申す。
　一人でもあっちゃならないのだ
（六）一寸も此の狭い北京ですら憲政されぬくせに
　なんの天業ぞや！
（七）事実上文明を食物にしてをらぬだろうか？
　毛唐はどう見るや？　それが口惜《くや》しい。悲しい。

家有れど――帰る能はず
涙有れど――誰と語らん

我も人の生みし児
血も出よう
涙もあらうに……
我は日本を恨んでゐない。
幾度か反省せり。
今はたゞ侮《あなど》りのみに残された。
どうするのだ。兄上よ兄上よ、
何卒《なにとぞ》物笑いのお世話よりも
此の心を引戻して下さい。皆の不幸故
それが火を見るより明らかであるのに

どうして私は、完全に日本を離れたか。
此の四年以来の事だ。今でない。

二十三日

どうしても自分の心がいふ事を聞いてくれない。我はなぜかくも日本と離れたか。

一月十七日

今日は衛藤軍曹及び鈴木軍曹に武士として、
堪へられぬ罵倒をされた。
何故ぞ？　嗚呼運命の児、此の自分に流れてゐる血が呪はしい。
私は只、愛新覚羅氏の子孫であれば良いのだ。
狂人と言はれようと、男女《おとこおんな》と言はれようと。
一ケ国の皇女が、一伍長に罵倒されても何も言へぬ。
これが現在の支那なのだ。
日本はこんなものであったのか。
こんな日本なりせば……
我が子を預くる気にどうしてなれるだろうか。日本を去りたい。

私が北京を去る事が、決して日本の為で無い。然し私はゐたくない。疼《うづき》は無い腹をさぐられし故、顔にすら出さないが、日本のスパイと迄言はれし川島が、北京を去るとして再度帰る家も無くなった。それを支那人はどうみるか？　あゝ恐ろしい事だ。こんな風なりせば、むしろ重慶に走り、川島辱《はずかし》めを受けても同胞だ。諦らめられよう、これは決して女のヒスでは無い。中国人圧敵の心理だ。人業の上に立つ時神業でなく、どうして出来るや。

二十五日

死は一番美しい。
そして死は一番卑怯だ。
然し世は全べて紙一重
であるまいか。
此の偽善の司法下に於いて
何《なん》の未練あろうぞ!!
催促せずとも立つべき
日には立つものを。
嗚呼見苦しい極み也。

いさかひは浮世の常ぞ正しくば
ほゝゑみて行け我は父の児

「日本も支那（中国）も同胞ぞ」と訴えながら、日中の間《はざま》で激しく揺れ動く女性の心情が、文面から迫ってくるようだ。

参考文献

上坂冬子『男装の麗人・川島芳子伝』文藝春秋、一九八四年。

穂刈甲子男編著『真実の川島芳子――秘められたる二百首の詩歌』プラルト、二〇〇一年。

岸田理生『終の栖・仮の宿――川島芳子伝』而立書房、二〇〇二年。

太宰 治——「影もうつらず雨降りしきる」

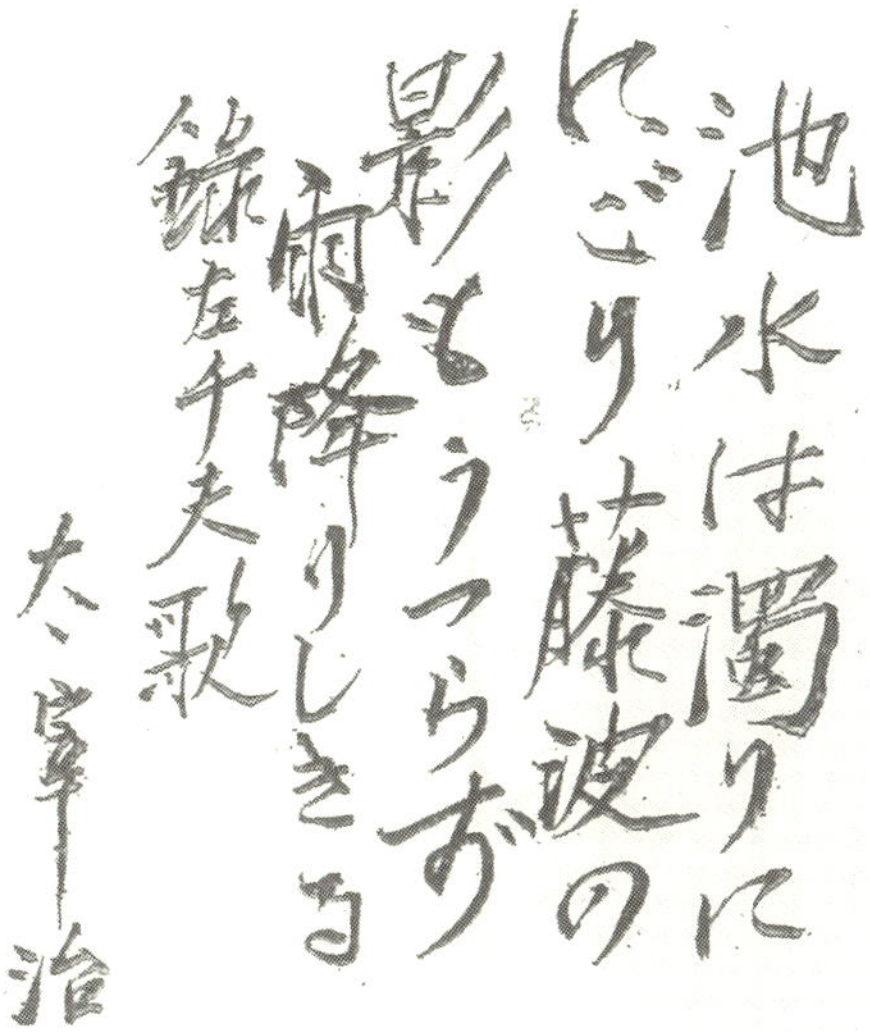
池水は濁りに
にごり藤波の
影もうつらず
雨降りしきる
録左千夫歌
太宰治

太宰治が伊馬春部に宛てた色紙（『別冊新評　作家の死』より）

（周南市美術博物館蔵）

★だざい・おさむ

（一九〇九―一九四八）

小説家。本名、津島修治。青森県北津軽郡金木村（青森県五所川原市）の大地主の六男として生まれた。父・源右衛門は木造村の豪農松木家からの婿養子で県会議員、衆議院議員、多額納税による貴族院議員等を務めた。弘前高校から東京帝国大学に進んだが、中退して文筆活動に入り、『虚構の彷徨』などで文壇に登場、戦後も『斜陽』などの作品を発表。昭和二十三（一九四八）年六月十三日歿。享年三十八。

小説家の太宰治が愛人の山崎富栄とともに、東京・北多摩郡三鷹町の富栄の部屋を出たのは昭和二十三（一九四八）年六月十三日。三鷹署は、井の頭公園寄りの玉川上水土手で二人の下駄、化粧品などの遺留品が発見されたことから、二人は上水に投身したものと推定し、下流一帯を捜索したが、見つからなかった。

富栄の部屋を調べたところ、太宰と富栄の写真が並べられ、太宰の妻美和子宛ての便りと三人の子供への玩具、それに朝日新聞に連載する「グッド・バイ」の十回分の校正刷りと十三回までの草稿が置かれていた。妻宛てのものには、「小説が書けなくなった。人の知らぬところへ行ってしまいたい」という内容が書かれていた。友人の伊馬春部に宛てた色紙が一枚、残されていた。色紙の歌は伊藤左千夫のものだった。

池水は濁りににごり藤波の
　影もうつらず雨降りしきる

入水自殺を思わすこの句に、太宰の知人、友人らは、いよいよ悲壮な思いを深めた。

家出から一週間後の十九日午前七時ごろ、三鷹町牟礼の玉川上水の新橋下一キロの下流で、棒杭に引っかかったまま川面に揺れている二人の遺体を通行人が発見した。遺体は互いの脇の下から女の腰紐で離れないように固く結んであり、抱き合ったままの姿だった。

この日は太宰の誕生日で、これを偲んで後に「桜桃忌」になっていく。

太宰はなぜ死を選んだのか。太宰の親友檀一雄は後に上梓した『小説太宰治』のまえがきで、「おのれの文芸の完遂のための死」としている。太宰の結核の病は最終段階に達しており、文学的世評が高潮して、妻子が飢える気遣いはなくなったという安堵感と、愛人の富栄との不決断な交渉、そしてもう一人の愛人の太田静子の出産という危険感が絡み合い、死を完遂した、という指摘である。

作家の近藤富枝は『歴史と旅　恋に果てる生き方』のなかで「そもそも太宰は少年時代から死を怖れ、死に憧れていた異常な神経の持ち主」とし、わずか人生四十年に満たないなかで、四回も自殺を企てているのが何よりの証拠、と喝破《かっぱ》している。うち二度まで相手がいて、最初は東京帝国大学仏文科に入学早々、銀座のカフェー女給と江ノ島で服毒自殺を計り、女は死に、太宰は生き返る。二度目は最初の妻初代と水上温泉で心中を計り未遂に終わっている。その後離婚し美和子と再婚した。

「生きていてはいけない者が生きているという〈はにかみ〉がいつも彼の胸の底にあり、それが大酒を飲んだり、薬物中毒をひき起こしたり、自殺行をしたりする原因となった。と、同時に、それが彼の文学の源泉ともなっている」というのである。

太宰が作家として脚光を浴びたのは昭和二十二（一九四七）年七月から十月まで雑誌『新潮』に掲載した「斜陽」である。太田静子から借りた日記に材を得たこの作品は、目ざましい売れ行きをみせ、たちまちベストセラー作家になった。

この間、太宰は戦争未亡人である富栄の借間に移り、富栄の献身的な看護を受けながら執筆を続けるが、同年十一月、静子が太宰の子を出産する。太宰は二人の愛人に溺れるほど愛されながら、執筆を重ねつつ、死への階段を登りだしていたといえる。

筑摩書房社主の計らいで太宰は、昭和二十三年三月から五月にかけて熱海などに滞在して『人間失格』を書き上げた。続いて『朝日新聞』に連載予定の「グッド・バイ」を書き出し、五月二十七日、第十回分までの原稿を渡した。このころになると太宰の病状はいよいよ悪化し、喀血を繰り返していた。

「死が自分の芸術の完成だ」と思う太宰が、その最後を、ひたすら献身してくれた富栄に委ねたのは当然の成り行きであったのかもしれない。

参考文献

『画報近代百年史　一八集』国際文化情報社、一九五二年。
『太宰治の生涯——写真集』毎日新聞社、一九六八年。
『新潮日本文学アルバム　太宰治』新潮社、一九八三年。

東條英機――「責任を負って満足して刑場に行く」

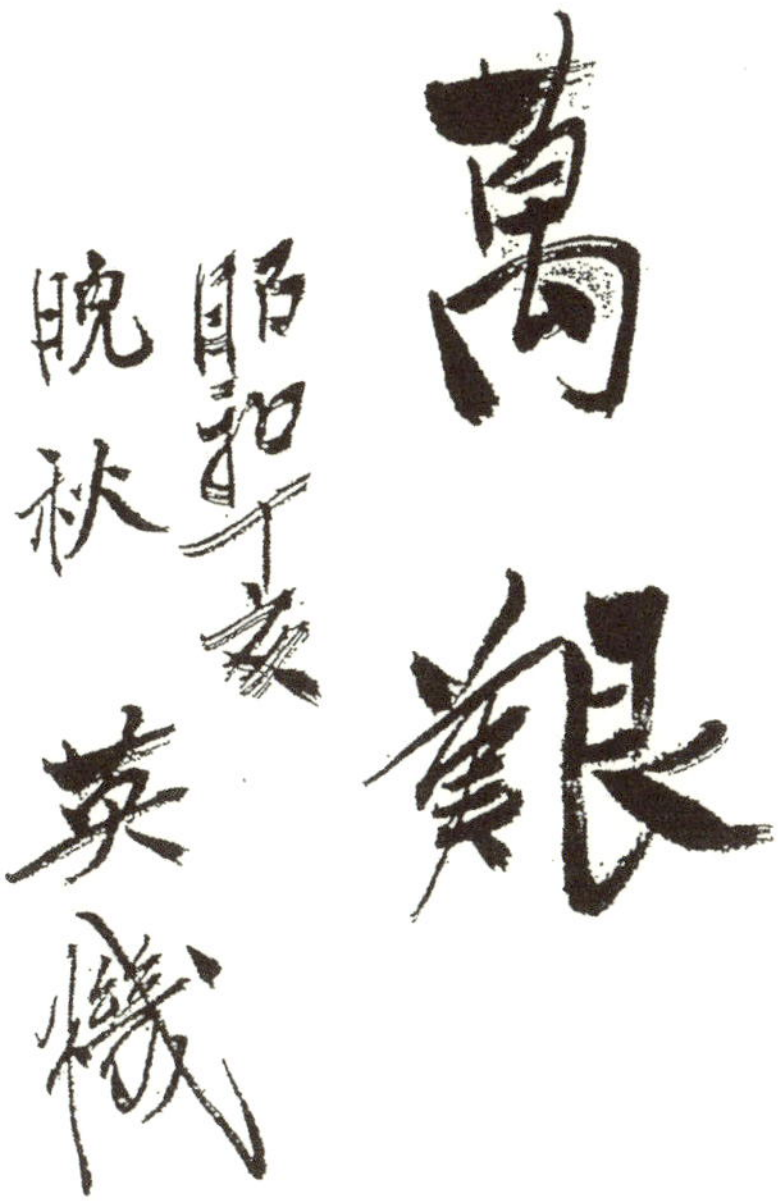

東條英機の書（陸上自衛隊市ヶ谷記念館蔵）

★とうじょう・ひでき
（一八八四―一九四八）

東京市麹町区（現在の千代田区）生まれ。太平洋戦争開戦時の内閣総理大臣。陸軍大将。第二、第三次近衛内閣の陸相として対米開戦論を主張して近衛と対立。総辞職後、首班指名を受けて総理、陸相、内相を兼務、対米英蘭開戦に突入した。戦時独裁体制を築き上げる。敗戦でA級戦犯として処刑。昭和二十三（一九四八）年十二月二十三日歿。享年六十四。

日本の戦争犯罪を裁く極東国際軍事裁判（東京裁判）は、昭和二十一（一九四六）年五月三日から東京・市ケ谷の旧大本営陸軍部跡の法廷で開かれた。この裁判の原告十一カ国から判事団と検事団が送り込まれた。A級戦争犯罪人とされたのは二十八人である。

検事団団長主席検察官のキーナン（アメリカ）は、

「被告らは文明に対して宣戦を布告した。民主主義とその本質的基礎すなわち人格の自由と尊重を破壊しようと決意し」

で始まる冒頭陳述で、日本軍国主義を動かした「犯罪的な軍閥」の総合的な罪悪を厳しく追及した。他の検事らもほとんどが同調した。

この審理のなかで唯一、日本を擁護したのがインド代表のパル判事である。だがこの膨大な「パル判決書」は多数意見のなかに埋没された。

審理は二年半かかって昭和二十三（一九四八）年十一月十二日、判決が言い渡された。「日本の侵略戦争を計画し、助長し、その結果、世界に大きな破壊を与えた日本の主なる指導者」として死刑判決を受けたのは次の七人である。

東條英機　陸軍大将、総理大臣経験者
広田弘毅　文官、総理大臣経験者
板垣征四郎　陸軍大将、陸軍大臣経験者
土肥原賢二　陸軍大将
木村兵太郎　陸軍大将
松井石根　陸軍大将
武藤章　陸軍中将、陸軍軍務局長

開戦を主導した海軍が皆無なのに比べて、陸軍が文官一人を除きすべてを占めているのが特徴である。巣鴨で過ごす七人の絞首刑が執行されたのは判決から四十日過ぎた昭和二十三年十二月二十三日。ここに東條英機の遺書を掲げる。長文なので適宜省略した。文面から太平洋戦争（大東亜戦争）の開戦へ踏み切った総理大臣東條の心情や、敗戦後の心の動きを読み取ることができる。

遺言

開戦当時の責任者として敗戦のあとをみると、実に断腸の思いがする。今回の刑死は、個人的には慰められておるが、国内的の自らの責任は死を以て贖《あがな》えるものではない。しかし、国際的の犯罪としては無罪を主張した。今も同感である。ただ力の前に屈服した。

自分としては国民に対する責任を負って満足して刑場に行く。ただこれにつき同僚に責任を及ぼしたこと、又下級者にまでも刑が及んだことは実に残念である。天皇陛下に対し、また国民に対しても申し訳ないことで、深く謝罪する。

元来、日本の軍隊は、陛下の仁慈の御志に依り行動すべきものであったが、一部過を犯し、世界の誤解を受けたのは遺憾であった。

此度の戦争に従事して斃れた人及び此等の人々の遺家族に対しては、実に相済まぬと思って居る。心から陳謝する。

今回の裁判の是非に関しては、もとより歴史の批判に待つ。もしこれが永久平和のためということであったら、も少し大きな態度で事に臨まなければならないのではないか。此の裁判は結局は政治裁判に終った。勝者の裁判たる性質を脱却せぬ。

天皇陛下の御地位及び陛下の御存在は動かすべからざるものである。天皇存在の形式については敢《あえ》て言わぬ。存在そのものが絶対に必要なのである。それは私だけでなく多くのものは同感と思う。空気や地面の如き大きな恩は忘れられるものである。

東亜の諸民族は今回のことを忘れて、将来相協力すべきものである。東亜民族も亦《また》他の民族と同様この天地に生きる権利を有つべきものであつて、その有色たることを寧《むし》ろ神の恵みとして居る。印度《インド》の判事には尊敬の念を禁じ得ない。

これを以て東亜諸民族の誇りと感じた。今回の戦争に因りて東亜民族の生存の権利が了解せられ始めたのであつたら幸である。

(中略)

日本は米国の指導に基き武力を全面的に抛棄《ほうき》した。これは賢明であつたと思う。しかし世界全国家が全面的に武装を排除するならばよい。然らざれば、盗人が跋扈《ばっこ》する形となる。(泥棒がまだ居るのに警察をやめるようなものである)

私は戦争を根絶するためには慾心を人間から取り去らねばならぬと思う。現に世界各国は、孰《いず》れも自国の存在や自衛権の確保を主として居る。(これはお互に慾心を抛棄して居らぬ証拠である)国家から慾心を除くということは不可能のことである、されば世界より今後も戦争を無くするということは不可能である。これでは結局は人類の自滅に陥いるのであるかも判らぬが、事実は此の通りである。それ故、第三次世界大戦は避けることが出来ない。

(中略)

(…)凡そ生物として自ら生きる生命は神の恵である。産児制限の如きは神意に反するもので、行うべきではない。

なお言いたき事は、公・教職追放や戦犯容疑者の逮捕の件である。今は既に戦後三年を経過して居るのではないか。従つてこれは速かに止めてほしい。日本国民が正業に安心して就くよう、米国は寛容の気持をもつてやつていつてもらいたい。

我々の処刑を以て一段落として、戦死傷者、戦災死者、ソ連抑留者の遺家族を慰安すること。戦死者、戦災死者の霊は遺族の申出あらば、これを靖国神社に合祀せられたし。出征地に在る戦死者の墓には保護を与えられたし。従つて遺族の希望申出あらば、これを内地へ返還せられたし。戦犯者の家族には保護を与えられたし。

青少年男女の教育は注意を要する。将来大事なことである。近時、如何《いか》がわしき風潮あるは、占領軍の影響から来て居るものが少くない。この点については、我国の古来の美風を保つことが大切である。

今回の処刑を機として、敵・味方・中立国の国民罹災者の一大追悼慰安祭を行われたし。世界平和の精神的礎石としたいのである。（後略）

辞世
我ゆくもまたこの土地にかへり来ん国に酬ゆることの足らねば
さらばなり苔の下にてわれ待たん大和島根に花薫るとき

A級戦犯とされた東條を含む全員の書が、陸上自衛隊市ヶ谷駐屯地（東京都新宿区）の「市ヶ谷記念館」に現存する。被告らが公判の最中に時間を見つけて筆を取ったもので、同館の井上康史事務官が「極めて貴重なもの」として冊子にまとめた。東條の書を以下に紹介する。

一誠排

万艱
昭和丁亥
晩秋　英機

一誠は万艱を排す、昭和丁亥は昭和二十二年の意味である。裁判が始まって一年半近く、判決の出る一年前のものである。

東條は陸軍大学卒。スイス、ドイツ駐在武官を務めた後、陸軍省動員課長、歩兵第一連隊長を経て参謀本部編制動員課長になった。その後、歩兵第二四旅団長、関東憲兵隊司令官を経て昭和十二（一九三七）年、関東軍参謀長となり、日中戦争の事変拡大論を主張し、参謀長のまま三個支隊を率いて内蒙古に出動した。

翌年、近衛内閣の改造にともない、板垣征四郎陸相の下で陸軍次官として辣腕《らつわん》を振るい、「かみそり東條」の異名を取った。昭和十五（一九四〇）年、第二次近衛内閣の陸相として入閣し、ヨーロッパにおけるドイツの勝利に便乗して、南進政策を主張し、仏印進駐や南方作戦準備を進めた。

第三次近衛内閣でも陸相として留まるが、日米交渉で、中国からの日本軍の撤退を迫られ、それに反対して対米開戦論を展開し、交渉継続を主張する近衛総理と対立、近衛内閣は総辞職。大将に昇進した東條は、昭和十六（一九四一）年十月、首班指名を受け、現職に留まったまま、総理、陸相、内相を兼務する内閣が成立。同年十二月、対米英蘭開戦に突入していった。

翌十七（一九四二）年には翼賛選挙を行って議会を形骸化させ、国内の弾圧を強化して戦時独裁体制を築き上げた。だが戦局が次第に悪化しだすと内部に東條批判が高まり、陸海軍の対立が起こり、国務と統帥の不一致から戦争指導体制がぐらつきだした。

昭和十九（一九四四）年七月、総辞職し、以後は重臣として戦争完遂を主張した。太平洋戦争による死者は軍人約二百四十万人、民間人は、ざっと五十万人にのぼった。

参考文献

巣鴨遺書編纂会『世紀の遺書』(復刻)編集著作権者 白菊遺族会、講談社、一九八四年。
東條英機刊行会『東條英機』上法快男編、芙蓉書房、一九七四年。

広田弘毅――「ママノメイフクヲイノル」

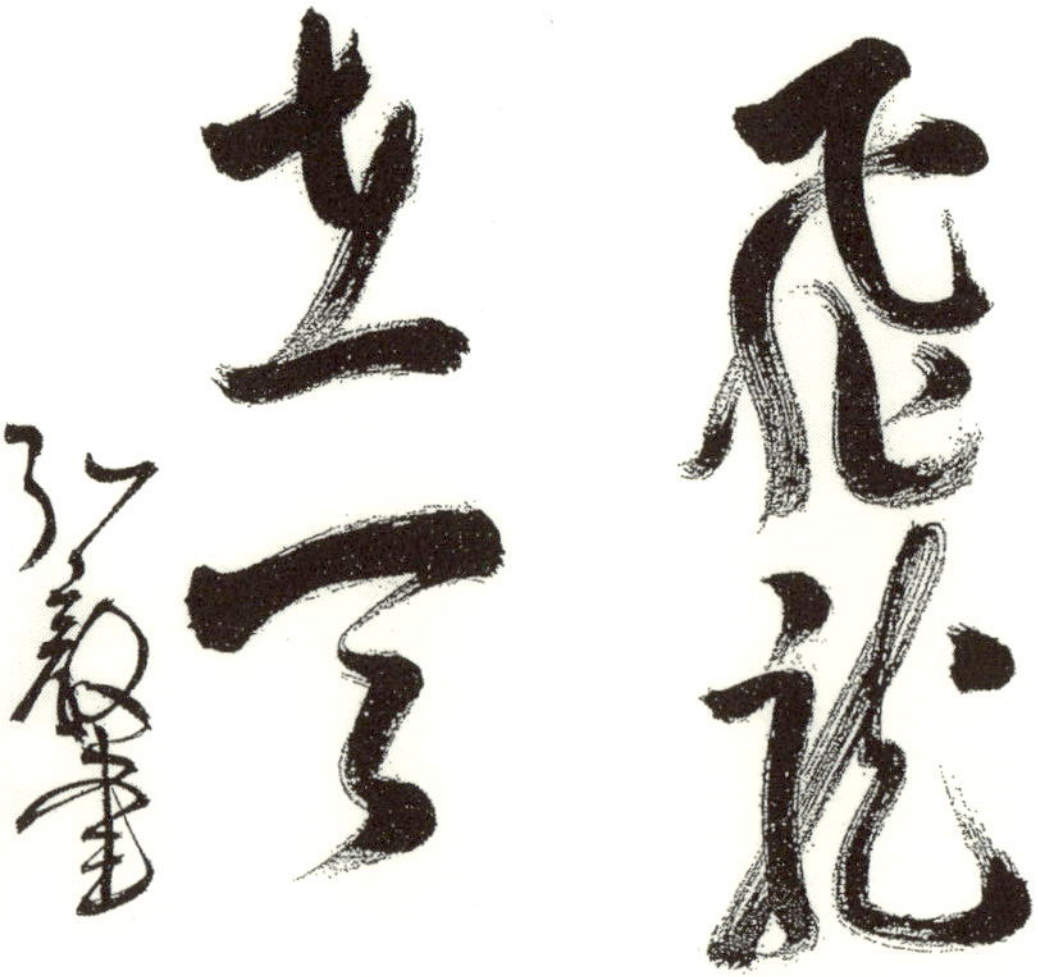

広田弘毅の書（陸上自衛隊市ヶ谷記念館蔵）

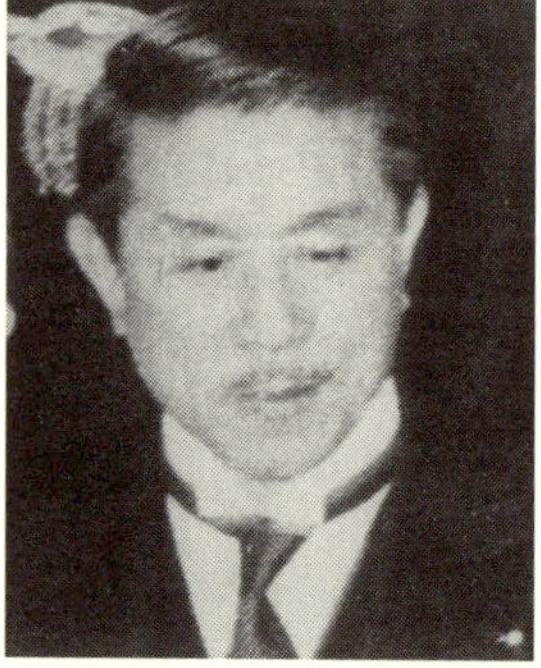

★ひろた・こうき
（一八七八―一九四八）
福岡県那珂郡鍛冶町（福岡市中央区天神）出身。外交官、総理大臣。第一次近衛内閣で外務大臣を務める。太平洋戦争の最中、政府は広田をソ連に特派しようとするが、ソ連は拒絶。敗戦後、A級戦犯として文官でただ一人逮捕され、処刑。昭和二十三（一九四八）年十二月二十三日歿。享年七十。

極東国際軍事裁判で処刑された七人のうち、唯一文官だったのが広田弘毅である。オランダのローリング判事は、広田の無罪を主張したが、容れられなかった。

広田は明治四十（一九〇七）年、外交官として北京に赴任、以後、イギリス、アメリカ大使館に赴任し、帰国後は欧米局長となり、アメリカにおける日本人移民排斥問題や対ソ国交回復に尽力した。オランダ公使の後、ソ連大使になるが、昭和六（一九三一）年、満州事変が起こり、緊迫した対ソ関係の処理に当たった。昭和八（一九三三）年、外務大臣になり、アメリカのハル国務長官と日米間の友好を確認した。

昭和十一（一九三六）年、内閣総理大臣になるが、軍部の政治発言が強まり、軍部と足並みを揃えた広田に対して議会、政党は対立を深めた。そうしたなかで日独防共協定に調印する。

広田内閣は総辞職し、第一次近衛内閣では外務大臣を務めるが、日中戦争が起こり、広田は更迭される。太平洋戦争の敗色が濃厚となった昭和十九（一九四四）年九月、小磯内閣は広田を特使としてソ連に派遣しようとしたが、ソ連は拒絶。これがソ連の参戦へとつながっていく。

敗戦後、広田は文官にもかかわらず、A級戦犯として逮捕され、極東裁判で絞首刑を言い渡された。処刑前に二度、家族と面会した後、手紙を二通書いた。

どちらも妻静子宛てになっているが、静子は二年半前に広田と巣鴨で面会した後、自害していた。広田はそれを知りながら、妻宛ての便りを書いたのである。最初に一通を掲げる。文中に出てくる名前は五人の子供たちである。

一、サクゲツヨウハコウテンキデ、チヨコ、ヒロヲ、マサヲ、ミヨコ、トヨコノ五ニンニアヘテ、ジツニジツニ、ウレシカッタ、イロイロハナシヲキキボクモハナシヲシテ、コンナタノシイコトハナカッタ

一、ソノゴ、ハナヤマシカラカイミョウノハナシガアッタガ、ボクノハスデニキマッテヲルカラトイッテヲイタ、サヨウショウチアリタシ

一、ウチニオクリカヘサルルヒンモクヒョウニショメイシタ、キモノルイノホカメガネトイレバデアル
一、イジョウ、オワリ、サヨウナラ、ミナサマヘヨロシク
十一ガツ三十ヒ
シズコドノ

次の二通目は弟など近親の方々に宛てたものである。文中のペーセンスはトランプ遊びの一種である。

一、センジツハ、トクエモン、スガノ、ハルコ、マサヲ、イヅミノ五ニンニメンカイシ、イロイロハナシヲシテ、ジツニジツニウレシカッタ、トクエモンガマニアッテ、アヘタノハマックタクシアワセデアッタ
一、ソノゴハ、イツモ、ペーセンスシテ、スゴシテヲルガ、トキドキハゴゼンマタハゴゴニ、三十プンバカリ、ガイシツシテサンポス、シンタイニイジョウナシ、アンシンアレ
一、ハンケツノゼンゴハハガキヤテガミガタクサンキタ、ジツニタノシカッタ、ミナミナノキモチガヨクワカル、アンシンシテヲル
一、アメリカノダイシンインハ、六ヒカラヒラカレ、ジョウソヲシンギスルハヅナレバ、ソノケッカヲシルマデ、ショケイハエンキサルルワケナラン
一、コノヒコウテンキ、ニッコウサシ、ヘヤモ、ホットエアデアタタカク、キモチヨシ
一、モハヤナニモカクコトナシ、ママノメイフクヲイノル
十二ガツ七ヒ
コウキ
シズコドノ

広田の書も、前述の市ヶ谷記念館の井上康史事務官がまとめたなかに含まれているので、紹介する。

飛龍
在天
弘毅書

飛龍天に在り、と読む。『易経《えききょう》』の乾編が出典で、聖人が天位にいる、という意味である。広田が東條らとともに処刑されたのは昭和二十三（一九四八）年十二月二十三日のことである。

参考文献

広田弘毅伝記刊行会編『広田弘毅』（私家版）広田弘毅伝記刊行会、一九六六年。
服部龍二『広田弘毅「悲劇の宰相」の実像』中央公論社、二〇〇八年。

松濤　明――「有元ヲ捨テルニシノビズ、死ヲ決ス」

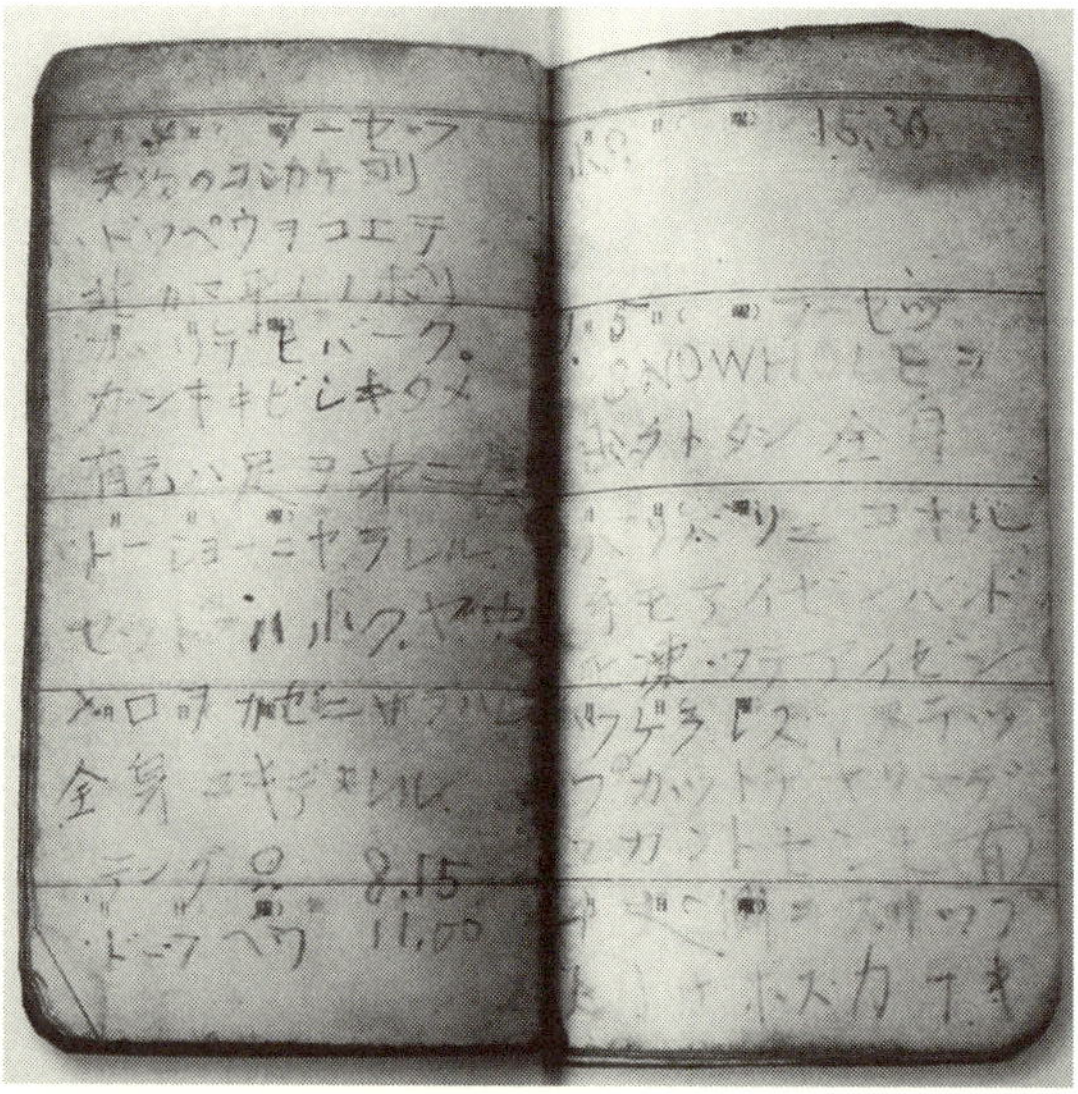

手帳に書かれた松濤明の遺書（『新編　風雪のビヴァーク』より）

★まつなみ・あきら
（一九二二―一九四九）
仙台生まれ。東京育ち。東京・登歩渓流会員、東京農業大学生。小学生から登山を始める。東京農大在学中に学徒出陣。一九四六年復員し、復学。友人と真冬の槍ヶ岳―穂高岳の冬季縦走登山中、友とともに遭難死。昭和二十四（一九四九）年一月六日歿。享年二十六。

昭和二十三（一九四八）年暮れ、北アルプスの槍ケ岳から穂高まで冬季縦走登山のため入山した東京・登歩渓流会、東京農大生、松濤明と国家公務員、有元克己の二人は、下山予定日を過ぎても帰らず、昭和二十四（一九四九）年一月十五日になって捜索願いが出された。

『朝日新聞』一月十六日は「農大生消息絶つ」の一段見出しで遭難を報じた。

登歩渓流会、東京農大山岳部OB会などにより捜索が行われたが、手掛かりがなく、四月になって北鎌尾根に登った関西登高会パーティーが槍ケ岳への第三峰近くで雪洞跡と松濤の遺留品を発見した。

雪解けを待って本格的な捜索が再開され、遭難から七カ月経った七月二十三日、千丈沢・四ノ沢出合いで二人の遺体を発見した。松濤の遺体のそばから防水袋に包まれた手帳と写真機が見つかった。手帳には以下の文面が書かれていた。

一月四日　フーセツ
天狗ノコシカケヨリ　ドッペウヲコエテ　北カマ平ノノボリニカカリデビバーク、カンキキビシキタメ有元ハ足ヲ第二度トウショウーニヤラレル、セツドーハ小ク、夜中入口ヲカゼニサラワレ　全身ユキデヌレル。
　テング○：（八・一五）―ドッペウ（一一・○○）―小○：（一五・三○）

一月五日　フーセツ
SNOWHOLEヲ出タトタン全身バリバリニコオル、手モアイゼンバンドモ凍ッテアイゼン　ツケラレズ、ステップカットデヤリマデ　ユカントセシモ　（有）千丈側ニスリップ　上リナホス力ナキタメ共ニ千丈ヘ下ル、カラミデモラッセルムネマデ、15時S、H、ヲホル

1月6日　フーセツ

全身硬ッテ力ナシ　何トカ湯俣迄ト思ウモ有元ヲ捨テルニシノビズ、死ヲ決ス

オカアサン

アナタノヤサシサニ　タダカンシャ、一アシ先ニオトウサンノ所ヘ行キマス。

何ノコーヨウモ出来ズ死ヌツミヲオユルシ下サイ、井上サンナドニイロイロ相談シテ

井上サン

イロイロアリガタウゴザイマシタ　カゾクノコトマタオネガヒ

手ノユビトーショウデ思フコトノ千分ノ一モカケズ　モーシワケナシ、

ハハ、オトートヲタノミマス

有元ト死ヲ決シタノガ　六時

今　十四時　仲々死ネナイ

漸ク腰迄硬直ガキタ、全シンフルヘ、有元モＨＥＲＺ、ソロソロクルシ、ヒグレト共ニ凡《すべ》テオハラン

ユタカ、ヤスシ、タカヲヨ　スマヌ、ユルセ、ツヨクコーヨウタノム

サイゴマデ　タタカフモイノチ　友ノ辺《そば》ニ　スツルモイノチ　共ニユク（松ナミ）

この文面から二人は一月五日、雪洞を出て槍ケ岳へ向かうが、その途中、有元が足を滑らせ千丈沢に転落し、松濤も千丈沢に下ってそこでビバーク。「何トカ湯俣迄ト思フモ有元ヲ捨テルニシノビズ、死ヲ決ス」から、松濤は

体力を消耗し動けなくなった友とともに死んでいったことが判明した。絶命したのは一月六日、と想定された。

二人が代わる代わるに書いたもうひとつの遺書も見つかった。文章の文字もしっかりしており、最初に死を覚悟した段階で書いたものと思われる。

父上、母上、私は不孝でした、おゆるし下さい
治泰兄　共栄君　私の分まで幸福にお過し下さい
実態調査室ノ諸士、私のわがままを今迄おゆるし下さいましてありがとうございました
井上さん　おせわになりました
荒川さんシラーフお返しできず　すみません　有元

我々ガ死ンデ　死ガイハ水ニトケ、ヤガテ海ニ入リ、魚ヲ肥ヤシ、又人ノ身体ヲ作ル
個人ハカリノ姿　グルグルマワル　松ナミ

竹越さん　御友情ヲカンシャ
川上君　アリガトウ　（松濤）

有元
井上サンヨリ　二千エンカリ　ポケットニアリ
松濤
西糸ヤニ米代借り、三升分。

鉛筆で書かれたこれらの遺書は多くの人々を感動させた。遺書は長野県大町市立大町山岳博物館に保存されている。

二人は東京農業大学の先輩後輩で、ともに学徒出陣で出征。有元は終戦後すぐ復学して二年前に卒業、農林省農事試験場に勤務している。松濤は一年遅れて復員し、復学。この春に卒業することになっていたが、山岳では先輩だった。気持ちがよく合い、今回はサポート隊のいない二人だけの縦走だった。

松濤が一足早く前年の昭和二十三（一九四八）年十二月二十一日、単独で長野県大町から湯俣に入り、天上沢の岩小舎に荷物を揚げるなど準備をし、有元が到着する二十六日を待った。元旦を槍ケ岳で迎え、そこから穂高を経て焼岳に至るという計画である。

ところが松濤は入山するなり、想像を超える気候の急変にぶつかった。大雨が連日のように降り、湿雪で全身ずぶ濡れになった。予定より遅れて二十八日、有元と湯俣で合流し、天候が持ち直した三十日朝、出立したが、再び気温が上昇し、みぞれまじりの小雪に変わった。

吹雪がたたきつけるなかで昭和二十四年の元旦を迎え、二人は行動を開始し、北鎌沢に面した天上沢側に雪洞を掘った。だが以後も天候が回復せず、暖房器具は壊れて使えなくなった。

四日朝、天候が回復しないまま二人は出立し、槍ケ岳山頂から四つ目の第三峰まで登り、寒気と風雪にさらされながらビバーク。五日朝、槍ケ岳を目指すが、有元が足を滑らせて落ちてしまい断念。ともに死んでいった。

参考文献

杉本光作・安川茂雄編『風雪のビバーク』朋文堂、一九六〇年。
安川茂雄『穂高に死す』三笠書房、一九七二年。
松濤明『新編　風雪のビヴァーク』山と渓谷社、二〇〇〇年。

岡田 資――「敗戦国の将軍では犠牲壇上に登るのが当然」

★おかだ・たすく
（一八九〇―一九四九）

鳥取県出身。陸軍中将。本土決戦作戦のため第十三方面軍司令官・東海軍管区司令官に。名古屋空襲で撃墜されパラシュート降下し捕虜となった。アメリカ兵搭乗員ら二七人の処刑を命令。BC級戦犯として法廷に立ち、原爆こそ最大の無差別攻撃と主張。昭和二十四（一九四九）年九月十七日歿。享年五十九。

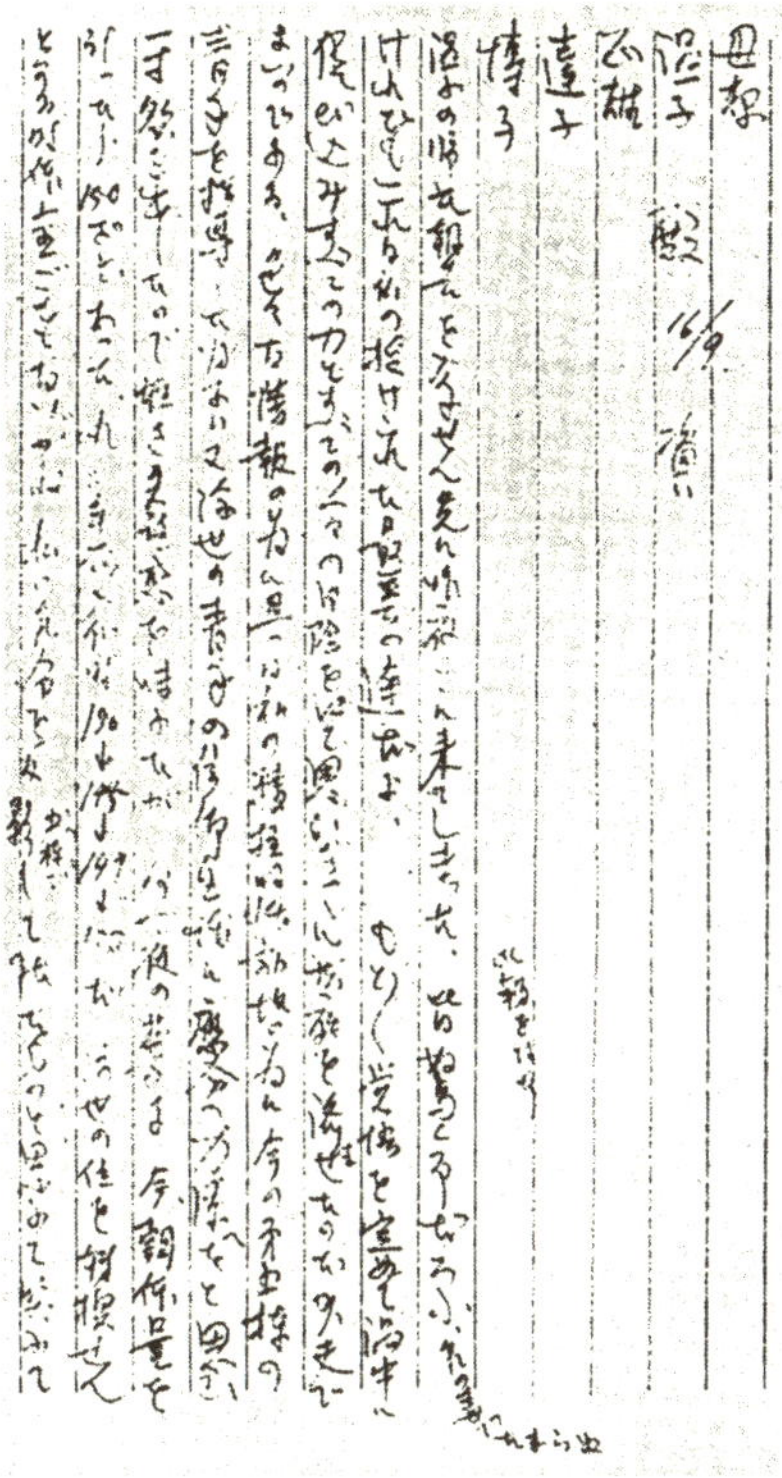

妻子に宛てた遺書（『ながい旅』より）

昭和二十（一九四五）年二月、陸軍中将岡田資は本土決戦作戦のため、東海軍需監理部長から第十三方面軍司令官・東海軍管区司令官に就任した。同司令部は名古屋に置かれていた。

岡田が就任してほどなく東京空襲があり、五月十四日は名古屋北部が絨毯《じゅうたん》爆撃を受けて焼けただれた。『中日新聞』の報道によると死者三百二十四人、負傷者六百二十四人、全焼二万三千三百九十四戸。アメリカ側の損害は大本営発表でB29撃墜八機、撃破九機と記されている。

日本軍の反撃に遇い、名古屋市内や知多半島、三重県津市、同県農村部にパラシュートで降下し、捕虜になったアメリカ兵搭乗員は将、下士官計十一人。これらのアメリカ将兵は軍司令部に送致された。この捕虜の扱いが後々、問題化することになる。

捕虜は東海軍検察官が取り調べ、軍律違反の嫌疑濃厚であり、戦時重罪人として死刑に処するべしとの結論に達した。軍律違反とは、無差別爆撃、つまり非道な行為を指す。

六月二十八日、岡田軍司令官の決裁を経て、第一総軍（東海軍以東の各方面軍を総覧）の承認を得るため、担当高級武官が東京に派遣された。交通が途絶したため第一総軍から電話で許可が告げられたのが七月初め。

七月十一日、軍律会議が開かれ、搭乗員のアメリカ将兵十一人全員に死刑を宣告、翌十二日、小幡ケ原射撃場で日本刀で斬首処刑された。

この間にもB29の空襲は相次ぎ、降下、捕虜になったアメリカ兵搭乗員は別に二十七人いた。軍律会議に長い時間をかけられないと判断した軍司令部は、無差別攻撃をしたことが明瞭な者は、正式な手続きを省略し、軍律違反として岡田司令官の命により処刑と決定。六月二十八日には山田份男中尉が部下三人とともに瀬戸市赤津町山地でアメリカ兵十一人を斬首、さらに七月十二日から十五日にかけて、成田喜久基中尉が部下八人とともに軍司令部第二庁舎裏でアメリカ兵十六人を斬首した。

八月十五日、終戦になり、司令部の残務整理を済ませた岡田は、同年暮れ、わが家に戻った。翌二十一（一九四六）

年二月、山上宗治法務中将が自主調査と称して名古屋に入り、岡田を惨殺の罪で取り調べた。この段階で補佐役の参謀は自決していた。同年九月、岡田はBC級戦犯として東京に移され、巣鴨拘置所（東京都豊島区）に入所した。

翌昭和二十三（一九四八）年三月八日、横浜法廷で「東海軍事件、岡田ケース」の裁判が始まった。被告は岡田以下、参謀、処刑実行者の下士官、兵ら二十人。訴因は戦争法規及び慣習違反で、アメリカ兵三十八人（小幡ケ原射撃場での十一人、瀬戸市の十一人、司令部裏の十六人）の殺害に関与したというものである。

岡田はこの法廷を「法戦」と称して己の主張を貫いた。それは、

一、無差別爆撃を行った搭乗員は重罪容疑者であり、俘虜《ふりょ》ではない。

二、略式裁判にしても、軍律会議にしても、結果は同じく死刑。

三、軍律会議を略式に変更したのは、戦闘つまり空襲激化下における、方面軍司令官の作戦上の判断である。

というものである。そして、これは空と陸の戦いであり、ジュネーブ条約の条項にある、降下搭乗員を俘虜として処遇せよ、は原子爆弾が出現した現在、実情に合わない、原爆こそ最大の無差別攻撃と指摘した。そのうえで、「報復ではない、処罰である。決定を下したのは私である。部下は上官の命令により処刑したものであり、罪は最高責任者の司令官にある」

と述べた。

裁判は五月十四日に結審し、秘密合議により三分の二の無記名投票の結果、岡田に絞首刑が言い渡された。残る十九人は重労働終身刑、同三十年から十年、うち実行メンバーは全員、執行停止か、残刑免除になった。岡田の「法戦」は見事に実を結んだのである。

岡田は九月十五日、巣鴨プリズンに移された。日蓮宗に深く帰依する岡田は、謄写版刷《とうしゃばんず》りの『妙法蓮華経要義』

を獄内の人びとに配った。

処刑前夜の九月十六日、岡田は家族に宛てて長い遺書を書いた。以下に記す。

母上
温子
正雄　殿　16／9　資
達子
博子

温子の帰宅報告を入手せん先に昨夜ここ〔巣鴨拘置所のこと〕に来てしまつた。此の報を得たら、皆驚く事だらう。気の毒でたまらぬ。けれども此れは仏の授けられた最善の途だよ。元々覚悟を定めて渦中に飛び込み、すべての力とすべての人々の御蔭を以て、思ひのまゝに法廷を済ませたのだから夫《それ》でよいのである。色々な情報の為に、且つは私の積極的活動性の為に、今の第五棟の青年を指導した後には、又浮世の青年の信仰生活に応分の力添へをと思ひ、一寸《ちょっと》慾を出したので軽き失望感を味つたが、何一夜の夢よ。今朝体重を測つたら一五〇ポンドあつた。まる三年前入所時は一三〇、（五棟で）一四五→一四九→一五〇だ。浮世の位を転換せんとする時、体重でもないがね、私の気分を反影して居たものと思つて笑うて聞いてくれよ。

温子よ、短い様で永い、又永い様で短い此世は、そなたにはえらい御世話になつたね。御礼の言葉もないよ。でもね、そなたの誠実と私に対する純愛は、公人としての私を十二分に働かせしめたし、志を得た二人の児として残つたしね。それで一応の満足感を得ておくれ。此の度の様な民族国家の大変動に会つては、個人の事なんかとても問題でない。況《いわん》や敗戦国の将軍では犠牲壇上に登るのが当然です。聊《いささ》かの恨みもない。出来たら次の大活動をと思うたが仏の御受用は遂に此の路であつた。それを喜んで頂戴しよう。好きであつた（今は少しも慾しくない）酒の為に度々そなたに迷惑を掛けたが、其の他の公人生活は御蔭げで寸志を伸べる事が出来た。人生と日本軍の将領としての最後も、是で所謂《いわゆる》有終の美と言へさうです。ほんたうにそなたには迷惑を掛けた。余生尚有れば、十二分に老妻をいたはつてと想うて居たが、今は私の強い業力思念を以て御護りする事に致しませう。家族一同も共に、共に。

私の業は何も血縁丈《だけ》に伝はるのではない。正雄君のからだも拝借して居ます、故に温子よ、淋しがらないで、そなたの身にも外の家族の身にも孫嬢にさへも、私の内在せる事を確信して下さい。

年寄の母に今更心配掛けて済みません。朝夕御曼陀羅《おまんだら》に対して祈念なさる時私は必ずその座に入れてもらつて居るでせう。

正雄君には御縁あつて家族がとんでもない御厄介を掛けたね。特に法廷関係では一方ならぬ御尽力で、私も御礼の言葉もないです。今後共に何卒後を宜敷く御頼み申します。此世の法位を去る私の次の任務は、仏の御手にあるのですが、少くも私の業力は、不及乍《およばずなが》ら君のお手伝は、出来ると思ひます。（後略）

遺書はこの後、娘の達子（正雄の妻）、孫の博子への思いをにじませ、最後に、戒名は不要、葬式も不要とし、「お曼陀羅のまえに写真や俗名を並べてくれればそれで結構です。私の生命は真に久遠です」と記した。

処刑されたのは日付が変わった九月十七日午前零時、と記録されている。

参考文献

岡田資『巣鴨の十三階段――戦犯処刑者の記録』亜東書房、一九五二年。
大岡昇平『ながい旅』角川文庫、二〇〇七年。

山崎晃嗣──「灰と骨は肥料として農家に売却すると」

学生社長（光クラブ）自殺す
三千万円の金策つきて
人生は劇場だ
戦後学生の一典型
山崎の遺書
債権者びっくり
早くも四十数名が押かく

『朝日新聞』が報じた山崎晃嗣の遺書

★やまざき・あきつぐ

（一九二三─一九四九）

千葉県木更津市生れ。金融会社社長。東京大学三年で、学生仲間とヤミ金融会社を設立、学生社長に。「日本ただ一つの金融株式会社」として投資家を募る一方、高利の短期貸付を行う。物価統制令違反等で逮捕。資金繰りがつかず、自殺。昭和二十四（一九四九）年十一月二十四日歿。享年二十六。

ヤミ金融会社「光クラブ」社長、山崎晃嗣は、昭和二十四（一九四九）年十一月二十四日午後十一時五十分ごろ、東京都中央区銀座二の二の同社二階社長室で青酸カリをあおって自殺した。

山崎は東京大学法学部三年で、ずば抜けた秀才ぶりを発揮し、昭和二十三年九月、学生仲間とヤミ金融会社「光クラブ」を中野区に設立して学生社長となり、辣腕を振るった。

翌年一月には銀座に進出して資本金六百万円、株主四百人、社員三十人と称して「確実と近代性をほこる日本ただ一つの金融株式会社」をキャッチフレーズに、全国新聞に広告を出し、月一割三分の配当で投資家を募り、一流商店や中小工業経営者らに月二割一分から三割の前払い高利で短期貸付を行った。

しかし七月四日、京橋署にヤミ金融容疑で逮捕される。二カ月後に処分保留のまま釈放されたが、信用はガタ落ちとなり、四百人近い債権者から三千万円の債権取り立てを迫られた。

十一月二十五日には債権者に三百万円を支払う予定だったが、資金繰りがつかず、その前日の二十四日、自殺した。

翌日の朝日新聞は、社会面トップで次の見出しで報道した。

学生社長（光クラブ）自殺す
三千万円の金策つきて

社長室には書簡紙五枚に書かれた遺書一通が置かれていた。内容は、

一、御注意、検視前に死体を手にふれぬこと、法の規定するところなれば京橋警察署にたゞちに通知し、検視後法に基き解剖すべし、死因は毒物は青酸カリ（と称し入手したるものなれど渡した者が本当のことをいったかどうか確かめられたし）死体はモルモットとともに焼却すべし、灰と骨は肥料として農家に売却すると（そこから生

えた木が金のなる木か、金を吸う木なら結構）

二、望みつつ心安けし散るもみじ理知の命のしるしありけり

三、出資者諸兄へ、陰徳あれば陽報あり、隠匿なければ死亡あり、お疑いあればアブハチとらずの無謀かな、高利貸冷たいものと聞きしかど死体さわれば氷カシ（借自殺して仮死にあらざる証依而如件《あかしこれにてくだんのごとし》）

四、貸借法すべて精算カリ自殺　晃嗣、午後十一時四十八分五十五秒呑む、午後十一時四十九分（このあと五、六字判読できず）

ほかに「高利貸の述懐」と題した書きかけの手記があり、「ハマグリ変じてスズメに、東大生変じて高利貸となること」「他人のフンドシ上手にしめるは経済原理の駿理なること」「浮世世渡り三段の変化と法に頼らば穴二つなること」「情は人の為ならず高利貸変じて低利貸となるのこと」「夢はまことかまことは夢か一九五〇年型金もうけの述策」などと書かれていた。

この事件はアプレゲール（戦後時代）を象徴するものといわれ、山崎をモデルにした小説『青の時代』（三島由紀夫作）や『白昼の死角』（高木彬光作）などで紹介され、話題になった。

参考文献

田村泰次郎『大学の門』イヴニングスター社、一九四八年。

『朝日新聞』一九四九年十一月二十五日付。

高木彬光『白昼の死角』東京文芸社、一九七六年。

宮武外骨——「死体買取人を求む」

宮武外骨の墓（染井霊園）

★みやたけ・がいこつ（一八六七―一九五五）

讃岐国小野村（香川県綾歌郡綾川町小野）出身。自ら新聞、雑誌を刊行。大阪で『滑稽新聞』を創刊し、政治や権力を厳しく糾弾、喝采を浴びた。筆禍による入獄四回、罰金刑、発行停止・禁止は三十回に及ぶ。東京帝大法学部内の「明治新聞雑誌文庫」の初代主任を務めた新聞史家。昭和三十（一九五五）年七月二十八日歿。享年八十八。

明治から大正、昭和にかけて、強烈な個性を発揮したジャーナリスト、宮武外骨が亡くなったのは昭和三十（一九五五）年七月二十八日。外骨はその三十年前の昭和元（一九二六）年に「死体買取人を求む」と題した異様な新聞広告を出していた。

死体買取人を求む　廃姓外骨

当年五十八歳になつても、マダ知識欲の失せない古書研究者、探して居るものを一々挙げれば、新聞全紙を埋めても足りない、それよりか自分一身上の大問題に就て探して居るものを申上げる。

亡妻の墓を建てない墳墓廃止論の実行、養女廃嫡のために宮武をやめた廃姓廃家の実行、今は一人身で子孫のために計る心配はないが、たゞ自分死後の肉体をかたづける事に心配して居る。友達が何とかして呉れるだらうと思ふが、墓を建られると今の主張に反する。自認稀代のスネモノ、灰にして棄てられるのも惜しい気がする。そこで此死後の肉体を買取つて呉れる人を探して居る、但しそれには条件が付く、仮りに千円（死馬の骨と同額）で買取るとすれば、其契約と同時に半金五百円を保証金として前払ひに貰ひ、あとの半金は死体と引換へ（友達の香料）それで前取りの半金は死体の解剖料と骸骨箱入りの保存料として東大医学部精神病科へ前納して置く、故に死体は引取らないで、直ぐに同科へ寄附してよろしい。半狂堂主人の死体解剖骸骨保存、呉秀三博士と杉田直樹博士が待受けて居る筈、オイサキの短い者です。至急申込みを要する。

墓も、姓も、家もいらない。死体を買い取ってくれる人を探している。死体は東大医学部に寄付すると、二人の博士が待ち構えていて死体を解剖したうえ、骸骨を保存してくれる、という内容である。

しかしまったく応募者がなく、その後、三十年間を生きて、結局この広告の一文が外骨の「遺書」になった。

外骨は讃岐国阿野郡小野村の庄屋の四男に生まれた。反骨精神に富み、自ら新聞や雑誌を刊行し、政治や権力を批判した。

明治二十二（一八八九）年、大日本帝国憲法発布の際、憲法をもじって『頓智協会雑誌』に「第一条、大頓智協会ハ讃岐平民ノ外骨之ヲ統括ス」と書き、天皇の立つ場所に骸骨を描いた絵を添えて掲載し、不敬罪に問われて禁固三年、罰金百円の実刑。出所後は政治、権力批判をひときわ強めるが、いずれも失敗して台湾へ。

帰国後の明治三十四（一九〇一）年、大阪で『滑稽新聞』を創刊し、悪辣《あくらつ》な警察署長や悪徳商法の主を徹底的に叩き、日露戦争に対する社説の主張を翻《ひるがえ》したり権力に迎合する新聞を批判するなどして、読者の喝采を浴びた。なかでも政治家や役人、世相などを風刺した『滑稽珍聞』の付録の風刺画は傑作である。

政府から社会主義者＝特別要視察人に指定されるなかで、浮世絵雑誌や新聞を使ってこれに抵抗した。大正四（一九一五）年、衆議院議員選挙に立候補して落選。上京して江戸文化を中心としたワイセツの研究に没頭した。悔悟録『自家性的犠牲史』という奇書を発刊して名を挙げ、以後も『筆禍誌』『賭博誌』などの奇書を発刊した。

同十五年、東京帝大法学部内に創設された「明治新聞雑誌文庫」の初代主任を務め、新聞史家としても知られた。

ところで外骨は号に思われそうだが、違う。幼名亀四郎といい、亀は外骨内肉の動物なので、十九歳の時、この名に改めた。従って戸籍上の本名である。晩年、外骨の読みを「とぼね」にした。しかし役所や図書館の窓口では、よく「号ではなく本名で書いて」と言われるので、「是本名也」と彫った印鑑を用いたという逸話が残っている。

さて、墳墓廃止などを主張した外骨だったが、死後はそうもいかず、東京都豊島区の染井霊園の一種イ三号21側に、妻能子の名と並んで「宮武外骨霊位」と刻まれた墓が立っている。

参考文献

吉野孝雄『宮武外骨』河出書房新社、一九八〇年。

瀬戸奈々子――「こんな病気のははをうらまないで」

『かえらぬ鶴』の冒頭に掲載された詩

★せと・ななこ
（一九三二―一九五九）
原爆症認定被害者。国民学校六年の時、被爆。美容師となり「奈々美容院」を開店。結婚し、一女を授かるが、十二年後に発症し入院、二年の闘病生活の末、逝く。昭和三十四（一九五九）年四月十日歿。享年二十七。

皇太子と妃殿下のご成婚に沸く昭和三十四（一九五九）年四月十日午前十時四十五分ごろ、広島市の原爆病院に入院中の女性被爆者、広島市福島町、瀬戸奈々子（旧姓林田）が亡くなった。二十七歳。結婚し、幼い娘をもうけながら、原爆のあの日から十四年目のあまりにも悲しい最期だった。

奈々子の父は南満州鉄道株式会社に勤め、満州（中国東北部）各地や北京に住んでいた。この間に日中戦争、太平洋戦争が起こり、戦火はしだいに激しくなった。昭和十九（一九四四）年夏、三十七歳の父が現地召集になったので、病気がちな母は、祖母や奈々子、姉弟ら家族とともに日本に引き揚げ、親戚のいる故郷の広島市福島町に落ちついた。

昭和二十（一九四五）年八月六日午前八時十五分、広島市の上空に飛来したアメリカ軍機B29から新型原子爆弾が投下された。上空五百七十七メートル付近で爆発し、直径二百メートルの大火球が光った瞬間、三、四千度の熱風、爆風が町を呑み、炎上した。キノコ雲が沸き立って上空一万メートルにも上がり、黒々と空を覆った。

爆心地から半径二キロの地域は全滅し、おびただしい死者が出た。生き残った人も重い火傷を負い、飲み水を求めて彷徨《さまよ》った。五分ほどして豪雨が降った。放射能を含んだ〝黒い雨〟だった。

原爆による死者は、後に原爆症で亡くなった人も含めて二十六万人、被災者はおよそ四十万人にのぼった。

国民学校（小学校）六年生の奈々子は、この日は夏休みだったが、登校日に当たっていたので、爆心地から一・二キロ離れた天満小学校に出かけた。ほどなく原爆が投下され、顔に被爆した。四年生の弟は登校途中、福島橋で被爆し、顔や手に火傷をした。

自宅で被爆した母親は家族を連れて広島市の西はずれにある親戚宅に避難した。その夜から姉弟は高熱と下痢に悩まされた。祖母は五十日ほどして死亡した。

奈々子はやがて体力が回復し、弟も元気を取り戻した。そんな時、父が朝鮮の収容所で戦病死したとの公報が届いた。食糧難が続き、母はイチジク、石鹸の行商やヤミ市の食肉立ち売り、夜になると中華そばの屋台を引いて午前二時、三時まで働いた。

広島女子商業に進学した奈々子は、家計を助けたいと決意して中退し、美容師の道を進みだす。小さな店「奈々美容院」を開店、客も少しずつ増えだし、昭和二十八（一九五三）年には広島西署勤務の警察官と結婚、同三十一（一九五六）年には長女の真美が誕生し、ようやく一家に明るいきざしが見えだした。

ところが同三十二年六月、奈々子は軽い眩暈《めまい》と貧血で倒れる。近所の医師は、軽い疲労だといったが、眩暈は直らない。そのうち右手首が痛み、吐き気が襲い、歯茎から黒い血が出た。あの日に浴びた原爆が知らずしらずのうちに若い体を蝕《むしば》み続けていたのだった。

十月、原爆症と診断され、原爆病院に入院。一時退院するが、一年近い病院生活になった。

病気は急速に進み、起き上がれないほどになった。昭和三十四（一九五九）年四月九日、幼稚園に入った娘をベッドに座らせた奈々子は、「夕焼け小焼け」を細い声で歌った。

翌十日、家族、知人らがこぞって輸血をしたが、体力は衰弱しきり、まどろみ続けた目は再び開くことなく、そのまま息を引き取った。

死の枕辺に大学ノート二冊に書かれた日記が残されていた。この日記と、母の追悼記を合わせて『かえらぬ鶴』の表題で昭和三十六（一九六一）年十月、出版された。冒頭に奈々子の詩が載っている。

あまりにも残酷な
取返しのつかぬ現実に
苦しみながらも私は
生きぬかなければならない
近く終るであろう事を
察しながら

続いて日記をみよう。死を意識しながら書いた日記そのものが遺書といえる。

昭和三十三年十二月十四日の日記

マミよ、こんな病気のははをうらまないで……。マミはきっとおとうちゃんのキレイな血をいただいているのよ。だから嘆かないで……。そしておとうちゃんのような人と結婚するのですよ。

昭和三十四年二月二十二日の日記

九カ月ぶりに見る家。まったく病気忘れる。

でも、病院へもどった時の廊下の冷たさは何ともいえぬ。主人にもつい淋しまぎれにわがままをいう。誠に済まぬ。

やがて淋しい消灯……。とめどなくあふれる涙。折り悪しく今夜また一人死亡……。

私は死にたくない。この子、この母、ああこの気持ち、こんな淋しい気持……。

別離の詩は広島市の西、三滝山の中腹に立つ「かえらぬ鶴の碑」に刻まれている。昭和四十（一九六五）年の七回忌に遺族が建立したものである。

参考文献

瀬戸奈々子・林田みや子『かえらぬ鶴』二見書房、一九六一年。

永井荷風――「葬式執行不致候事。墓石建立致スマジキ事」

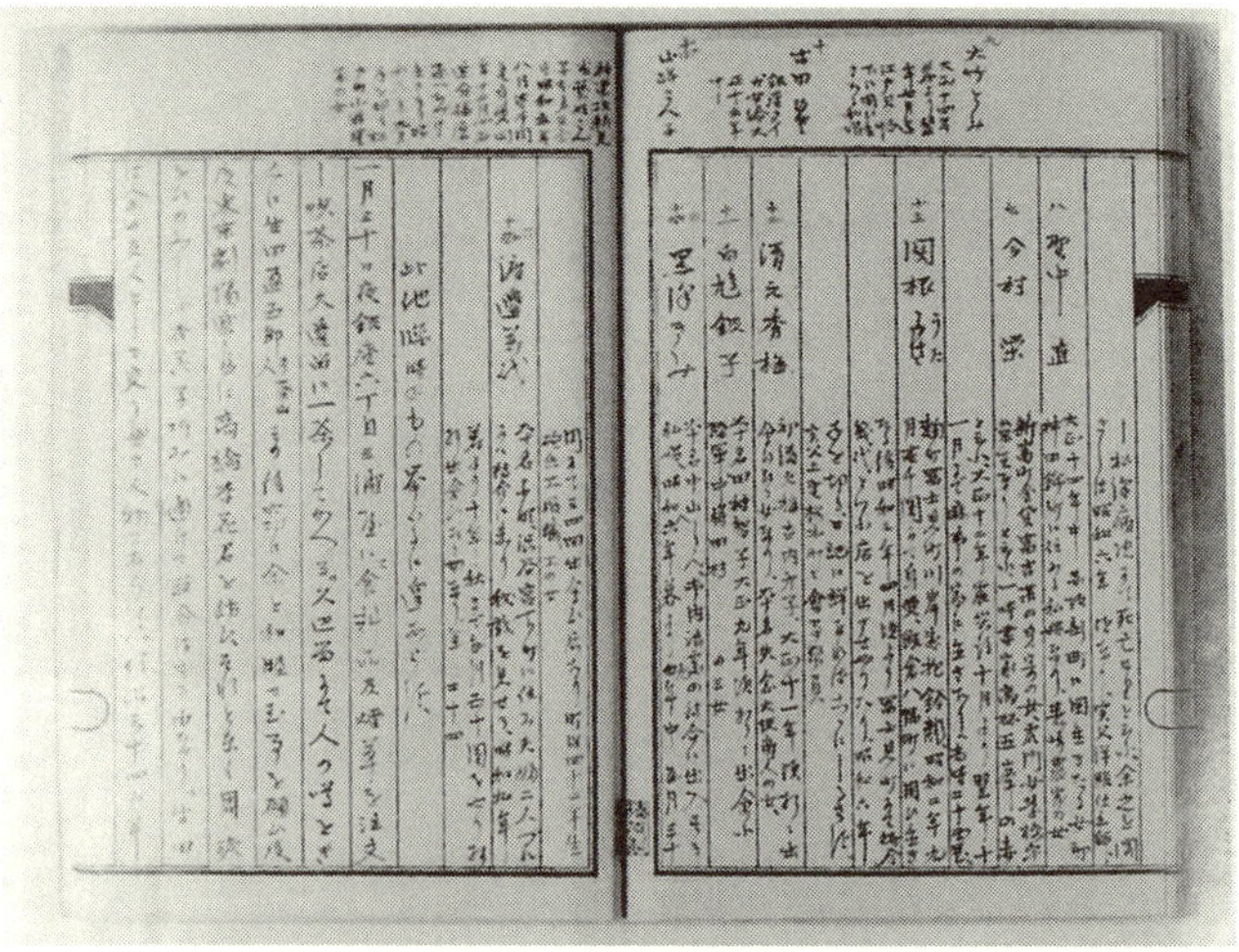

永井荷風が自ら書いた、馴染みを重ねた女性の一覧表
（『永井荷風と河上肇』より）

★ながい・かふう
（一八七九―一九五九）
小説家。本名壮吉。東京市小石川区金富町（文京区春日二丁目）生まれ。文化勲章受章、日本芸術院会員。「すみだ川」「腕くらべ」「つゆのあとさき」「おかめ笹」などの作品を書いた。花柳界や娼婦を題材にした作品が多く、下駄履きで浅草のストリップ劇場を訪ね、踊り子たちと仲良く遊ぶ姿も見られた。昭和三十四（一九五九）年四月三十日歿。享年七十九。

昭和三十四（一九五九）年四月三十日午前八時四十分ごろ、千葉県市川市八幡町の自宅で、小説家、永井荷風が吐血して死んでいるのを、通いの手伝いの老女が発見した。医師の話から胃潰瘍《かいよう》の吐血による窒息死と判断された。荷風が死の前日に書いた「断腸亭日乗」の「昭和三十四年四月廿九日。祭日。陰」が絶筆となった。

奇行で鳴る荷風は、死の十九年前に遺書を書いていた。昭和十五（一九四〇）年、六十一歳の時、従弟の杵屋五叟（本名・大嶋加寿夫）に宛てたもので、文中の住所は大正九（一九二〇）年に建てた洋館「偏奇館」を指すが、東京大空襲で炎上した。戦後間もなく杵屋宅に厄介になっている。

一、拙老死去ノ節ハ従弟大嶋加寿夫子孫ノ中適当ナル者ヲ選ミ拙者ノ家督ヲ相続セシムルコト。ソノ手続ソノ他万事ハ従弟大嶋加寿夫ニ一任可致事。
一、拙老死去ノ節葬式執行不致《いたさず》候事。
一、墓石建立致スマジキ事。
一、拙老生前所持ノ動産不動産ノ処分ハ左ノ如シ。
一、遺産ハ何処ヘモ寄附スルコト無用也。
一、蔵書画ハ売却スベシ。図書館等ヘハ寄附スベカラズ。
一、住宅ハ取リ壊スベシ。
一、住宅取払後麻布市兵衛町一ノ六地面ノ処分ハ大嶋加寿夫ノ任意タルベキ事。
西暦千九百四十年十二月廿五日夜半認之
日本昭和十五年十二月二十五日　荷風散人永井壮吉
従弟　杵屋五叟事
大嶋加寿夫殿

荷風は東京生まれで、東京高等商業学校附属外国語学校清語科に籍を置きながら、清元、舞踊、尺八を稽古し、落語家に弟子入りして高座に上がったこともある。明治三十一（一八九八）年、広津柳浪の門に入り、翌年、処女作の「おぼろ夜」を発表し、次いで福地桜痴のもとで歌舞伎座付の作者になった。

明治三十六（一九〇三）年から五年間、アメリカ、フランスに渡り、帰国して慶応義塾大学教授に迎えられ『三田文学』を主宰した。「あめりか物語」「ふらんす物語」を発表して発禁処分になるが、「帰朝者の日記」「すみだ川」「つゆのあとさき」などの作品を次々に発表した。中途半端な欧化を嫌い、江戸情緒の頽廃のなかに人間本来の自由をとらえようとする作風は、新ロマン主義と呼ばれた。

昭和二十七（一九五二）年、文化勲章が贈られ、同二十九（一九五四）年には日本芸術院会員になった。だがその生活ぶりは徹底した人間嫌いで、兄弟や親類とも行き来せず、まったくの独り暮らしだった。

反面、浅草のストリップ劇場に出かけて踊り子と戯れる姿も見られ、娼婦などを題材にした作品も多かった。また多額の銀行の預金通帳を入れた鞄を落として話題になるなど奇行の人だった。

参考文献

『明治文学全集七三　永井荷風』筑摩書房、一九六九年。
吉野俊彦『永井荷風と河上肇――放蕩と反逆のクロニクル』日本放送出版協会、二〇〇一年。

山口清人――「ハレルヤ！ バンザイ！」

山口の「一死刑囚の手記」を掲載した伝道誌

★やまぐち・きよと
（一九二七―一九六〇）
死刑囚。鹿児島県出身。顔見知りの雑貨商を訪ね、借金をしようとして断られ、経営者と妻、使用人の女性を薪割りで殺害。半年後に逮捕。キリスト教に入信し、伝道誌に「一死刑囚の手記」を投稿したことから知り合った女性と獄中結婚。昭和三十五（一九六〇）年八月三十一日歿。享年三十三。

昭和三十五（一九六〇）年八月三十一日朝、福岡拘置所で死刑執行を言い渡された山口清人は、妻に最後の便りとなる遺書を書いた。獄中結婚という形だけの、肌も触れたことのない妻への愛の証だった。

愛する妻である久代！　清人の分身であり、清人の力であり、清人の生命であり、すべてのすべてであった久代よ、とうとう地上での別れのときがきました。清人はね、いま、ほんのいま、主のお召しを受けることを知らされました。今日あることはもとより覚悟しておりましたが、まだまだ生きたい、まだまだ生かされたいと願っていました。（略）

時間もありません。これから品物の整理をして、出発です。では、また天国で逢う日をたのしみに行きます。

「我を信ずる者は死ぬとも生きん」

ハレルヤ！　バンザイ！「久代を守ってください」と、祈って行きます。

八月三十一日朝十時二十分

清人より

愛してやまない妻　久代へ

山口清人が強盗殺人事件を引き起こしたのは昭和三十（一九五五）年六月二十六日夜。金を借りようと亡父がかつて面倒をみていたことのある故郷の鹿児島県内の雑貨商を訪ねた。だが、断られたばかりか、逆に激しく罵られ、かっとなった清人は、土間にあった薪割りで相手を撲殺し、妻とお手伝いの女性をも殺害し、逃走した。

事件から半年後の同年暮れ、母親会いたさに故郷に舞い戻ったところを警官に逮捕された。清人は逮捕後も投げやりな態度で、取調官に向かい、

「早く死刑にしてくれ。それが償いになる」

などと述べた。

鹿児島地裁の審理は順調に進んで、わずか半年のうちに死刑判決が言い渡された。控訴せず死刑が確定。

このころ清人はキリスト教に入信し、伝道誌『百万人の福音』に投稿した「一死刑囚の手記」が昭和三十一（一九五六）年五月号に掲載された。この手記を読んで感動したのが、静岡県三島市に住み、戦災で焼失した教会の再建に尽くすなど信仰の道を歩む若い久代だった。久代は翌三十二年五月、初めて清人に便りを出した。

清人のもとには、同誌を見た信者らから二百通もの便りが届いていた。

清人の態度がこのあたりから微妙に変化していく。強盗殺人と認定された裁判の一部誤認を求めて上訴するが却下に。身柄は鹿児島から宮崎を経て、福岡刑務所へ移された。

昭和三十四年七月、久代から清人宛てに二度目の封書が届いた。真情あふれる文面とともに五百円が同封されていた。清人は感激し、

「あなたの慰めと励ましは、なによりの力です。これからはもっとたくさんの便りをくださると約束してくださいましたが、郵便の配られる夕刻……、毎日毎日が楽しみです」

とお礼の便りを書いた。

これを契機に二人の文通が始まり、清人は遺骨や遺品の引き取り方を久代に願い、わずか一カ月のうちに結婚を約束するようになる。そして同年八月十日、清人は獄中から久代の同意書を添えて婚姻届けを提出した。

「毎日を明るく生きます。生きますよ。必ず生きます」（清人）

「あなたを信じます。愛します。ほかに何もいりません。あなただけ」（久代）

「久代とは夢の中で、空想の中で、毎晩毎晩必ず肉体の交わりをしている清人です。どんなにか久代の肉体がほしいのです」（清人）

「あなたの胸の中に、安心して、安心してやすみます。でも久代ね、寝相がわるいの。あなたにほんとうに抱かれるまでには直しておきますわ」（久代）

便りのやりとりが重なるごとに二人に「会いたい」という思いが募り、久代は決意して福岡へ向かい、十月二日、福岡刑務所で二人は初めて対面した。金網越しの二時間の面会だった。翌日も二時間会った。たがいに熱いものがこみ上げた。

昭和三十五年三月十九、二十日、二度目の面会が実現した。「笑い声の絶えない面会」(清人の便り)だったが、これが今生の別れとなる。

それから五カ月後、突然、処刑を伝えられた清人は、急ぎ久代に遺書を書いた。久代が清人から受け取った三百六十五通目の便りだった。

慌ただしく列車に乗り込み、博多に着いた久代は、海辺の小さな火葬場で骨と化した清人の骨壺を抱いた。

二人の書簡集が『愛と死のかたみ』(集英社)として発刊され、ベストセラーになったのはそれから一年半後のことである。

参考文献

山口清人・山口久代『愛と死のかたみ』集英社、一九六四年。

山口二矢――「七生報国　天皇陛下万才」

独居房の壁に書かれた遺書（『大右翼史』より）

★やまぐち・おとや

（一九四三―一九六〇）

右翼活動家。東京生まれ。陸上自衛隊一等陸佐の次男。高校在学中に大日本愛国党に入党。脱党後、全亜細亜反共青年連盟員に。昭和三十五（一九六〇）年十一月二日歿。享年十七。

三党首立ち会い演説会に乱入し、演説中の社会党、浅沼稲次郎委員長を刺殺した山口二矢が、東京少年鑑別所の独居房で、首を吊って死んだのは、事件発生から二十日後の昭和三十五（一九六〇）年十一月二日午後八時過ぎ。

独居房のコンクリート壁に、歯磨き粉を水で溶いたものを使って、次の一文が書かれていた。

七生報国　天皇陛下万才

独居房はわずか五平方メートルしかない狭い個室で、入房後、三人の教官が十分間隔で小窓越しに監視していた。午後八時ちょうどに入所者の点呼が始まり、教官が目を離したわずかの隙に、山口はシーツを裂いて縒り合わせた長さ八十センチの紐で首を吊った。

教官が異変に気づいたのは午後八時一分。急ぎ人工呼吸を施したが、すでに絶命していた。

ポケットに「ワレ思ウ何ガ為ニゾ人々ガ　オノレヲマゲテ生キルノカ」などと書かれたメモがあっただけで、壁に書かれたこの一文が遺書となった。

事件はこの年の十月十二日午後三時五分ごろ、東京都千代田区の日比谷公会堂内で起こった。自民、社会、民社の三党首立会演説会で、社会党の浅沼委員長が演説中、怒号のなかを、突然、若い男が壇上に駆け上がり、短刀で浅沼に襲いかかった。

浅沼は胸部と腰部を刺されて崩れ落ちた。すぐにパトカーで近くの病院に運ばれたが、その途中の午後三時二十七分、息を引き取った。

犯人はその場で丸の内署員に取り押さえられた。元大日本愛国党員で全亜細亜反共青年連盟に所属する山口二矢で、父は陸上自衛隊の一等陸佐、山口はその次男だった。

NHKテレビはこの演説会を放送していたので、犯行のすべてが全国の茶の間に流され、恐るべきハイティーンの犯罪に世間は震えあがった。

山口は取り調べに対して、

「浅沼の考えは売国的なので、機会があったら殺害しようと思っていた」

と供述した。そのうえで、第一に日教組委員長、第二に日本共産党中央幹部会議議長、第三に浅沼と決め、行動に移ったが、十二日になって三党首演説会があるのを知り、標的を浅沼に絞った、と述べた。

捜査当局は背後を追及し、大日本愛国党総裁ら四人を逮捕し、別件で起訴したが、結局は山口の単独犯行と結論付け、東京地検は十一月二日、

「少年ではあるが、刑事処分が相当」

との意見をつけて東京家裁に送致した。

山口は殺人罪で成人並みの裁判にかけられることになり、午後二時、警視庁から東京都練馬区の東京少年鑑別所に移された。山口は担当教官に対してハキハキした態度をみせ、夕食時もすしとカレーを美味しそうに食べた。

山口はその後、第一号個室と呼ばれる独居房に入ったが、監視のわずかな隙を狙って自殺用の紐を作り、壁に遺書を書いて自殺した。

この自殺に、国家公安委員会は丸の内署長を訓戒処分にし、警察庁は警備部長、公安部長などを訓戒処分にした。

参考文献

大曲直『浅沼稲次郎——その人その生涯』至誠堂、一九六一年。

荒原朴水『大右翼史』大日本一誠会出版局、一九七四年。

田中清松『戦中生まれの叛乱譜——山口二矢から森恒夫』彩流社、一九八五年。

沢田義一——「お母さん、今死んでしまうなんて残念だ」

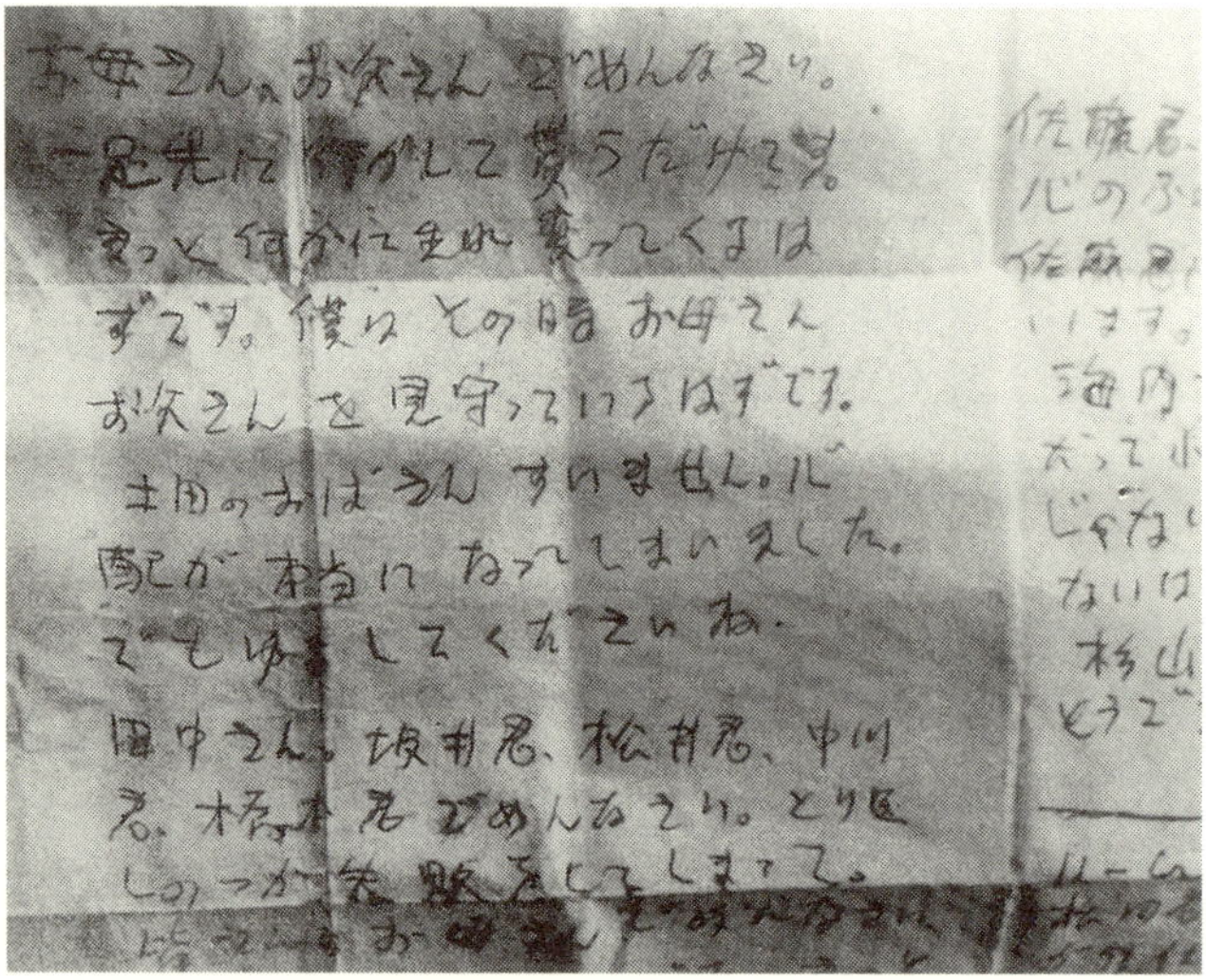
お母さん、お父さん ごめんなさい。
一足先に 行かして 貰うだけです。
きっと 何かに生れ 変ってくるは
ずです。僕は その時 お母さん
お父さん を見守っているはずです。
土田のおばさん すいません。心
配が 本当に なってしまいました。
でも ゆるしてくださいね。
田中さん、坂井君、松井君、中川
君、橋本君 ごめんなさい。とりかえ
しのつかぬ 失敗をしてしまって。

地図の裏に書かれた沢田の遺書（日高山脈山岳センター蔵）

★さわだ・ぎいち
（一九四二—一九六五）
北海道大学四年生。山岳部リーダー。六人のパーティーで日高山脈縦走に出発、ビバーク中に雪崩に遇い、全員その下敷きに。ただ一人、暗闇の雪のなかを四日間生き延び、地図の裏に「書置」を綴る。昭和四十（一九六五）年三月十七日歿。享年二十二。

昭和四十（一九六五）年三月十一日、北海道大学山岳部の沢田義一（農学部四年）以下、女性一人を含む六人は、日高山脈縦走のため北海道十勝管内中札内村字上札内を出発した。

同パーティーは幌尻岳（標高二、〇五二メートル）などを経て、二十日に帯広市八千代に下山する予定だったが、期日が過ぎても戻らず、二十六日になって北大山岳部が北海道警察本部に、遭難した可能性もある、として届け出た。ほどなく同じ北大の山スキーグループから、三月十三日に札内岳（標高一、八九六メートル）の下方に当たる札内川上流の十の沢で、雪洞を掘ってビバーク（露営）していた同パーティーと会ったとの情報が入った。

急ぎ自衛隊帯広駐屯部隊の飛行機が上空から現地付近を捜索したが、吹雪で視界がきかず、何も発見できなかった。北大山岳部はOBらとともに現地に入り、捜索を始めたが、十の沢付近は大きな雪崩の跡が残っており、この雪崩に巻き込まれたのではないかとの見方が強まった。

道警、自衛隊、北大などによる大がかりな捜索が続けられ、結局、ビバーク中に雪崩の下敷きになり全員絶望、と断定され、捜索を断念した。

それから三カ月経った六月十三日、八千代口から入山した北大山岳部の第三次捜索隊が遭難現場と推定される十の沢付近の積雪を掘り起こしたところ、約二メートル下から遺体一体とともに、押し潰されたテント、寝袋、それにナタなどが見つかった。

遺体の身元は、衣服についていた北大山岳部のバッジ番号と、ポケットに入っていた身分証明書から沢田義一リーダーと判明した。沢田リーダーのカッターシャツの右ポケットから、札内岳の地図二枚が見つかり、その裏に黒色の万年筆で「書置」と書かれた遺書が発見された。

この文面から、雪崩は三月十四日午前二時ごろに発生し、沢田リーダーは雪崩の下敷きになりながら、四日間生き続けたことがわかった。

以下、記載されている日時をもとに、順番に掲げる。

「書置」

3月14日（?）の深夜2時ごろ（後で時計を見て逆算した）、突然、ナダレが雪洞をおそい、皆寝ているままにして埋められてしまった。最初、雪洞の斜面がなだれたのかと思ったが、後ですき間を少しずつ広げてみた結果、入口よりデブリ〔著者注・雪の塊〕がなだれこんできたものだった。

皆は最初の一しゅんで死んだようだったが、私は幸いにして口のまわりに隙間があったのだ。次第次第に広げて、ついにナタで横穴を2m近く掘って脱出しようとしたが、外はデブリで埋まっているためか、一向に明るくならずついに死を覚悟する。

ただ今14日13時10分。しかしなんとか外に出たいものだが、根気負けしてしまった。ひと休みしてから考えよう。

お母さん、お父さん、ごめんなさい。一足先に行かしてもらうだけです。きっと何かに生れ変ってくるはずです。僕はその時、お母さんお父さんを見守っているはずです。

土田のおばさん〔下宿先の女性〕、すいません。心配が本当になってしまいました。でもゆるしてくださいね。田中さん、坂井君、松井君、中川君、橋本君〔亡くなったパーティーのメンバー〕ごめんなさい。とり返しのつかない失敗をしてしまって。

皆さんのお母さんごめんなさい。ついにやってきたのです。きっと天から皆さんを見守っているつもりです。せめてできる事はその位です。早く安らかに眠りたいものです。どうせ死ぬなら僕一人だけです。（中略）

何が無くなって命だけあれば沢山だ。死を目の前にしてそう感ずる。親より早く死ぬのは最大の情ない気持だ。松井君は一人子、橋本君は男一人、僕も男一人で、親のなげき悲しむ様子が手にとるようにわかる。

三月十四・十五・十六・十七日と寝たり掘ったりする。日付は時計の針でのみ計算する。ナタが手に入った。懐中電灯が二ケ、スペアの電池が一ケ、非常食が二人分。掘っても掘っても明るさがでてこないのでがっくりしている。生は10%ぐらいだろう。

十七日朝八時。

お母さん本当にごめんなさい。今まで育ててくれたつぐないをなさずに先に行ってしまうなんて。今は比較的落着いています。仲間が皆そばで眠っているせいでしょう。後一週間位ならこのまま寝て待っていられるのだが、25日頃騒ぎだして、捜索隊がここにつくのは速くても二十九日。そしてここが見つかるかどうかもぎもんだ。

十三日にここであった山スキー部のパーティーが、一緒に来てくれれば分り易いのだが、あの時あいさつしておけば良かった。向こうのパーティーも知らん振りしていってしまった。

住江、珠代〔妹の名〕先に死んでしまってごめんよ。お母さん、お父さんはこれからお年寄りになっていくんだからお兄ちゃんの分も良く面倒をみてください。

昌子姉へ、お父さんお母さんの事よろしく。

お母さん、今死んでしまうなんて残念だ。切角《せっかく(ママ)》背広も作ったのにもうだめだ。


この遺書は、発見された翌日の十六日午後二時から道警本部で記者団に発表され、人々の涙を誘った。現地の捜索隊による捜索が継続して行われ、十七日、残る五人の遺体が発見された。沢田リーダーの遺体が見つかった場所からわずか一メートル下で、寝袋に入ったまま並んで眠ったままの姿だった。

参考文献

沢田義一『雪の遺書——日高に逝ける北大生の記録』大和書房、一九六六年。

吉田勇治『鎮魂歌　ああ、十の沢』札内川上流地域開発センター、一九九九年。

千葉覚（島秋人）——「刑死の明日に迫る夜温《ぬく》し」

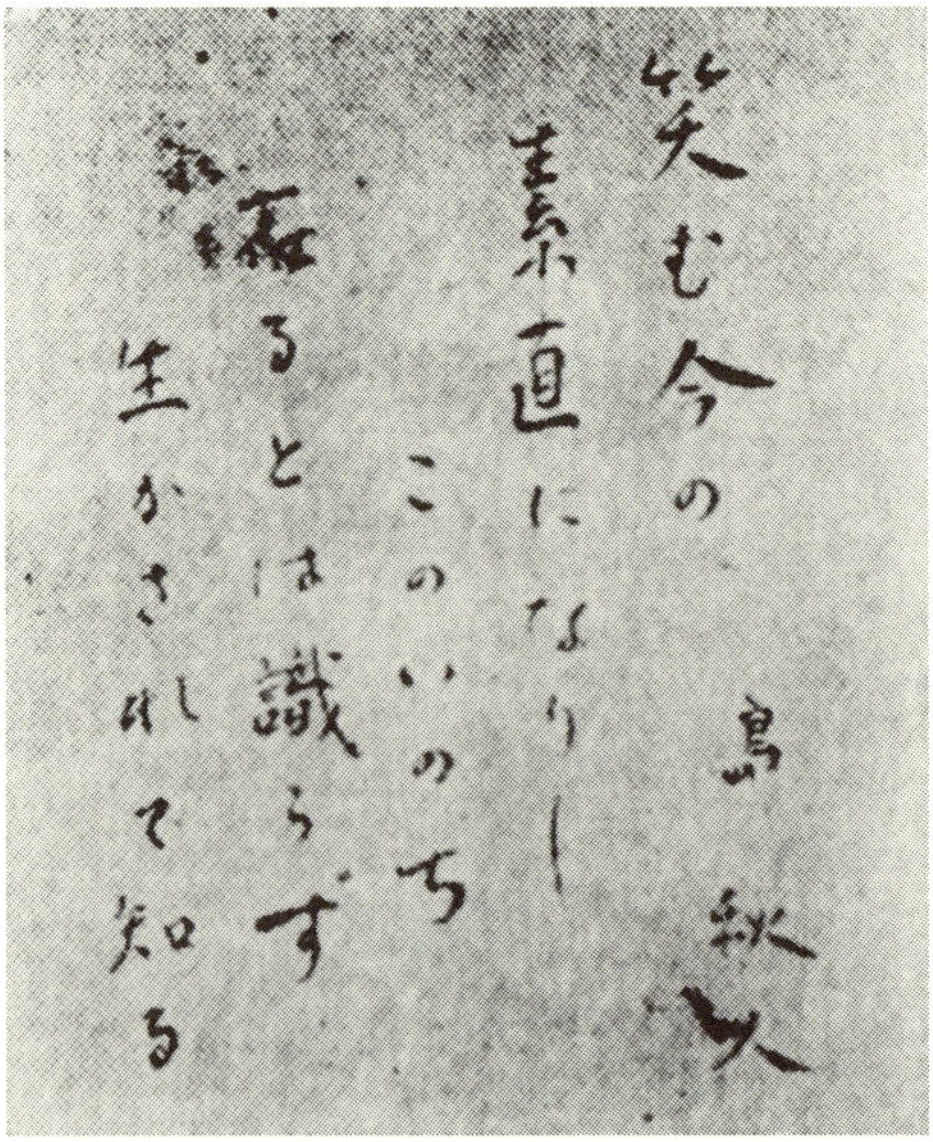

処刑前夜の色紙（『遺愛集』より）

★ちば・さとる
（一九三四—一九六七）
死刑囚。歌人。満州（中国東北部）生まれ。引き揚げて新潟県柏崎市に。小千谷の農家に押し入り、夫婦を殺傷、現金を強奪。地裁で死刑、高裁で控訴棄却、最高裁で上告棄却になり、死刑が確定した。獄窓から島秋人の名で「毎日歌壇」に投稿。昭和四十二（一九六七）年十一月二日歿。享年三十三。

昭和四十二（一九六七）年十一月一日朝、死刑囚の千葉覚は、収監中の巣鴨刑務所長から、明朝の刑の執行を伝えられた。午後、郷里から駆けつけた老父ら二、三人の人たちと別れの食事をした。

最後の夜を迎えた覚は、養母や故郷の恩師夫妻、短歌の師、被害者遺族らに便りを認《したた》めた。そして「島秋人」の歌名で『毎日新聞』の「毎日歌壇」へ投稿していた最後の短歌を書き、近く発刊予定の歌集『遺愛集』の最後に「あとがきに添えて」として次の一文を書いた。

この澄めるこころ在《あ》るとは識《し》らず来て　刑死の明日に迫る夜温《ぬく》し。処刑前夜である。人間として極めて愚かな一生が明日の朝にはお詫びとして終るので、もの哀しいはずなのに、夜気が温いと感じ得る心となっていて、うれしいと思う。

（中略）

（…）私は短歌を知って人生を暖かく生きることを得たと思い、確定後五年間の生かされて得た生命を感謝し安らかに明日に迫った処刑をお受けしたい心です。知恵のおくれた、病弱の少年が、凶悪犯罪を理性のない心のまま犯し、その報いとしての処刑が決まり、寂しい日日に児童図画を見ることによって心を童心に還らせたい、もう一度幼児の心に還りたいと願い、旧師の吉田好道先生に図画を送って下さる様にお願いしました。その返書と一緒に絢子夫人の短歌三首が同封されてあり私の作歌の道しるべとなってくれました。

（中略）

歌集もたくさんの方々に読まれることでしょう。これは本当は生きている内に掌にするものと思っていた歌集なのですが、処刑は急に来るもので、本来の通り死後出版となります。この歌集の歌の一首でも心に沁むものがあれば僕はうれしいです。

昭和四十二年十一月一日夜　　島　秋人

最後に冒頭の一首を含めて六首を書いた。このうちの最後の一首を掲げる。

七年の毎日歌壇の投稿も
　最後となりて礼深く詠む

この時、別に色紙に一首を書いている。冒頭に掲載のものである。

笑む今の素直になりしこのいのち
　在るとは識らず生かされて知る

翌二日朝、覚は収監先の東京・巣鴨刑務所から小菅刑務所に移され、午前十時から別れの儀式が行われた。賛美歌三百十二番が全員で合唱され、覚は最後に、

「願わくば精薄や貧しき子らも疎《うと》まれず、幼き心よりこの人々に、正しき導きと神のみ恵みが与えられ、私如き愚かな者の死の後は、死刑が廃されても、犯罪なき世の中がうちたてられますように。アーメン」

と祈りの言葉を残して、処刑された。

処刑された同じ月の二十六日、この欄に、選者窪田章一郎の追悼文と、それに続く優秀歌の冒頭に、二重丸付の歌が掲載された。

「毎日歌壇」に清らかな美しい短歌を投稿していた島秋人君は、十一月二日、三十三歳で世を去った。昭和

三十六年、投稿をはじめて空穂《うつほ》〔窪田章一郎の父〕の選を受けるようになってから、数えて七年間が、歌人としての島君の獄中生活であった……。

◎あたたまる心に清む身を愛《お》しみ　獄の良書に灯に親しむ　東京・島秋人

評＝刑死のまえ二十日ほどの作。読書に心あたたまり身の清まる、たのしい姿しのぶ。

この記事を読んで短歌愛好者や読者は、初めて島秋人が死刑囚の歌人であったことを知ったのである。

覚の一家は満州〔現在の中国東北部〕で敗戦を迎え、命からがら日本に引き揚げ、新潟県柏崎市に落ちついた。幼児期に脳膜炎などを患ったことから、学業は小中学校を通じていつも最下位。体もひ弱で、同級生はおろか先生にまでも疎んじられた。

十四歳の時、母が栄養失調で亡くなり、中学を出て地元の町工場などを転々とするうち、いつしか体力がつき、悪い仲間と付き合いだす。少年院を出入りするようになるが、時々孤独に襲われ、自殺を考えるがそれもできない。自堕落《じだらく》な性格に嫌気がさし、自ら刑務所入りを志願して空き家に放火し、懲役四年の刑を受けた。しかし刑期最後の五カ月間は精神障害者と認定され、九州・小倉の医療病院に移され、ここでいまは禁止になっている電気ショックを受ける。

昭和三十四〔一九五九〕年三月、刑期満了で同病院を退出した覚は、新潟県まできたが、故郷へ帰るのもためらい、ねぐらをもとめて彷徨《さまよ》うち、四月五日夜、飢えに耐えかねて小千谷の農家に押し入り、妻を殺害し、夫に重傷を負わせ、現金二千円を奪った。

逮捕された覚は昭和三十五〔一九六〇〕年、新潟地裁長岡支部で死刑判決を受け、控訴。東京高裁で棄却、翌年、最高裁で上告棄却され、死刑が確定した。

一審判決で死刑判決を受けた後、中学時代にたった一度、褒められた先生が忘れられず、獄中から手紙を出したのがきっかけで、返書に夫人の和歌があり、和歌にひかれていった。『毎日新聞』への投稿を始めたのは昭和三十七年。以来、隠れていた才能が一気にひらかれていった。

参考文献

島秋人『遺愛集』東京美術選書九、東京美術、一九六七年。

由比忠之進——「佐藤総理に死をもって抗議する」

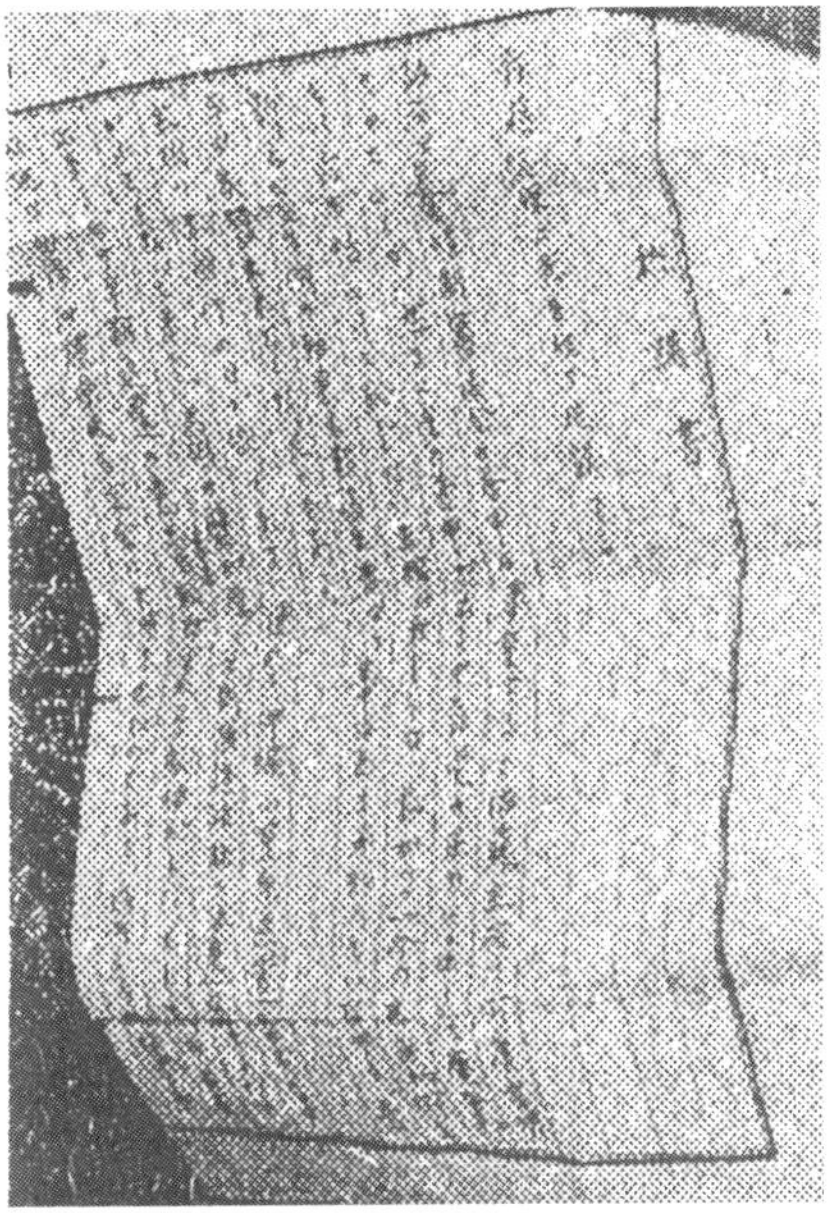

「死をもって抗議する」と書かれた遺書。
（『朝日新聞』昭和 42 年 11 月 12 日付）

★ゆい・ちゅうのしん
（一八九四―一九六七）

福岡県前原町（糸島市）生まれ。エスペランティストの長老格。学生時代からエスペラントを学ぶ。世界平和エスペラント運動に関わり、原爆被害者の救援とベトナム戦争反対などの平和運動を展開。昭和四十二（一九六七）年十一月十二日歿。享年七十三。

自民党の総選挙の得票率が初めて五割を割る事態に陥ったことから、佐藤栄作総理大臣はにわかに高姿勢をとり、アメリカの北ベトナム爆撃を支持し、昭和四十二（一九六七）年秋には二度も東南アジア諸国を訪問し、ベトナムにまで足を伸ばした。この総理のベトナム訪問に抗議する三派全学連のデモ隊が羽田で警官隊と衝突し、死者が出る騒ぎになった。

佐藤総理は続いて十一月十二日、アメリカに向け出発することになり、抗議はひときわ激しさを増した。

出発前日の十一月十一日午後五時五十分ごろ、訪米反対のデモ隊が東京都千代田区永田町の総理官邸前に近づいたところ、官邸前交差点わきの歩道を歩いていた老人が突然、炎に包まれ、仰向けに倒れた。

通行人や通りかかったタクシーが警察官と協力して官邸に備え付けの消火器で火を消し、老人を近くの虎の門病院に収容したが、頭、顔、胸など上半身大やけど、上着は焼けてぼろぼろになり、髪は燃え尽きていて瀕死の重態だった。

警察が本人の持っていた鞄を調べたところ、横浜市保土ヶ谷区に住むエスペランティストの元講師、由比忠之進と判明した。鞄のなかから「内閣総理大臣佐藤栄作閣下」とボールペンで書かれた封筒入りの抗議文が見つかった。

絶命したのは翌十二日午後十一時五十分。老人は死をもって総理の北爆支持の訪米に抗議したのである。政府は国際世論の反響を恐れ、当惑した。

遺書となった長文の抗議文は罫紙《けいし》三枚半にわたって書かれており、同夜、内閣官房副長官が明らかにした。以下にこれを掲げる。

抗議文

佐藤総理に死をもって抗議する。政治資金（規正）審議会の答申が出るや自党の圧力に屈して廃案とし、しかもてんとして恥じない首相に対して私ごとき一介の庶民が何を訴えたとてなんの効果も期待できないことは百も承知していながら、もはや我慢できなくなったのである。

首相の米国行きの日が迫ってくるにつれ、沖縄・小笠原返還要求の声が小さくなってきた。米国の壁が厚くてとうてい施政権の返還は望めない。出来るだけ早期返還の意志表示を取りつけたら成功だとなってしまった。始めから拒絶を予期する交渉なんて全くのナンセンスである。私は首相の第二回東南アジア出発の前に出した抗議書にも書いておいたが、日本の要求事項をまず決定し、それに基づいて粘り強く交渉されることを要望した。

またベトナムの問題については、米国の北爆拡大に対する非難の声が、いまや革新陣営からだけでなく国連総会において、スウェーデン、オランダ、お隣のカナダからさえ反対意見が出ているにもかかわらず、首相はあえて南ベトナム訪問を強行したのみならず、オーストラリアにおいては、北爆支持を世界に向かって公言した。毎日毎日、新聞、雑誌に報道される悲惨きわまる南北ベトナムの庶民の姿、いま米国が使用している新しい兵器の残虐さは原水爆のそれに少しも劣らない。ダムダム弾は国際条約によって禁止されているが、それよりはるかに有力で、さらに残忍きわまる粒子ボール爆弾を発明し、実戦に使用、大量殺りくを強行することとうてい人間の心を持つもののなしうるところではないのである。

米国はベトコンの残虐を宣伝し、南ベトナムを共産主義から守ると称するが、病院では米国の砲爆撃と南政府軍の銃砲弾によって負傷させられたなんの罪もない老人や子供によって満たされ、農民は耕地を奪われ、その悲惨の実情は恐らくその報道以上に違いない。

ベトナム民衆の困苦を救う道はまず北爆を開始した米国がこれを無条件に停止する以外にないのだ。ジョンソン大統領ならびに米軍部に圧力をかける力を持っているのはアジアでは日本だけだが、その日本の首相が圧力をかけるどころか、北爆を支持する首相に深い憤りを覚えるものである。私は本日公邸前で焼身死をもって佐藤首相に抗議する。

戦争当事国、すなわちベトナムおよび米国の人民でもない第三国人の私が焼身することはあるいはもの笑いの種かもしれないが、真の世界平和とベトナム問題の早期解決を念願する方々が私の死をむだにしないことを確信する。

昭和四十二年十一月十一日　由比忠之進

遺書の全文は翌朝の各新聞で報道され、大きな反響を呼んだ。この行為は世界平和を願う純粋な行動として、多くの人々の魂を揺さぶった。

由比忠之進はわが国のエスペランチストの長老格の一人で、蔵前高工（東工大の前身）卒業前後からエスペラント語の勉学をはじめ、世界平和エスペラント運動の日本支部長も務めるなど、一貫して平和運動に取り組んでいた。とくに原爆被害者の救援とベトナム戦争に深い関心を抱いていたという。

佐藤総理は老人が亡くなったその日、予定通りアメリカに向かい、十五日、ワシントンで日米共同声明を発表、「日本はアメリカの北ベトナム爆撃を支持する」ことが確認された。沖縄の返還については明示されず、小笠原諸島だけが一年以内に返還と決まった。

帰国した佐藤総理はすかさず内閣を改造して、長期政権への足場を固めることになる。

参考文献

高橋和巳編『明日の葬列』合同出版、一九七〇年。

円谷幸吉——「三日とろゝ美味しうございました」

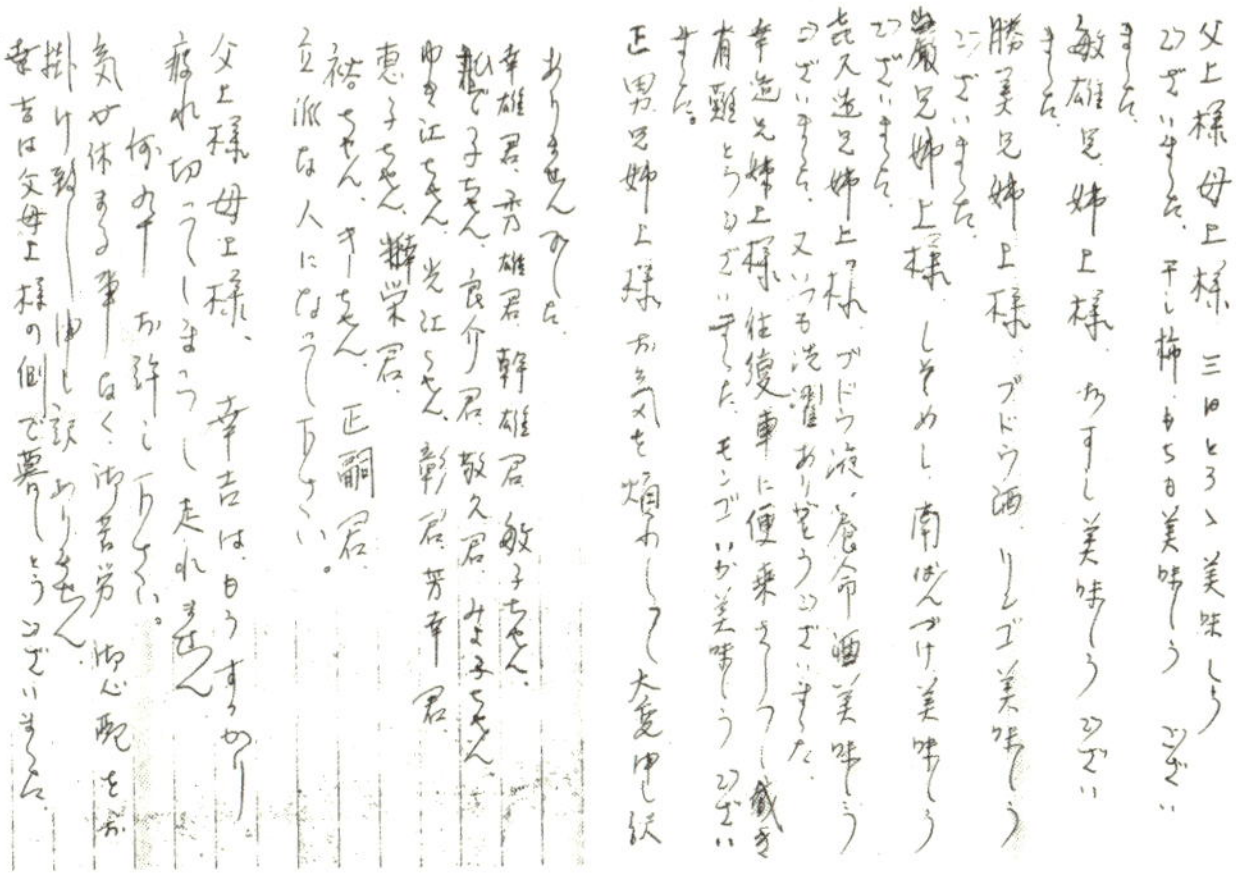

父上様母上様　三日とろゝ美味しうございました。干し柿　もちも美味しうございました。
敏雄兄姉上様　おすし美味しうございました。
勝美兄姉上様　ブドウ酒　リンゴ美味しうございました。
巌兄姉上様　しそめし　南ばんづけ美味しうございました。
喜久造兄姉上様　ブドウ液　養命酒美味しうございました。又いつも洗濯ありがとうございました。
幸造兄姉上様　往復車に便乗させて戴き有難とうございました。モンゴいか美味しうございました。
正男兄姉上様　お気を煩わして大変申し訳ありませんでした。
幸雄君、秀雄君、幹雄君、敏子ちゃん、ひで子ちゃん、良介君、敬久君、みよ子ちゃん、ゆき江ちゃん、光江ちゃん、彰君、芳幸君、恵子ちゃん、幸栄君、裕ちゃん、キーちゃん、正嗣君　立派な人になってください。
父上様母上様　幸吉はもうすっかり疲れ切ってしまって走れません。何卒お許し下さい。気が休まる事なく御苦労御心配をお掛け致し申し訳ありません。
幸吉は父母上様の側で暮しとうございました。

円谷幸吉の遺書（円谷幸吉記念館蔵）

★つぶらや・こうきち
（一九四〇—一九六八）
東京オリンピック日本代表選手。陸上自衛隊二等陸尉。福島県須賀川市出身。青森駅伝の福島県代表で、区間新記録を出す。マラソンを始めたのは東京オリンピックの七カ月前。メダル候補にも上がっていなかっただけに、銅メダル獲得に国中が沸いた。昭和四十三（一九六八）年一月九日歿。享年二十七。

昭和四十三（一九六八）年一月九日午前十一時ごろ、東京都練馬区大泉学園町の陸上自衛隊体育学校幹部宿舎の個室で、東京オリンピックの銅メダリスト、円谷幸吉三等陸尉が右手首の動脈を安全カミソリで切り、ベッドで死んでいるのを隣室の同僚が発見した。

遺体のそばに、便箋に走り書きした遺書が残されていた。

円谷は昭和三十九（一九六四）年十月、東京オリンピックのマラソン競技に出場し、二位でトラックに入ったものの、後続のイギリス選手ヒートリーに抜かれた。しかしこの三位は日本陸上界にとって二十八年ぶりのメダル獲得で、戦後初の快挙だった。

それだけに円谷に対する次期オリンピックでの金への期待は高まっていた。円谷も、次期オリンピックで金メダルを取りたい、と話した。

だが円谷は昭和四十二（一九六七）年夏、椎間板ヘルニアと右アキレス腱炎を患い、手術を受け、その後、アキレス腱部分断裂で療養所に入院し、治療を続けていた。退院したものの体調ははかばかしくなかった。

暮れの十二月三十日、実家の福島県須賀川市に帰郷し、正月休みを過ごした円谷は、一月四日、五兄幸造の運転する車で東京に戻り、陸上自衛隊体育学校幹部宿舎に入った。この帰郷が親族たちとの別れとなった。

円谷が迫りくるオリンピックの重圧に堪えかねて決意の遺書を書いたのは七日夜と思われる。そしてベッドに横たわり、カミソリで手首を切り、自らの命を絶った。発見された時は、死後丸一日以上が経過していた。

遺書は長文であるが、全文を掲げる。その文面の端はしに律儀すぎる円谷の心情がのぞく。

父上様、母上様、三日とろゝ美味しうございました。干し柿、もちも美味しうございました。
敏雄兄、姉上様、おすし美味しうございました。
勝美兄、姉上様、ブドウ酒、リンゴ美味しうございました。

巌兄、姉上様、しそめし、南ばんづけ美味しうございました。

喜久造兄、姉上様、ブドウ液、養命酒美味しうございました。又いつも洗濯ありがとうございました。

幸造兄、姉上様、往復車に便乗さして戴き有難うございました。モンゴいか美味しうございました。

正男兄、姉上様、お気を煩わして大変申し訳ありませんでした。

幸雄君、秀雄君、幹雄君、敏子ちゃん、ひで子ちゃん、良介君、敬久君、みよ子ちゃん、ゆき江ちゃん、光江ちゃん、彰君、芳幸君、恵子ちゃん、幸栄君、裕ちゃん、キーちゃん、正嗣君、立派な人になって下さい。

父上様、母上様、幸吉は、もうすっかり疲れ切ってしまって走れません。何卒お許し下さい。

気が休まる事なく、御苦労、御心配をお掛け致し申し訳ありません。

幸吉は父母上様の側で暮らしとうございました。

校長先生、済みません。高長課長、何もなし得ませんでした。宮下教官、御厄介お掛け通しで済みません。

企画課長、お約束を守れず相済みません。

メキシコオリンピックの御成功をお祈り申し上げます。


不器用なまでに純粋だった円谷は、国民との約束を果たし、国家の栄誉を勝ち取ることだけを考え、その挙げ句、その重圧に押しつぶされ、なすすべもなく死に向かって突進していったのだった。円谷の死は大きな波紋を巻き起こした。

参考文献

長岡民男『もう走れません――円谷幸吉の栄光と死』講談社、一九七七年。

三島由紀夫――「散るこそ花と吹く小夜嵐」

朝日新聞

三島由紀夫が自衛隊に乱入

演説して割腹自殺

市谷 総監を一時人質

憲法改正に冷淡

三島の割腹自殺を報じる新聞

★みしま・ゆきお

（一九二五―一九七〇）

小説家。本名、平岡公威。東京生まれ。東京大学法学部に在学中、勤労動員で群馬県中島飛行場へ。処女小説集『花ざかりの森』を刊行。戦後、大蔵省に入るが、退職し、『仮面の告白』『愛の渇き』『青の時代』などを次々に出版。文壇の脚光を浴びる。昭和四十五（一九七〇）年十一月二十五日歿。享年四十五。

昭和四十五（一九七〇）年十一月二十五日午前十一時過ぎ、東京都新宿区市谷本村町五、自衛隊市ヶ谷駐屯地の東部方面総監室に、作家の三島由紀夫が三島の主宰する民間防衛組織「楯の会」会員の元早大生、森田必勝、元神奈川大生の古賀浩靖ら四人とともに訪れた。

三島が総監と談笑中、同行の楯の会のメンバーが隙を見ていきなり総監の背後から襲いかかり、ロープで両手、両足を縛り上げ、さるぐつわを噛ませて人質にした。そして机や椅子、植木鉢などで総監室の出入口を封鎖し、救助に駆けつけた総監部の幹部らに日本刀や短刀などを振るい、七人に怪我を負わせた。

三島は総監と総監幕僚副長に対し、

「自衛官全員を総監室前のバルコニー前に集結させ、三島の演説を聞かせろ。応じなければ三島は総監を殺して、自決する」

と書いた要求書を渡して脅迫した。異変を知らない自衛官約千人が集まってくると、三島は日の丸を真ん中に「七生報国」と書いた鉢巻きを締め、白い手袋をはめてバルコニーの上に立ち、檄文を配ったうえ、憲法改正を訴えて、

「自衛隊が国の大本《おおもと》を正すことだ」

などと自衛隊の決起をうながした。だが隊員らが応じる気配がないと知ると、三島は総監室に戻った。これが午後零時十分ごろ。

三島は、総監から約三メートル離れた赤い絨毯の上にバルコニーに向かって正座した。森田がそれまで総監に突きつけていた短刀を三島に手渡し、三島が代わりに抜き身の刀を森田に渡した。

三島は短刀を両逆手に構えて、えいっ、と叫んで左脇腹に突っ立て、右へ回した。その瞬間、森田が振りかざしていた刀で首を斬った。だが首は落ちず、上体が前のめりになった。古賀が森田から刀を受け取り、代わって三島の首を斬った。

古賀らの取り調べから、犯行の一部始終が明らかになった。三島らが具体的な犯行計画を立て、十一月二十三、

二十四日、楯の会の四人と丸の内のホテル内の一室で予行練習をした。三島が辞世を詠んだのはこの時とされる。その二首を掲げる。

益荒男《ますらお》がたばさむ太刀の鞘《さや》鳴りに
幾とせ耐へて今日の初霜

散るをいとふ世にも人にもさきがけて
散るこそ花と吹く小夜嵐

その夜は五人揃って、新橋の料亭で別れの宴を開いた。明けて二十五日が犯行の日になる。三島はこの朝、すでに書き終えた『天人五衰』の最後にこの日の日付だけ書き足して、次のように締めくくった。

庭は夏の日ざかりの日を浴びてしんとしてゐる。……………
「豊饒の海」完。
昭和四十五年十一月二十五日

三島の誕生日は一月十四日。これから四十九日を逆算すると十一月二十五日になり、この日に死ねば誕生日に再生するという輪廻転生《りんねてんしょう》を描いた『豊饒の海』を三島は自ら実践すべく、その足で市ヶ谷駐屯地へ向かう乗用車に乗り込んだのだった。

参考文献

『新潮日本文学アルバム二〇　三島由紀夫』新潮社、一九八三年。
安藤武『三島由紀夫の生涯』夏目書房、一九九八年。
保坂正康『三島由紀夫と楯の会事件』角川書店、二〇〇一年。
中条昇編『三島由紀夫が死んだ日』実業之日本社、二〇〇五年。

小原 保――「これでお別れ致します」

小原が短歌を発表していた冊子

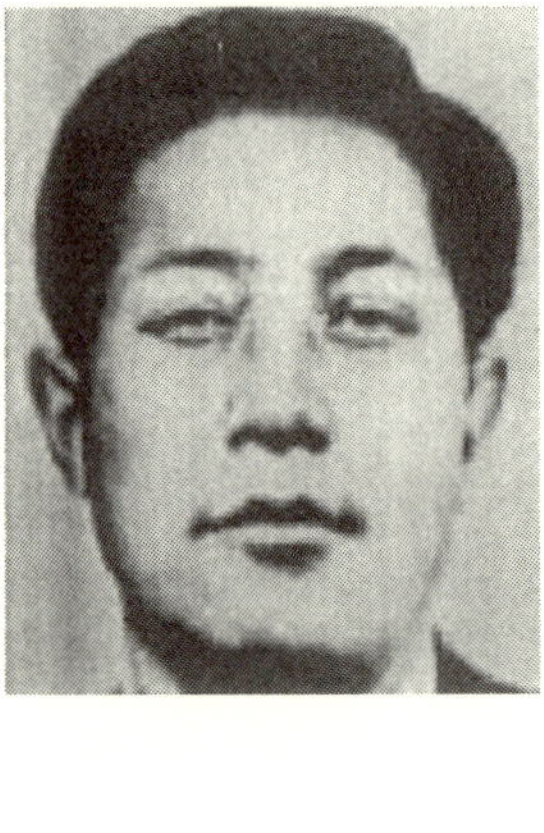

★おはら・たもつ
（一九三五―一九七一）
死刑囚。福島県出身。時計商。〝吉展ちゃん事件〟の犯人。誘拐して殺害し、東京・南千住の円通寺の墓地に隠し、被害者宅に脅迫電話をかけ、金を奪う。昭和四十六（一九七一）年十二月二十三日歿。享年三十六。

〝吉展《よしのぶ》ちゃん事件〟の犯人、死刑囚の小原保が東京拘置所で処刑されたのは昭和四十六（一九七一）年十二月二十三日朝。その前夜、小原は千葉県東金市の「土偶短歌会」主宰者宛てに次の便りを書いた。これが遺書となった。主宰者が便りを受け取ったのは年が明けた昭和四十七年一月三日だった。

年の瀬もいよいよ押しつまり、何かと心忙しき折りに、突然このようなお便りを差し上げて申し訳ありませんが、実は明日、霊山に参ることになりましたので、一言お別れを申し上げ度くペンを執りました。

思えば二年数カ月、縁あって土偶の仲間に加えていただいたのでしたが、私のような者をも心温かく迎えて下さり、たのしく歌の勉強が出来ましたことは、何よりの幸せでした。これでお別れ致します。本当にありがとうございました。

十二月二十二日夜　　小原保拝

そして八首の遺詠が記されていた。うち一首を掲げる。

明日の日をひたすら前に打ちつづく　鼓動を胸に聞きつつ眠る

〝吉展ちゃん事件〟が起こったのは昭和三十八（一九六三）年三月三十一日夕。東京都台東区入谷町の建設業、村越繁雄の長男、吉展（四つ）が自宅前の区営入谷南公園で遊んでいるうち行方不明になった。届け出を受けた下谷北署は身代金目的の誘拐ではないかとみて、極秘に捜査していたが、その動きもないので四月一日午後、公開捜査に踏み切った。

ところが二日夕になって犯人から村越宅に脅迫電話がかかってきた。

「五十万円持って新橋駅前の馬券売り場にこい」

その東北訛りの特徴ある言葉遣いから、明らかに東北出身者と推測できた。父親が急いで指定の場所に出かけたが、犯人は現れなかった。

脅迫電話はなおも続いた。

「坊やは明日か明後日返すから、金を用意しておいてくれ。場所は後で指定する」

「坊やは元気でいる。警察に連絡してはいけない」

など六回を数え、七日午前一時二十五分に七回目の次の脅迫電話がかかってきた。

「いますぐ金持ってきてくれ。おばさん一人で。場所はお宅から真っ直ぐくると昭和通りに突き当たったところに品川自動車というのがある。そこの横に車が五台停まっている。三番目の車の荷台に証拠品を置く。金を置いてすぐ帰りなさい。これが最後だ」

指定の場所まで三百メートル。車で一分とかからない。同家はわが子さえ無事に戻ってくれれば、と祈る思いで、母親が車で現金を運び、駐車していた五台の車の真ん中の車の荷台に現金を置いた。同乗していた捜査員がそっと荷台に近づいた一瞬の隙に身代金は奪われた。

犯人を取り逃がし厳しい批判にさらされた警視庁は、下谷北署に特別捜査本部を置き、録音された犯人の脅迫電話の声をテレビ、ラジオで放送した。電波メディアを使って犯人の声を公開したのは、わが国犯罪史上これが初めてである。

これにより情報が集まり、福島県出身の時計商、小原保が捜査線上に浮かび上がった。特捜本部は別件で逮捕し、追及したが、決め手はなかった。だが容疑は消えず、事件から二年後の昭和四十年六月二十三日、窃盗罪で前橋刑務所に服役中の小原を東京拘置所に移して追及した結果、七月三日夜遅く、

「私がやった。子供は足でまといになるので、誘拐後、殺害した」

と犯行を自供した。

小原の自供から七月五日未明、東京都荒川区南千住、円通寺本堂裏手の墓地で遺体が発見され、事件は二年三カ月ぶりに解決した。

この事件を契機に刑法に身代金目的誘拐罪が設けられ、電電公社（現在のNTT）は逆探知に協力するようになった。

小原は昭和四十一（一九六六）年三月十九日、東京地裁で死刑判決を受け、控訴したが、東京高裁は棄却。さらに上告したが、最高裁は上告を棄却し、死刑が確定した。

小原はその後、短歌会の土偶会に入会し、福島誠一の名で短歌を作り続けた。〝吉展ちゃん事件〟の犯人で、死刑囚であることを知っていたのは主宰者らわずかだったという。

参考文献

大浜秀子編『氷歌――吉展ちゃん事件から二〇年犯人小原保の獄中歌集』中央出版企画、一九八三年。

植村直己——「何が何でもマッキンリー」

結婚前にヒマラヤから出した絵入りの手紙
（『植村直己　妻への手紙』より）

★うえむら・なおみ
（一九四一―一九八四）

世界的冒険家。兵庫県生まれ。明治大学に入学し、山岳部に。卒業と同時に世界放浪の旅に出、エベレストをはじめ五大陸の最高峰をすべて制覇。山だけでなく、アマゾン川のいかだ下り、北極圏一万二千キロを犬ぞりで走破、グリーンランド縦断などを成功させた。昭和五十九（一九八四）年二月十三日歿。享年四十三。

写真提供　文藝春秋

世界的な冒険家で知られる東京都板橋区の植村直己は、昭和五十九（一九八四）年二月十二日に、北アメリカの最高峰マッキンリー（標高六、一九四メートル）に世界初の冬季単独登頂に成功した。四十三歳の誕生日だった。その翌日の交信を最後に消息を絶った。

マンキンリー国立公園事務所はヘリコプターや軽飛行機をチャーターするなどして捜索を続けたが、手がかりがつかめなかった。

現地入りした明治大学山岳部OB会が中心になり捜索を続行し、標高四千二百メートル地点に植村が掘った雪洞を見つけ、そこに他の装備などとともに日記が残されていたのを発見した。日記は単独登頂六日前の二月六日で終わっていた。

同OB会の報告を受けた公園事務所は二十六日朝（現地時間）、「生存の可能性はない」と発表した。

発見された日記から、植村はこの雪洞で何日か過ごした後、出立し、二月十二日に登頂に成功。再びここに戻ろうとして、何らかの事情で遭難したと判断できた。結果的にこれが絶筆となった。

最後となった日記を掲げる。

2月6日

−40°Cくもり、一時晴れ

ウインディー・コーナー　ウェストバットレス下部、11時出発、14時着

やっとウェストバットレスの下部に着いた。今日はのんびりと思ったが、ウェストバットレスの下で雪洞を掘っていると、何と完成したのが6時過ぎ。雪洞を掘るのは重労働。ウェストバットレスの上り斜面に掘ったが、堅雪のためになかなかシャベルが入らない。やっとまわりをブロックでふさいだと思ったら、最後のブロックを置いたところがどさっと崩れてしまった。

天候は今日も風強し。昨日程ではなかったので、今日は決行した。昨日、今日の風で右頬が凍傷でやられて皮膚がむくれる。両手の中指の第一関節から先が感覚なし。

夏はここから2日で頂上へ行ける。冬ははて何日かかるか。食糧はまだ6日分ある。カリブーの冷肉を今日もかじった。雪洞の中でも−21℃とあり、落ち着けない。シラフは凍ってバリバリ。明日は晴れてくれるか。このところ天候はずっと悪天候続き。そろそろ晴れてもよいのに。天候は私に非情なり。ガソリンコンロも炊きたいが、お茶を飲む以外のめず。温かいシラフで寝てみたい。

ローソクが残り5センチ弱になってしまって夜が長い。ローソク意外とつかうのである。ヘッドランプはアタック用につかいたいから少し節約。

何が何でもマッキンリー、登るぞ。

そのマッキンリーに消えた植村――。明大卒業と同時に世界放浪に出て、資金稼ぎのため建設現場で死に物狂いで働き、親方や荒らくれ男たちが壮行会まで開いてくれたというエピソードを持つ。一メートル六〇余りの小柄な体だが、誠実な人柄と並外れた強靭な意志をもち、目的に向かって着実な努力を重ねていく。

世界五大陸の最高峰に次々に挑み、これを制覇し、「世界のウエムラ」と呼ばれた。大自然に挑戦し続けた男と呼ぶにふさわしい生涯だった。

参考文献

植村直己『植村直己　妻への手紙』文春新書、二〇〇二年。

Kawade夢ムック　文藝別冊『植村直己――夢・冒険・ロマン　一九四一―一九八四　総特集』河出書房新社、二〇〇四年。

河口博次――「飛行機はまわりながら急速に降下中だ」

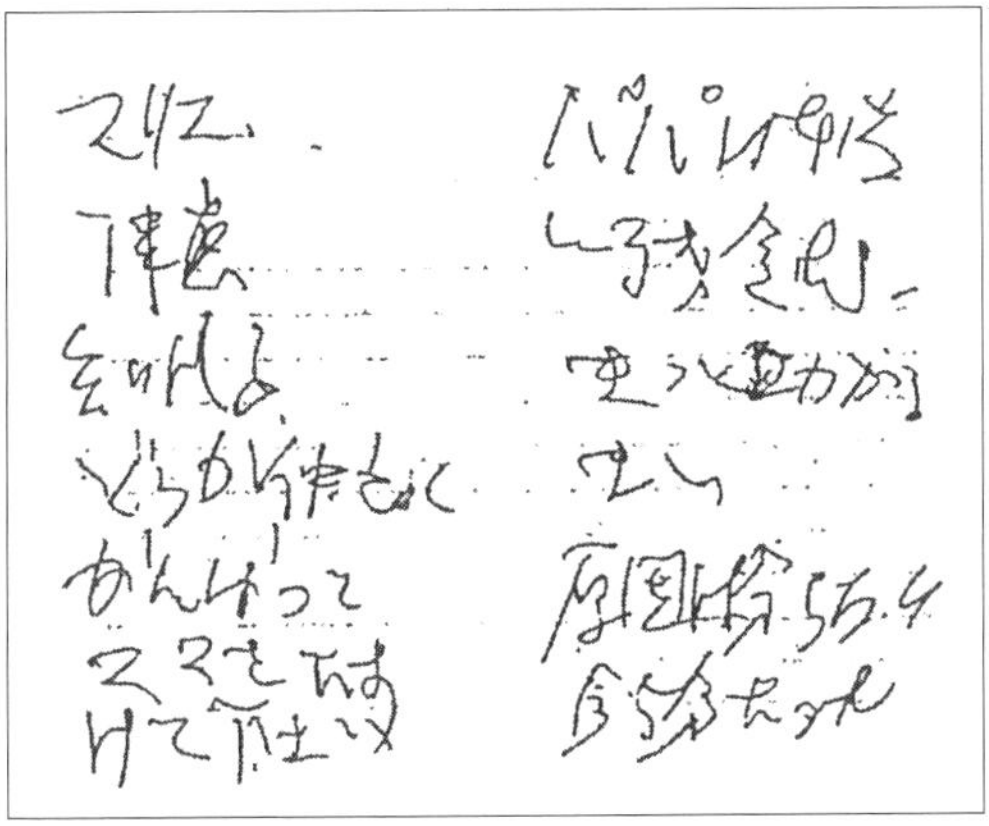
マリコ
津慶
知代子
どうか仲良く
がんばって
ママをたすけて下さい
パパは本当に残念だ
きっと助かるまい
原因は分らない
今五分たった

新聞に公開された河口博次の遺書

★かわぐち・ひろつぐ
（一九三三―一九八五）
大阪商船三井船舶神戸支店長。単身赴任で神奈川県藤沢市に居住。東京の会議を終えて羽田から日本航空一二三便ジャンボ機で大阪へ向かう途中、飛行機事故で群馬県上野村の御巣鷹山の尾根に墜落、炎上。犠牲に。昭和六十（一九八五）年八月十二日歿。享年五十二。

昭和六十（一九八五）年八月十二日午後六時三十一分ごろ、羽田から大阪に向かった日本航空一二三便ジャンボ機＝高浜雅己機長、乗員十五人、乗客五百九人＝が伊豆大島の西方約五十五キロ付近を飛行中、機体に異変を生じ、羽田空港管制塔に緊急事態発生を告げるエマージェンシーコールを発信した。続いて同四十一分、羽田のオペレーションセンターに、

「機体右側の最後部ドアが壊れた。客室内の気圧が下がりだしたので引き返す」

と連絡した後、消息を断った。

航空自衛隊のヘリコプターが長野県南佐久郡北相木村の御座山《おぐらやま》の北斜面に同機が墜落、炎上しているのを発見した。ここは長野、埼玉、群馬の県境に近く、一、五〇〇メートル前後の山々が連なっている。県境の住民からも墜落の情報が続々寄せられた。

翌十三日未明から自衛隊、警察庁などのヘリコプターや、自衛隊員、警察官など四千人が出動して本格的な捜索をした結果、群馬県上野村の関東山地の無名の山に墜落、炎上しているのが確認された。遭難現場が御巣鷹山《おすたか》（標高一、六三九メートル）に連なっていることから、以後は「御巣鷹の尾根」と呼ばれるようになる。

遭難現場は山肌が無残に焼けただれていて、付近に飛行機の残骸が飛び散り、遺体が散乱し、全員絶望視された。ところが午前十一時二十分ごろ、乗員、乗客四人が生存しているのがわかり、危うく救出された。

遺体の収容は遅々として進まず、第一次が終わったのが半月経った八月二十七日。以後も十一月四日まで続けられ、翌年四月十八日から三日間、集中的に行われ、ようやく終了した。死者は五百二十人にのぼった。

飛行記録装置のフライトレコーダーとボイスレコーダーの記録や救出された乗員、乗客などの話から遭難の模様が明らかになった。同機は離陸して十二分後にドーンという音とともに垂直尾翼が破損し、飛行不能に陥ったため、羽田に引き返そうとしたが、思うようにいかず、ダッチロール飛行を続けた挙げ句、関東山地に墜落、激突して大きくバウンドして御巣鷹山に連なる峰に落下したのだった。

遺体捜索の段階で四通の遺書が発見された。遺族が公開した神奈川県藤沢市の大阪商船三井船舶、河口博次神戸支店長の遺書を掲げる。手帳に、七頁にわたって二百二十文字が記されていた。同支店長は神戸に単身赴任中で、東京の会議に出席して神戸に戻る途中だった。（〔　〕内は著者注）

マリコ〔妻〕　津慶〔長男〕　知代子〔長女〕
どうか仲良くがんばってママをたすけて下さい
パパは本当に残念だ　きっと助かるまい
原因は分らない
今五分たった
もう飛行機には乗りたくない
どうか神様たすけて下さい

きのうみんなと食事したのは最后とは
何か機内で爆発したような形で煙が出て降下しだした
どこえどうなるのか
津慶しっかりたのんだぞ

ママこんな事になるとは残念だ　さようなら
子供達の事をよろしくたのむ
今6時半だ

飛行機はまわりながら急速に降下中だ
本当に今迄は幸せな人生だったと感謝している

参考文献

柳田邦男『死角——巨大事故の現場』新潮社、一九八五年。
河村一男『日航機墜落——一二三便、捜索の真相』イースト・プレス、二〇〇四年。

白洲次郎――「葬式無用　戒名不用」

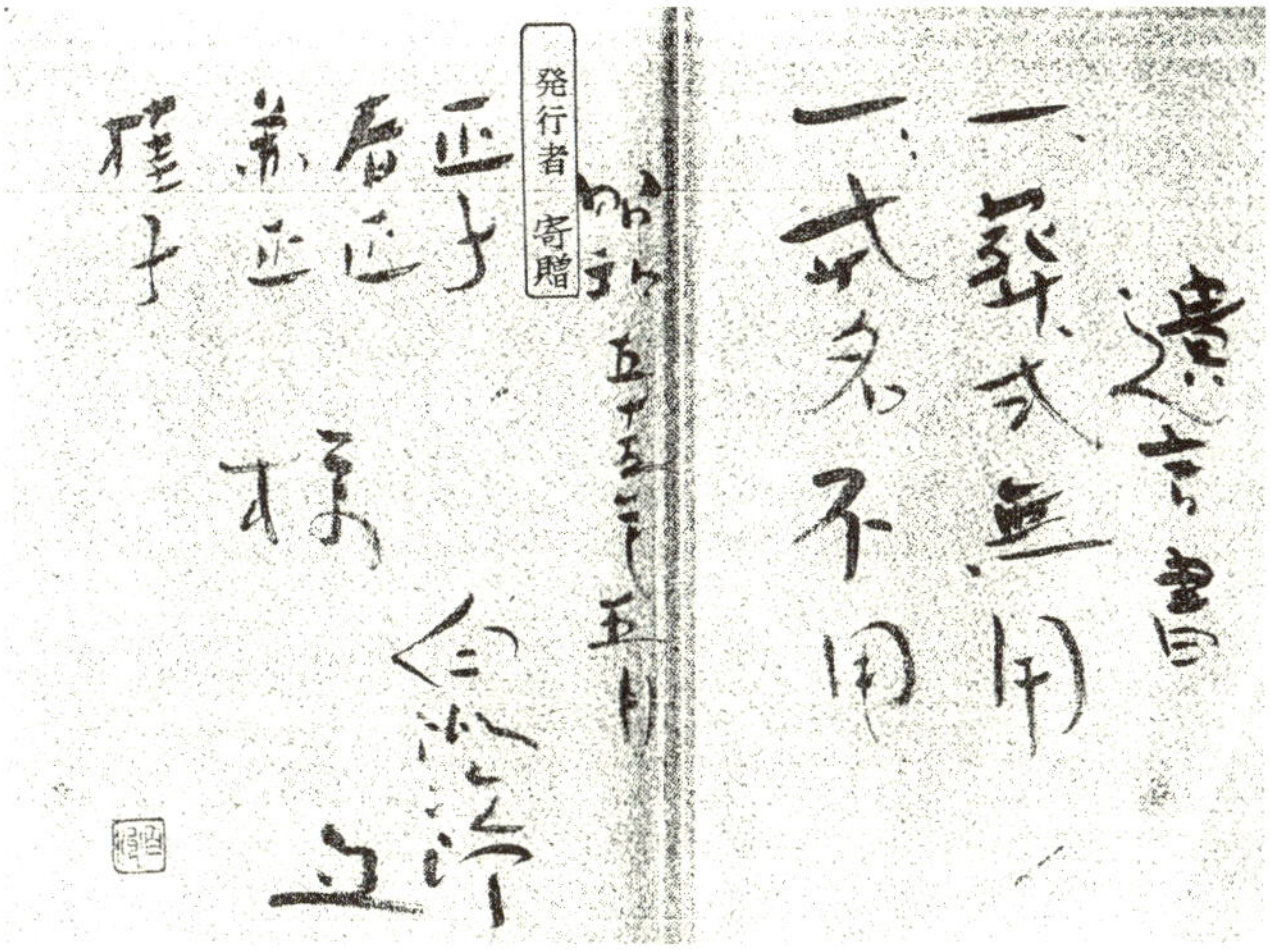

遺言書
一、葬式無用
一、戒名不用
昭和五十五年五月
白洲次郎
正子
春正
兼正
桂子　様

発行者　寄贈

白洲次郎の遺言書「葬式無用、戒名不用」（『風の男　白洲次郎』より）

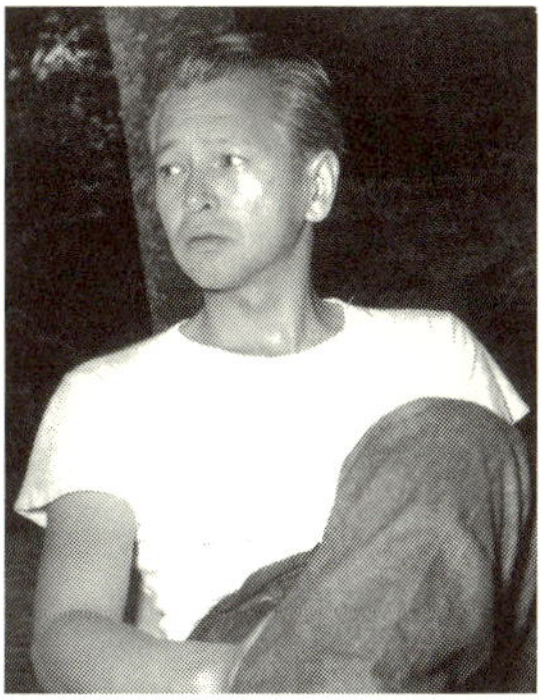

★しらす・じろう
（一九〇二―一九八五）
外交官、経済人。兵庫県三田の名家の出身。終戦直後、終戦連絡中央事務局参与となり、連合軍最高司令官総司令部（ＧＨＱ）との交渉では対等に渡り合った。商工省貿易庁初代長官に就任し、経済復興に意欲を見せた。サンフランシスコ講和会議に全権委員顧問として随行。昭和六十（一九八五）年十一月二十八日歿。享年八十三。

終戦時に外務大臣吉田茂の要請で終戦連絡中央事務局参与になり、その流暢な英語で連合国軍最高司令官総司令部（GHQ）と渡り合い、「従順成らざる唯一の日本人」と恐れられたのが白洲次郎である。

晩年も己の信条をつらぬき通し、死んだら葬式などいらない、戒名もいらない、が口癖だった。家族がそこまで言うなら書いて、と言われて、しぶしぶ書いたのが次の文言である。死の五年前であった。

遺言書

一、葬式無用

一、戒名不用

昭和五十五年五月　白洲次郎

正子

春正　様

兼正

桂子

昭和六十（一九八五）年十一月二十八日逝く。

白洲は兵庫県三田の豪商の次男に生まれ、旧制第一神戸中学校（県立神戸高校）に入り、サッカー部、野球部に所属。一八〇センチの長身で、手のつけられない暴れん坊として知られた。イギリスのケンブリッジ大学クレア・カレッジに留学し、西洋中世史、人類学などを学び、語学とイギリス風マナーを身につける。一方、自動車にのめり込み、ブガッティやベントレーを乗り回した。

昭和三（一九二八）年、父の経営する神戸市の白洲商店が金融恐慌のあおりを受けて倒産したため、やむなく帰国。英字新聞「ジャパン・アドバタイザー」の記者になる。樺山資紀の孫、樺山丑二の紹介で妹正子と結婚。その後、企業の取締役を歴任した。海外に赴くことが多く、駐イギリス特命全権大使だった吉田茂と知り合い、大使館を定宿にするまでになった。

この時期、満州国が建国。国際連盟から指弾された日本は、同連盟を脱退する。

昭和十二（一九三七）年七月、盧溝橋《ろこうきょう》事件が起こる。アメリカは日本軍の中国撤退を提案するが受け入れず、逆に昭和十六年六月、南部仏印《ふついん》に進撃を開始した。アメリカとイギリスは在日本資産の凍結を決め、蘭印《らんいん》は日蘭石油民間協定を停止。日英、日印、日緬（ビルマ）各通商条約は破棄された。

国際情勢を熟知する白洲は、日本が戦争に突入するのを察知し、食糧不足を予期して事業から手を引き、東京都南多摩郡能ケ谷（東京都町田市能ケ谷町）の中古の農家を購入して、武相荘《ぶあいそう》と名づけてそこで農業に励んだ。この間に予測通り太平洋戦争が始まり、激しさを加えていった。白洲は吉田茂を中心とする宮中反戦グループに加わり、密かに終戦工作に動きだした。

昭和二十（一九四五）年八月、敗戦。東久邇内閣の外相、吉田茂の懇請で終戦連絡中央事務局参与になった白洲は、連合軍最高司令官総司令部（ＧＨＱ）を相手に、得意の英語を操り、原理原則をもとに主張すべきところは頑強なまでに主張した。当時の日本人はＧＨＱといえば震え上がって恐れたのに、白洲だけは最後まで筋を曲げなかった。天皇から届けられたクリスマスプレゼントを粗末に扱ったと知って、総司令官マッカーサーを怒鳴りつけ、申し訳ないと謝らせたなどエピソードは数々伝えられている。

昭和二十一年八月に経済安定本部次長になり、翌二十四年、新設の商工省貿易庁初代長官に就任するが、企業などが贈り物を持参するのを知り、すべての受け取りを拒否したという。

資源の少ない日本の経済復興のためには産業が輸出主導型でなければならないとして、商工省を改組して通商産業省の設立に努めた。

昭和二十六（一九五一）年九月、サンフランシスコ講和会議に全権団顧問として随行し、全権首席である吉田首相の受諾演説の原稿を、英語から毛筆の日本語に書き直させ、小笠原諸島、奄美諸島、琉球諸島（沖縄）などの施政権返還まで盛り込ませた。

政界入りを望む声を尻目に政治と縁を切り、東北電力会長に就任し、福島県奥只見ダムの建設に努めるなど、戦後の経済復興の立役者となった。

参考文献

青柳恵介『風の男　白洲次郎』新潮社、一九九七年。
白洲正子他『コロナブックス六七　白洲次郎』平凡社、一九九九年。

坂口新八郎――「絶対にしにたくない、どんなことがあっても」

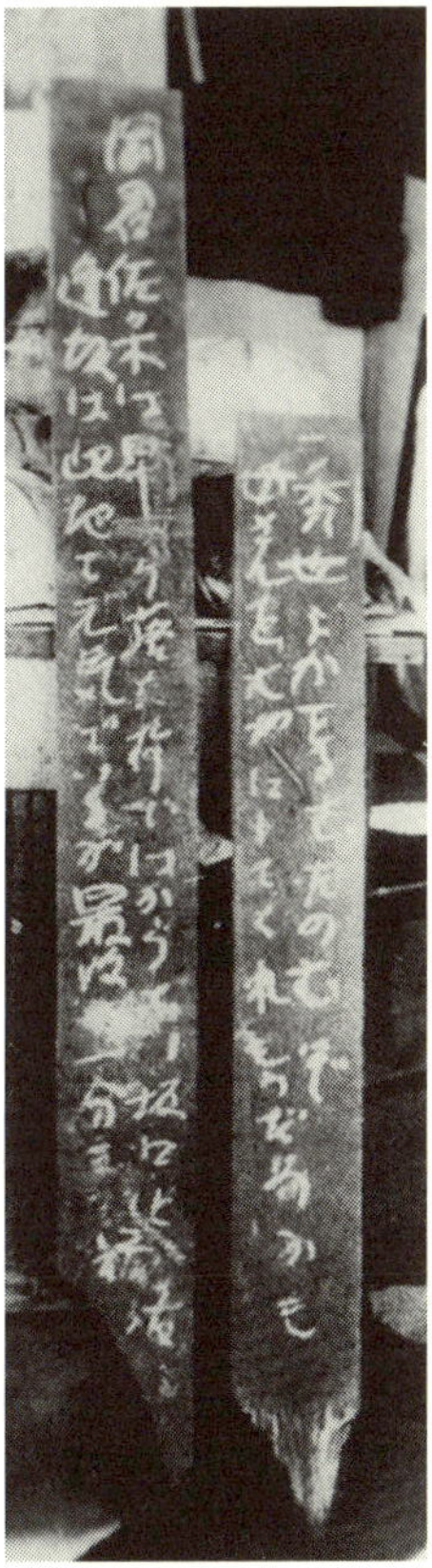

坂口新八郎が地底で書いた遺書

★さかぐち・しんぱちろう
（一九二三―一九九三）
北海道美唄炭砿下請け小島建設作業員。爆発の地底で同僚とともに生き残り、救出される。だが低酸素症後遺症のため入院、事故から二十五年後に死亡。平成五（一九九三）年八月二十九日歿。享年六十九。

昭和四十三（一九六八）年一月二十日午後六時十五分ごろ、北海道美唄《びばい》市の美唄炭砿二坑左三片《ひだりさんかた》坑道付近でガス爆発が起こった。同坑内には左二片、左二片半、左三片などと呼ばれる坑道が何本も延びていた。坑内で働いていた坑内員及び下請けの小島建設所属の作業員ら百十三人は自力で坑外へ脱出したが、ほどなく九番層に連なる坑道で二人が遺体となって発見された。

同砿は救護隊を編成して、坑内に取り残された十六人の救助作業に当たり、同夜遅く坑道で五人の遺体を発見した。だが残り十一人の行方はわからないままだった。

翌朝、坑内のガス量が危険数値に近づき再爆発の恐れが出てきたため、同砿は鉱山保安監督署の勧告に基づき、坑内に閉じ込められている作業員の家族の同意を求めて救出作業を中断し、爆発地点に近い左三片坑道に空気を遮断する仮張切《かりはりきり》と呼ばれる布張りをした。これにより十一人の生存は絶望となった。

丸一日経過した二十二日朝、救出を再開し、夕方にかけて六人の遺体を発見した。炭山は沈痛な空気に包まれた。

午後七時五分ごろ〝奇跡〟が起こった。爆発地点の上に延びている二半片坑道で、小島建設作業員の坂口新八郎と逢坂隆郎の二人が、崩れた岩石のわずかな隙間に身を横たえ、手を取り合っているのが発見された。直ちに救援隊により救出された。

二人が生存していた場所から、坂口が木片二枚に白墨で書いた「遺書」が見つかった。爆風で吹き飛んだ天盤の板切れに書いたもので、一枚は長さ一メートル二十三センチ、幅十二・三センチ、もう一枚は長さ一メートル、幅十センチ。

筆者は当時、北海道で新聞記者をしていてこの事故現場にいた。以下に原文を紹介する。（〔　〕内は筆者注）。

一枚目の板切れ

〔表〕小島建設坂口、逢坂、岡、佐々木の四人。坂口記。募〔爆〕発と共に四人出口向かったが現在地引〔こ

の後の文字、かすれて読めず〕

〔裏〕岡君、佐々木は昇〔一号風洞昇〕から落ちた様でわからない。坂口と逢坂は此地で元気でいるが、最期の一分〔ここで余白なくなる〕

二枚目の板切れ

〔表〕秀世よ、かおるをたのむぞ。母さんを大切にしてくれ。もうだめかも

〔裏〕しれ〔ね〕ぬ。絶対にしにたくない、どんなことがあっても〔ここで余白なくなる〕

二枚目に出てくる秀世は長男、かおるは長女、薫。妻はこの時期、道北の羽幌の療養所に入所していた。坂口が小島建設に入る前、バイクもろともトラックにはねられ、腹部を十二針も縫う手術を受け、妻はその看病疲れから血を吐いて倒れ、入院加療中だった。

暗黒の地底で、迫りくる死と対峙しながら書いたこの「遺書」は、多くの人々の胸をうった。

坂口の意識は戻らなかったが、逢坂は比較的元気で、逢坂の話から爆発以後の模様が明らかになった。

爆発が起こった時、左二半片で掘進作業中だったのは坂口、逢坂のほか、佐々木辰六、岡晋の四人。突然、大音響とともに地盤が揺れ、急に息苦しくなったので、一片坑道に通じる一号風洞昇に向かって逃げた。途中、救命器保管場所に置いてあった携帯用ガス救命器を取り、四人がそれぞれ口にくわえた。

その時、前方で物凄い音がしたので、方向を変えて二半片の出口へ向かった。だが崩落がひどく前に進めないので、坂口が指示して後退した。だが佐々木だけは前へ進んでいき、姿が見えなくなった。再び崩落の音がして今度は岡が走りだし、闇のなかに消えた。

坑内でもっとも恐ろしいのは一酸化炭素だ。炭素は天然ガスよりも軽く、上に溜まる性質があるので、坂口は逢坂に、

「ここを動かず、救護隊が来るのを待とう」

と述べ、絶対に離れないと誓い合った。ちょうど支柱と崩れた岩石でできた空間があったので、手を取り合って横になった。

腹が減り、喉が乾いたが、どうにもならない。坂口が爆発で吹き飛んだ板切れを二枚拾い、作業服のなかから白墨を取り出し、キャップランプの光で文字を書いた。その板切れを炭壁に立てかけた。キャップランプの持続所要時間は十二時間くらい。その後しばらくして消えたというから、時刻は二十日午後十時ごろと判断できる。

暗黒の闇のなかで、二人は飢えと寒さに耐え続けるが、ほどなく坂口だけは一酸化炭素を吸い込み、横たわったまま意識を失う。

絶望と思われた地底からの二人の生還は、炭山を奮い立たせた。だが、残る三人は後日、遺体で見つかった。爆発による死者は十六人になった。

坂口の意識が戻ったのは四月初め。事故から三カ月が経過していた。だが低酸素症という重い後遺症を背負うことになる。

幼い兄妹は近くの親戚の家に預けられた。昭和四十六（一九七一）年八月、療養所に入院していた妻が亡くなり、翌四十七（一九七二）年春、坂口を〝廃人〟にした美唄炭砿が閉山になった。だがそのことを本人は理解できなかった。労働災害の名目で治療が続けられていた坂口に「症状固定」の診断が下ったのは昭和五十（一九七五）年春。これは「治る見込みがないので治療する必要がない」というものである。坂口は岩見沢の身体障害者療養施設に移された。

札幌市内の商店に就職した長男の秀世は、父を近くに置いてやりたいと、平成五（一九九三）年春、札幌市内の病院に移した。それから四カ月後の八月二十九日早朝、坂口は低酸素症後遺症のため息を引き取った。事故から二十五年の歳月が流れ、弔問客のなかでそのことを知る人はいなかった。

三十八歳になった秀世は、葬儀の席で筆者の姿を認めると、

「父はこれで楽になったのです。地底の〝遺書〟がいま、やっと本物の遺書になりました」

と言い、妹の肩を抱いてさめざめと泣いた。

参考文献

「美唄炭鉱ガス爆発事故報告書」美唄炭鉱株式会社、一九六八年。

合田一道『生と死をわけた一瞬――証言・極限からの生還者』祥伝社、二〇〇一年。

大河内清輝――「14年間、本当にありがとうございました。僕は旅立ちます」

北海道新聞　1994年（平成6年）12月4日（日曜日）　16版　第2社会　（28）

家族が遺書を公開　愛知のいじめ自殺

もっと生きたかった…／きょうも、あすもお金要求／けられるのつらかった

大河内清輝君の遺書全文

自殺した大河内清輝君

いじめ関与の同級生ら　発覚直後、隠ぺい工作？

子供に土産どっさり　中国残留孤児　帰国を前に買い物

付け届けを在任中復活　帯広

新聞に公開された遺書の全文。遺書の写真も見える

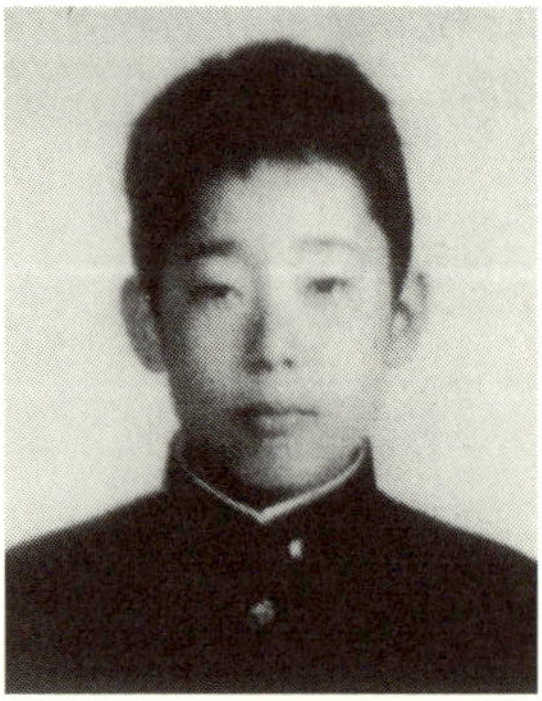

★おおこうち・きよてる
（一九八一―一九九四）
中学二年生。愛知県西尾市生まれ。友人四人にいじめを受け、首つり自殺。学校は当初、市教育委員会に突然死と報告。調べで全容が明らかに。この事件を契機に全国的にいじめの実態が解明されだす。平成六（一九九四）年十一月二十七日歿。享年十三。

平成六（一九九四）年十一月二十七日夜、愛知県西尾市の会社員の次男で、市立東部中学二年の大河内清輝少年が、自宅裏の立木にロープをかけ首をつって死んでいるのを母親が発見した。西尾署は家族や学校から事情を聞いたが、その時点ではいじめは明らかにされず、学校は市教育委員会に対して突然死と報告した。

しかし同級生の一人が葬儀前日、遺族に対し、大河内少年がいじめを受けていたことを話し、祖父がグループの一人を訪ねて詰問したところ事実を認めたので、問題化した。

葬儀が営まれた後の十二月一日、少年の部屋の机の引き出しから「いじめられ、金を取られた」という内容の遺書が見つかった。便箋四枚とそれを入れた封筒の裏側にまで、いじめの実態がびっしり書かれていた。

この日、学校は期末テストの初日だったが、通報を受けた校長や生徒指導の教諭らが遺書から推測した四人の同級生を呼び事情を聞いたところ、いじめて金を取っていたことを認めた。

学校は翌二日、二日目の期末テストを中止し、体育館に全校生徒を集めて集会を開き、校長が事件を報告。いじめが繰り返されていた事実を認識せず、放置していた落ち度を謝罪した。

西尾署は四人を取り調べた結果、遺書に書かれていたいじめはほんの一部で、実際はもっとひどいものだったことが判明、名古屋家裁は四少年を処分した。

子供たちによるいじめが社会問題化した時期で、そのはしりとなった象徴的な事件といえる。

遺族は「いじめの実態を知ってほしい」として遺書を公開した。長文だが、全文を掲げる。（（　）内は筆者注）

いつも4人の人（名前がだせなくてスミマせん）にお金をとられてしまいました。そして、今日、もっていくお金がどうしてもみつからなかったし、これから生きていても……。だから……。また、みんなといっしょに幸せに、くらしたいです。しくしく！

小学校六年生ぐらいからすこしだけいじめられ始めて、中1になったらハードになって、お金をとられるようになった。中2になったら、もっとはげしくなって、休みの前にはいつも多いときで60000、少ないときでも30000〜40000、このごろでも40000。そして17日にもまた40000ようきゅうされました。だから……。でも、僕がことわっていればこんなことには、ならなかったんだよね。スミマせん。もっと生きたかったけど……。家にいるときがいちばんたのしかった。いろんな所に、旅行につれていってもらえたし、何一つ不満はなかった。けど……。

あ、そうそう！　お金とられた原因は、友達が僕の家に遊びにきたことが原因。いろんなところをいじって、お金の場所をみつけると、とって、遊べなくなったので、とってこいってこうなった。

オーストラリア旅行〔十一月五日から五日間、家族で旅行〕。とても楽しかったね。あ、そういえば、何で、奴らのいいなりになったか？　それは、川でのできごとがきっかけ。川につれていかれて、何をするかと思ったら、いきなり顔をドボン。とても苦しいので、手をギュッとひねって、助けをあげたら、また、ドボン。こんなことが4回ぐらい?あった。特にひどかったのが、矢作川。深い所は、水深5〜6ｍぐらいありそう。図1みたいになっている。〔図は原文にあるが掲載せず〕

ここで矢印A〔同上〕につれていかれて、おぼれさせられて、矢印の方向へ泳いで、逃げたら、足をつかまれてまた、ドボン。しかも足がつかないから、とても恐怖をかんじた。それ以来、残念でしたが、いいなりになりました。あと、ちょっとひどいこととしては、授業中、てをあげるなとかテストきかん中もあそんだとかそこらへんです。

家族のみんなへ

14年間、本当にありがとうございました。僕は、旅立ちます。

でもいつか必ずあえる日がきます。その時には、また楽しくくらしましょう。お金の件は、本当にすみませんでした。働いて必ずかえそうと思いましたが、その夢もここで終わってしまいました。

そして、僕からおかねをとっていた人たちを責めないで下さい。

僕が素直に差し出してしまったからいけないのです。しかも、お母さんのお金の2万円を僕は、使ってしまいました（でも、一万円は、和子さん〔叔母〕からもらったお年玉で、バックの底に入れておきました）

まだ、やりたいことがたくさんあったけれど、……本当にすみません。いつも、心配かけさせ、ワガママだし、育てるのにも苦労がかかったと思います。おばあちゃん、長生きして下さい。お父さん、オーストラリア旅行をありがとう。お母さん、おいしいご飯をありがとう。お兄ちゃん、昔から迷惑をかけてスミマせん。洋典、ワガママばかりいっちゃダメだよ。また、あえるといいですね。

最期に、お父さんの財布がなくなったといっていたけれど、2回目は、本当に知りません。

see you again
いつもいつも使いばしりにもされていた。それに、自分にははずかしくてできないことをやらされたときもあった。そして、強せい的に、髪をそめられたことも。でも、お父さんは僕が自分でやったと思っていたので、ちょっとつらかった。そして20日もまた金をようきゅうされて、つらかった。あと、もっとつらかったのは、僕のへやにいるときに彼らがお母さんのネックレスなどを盗んでいることを知ったときは、とてもショックだった。

あと、お金をとっていることも……。

自殺した理由は今日も、４００００とられたからです。そして、お金がなくて、「とってこれませんでした」っていっても、いじめられて、もう一回とってこいっていわれるだけだからです。そして、もっていかなかったら、ある1人にけられました。そして、そいつに「明日『12万円』もってこい」なんていわれました。そんな大金はらえるわけありません。それにおばあちゃんからもらった、一〇〇〇円も、トコヤ代も全て、かれらにとられたのです。そして、トコヤは自分でやりました。とてもつらかったでした。（23日）

また今日も、一万円とられました（24日）

そして今日は、2万円もとられ、明日も4万円ようきゅうされました（25日）

あと、いつも、朝はやくでるのも、いつもお茶をもっていくのも、彼らのため、本当に何もかもがいやでした。なぜ、もっと早く死ななかったかというと、家族の人が優しく接してくれたからです。学校のことなど、すぐ、忘れることができました。けれど、このごろになってどんどんいじめがハードになり、しかも、お金もぜんぜんないのに、たくさんだせ、といわれます。もう、たまりません。最期も、ご迷惑をかけてすみません。忠告どおり、死なせてもらいます。でも、自分のせいにされて、自分がつかったのでもないのに、たたかれたり、けられたりって、つらいですね。

僕は、もう、この世からいません。お金もへる心配もありません。一人分食費がへりました。お母さんは、朝、ゆっくりねれるようになります。ようすけも勉強に集中できます。いつもじゃまばかりしてすみませんでした。しんで、おわびいたします。

あ、まだ、いいたいことがありました。どれだけ使い走りにさせられたかわかりますか。なんと、自転車で、しかも風が強い日に、上羽角〔西尾市内の知名〕から、エルエル〔郊外型ディスカウント店〕まで、たしか1時間でいってこいっていわれたときもありました。あの日はたしかじゅくがあったと思いました。あと、ちょくちょく夜でていったり、帰りがいつもより、おそいとき、そういう日はある2人のために、じゅくについていっているのです。そして今では「パシリ1号」とか呼ばれています。あと、遠くへ遊びにいくとかいって、と中で僕が返ってきたってケースもありませんでしたか。

それは、金をもっととってこいっていわれたからです。

あと、僕は、他にいじめられている人より不幸だと思います。それは、なぜかというと、まず、人数が4人でした。だから、1万円も4万円になってしまうのです。しかもその中の3人は、すぐ、なぐったりしてきます。あと、とられるお金のたんいが1ケタ多いと思います。これが僕にとって、とてもつらいものでした。これがなければいつまでも幸せで生きていけたのにと思います。

テレビで自殺した人のやつを見ると、なんで、あんなちょっとしか、とられてないんだろうっていつも思います。最後に、おばあちゃん、本当にもうしわけありませんでした。

お金をとられはじめたのは、1年生の2学期ぐらいから。

お母さんは、昔、教会につれていくっていってたこともあったよね。あのときは、とてもいきたかった。

(つけたし)日曜日もまた、2万円と1万円をようきゅうされました。そういえば、なぜ、ぼくがお金をとったら「しせつにいく」といったか。それは、そっちの方が幸せだと思ったから。いつも、彼らから、遊ぼっていうんだ。そして、いかないと……。次の日にたくさんのお金をとられちゃうんだ。だからテスト週間でもあそばないといけなかったんだ。1年生のころは、彼らも、先輩につかまっていたから、勉強もできた。

参考文献

一九九四年一二月四日、全国各新聞の朝刊に掲載された「遺書」を参照。

永山則夫――「キケ人ヤ　世ノ裏路ヲ歩クモノノ悲哀ナタワゴトヲ」

『無知の涙』の原稿（『無知の涙』より）

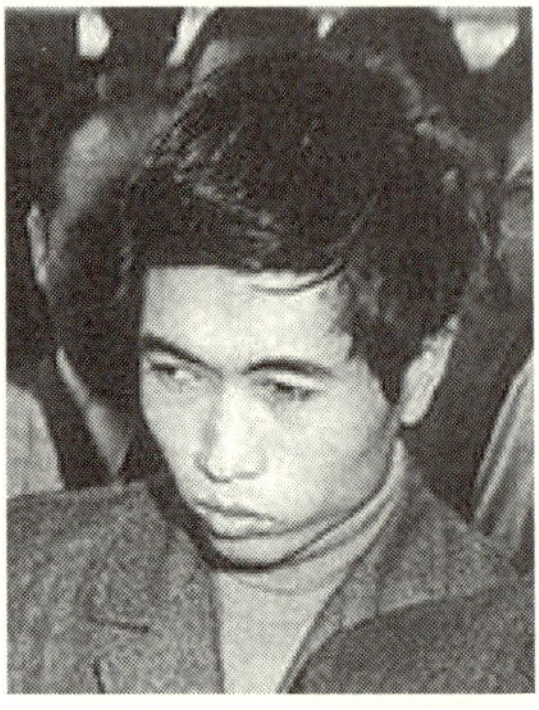

★ながやま・のりお

（一九四九―一九九七）死刑囚。北海道網走市の極貧の家庭に育つ。両親に見捨てられ、福祉事務所の世話で母親のもとへ。中学卒業後、集団就職で東京へ。米軍横須賀基地から小型拳銃を盗み出し、連続射殺事件を引き起こす。小説『木橋』で第十九回新日本文学賞受賞。平成九（一九九七）年八月一日歿。享年四十八。

昭和四十三（一九六八）年十月十一日、東京プリンスホテルの警備員（二十七）が拳銃で射殺されたのをはじめ、わずか一カ月の間に京都、函館、名古屋と四件の連続射殺事件が起こった。犯人の永山則夫が逮捕され、十九歳十カ月の少年だったと知って、世間は震え上がった。

警視庁は事件の性格上、実名で発表し、新聞、テレビなども同様に実名で報道した。

永山は成人と同様、刑事裁判にかけられた。一審の東京地裁で永山は、

「こういう事件が起こったのは、自分が無知だったから。無知は貧乏だったから。俺はそれが憎い」

と主張し、獄内でひたすら勉学に励み、ノートに日記風の文章を書き続けた。

この文章が昭和四十六（一九七一）年春、『無知の涙』の表題で出版された。出版の条件の一つとして、印税を函館のタクシー運転手の遺児に上げてほしいという項目が入っていた。以後も永山は『人民を忘れたカナリアたち』『愛か無か』など数冊を刊行した。

東京地裁の審理は十年間に及び、死刑判決が言い渡された、被告側は控訴。

二審の東京高裁は「家庭の劣悪な環境が犯罪へと誘った」として無期懲役とした。検察側は上告。上告審の最高裁は二審判決を破棄して差し戻し。差し戻し審の東京高裁は昭和六十二（一九八七）年、改めて死刑判決を言い渡した。二度目の上告審となった最高裁は平成二（一九九〇）年四月、差し戻し審の判決を支持して死刑が確定した。事件発生から二十二年が経過していた。

死刑から無期へ、再び死刑へと揺れ動くなかで、永山は作品を書き続けた。この間に小説『木橋』が第十九回新日本文学賞を受賞。その一方で、永山を慕う女性と獄中結婚（六年後に離婚）するなど話題を集めた。

死刑が確定した後も、永山は最後の作品となる『華』の執筆に没頭し、身元引受人である遠藤誠弁護士に、

「死んだら墓はいりません。死体を焼いて灰を網走の海に流してください」

と頼んでいたという。

永山が東京・小菅拘置所で処刑されたのは平成七（一九九七）年八月一日。遠藤弁護士は遺骨とともに段ボール箱十四個に及ぶ遺留品を受け取ったが、そのなかに三千四百三十八枚にのぼる原稿用紙に書かれた作品『華』が入っていた。その最後が、

彼らにも赤飯マンは大歓迎された。朝

と唐突に終わっており、未完であることが確認された。永山はいつ訪れるともしれない死を意識しながら、書き続けていたのだった。

遠藤弁護士は出版社と交渉して、永山が望んでいた、印税をペルーの子供たちに、という条件付きでこの年十一月、『華』1、2を、続いて十二月に『華』3、4を発刊した。同弁護士はこの書物の「巻末エッセー」のなかで、「『華』を書いた永山の意識の最も深い部分にあったのはこの世界であろう」として、詩を紹介した。それを掲げる。まさに絶叫であり、絶筆にふさわしい。

キケ人ヤ
世ノ裏路ヲ歩クモノノ悲哀ナ
タワゴトヲ
キケ人ヤ
貧シキ者トソノ子ラノ指先ノ
冷タキ血ヲ
キケ人ヤ

愛ノ心ハ金デナイコトヲ
心ノ弱者ノウッタエル叫ビヲ
キケ人ヤ
世ノハグレ人ノパンヘノ
セツナイハイアガリヲ
キケ人ヤ
日影者ノアセト涙ヲ
ソノ力ト勇気ヲ
キケ人ヤ
武器ナキ者ガ
武器ヲ得タトキノ
命ト引キカエノ抵抗ヲ
キケ人ヤ
貧民ノ真ノ願イノ
ヒト言ノ恐シサヲ
キケ人ヤ
昭和元禄ニ酔ウガヨイ
忘レタ時ニ再ビモエル
貧シキ者ノ怒リヲバ

永山は北海道網走市の貧しい家庭の八人きょうだいの四男に生まれた。父は酒癖が悪く、暮らしは極貧の底にあったという。永山が五歳の時、母は耐えきれず、次女と四女、それに長男がつくった赤子の三人を連れて実家の青森県板柳町へ戻った。長女は精神を患い入院。そのうち父も出奔し、家には三女と次男、三男、それに四男の永山の四人が残された。

飢えぎりぎりの暮らしが続き、網走市福祉事務所の計らいで青森県の母親のもとに引き取られたものの、母の行商だけでは食べていけず、生活保護を受けた。

地元の小学校に入った永山は家計の助けにと新聞配達を始め、中学に進んでからも続けた。そんなことで中学三年間の欠席は五百日にのぼった。

昭和四十三(一九六八)年春、六年かかって中学を卒業、集団就職で上京し、都内の果物店に勤めたが、わずか半年で辞め、横浜の港湾労働者になり、停泊中の外国船で密航を企てて失敗、栃木県にいた長兄に引き取られた。以来、職業を転々とし、その間の同年十月初め、横須賀の米軍キャンプに忍び込み、小型の拳銃を盗んだ。この拳銃が連続射殺事件の凶器になる。

参考文献

永山則夫『無知の涙』合同出版、一九七一年。
薬師寺幸二『永山則夫　聞こえなかった言葉』日本評論社、二〇〇六年。

参考文献

以下に、共通して使用した参考文献を掲げ、敬意を表します。

佐藤米『写真五拾年史』国民タイムス社、一九〇五年。

『大系日本の歴史』（全十五巻）小学館、一九八七―一九八九年。

『国史大辞典』（全十五巻）吉川弘文館、一九七九―一九九七年。

日本歴史学会編『明治維新人名辞典』吉川弘文館、一九八一年。

『日本の歴史　一二・一三』研秀出版、一九七五、一九七三年。

小西四郎編修代表『明治百年の歴史　上・下』講談社、一九六八年。

『近代日本史　写真図説　一・二・三』国文社、一九六六―一九六七年。

西井一夫編『新版　戦後五〇年』毎日新聞社、一九九五年。

『靖国神社遊就館図録』靖国神社、二〇〇三年。

日本近代史研究会編『図説　国民の歴史――近代日本の百年』（全二〇巻）国文社、一九六二―一九六五年。

「恋に果てる生き方」『歴史と旅』秋田書店、一九九七年九月号。

「幕末臨終図鑑」『歴史と旅』秋田書店、一九八九年九月号。

「幕末明治人物臨終の言葉」『歴史と旅』秋田書店、一九九七年五月号。

「図説幕末女性伝」『歴史読本』新人物往来社、一九九九年九月号。

「作家の死」『別冊新評』新評社、一九七二年。

「遺書八〇人魂の記録」『文藝春秋』二〇〇二年一月号。

「ご臨終――死の瞬間ドラマ」『別冊歴史読本特別増刊』新人物往来社、一九九五年。

取材協力者（敬称略）

有島順吉／一海知義／井上康史／上野正志／尾形明子／菊池夏樹／喜多香織／斉藤重一／佐賀暁／坂口秀世／下山光雄／津島園子／円谷喜久雄／永井永光／中島永昭／中島啓幸／野田斉家／野沢緯三男／平原一良／牧山桂子／三木実子／宮澤和樹。

北海道立図書館（北海道江別市）、札幌市中央図書館、北海道科学文化協会、北海道立文学館（以上北海道札幌市）、有島記念館（北海道虻田郡ニセコ町）、知里森舎（北海道登別市）、五稜郭タワー（北海道函館市）、太宰治記念館「斜陽館」、五所川原市教育委員会社会教育課（以上青森県五所川原市）、林風舎（岩手県花巻市）、清河八郎記念館（山形県東田川郡立川町）、法界寺（福島県会津坂下町）、会津武家屋敷、会津白虎隊記念館（以上福島県会津若松市）、只見町河井継之助記念館（福島県南会津郡）、円谷幸吉記念館（福島県須賀川市）、茨城県立図書館、茨城県立歴史館、回天神社、妙雲寺（以上茨城県水戸市）、足尾鉱毒事件田中正造記念館（群馬県館林市）、大原幽学記念館（千葉県旭市）、市川市文化国際部（千葉県市川市）、株式会社文藝春秋、国立国会図書館、子規庵保存会、日本近代文学館、防衛庁長官官房広報課、谷中霊園事務所、靖国神社遊就館（以上東京都）、お吉記念館（静岡県下田市）、福井県敦賀市、松浦武四郎記念館（三重県松阪市）、霊山歴史館（京都府京都市）、妙国寺（大阪府堺市）、植村直己冒険館（兵庫県豊岡市）、能福寺（兵庫県神戸市）、子規堂、松山市立子規記念博物館（愛媛県松山市）、菊池寛記念館（香川県高松市）、高知県立歴史民俗資料館、瑞山公民館（以上高知県高知市）萩史料館（山口県萩市）、中山神社、東行庵（以上山口県下関市）、周南市美術博物館（山口県周南市）、真木神社（福岡県久留米市）、朝日新聞社、共同通信社、北海道新聞社、毎日新聞社、読売新聞社。

「遺書」というもの――あとがきにかえて

拙著を書きながら、「遺書」とは、死を迎えようとする人間が現世に送る最後のメッセージであり、そこにはその人間の心情が凝縮していることを改めて実感した。そしてもう一つ、日本人の死にたいする意識が、時代によって微妙に変化しているのを知った。

幕末維新期から明治期にかけては、死を美化しようとする意識が強く、それが当然のように「遺書」にも反映された。外国人襲撃の責任をとらされた岡山藩士瀧善三郎は、藩の名誉を担い、自分の死が日本を救うと信じて、辞世を詠み、従容として死んでいった。

政治に楯突いて処刑された人物なども、己の死を尊いものとして「辞世」を遺《のこ》した。死を美化した「精神文化」といってもよかろう。

太平洋戦争で敵艦に突撃する特攻隊の若き兵士は、生死を超越して、悠久の大義に生きるのを信じて、格調高い別離の文面を書いて飛散していった。だがなかには、自らの運命を見極めながら、為政者への痛烈な批判をしつつ、死をまっとうした者もいた。以下に一通だけ掲げたい。

我ハコノ上モナク平和ヲ愛スル也　平和ヲ愛スルガ故ニ　戦ヒノ切実サヲ知ル也　戦争ヲ憎ムガ故ニ戦争ニ参加セントスル　我ラ若キ者ノ純真ノ気持ヲ知ル人ノ多キヲ祈ル

この時代の若者たちは、つねに死を意識した日々を送らねばならなかった。いかに理解できない矛盾に満ちたものであろうと、そこに運命的なものを自覚しなければならなかった、ということである。

戦後も昭和三十年代まで下がると、死を美化するどころか、最大の恐怖の対象としてとらえ、命運を意識する傾向が強まった。死刑囚になり、短歌の世界に飛び込み、最後の生存の喜びを見出す者もいた。そうしたなかで、死そのものを怖がることなく「無事逝去仕り候」などと知人に便りを出して逝く人もいた。死にたいする多様化といっていいかもしれない。

ひるがえって現代、自らの死を意識しながら生きているという人間など、そうザラにはいないであろう。たしかに超長寿国になったし、医療制度も際立って進化している。死など別の世界の話、と思っている人がほとんどなのも分かるような気がする。

だがその反面、突発事故などの災害が多発している。交通戦争といわれる交通事故の死者は二〇〇九年一年間で四九一四人、一日平均一三人ずつ亡くなっている計算になる。自殺者も三万人を超えるすさまじさだ。死など自分には関係ない、他人事だ、とするのは明らかに誤りなのだが、なかなか実感できないということだろう。

拙著に取り上げようとして、結局取り上げられなかったいくつかを紹介しておきたい。まず戊辰戦争の責任を取り、藩主に代わって腹を斬った会津藩家老萱野権兵衛である。当然、遺書が存在するはずと思い、探したが、見つからなかった。萱野の最期はこう伝えられている。

切腹の日、萱野は謹慎中の久留米藩有馬邸から飯野藩保科家別邸に移ろうと屋敷を出ると、同家の家臣が近づき、会津藩主と養子の隠居、幼少の実子をもってお家再興が内々決まった旨を伝え、「ご遺言があれば何なりとお申し下さい」と述べた。萱野は感謝の言葉を伝えてから、

「遺言はとくにございません」

と静かに答えた。駕籠が保科別邸に着くと、会津藩家老の梶原平馬と山川大蔵が待っていて藩主と義姉照姫からの書状を手渡した。萱野はそれを読み終えると感涙にむせびながら、

「君国のために死ぬのはすでに覚悟しており、悲しむどころか光栄にさえ思っているのに、このようなお言葉をいただき恐れ多いきわみ」

と述べた。

切腹の座についた萱野は、自ら腹を斬り、死んでいった。

萱野は、何もいうことがなかったわけではない。自らの死が藩主を救い、藩を救うと信じて、死を甘受したのであり、個としての自分の存在を捨てて義の成就を見届けようとした時、文字や言葉で表すものなどなかった、ということであろう。

坂本龍馬は数多くの便りを残しているが、唯一、遺書と呼ばれるものが現存する。これは、大洲藩から借りたいろは丸が紀州藩の明光丸と衝突、沈没し、交渉の場に出る段階で死を覚悟し、妻のお龍の行く末をもっとも信頼する同志の長州藩士、三吉慎蔵に頼んだ便りである。珍しく朱印が押されているところに、決意の固さがみえる。

此度出先仕候上ハ、御存（知）の事件ニ候間、万一の御報知仕候時ハ、愚妻儀本国ニ送り返し可申、然レバ国本より家僕及老婆壱人、御家まで参上仕候。其間愚妻おして尊家に御養置可被遣候よふ、万〃御頼申上候。拝稽首。
五月八日出帆時ニ認而家ニ止ム　坂本龍馬
（朱印）
三吉慎蔵様

だがこの命を賭けた交渉は、結局、龍馬の主張が通り、相手方が損害賠償金を払うことに決まり、この文面は遺書にはならなかったのである。

太平洋戦争の激戦地となった硫黄島の海軍守備隊長、市丸利之助少将は敵の大将に対して「マッカーサーに与ふる書」と題する便りを書き、英語の堪能なハワイ育ちの部下に翻訳させて送り、最後の攻撃を敢行し、死んでいった。内容は、日本がたどった苦渋の歴史を記したうえで、こう続けた。


日本は国歩艱難を極め、自ら欲せざるに拘らず、日清、日露、満州事変、支那事変を経て、不幸貴国と干戈《かんか》を交ふるに至れり。之を以て日本を目するに、或は黄禍を讒誣《ざんぶ》し、或は以て軍閥の専断となす。思はざるの甚だしきものと言はざるべからず。

貴下は真珠湾攻撃の不意打を以て、対日戦争唯一宣伝資料となすと雖《いえど》も、日本をして其の自滅より免るるため、此の挙に出づる外なき窮境に追ひ詰めたる諸種の情勢は、貴下の最もよく熟知ある所と思考す。

この文章は、後に発見されてアメリカの新聞に掲載され、アメリカ国民の称賛を浴びたという。これもまた死に直面した武人の「遺書」といってよかろう。

現代において「遺書」を遺すという行為は、それほど難しいことではない。普段の心がけ次第で、いつでも遺すことができる。だが、そんな気持ちにはなかなかなれない。死を意識しなくて済む時代であり、遺書などは縁遠い時代、といえるかもしれない。

しかし、本当にそうであろうか。よく考えると、現代ほど先の読めない時代はないのではないか。生かせてくれるのか、死なされるのか、先が不透明な現代こそ、遺書を書いてはどうか、と思う。

ことに超高齢社会になって、痴呆症にかかる方が増えている現代、物の道理がきちんとわかるうちに、あの世への旅立ちを前に、早めに準備をしておいてはどうか、と思う。

私事で恐縮だが、筆者は毎年元旦に遺書を書くことにしている。家族や友人への感謝の便りである。書くのは元旦の朝。屠蘇《とそ》をいただいた後、書斎に籠もり心をこめて書く。これを毎年繰り返す。すでに十年以上経つ。いつ旅立つことになっても心残りはない。

最後になったが、拙著の出版に意欲を燃やしてくれた藤原書店の藤原良雄社長、細かく難儀な仕事を手伝ってくれた編集担当の小枝冬実さんに深く感謝申し上げる。

札幌の自宅書斎で

合田一道

著者紹介

合田一道（ごうだ・いちどう）

1934年北海道生まれ。ノンフィクション作家。長く北海道新聞社に勤務し、かたわらノンフィクション作品を執筆。著書に『大君（タイクン）の刀』（北海道新聞社）『龍馬、蝦夷地を開きたく』（寿郎社）『日本史の現場検証』（扶桑社）『日本人の死に際　幕末維新編』（小学館）等。

日本人《にほんじん》の遺書《いしょ》　1858–1997

2010年7月30日　初版第1刷発行 ©

著　者　合田一道

発行者　藤原良雄

発行所　株式会社 藤原書店

〒162–0041　東京都新宿区早稲田鶴巻町523
電　話　03（5272）0301
FAX　03（5272）0450
振　替　00160–4–17013
info@fujiwara-shoten.co.jp

印刷・中央精版　製本・誠製本

落丁本・乱丁本はお取替えいたします
定価はケースに表示してあります

Printed in Japan
ISBN978-4-89434-740-3

「死者」と共に生きる人々

ブルターニュ 死の伝承

A・ル＝ブラース
後平澪子訳

神秘的なケルト民族のなかでも、最も「死」に魅せられたブルターニュの人々。「死」を隠蔽する現代社会が喪失した豊穣な世界をブルトン語で聞書したフランス版『遠野物語』。第一級の作品＝資料の待望の全訳。

A5上製　七六八頁　**八八〇〇円**　**口絵一六頁**
（二〇〇九年五月刊）
◇978-4-89434-685-7

LA LÉGENDE DE LA MORT
Anatole LE BRAZ

「歴史は復活である」（ミシュレ）

死の歴史学

〔ミシュレ『フランス史』を読む〕

真野倫平

フランス近代歴史学の礎を築いたジュール・ミシュレ。死を歴史における最重要概念としたミシュレの『フランス史』を、人物の誕生と死を単位に時代を描くその物語手法に着想を得て、いくつもの〝死の物語〟が織りなすテクストとして読み解く、気鋭による斬新な試み。

四六上製　五三六頁　**四八〇〇円**
（二〇〇八年二月刊）
◇978-4-89434-613-0

「新古典」へのブックガイド！

戦後思潮

〔知識人たちの肖像〕

粕谷一希　解説対談＝御厨貴

敗戦直後から一九七〇年代まで、時代の精神を体現し、戦後日本の社会・文化に圧倒的な影響を与えてきた知識人全一三三人を、ジャーナリストの眼で鳥瞰し、「新古典」ともいうべき彼らの代表的著作を批評する。古典と切り離された平成の読者に贈る、「新古典」への最良のブックガイド。

A5変並製　三九二頁　**三二〇〇円**　**写真多数**
（二〇〇八年一〇月刊）
◇978-4-89434-653-6

最後のメッセージ

遺　言

〔斃《たお》れてのち元《はじ》まる〕

鶴見和子

近代化論を乗り超えるべく提唱した〝内発的発展論〟。〝異なるものが異なるままに〟ともに生きるあり方を〝南方曼荼羅〟として読み解く――強者-弱者、中心-周縁、異物排除の現状と果敢に闘い、私たちがめざす社会の全く独自な未来像を描いた、稀有な思想家の最後のメッセージ。

四六上製　二二四頁　**二二〇〇円**
（二〇〇七年一月刊）
◇978-4-89434-556-0

絶対平和を貫いた女の一生

絶対平和の生涯

（アメリカ最初の女性国会議員ジャネット・ランキン）

櫛田ふき監修
H・ジョセフソン著　小林勇訳

二度の世界大戦にわたり議会の参戦決議に唯一人反対票を投じ、ベトナム戦争では八十八歳にして大デモ行進の先頭に。激動の二十世紀アメリカで平和の理想を貫いた「米史上最も恐れを知らぬ女性」（ケネディ）の九十三年。

四六上製　三五二頁　三二〇〇円
（一九九七年二月刊）
◇978-4-89434-062-6

JEANNETTE RANKIN　Hannah JOSEPHSON

二人の関係に肉薄する衝撃の書

蘆花の妻、愛子

（阿修羅のごとき夫《つま》なれど）

本田節子

偉大なる言論人・徳富蘇峰の〝愚弟〟、徳富蘆花。公開されるや否や一大センセーションを巻き起こした蘆花の日記に遺された妻愛子との凄絶な夫婦関係や、愛子の日記などの数少ない資料から、愛子の視点で蘆花を描く初の試み。

四六上製　三八四頁　二八〇〇円
（二〇〇七年一〇月刊）
◇978-4-89434-598-0

百通の恋文の謎とは？

サムライに恋した英国娘

（男爵いも、川田龍吉への恋文）

伊丹政太郎＋A・コビング

明治初頭の英国に造船留学し、帰国後、横浜ドック建設の難事業を成し遂げながら、名声に背を向け北海道に隠棲し、〝男爵いも〟の栽培に没頭した川田龍吉。留学時代の悲恋を心に秘めながら、近代日本国家建設に尽力した一人の〝サムライ〟の烈々たる生涯。

四六上製　二九六頁　口絵四頁　二八〇〇円
（二〇〇五年九月刊）
◇978-4-89434-466-2

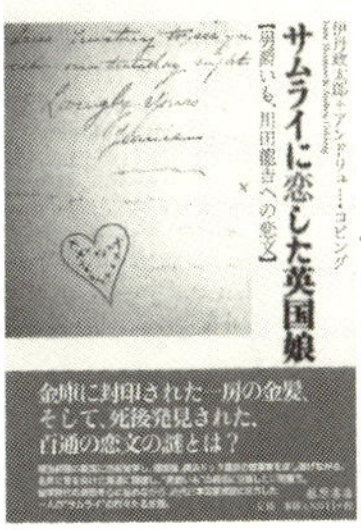

日本人になりたかった男

ピーチ・ブロッサムへ

（英国貴族軍人が変体仮名で綴る千の恋文）

葉月奈津・若林尚司

一九〇二年、日本を訪れた英国貴族軍人アーサーは、下町育ちの大和撫子まさと恋に落ちる。しかし、世界大戦は二人を引き裂き、「家族の夢」は絶たれる――。柳行李の中から発見された、アーサーが日本に残る妻にあてた千通の手紙から、二つの世界大戦と「分断家族」の悲劇を描くノンフィクション。

四六上製　二七二頁　二四〇〇円
（一九九八年七月刊）
◇978-4-89434-106-7

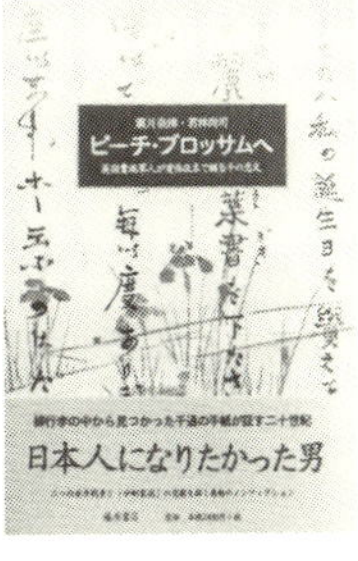

最後の自由人、初の伝記

パリに死す
（評伝・椎名其二）
蜷川 譲

明治から大正にかけてアメリカ、フランスに渡り、第二次世界大戦のドイツ占領下のパリで、レジスタンスに協力。信念を貫いてパリに生きた最後の自由人、初の伝記。虐殺された大杉栄の後を受けてファーブル『昆虫記』を日本に初紹介し、佐伯祐三や森有正とも交遊のあった椎名其二、待望の本格評伝。

四六上製　三二〇頁　**二八〇〇円**
（一九九六年九月刊）
◇978-4-89434-046-6

真の「知識人」、初の本格評伝

沈黙と抵抗
（ある知識人の生涯、評伝・住谷悦治）
田中秀臣

戦前・戦中の言論弾圧下、アカデミズムから追放されながら『現代新聞批判』『夕刊京都』などのジャーナリズムに身を投じ、戦後は同志社大学の総長を三期にわたって務め、学問と社会参加の両立に生きた真の知識人の生涯。

四六上製　二九六頁　**二八〇〇円**
（二〇〇一年一一月刊）
◇978-4-89434-257-6

伝説的快男児の真実に迫る

「バロン・サツマ」と呼ばれた男
（薩摩治郎八とその時代）
村上紀史郎

富豪の御曹司として六百億円を蕩尽し、二十世紀前半の欧州社交界を風靡した快男児、薩摩治郎八。虚実ない交ぜの「自伝」を徹底検証し、ジョイス、ヘミングウェイ、藤田嗣治ら、めくるめく日欧文化人群像のうちに日仏交流のキーパーソン〈バロン・サツマ〉を活き活きと甦らせた画期的労作。**口絵四頁**

四六上製　四〇八頁　**三八〇〇円**
（二〇〇九年二月刊）
◇978-4-89434-672-7

真の国際人、初の評伝

松本重治伝
（最後のリベラリスト）
開米 潤

「友人関係が私の情報網です」――一九三六年西安事件の世界的スクープ、日中和平運動の推進など、戦前・戦中の激動の時代、国内外にわたる信頼関係に基づいて活躍、戦後は、国際文化会館の創立・運営者として「日本人」の国際的な信頼回復のために身を捧げた真の国際人の初の評伝。

口絵四頁
四六上製　四四八頁　**三八〇〇円**
（二〇〇九年九月刊）
◇978-4-89434-704-5